权威·前沿·原创

皮书系列为

“十二五”“十三五”“十四五”时期国家重点出版物出版专项规划项目

U0832477

BLUE BOOK

智库成果出版与传播平台

粤港澳大湾区蓝皮书

BLUE BOOK OF GUANGDONG-HONG KONG-MACAO GREATER BAY AREA

粤港澳大湾区协同发展报告（2022）

ANNUAL REPORT ON COORDINATED DEVELOPMENT OF GUANGDONG-HONG KONG-MACAO GREATER BAY AREA（2022）

总顾问／隋广军

总策划／石佑启

主　编／申明浩

副主编／杨永聪

社会科学文献出版社

SOCIAL SCIENCES ACADEMIC PRESS (CHINA)

图书在版编目(CIP)数据

粤港澳大湾区协同发展报告.2022/申明浩主编
.--北京：社会科学文献出版社，2023.3
（粤港澳大湾区蓝皮书）
ISBN 978-7-5228-1324-0

Ⅰ.①粤… Ⅱ.①申… Ⅲ.①区域经济发展-研究报
告-广东、香港、澳门-2022 Ⅳ.①F127.6

中国版本图书馆CIP数据核字（2022）第254048号

粤港澳大湾区蓝皮书
粤港澳大湾区协同发展报告（2022）

主　　编／申明浩
副 主 编／杨永聪

出 版 人／王利民
组稿编辑／恽　薇
责任编辑／冯咏梅
文稿编辑／孙玉铖
责任印制／王京美

出　　版／社会科学文献出版社·经济与管理分社（010）59367226
　　　　　地址：北京市北三环中路甲29号院华龙大厦　邮编：100029
　　　　　网址：www.ssap.com.cn
发　　行／社会科学文献出版社（010）59367028
印　　装／天津千鹤文化传播有限公司

规　　格／开 本：787mm×1092mm　1/16
　　　　　印 张：24.25　字 数：365千字
版　　次／2023年3月第1版　2023年3月第1次印刷
书　　号／ISBN 978-7-5228-1324-0
定　　价／188.00元

读者服务电话：4008918866

项目资助：

国家社会科学基金重大项目“粤港澳大湾区数据要素跨境流动路径研究”（21&ZD123）

主要编撰者简介

申明浩　广东外语外贸大学粤港澳大湾区研究院院长，产业经济学教授，博士生导师。广东国际战略研究院高级研究员，国家社会科学基金重大项目首席专家，教育部重大攻关项目首席专家。入选国家高级人才，广东省珠江学者。兼任中国工业经济学会常务理事。主要研究方向为粤港澳大湾区产业与贸易问题、创新战略与公司治理。多次获中国智库精品成果奖、省哲学社科优秀成果奖等。主持“服务业开放”“一带一路”“粤港澳大湾区”等国家级重大、重点及政府课题30余项。在《经济研究》、《管理世界》、《经济学》（季刊）等期刊上发表论文100余篇，出版著作3部。曾在联合国世界投资论坛、金砖国家学术论坛、中新知识论坛、腾讯生态年会等做主题报告；长期为国家部委和广东省政府提供咨政服务，多次为高盛、安联、阿斯利康、字节跳动、新鸿基、建银国际、新加坡GIC公司等国际知名企业提供顾问服务，为清华五道口金融博士班、中国政府太平洋岛国高级公务员培训班和省市厅局级干部培训班讲授“粤港澳大湾区”“一带一路”“自贸区”“商业模式创新”等课程，培训高层次学员逾万人。

杨永聪　广东外语外贸大学粤港澳大湾区研究基地副主任，副教授、硕士生导师，全国港澳研究会会员。多次就粤港澳大湾区发展话题接受香港《大公报》、澳亚卫视、《21世纪经济报道》等媒体采访和专访；受香港贸发局、香港（广东）商会、广州市政府培训中心、广州海关培训基地等政府部门和商会邀请，主讲解读《粤港澳大湾区规划纲要》；曾赴香港参加全国港澳研究会专题研讨班；作为主持人或主要参与人开展“粤港澳大湾区发展的重大问题调查研究”“粤港澳大湾区建设策略与路径研究”“打造粤港澳大湾区科技创新高地的对策建议”等委托课题研究工作，主笔完成的多份专题研究报告获得政府部门采纳，部分课题成果刊发于《人民日报内参》等，相关成果多次获得省部级以上领导批示；作为GLG格理集团和灼识咨询公司的专家团成员多次为企业和机构提供大湾区投资顾问服务；曾作为访问学者赴澳大利亚Macquarie University进行学术交流。主持国家自然科学基金、广东省自然科学基金等国家级、省部级和市厅级课题，在SCI、SSCI、CSSCI等国内外核心期刊上发表学术论文30余篇。

摘 要

粤港澳大湾区建设是习近平总书记亲自部署的重要发展战略，肩负着打造国际一流湾区的重要使命。粤港澳大湾区协同发展对全国乃至全世界都有重要的意义，在中央和地方政府的大力推动下，将粤港澳大湾区建设成为更具活力的经济区、宜居宜业宜游的优质生活圈和内地与港澳深度合作的示范区，打造成国际一流湾区和世界级城市群。粤港澳三地的发展历程具有鲜明的异质性特征，珠三角地区内部城市间的发展水平也存在较大差异，因而要将粤港澳大湾区打造成为一体化程度较高的世界级城市群，必须先打破粤港澳三地间的壁垒，促进科技和经济的协同发展，故探究粤港澳大湾区的协同发展变化有着一定的现实意义。因此，分析粤港澳大湾区如何通过促进产业链安全、促进数据要素流动、加强人才引进、促进粤港澳合作发展等建设有影响力的国际科技创新中心，是本书研究的主要目的。

本研究报告分为六大专题，第一，对粤港澳大湾区产业链安全形势进行分析；第二，从数据要素流动、数字经济发展、共享创新的路径、数据安全规则等角度分析数字经济与科技发展对粤港澳大湾区协同发展的作用；第三，从科技基础设施、集成电路产业、空港经济以及汽车产业“新四化”等角度出发，分析现阶段粤港澳大湾区协同发展形势；第四，从境外人才工作现状、打造人才发展新平台以及广东青年创业等视角出发，分析人力资源对粤港澳大湾区协同发展的作用；第五，从粤澳合作以及粤港合作的视角分析粤港澳大湾区协同发展机制；第六，分析了粤商高质量发展对粤港澳大湾区的影响。研究发现粤港澳大湾区产业链虽然较为完善，但是依然存在对外依存度高、品牌优势不明显等问题，数字经济发展对当下粤港澳大湾区协同发展具有重要意义。同时，人才以及粤港澳协同合作是现阶段粤港澳大湾区实现协同发展、将粤港澳大湾区建成全球科技创新高地和新兴产业重要策源地的重要手段。

关键词： 粤港澳大湾区　协同发展机制　数字经济　产业链安全

目　录

Ⅰ　总报告

Ⅱ　数字与科技发展篇

Ⅲ　分报告

Ⅳ　人才篇

Ⅴ　合作篇

Ⅵ　粤商篇

皮书数据库阅读**使用指南**

总 报 告

General Report

B.1
2021年粤港澳大湾区产业链安全形势

隋广军　钟晓凤　江　英*

摘　要： 本报告围绕粤港澳大湾区产业链安全问题展开分析，关注新一代电子信息、绿色石化、生物医药与健康、智能家电和汽车五大重点产业的产业链安全问题。报告基于国际对比、省市对比、细分行业对比、产业链关联性分析等视角，立足粤港澳大湾区五大产业链，分析其产业链发展概况，探索其产业链安全发展的"卡点"，并在此基础上提出针对性建议，以应对经济形势变化和新冠肺炎疫情影响等外生冲击，为疫情后全球治理体系和产业链结构性重塑提供可行性方案，防止过度反应，以便稳妥有序地推进具有更强创新力、更高附加值、更安全可

* 隋广军，博士，广东外语外贸大学广东国际战略研究院常务副院长、教授，研究方向为全球经济治理、产业经济学；钟晓凤，广东外语外贸大学经济贸易学院博士研究生，广东外语外贸大学南国商学院经济学院讲师，研究方向为区域协调发展；江英，广东外语外贸大学经济贸易学院博士研究生，研究方向为区域协调发展。

靠、更绿色低碳的产业链建设，实现产业链自主可控、安全稳定的高水平发展。

关键词： 战略性支柱产业　产业链　粤港澳大湾区

一　引言

当今世界正处于百年未有之大变局的深度演变期，新一轮科技革命蓄势待发，中美贸易摩擦尚未有效解决，产业链安全遭受严峻挑战。在此背景下，习近平总书记强调：“产业链、供应链在关键时刻不能掉链子，这是大国经济必须具备的重要特征……为保障我国产业安全和国家安全，要着力打造自主可控、安全可靠的产业链、供应链。”① 粤港澳大湾区建设是一项重大的国家战略，可以为“双循环”新发展格局提供重要战略支撑。基于以上背景，确保粤港澳大湾区产业链的安全与稳定是一项具有战略意义的重要工作，也是构建“双循环”新发展格局的重要基石。

粤港澳大湾区制造业的规模与质量均排在全国前列，创新能力多年来在全国也是名列前茅，产业竞争力较强，粤港澳大湾区是全国重要的制造业基地和外贸出口地。面对突如其来的疫情，粤港澳大湾区制造业凭借完备的产业体系和较强的产业转换能力扛住了此次外生冲击带来的挑战，但同时暴露了关键核心技术受制于人、高端产品供给不足等短板。因此，粤港澳大湾区的产业要想有效应对内外经济形势变化和突发疫情影响等外生冲击，适应疫情后全球治理体系以及产业链的结构性重塑，避免继续出现被人“卡脖子”的困境，就要补齐短板、锻造长板，分行业做好产业链和供应链的战略设计，精准施策，形成具有更强创新力、更高附加值、更安全可靠、更绿色低碳的产业链，实现产业链自主可控、安全稳定的高水

① 《国家中长期经济社会发展战略若干重大问题》，《求知》2020 年第 11 期。

平发展。

基于此背景，本报告围绕粤港澳大湾区产业链安全问题展开分析，基于广东省十大战略性支柱产业的基本情况，选取新一代电子信息、绿色石化、生物医药与健康、智能家电和汽车五大重点产业，基于国际对比、省市对比、细分行业对比、产业链关联分析等角度，分析其产业链发展现状，探讨其产业链安全发展的“卡点”，并在此基础上提出针对性建议，以便为粤港澳大湾区锻造自主可控、安全稳定的产业链提供有益的对策参考。

二　粤港澳大湾区优势产业链发展概况

2020 年 5 月，广东省基于对全国先进省市的调研以及对国外产业集聚发展经验的学习，结合中央精神和全省实际情况，出台《广东省人民政府关于培育发展战略性支柱产业集群和战略性新兴产业集群的意见》（以下简称《意见》）。《意见》将广东省产业培育发展重点分为十大战略性支柱产业集群和十大战略性新兴产业集群（以下简称“双十产业”）。“双十产业”是广东省在“十四五”期间为培育形成世界级先进制造业集群和全球制造业高质量发展典范作出的重大部署。其中，十大战略性支柱产业以产值规模大、发展基础坚实、增长趋势强劲为选择标准，产业链优势特征明显。根据相关资料、企业调研和专家打分法，本报告从十大战略性支柱产业中，进一步选取新一代电子信息、绿色石化、生物医药与健康、智能家电和汽车五大产业作为进行粤港澳大湾区产业链安全分析的代表产业。选取依据共性在于粤港澳大湾区的这五大产业链具有明显优势，但竞争力略有不足，产业关联性强、链条长、影响广，未来具有保持增长的能力和升级空间，但具有明显短板，产业链安全稳定发展存在明显隐患。十大战略性支柱产业在粤港澳大湾区的布局情况如表 1 所示。

表 1　十大战略性支柱产业在粤港澳大湾区的布局

产业	湾区西岸						湾区东岸		
	广州	中山	珠海	佛山	江门	肇庆	深圳	东莞	惠州
新一代电子信息	★★★	★	★★★	★★	★★	★	★★★	★★★	★★★
绿色石化	★★★	★	★★	★★	★	★	★★	★★	★★★
智能家电	★★	★★	★★★	★★★	★★★		★★		★★
汽车	★★★	★	★★	★★★	★★	★★	★★★	★★	★★
先进材料	★★★	★	★★	★★★	★	★★	★★	★★	★★
现代轻工纺织	★★	★★★	★	★★★	★★★	★	★	★★★	★
软件与信息服务	★★★	★★	★★★	★★	★★		★★★	★★★	★★
超高清视频显示	★★★	★★		★★	★★		★★★	★★	★★★
生物医药与健康	★★★	★★★	★★★	★★	★★★	★★	★★★	★★	★★
现代农业与食品	★★★	★★★	★★	★★★	★★★	★★★	★★	★★	★★★
产业总和	10	10	9	10	10	7	10	9	10

注：产业集群区域布局的重要程度用★表示，数量从多到少依次为核心城市、重点城市、一般城市。由于统计口径和政策差异性，此表不含香港和澳门的统计情况，主要呈现珠三角九市十大战略性支柱产业在粤港澳大湾区的布局情况。

资料来源：作者根据《意见》、企业调研以及专家打分法整理绘制而成。

（一）新一代电子信息产业

全国新一代电子信息产业区域化特征显著，呈现在珠三角（以深圳为龙头）、长三角（以上海为龙头）、环渤海（以北京为龙头）、中西部（以重庆、成都、西安、武汉和长沙为主）地区集中的区域分布特性。

粤港澳大湾区新一代电子信息产业产量规模大，质量效益显著，产业聚集明显，区域分布相对集中，基本形成了以深圳、东莞、惠州、广州为制造核心，辐射其他地区的整体产业格局。据广东省电子信息行业协会提供的数据，2020 年广东新一代电子信息产业实现销售产值 4.1 万亿元，同比增长 1.1%，占全省规模以上工业企业销售产值的 28.8%；实现工业增加值 8628 亿元，同比下降 0.1%，占全省工业增加值的 26.1%；实现营业收入 4.3 万亿元，同比增长3.3%，占全省工业营业收入的29.2%，占全国新一代电子信息产业营业收入的35.4%，连续30年位居全国第一。由此可见，新一代电子信息产业成为支撑广东经济发展的主导力量，同时是粤港澳大湾区经济发展的重要支柱产业。值得注意的是，珠三角地区新一代电子信息产业工业增加值占广东该产业集群的比重高达96.8%。深圳、东莞、惠州、广州、珠海、佛山、中山、江门、肇庆的新一代电子信息产业工业增加值占粤港澳大湾区（以珠三角核算）该产业的比重依次为62.1%、17%、7.7%、5.1%、2.5%、2%、1.6%、1.3%、0.6%。①

从自主品牌来看，粤港澳大湾区拥有一批实力较强的新一代电子信息龙头企业。据2020年电子信息竞争力百强企业排行榜，在全国电子信息竞争力前10强的企业中粤港澳大湾区企业占3席，分别是华为、TCL和比亚迪，其中华为连续多年居电子信息竞争力百强企业首位，并入围2020年《财富》世界500强排行榜，排名第49。

产业链上下游配套设施完善。从智能移动终端、集成电路、超高清视频、5G等行业细分领域来看，粤港澳大湾区在全国处于领先水平，具有较强的国际竞争力，产业链上下游配套设施完善。粤港澳大湾区在智能移动终端产值规模、产业链建设、技术创新及投融资等方面均走在全国前列。2020年，广东手机产量6.2亿部，同比增长13.2%，占全国的42.1%，历年产量占全国的比重均保持在40%以上；累计实现集成电路产量373.57亿块，占全国集成电路产量的14.3%，排名全国第三；4K硬件制造业发展领跑全国，4K电视产量全国第一，4K芯片出货量全国第一。②

综合来看，粤港澳大湾区新一代电子信息产业全球化布局特征显著，但易受到中美贸易摩擦和疫情蔓延等外部冲击影响。一方面，大湾区芯片制造能力严重不足，高端芯片90%依赖进口，美国对华为等高科技企业实施芯片进口限制，加大了大湾区芯片缺口。人才供应不足是大湾区芯片制造能力

① 根据广东省统计局发布的《广东新一代电子信息战略性支柱产业集群发展现状和对策研究》的数据整理计算得到。

② 根据历年《中国统计年鉴》和《广东统计年鉴》的数据整理计算得到。

不强的重要原因，《中国集成电路产业人才白皮书》（2019—2020 年版）显示，到 2022 年，芯片专业人才缺口预计超过 20 万人。另一方面，产业链上游的 EDA 软件及操作系统、材料和设备部分受制于人，尚未形成自主可控的产业链。同时，各行各业几乎高度依赖电子信息产业，电子信息产业是经济发展的基础性和先导性支柱产业，产业关联度高和渗透性强，电子信息产业链核心节点的缺失，无法保障全产业链安全生产且威胁其他产业链供应安全。

（二）绿色石化产业

中国绿色石化产业集聚在长三角、珠三角、环渤海地区，涵盖七大石化产业基地。从广东省与山东、江苏、浙江、辽宁 4 个石化大省地级市石化产业近几年的分布情况来看，广东石化大市占全省地级市的比重最低，约为 1/3；山东最高，达到 80%以上；其他省份为 50%～70%。由此可见，广东省是产业集聚集约发展的突出典型，以最少、最集约的土地承载了更多的产业。

粤港澳大湾区绿色石化产业基础雄厚，产业聚集明显，区域分布集中，沿海地缘优势突出。从产业规模和效益来看，截至 2020 年，广东绿色石化产业规模以上企业超过 7500 家，资产总计 13118.92 亿元，占全省规模以上企业资产的 8.8%；工业增加值 3577.37 亿元，占全省工业增加值的 10.8%；营业收入 1.43 万亿元，占全省工业营业收入的 9.8%；利润总额 999.29 亿元，占全省工业利润总额的 10.8%。①

从行业细分来看，广东原油加工量和乙烯产量连续多年位居全国前三。2020 年，广东原油加工量 6212 万吨，占全国的 9%；乙烯产量 366 万吨，占全国的 17%，主要分布在广州、惠州、湛江、茂名。化学原料和化学制品制造业主要分布在广州、珠海、佛山、惠州、东莞等，这 5 个市的工业总产值合计约占全省该行业的 68%。在化学原料和化学制品制造业中，基础

① 根据广东省统计局公布的数据整理得到。

化学原料，涂料、油墨、颜料及类似产品，合成材料，专用化学产品，日用化学产品等年产值均超千亿元，这 5 个分行业的工业总产值合计约占全省该行业的 97%。肥料、农药、炸药、火工及焰火产品合计占比不到 3%。化学纤维制造业相对较弱，主要分布在珠海、佛山、江门，这 3 个市的工业总产值合计约占全省该行业的 74%，该行业以合成纤维为主，约占 82%。橡胶和塑料制品业主要分布在广州、深圳、佛山、东莞等，这 4 个市的工业总产值合计约占全省该行业的 68%，其中该行业橡胶制品约占 10%，塑料制品约占 90%。①

从产业布局来看，珠三角核心区是粤港澳大湾区绿色石化产业集中分布地，同时是广东绿色石化产业的主要聚集地。《广东绿色石化战略性支柱产业集群发展现状和对策研究》显示，珠三角核心区绿色石化产业规模以上工业增加值占广东石化产业的 77%，主要集中在广州、东莞、佛山、惠州和深圳，其中广州、东莞、佛山、惠州 4 个市的占比均超过 10%。

综合来看，尽管世界级绿色石化产业带正在粤港澳大湾区串珠成链，但大湾区石化产业竞争力还有待提升，产业链安全还存在诸多隐患。具体来看，就产业竞争力而言，根据中国石油和化学工业联合会与中国化工企业管理协会联合发布的 2019 中国石油和化工企业 500 强排行榜（综合类企业），排名前十的企业的主营业务收入占全行业的 63%，但大湾区无一家企业进榜。就产业链安全而言，目前大湾区石化产业存在两方面安全隐患。第一，大湾区油气资源对外依存度较高，影响油气资源的稳定供应。大湾区石化产业中高端制造业、战略性新兴产业以及航空航天、国防军工配套的化工新材料、专用化学品等长期供给不足，部分甚至严重依赖进口，产业链易产生“断供”的风险。第二，环境制约，单位产品能源资源要素投入较多但产出效率低，导致大湾区在能源消耗以及污染减排方面面临很大的压力。在“双碳”目标提出的背景下，大湾区石化产业链面临向技术含量高、资源消

① 根据广东省统计局公布的数据整理得到。

耗低、环境污染少的可持续发展的转型压力。因此，粤港澳大湾区石化产业链需要破解向绿色化转型难、对外依赖度高、防范风险能力较弱等安全难题。

（三）生物医药与健康产业

中国生物医药与健康产业主要集聚于环渤海地区、长三角地区和粤港澳大湾区，都是东部沿海地区科研院所和创新能力较强的地区，中西部的中心城市占少数。

粤港澳大湾区生物医药与健康产业围绕广州、深圳等环珠江口重点城市形成了商业网络发达的药品销售重点区域，代表性企业主要分布在广州、深圳、珠海、佛山、东莞、中山等。据广东省医药行业协会提供的数据，广东医药企业数量居全国首位，药品生产、医疗器械生产、经营企业和批发、零售药店数量都占全国的 1/10 左右。

从产业布局来看，粤港澳大湾区生物医药与健康产业已经形成了较为完整的集群，集聚效应显著增强。目前已初步形成以广州、深圳为驱动，以香港、澳门、珠海、佛山、中山为支撑，以东莞、惠州、江门、肇庆为依托的生物医药与健康产业发展格局，产业基础良好。

从产业规模来看，广东省生物医药与健康产业规模稳步增长，产业结构不断优化，产业创新能力不断增强，产业发展水平居全国前列。截至 2020 年，广东省实有药品生产企业许可证 586 个，医疗器械生产企业 4368 家。规模以上医药工业总产值近 2800 亿元。医药制造业固定资产投资比 2019 年增长 82.9%；医疗设备及仪器仪表制造业固定资产投资比 2019 年增长 31.5%。医药制造业利润总额比 2019 年增长 11.5%；医疗仪器设备及器械制造利润总额比 2019 年增长 45.4%。[①]

从自主品牌来看，粤港澳大湾区培育了一批医药龙头企业，龙头品牌竞争力强，涌现广药集团、香雪制药、达安基因、天普生化、健康元、海

① 根据广东省医药行业协会公布的数据整理计算得到。

王集团、丽珠集团、迈瑞生物、信立泰、联邦制药、海普瑞、华润三九等企业，形成了一批管理和经营水平较高的优秀药品流通企业，且规模不断扩大。

综合来看，生物医药与健康产业被认为是21世纪最有前途的产业，但与其他两个地区，即长三角和环渤海地区相比，粤港澳大湾区的生物科技企业数量可观，但是同质化问题明显，技术含量相对较低，企业规模较小。在符合“头部企业”标准集聚前三的城市中，深圳落后于北京和上海，排名第三。同时，生物医药与健康产业长期存在创新药物研发不足的问题，缺乏重大疾病化学药物、生物技术药物等创新药物品类自主研发能力，在企业生产的化学药品中，仿制药超95%，且医药设备中细胞模型和高端研究仪器都依赖进口。在驱动医药研发过程中，专业型技术人才呈现供不应求的现象。产业链在高质量创新药物研发上“卡脖子”明显，医药项目成果转化和产业化均存在短板。

（四）智能家电产业

中国智能家电产业以两大竞争阵营为主：第一大阵营是头部互联网企业，如阿里巴巴、小米、京东等；第二大阵营以家电企业和3C企业为主，如美的、格力等，还包括一部分提供智能家居设备的中小企业。粤港澳大湾区的智能家电产业涵盖家电行业各个领域，拥有全球规模最大、最完整的智能家电产业链和供应链体系，美的、格力、TCL等知名家电品牌都位于粤港澳大湾区内，产业整体对外依存度低。

从产业规模来看，智能家电的产业规模不断扩大。2020年前三季度，广东省智能家电产业实现增加值1946.17亿元，占全省规模以上工业的8.5%，实现工业总产值8900.24亿元，占比为8.7%。[①] 相较于上年同期，2021年上半年广东智能家电产业整体经济效益良好。根据中电协测算，广东省家电行业2021年上半年整体营业收入7630.57亿元，营业利润同比增

① 根据广东省统计局公布的数据整理得到。

长 51.03%，利润总额同比增长 55.73%，净利润同比增长 64.79%，各项利润指标均有大幅度的提升。其中，小家电保持强劲增长态势，上半年营业收入达 3219.07 亿元，同比增长超过 1 倍。

从产业布局来看，区域分工侧重点突出。目前，粤港澳大湾区形成了以深圳、佛山、东莞、珠海、中山、惠州为集聚地的家电产业集群。其中深圳、珠海以大家电的生产制造为主，佛山拥有智能家电全品类产品，东莞则侧重元器件的生产制造，中山主要生产厨房电器及燃气具产品，惠州则重点生产高清显示屏等相关产品。粤港澳大湾区拥有全球最大、品类最齐全的家电产业链，是全球最大的家电制造中心。当前，粤港澳大湾区内家电产业呈现智能化、节能环保、绿色健康的发展趋势。

从自主品牌来看，产业链覆盖范围广。在家电工厂智能装备方面，拥有擎天电器、珠海格力等链主企业。在研发设计方面，已初步构建以企业为主体的技术创新体系，拥有 9 个国家级企业技术中心、4 个国家级工业设计中心、1 个国家级标准化创新基地、3 个省级制造业创新中心、96 个省级企业技术中心，产品设计、制造、标准化研发能力居全国同行业前列。在原材料方面，以擎天材料、粤海华金为代表的企业在树脂涂料板、复合材料、新型显示材料、3D 打印材料等领域具有一定影响力。在元器件及零部件方面，大湾区企业涉及电子元件、控制器、电路模块、传感器、电机、电工及附件等多个领域，代表企业有华为、东莞好利来、广威电机等。在整机设备方面，拥有美的、格力、TCL 3 家千亿元级企业，万宝、华凌、万和、格兰仕、海信科龙等骨干企业。在互联网和云平台方面，小米、美的、TCL 等企业表现突出。在质量技术基础方面，拥有威凯检测、威凯认证、广电计量等一批全国领先的质量服务机构。在绿色回收及循环利用方面，拥有中国电研等一批优秀企业。

从创新研发来看，产业投资稳定增长、研发投入逐步增多。本报告通过对广东省的美的、TCL、海信等 16 家重点代表性企业进行分析可得，广东省智能家电产业固定资产投资稳定增长。根据重点代表性企业 2020 年财务报表，75% 以上的企业固定资产投资保持稳定或正增长。2021 年，广东省头部智能家电企业加大生产投资，加速产能布局。2021 年 2 月，康佳集团宣布将在西安投资 200 亿元；2021 年 3 月，美的机电事业群首个海外基地正式投产；2021 年 5 月，格力第 16 个空调生产基地正式奠基。根据重点代表性企业年度报表及公开资料整理计算可得，广东省智能家电行业 2021 年上半年研发投入近 200 亿元。近 80%的企业研发费用占营业收入的比重为 2%~5%，近 12.5%的企业研发费用占营业收入的比重超过 5%。

综合来看，智能家电是人工智能时代家电业发展的必然趋势，其产业链融合了网络、IT 技术，涵盖了智能控制、红外线感应、射频自动识别等一系列新技术手段，与众多高科技产业相关。但粤港澳大湾区智能家电产业链在以下环节仍较为薄弱：一是核心基础零部件依赖进口、关键基础材料性能落后，如智能家电控制器的三防材料、电饭煲内胆材料及涂装材料、空调的低 GWP（全球变暖潜能值）制冷剂和智能传感器组件等都依赖进口；二是粤港澳大湾区智能家电产业联动性不强，产品之间是单一、割裂的，无法通过软件支持、数据交互、云端交互实现强大功能。这些环节的落后无法匹配智能家电这一高科技领域的深化发展，可能会难以保持粤港澳大湾区智能家电产业链的原有优势。

（五）汽车产业

中国汽车（包括传统汽车和新能源汽车）产业的发展形成了六大汽车产业集聚区，分别是长三角集群（以江苏和上海为中心）、珠三角集群（以广州、深圳和佛山为中心）、京津冀集群（以北京和天津为中心）、中三角集群（以武汉为中心）、成渝集群（以重庆为中心）、东北集群（以长春为中心）。

经过多年发展，粤港澳大湾区汽车产业集群规模庞大，粤港澳大湾区已成为我国重要的汽车生产基地之一。从产业规模来看，粤港澳大湾区的汽车制造业产量规模不断扩大，产值水平不断提高，市场占有率不断提升。截至 2020 年底，广东省规模以上汽车制造业企业共 967 家，全年汽车工业总产值达到8541亿元，在全国的占比达到12.12%。广东省全年汽车产量达到313.31万辆，占全国汽车产量的12.37%，其中新能源汽车产量达到20.87万辆，占全国新能源汽车产量的15.28%，广东省汽车产量与新能源汽车产量均位居全国第一。①

从产业布局来看，粤港澳大湾区汽车产业集聚效应显著，区域分工协作明确。目前已基本形成以广州、深圳、佛山3市为核心的整车制造集聚区，以珠海、东莞、中山、惠州、肇庆、江门6市为支撑的关键零部件及配套生产基地，以港澳为营销和服务基地的分工协作发展格局。

从自主品牌来看，广汽集团、比亚迪、小鹏汽车等自主龙头企业不断发展壮大，在国内和全球的品牌影响力与市场竞争力逐步提升。中国汽车工业协会数据显示，2020年广汽集团和比亚迪进入全国汽车整车企业前10强，其中广汽集团为全球500强企业之一。

从创新研发来看，汽车行业整体的研发投入水平并不高，与产业发展规模并不匹配，特别是在高端技术科研投入上仍不足。2019年广东省汽车产业的研发投入比为1.87%，高于全国汽车产业投入产出水平（1.53%），但远低于浙江、安徽、河南、上海等省市。行业整体的对外技术依存度较高，汽车发动机、变速箱、车规级芯片等关键零部件高度依赖进口，自给率低。

综合来看，汽车产业被认为是一个国家或地区制造业软实力与硬实力的双重标杆。其产业链长、关联度高，上游行业涵盖冶金、化工与电子等几乎所有制造业部门，因此汽车产业链的安全影响着几乎所有制造业的安全。但目前大湾区汽车产业面临严重的“卡脖子”问题，车规级芯片、车控操作系统、测试和验证装备等高度依赖进口。中国汽车工业协会发布的数据显示，2020年全球汽车芯片市场规模已达460亿美元，但由于国内的汽车半导体供应链高度依赖国外厂商，汽车芯片自给率尚不足10%。在全球新冠肺炎疫情大流行的背景下，粤港澳大湾区的车企

① 根据历年《中国统计年鉴》和《广东统计年鉴》的数据整理计算得到。

普遍存在“芯片荒”情况，芯片和零部件出现供应不足问题。全球范围内已形成大规模发展新能源汽车的共识，据中商研究院测算，大湾区在新能源汽车产业方面具有一定的发展实力和前景。但从整体投资规模来看，其还不如长三角产业集群，汽车产业集群引入的新能源汽车企业数量较少，竞争力处于弱势地位。人才供应方面存在明显缺口，据猎聘网招聘数据整理得到，新能源汽车领域对汽车设计工程师，车辆工程、机械设计制造及自动化专业人才的需求迫切。未来，汽车智能化深入发展，对芯片算法要求将越来越高，对专业人才的需要也会更加迫切。大湾区车企制造能力的不足造成汽车产业链的关键环节无法自主可控，威胁汽车产业的安全。

三　粤港澳大湾区优势产业链存在的安全问题分析

（一）新一代电子信息产业链

本部分进一步聚焦，以芯片产业链和华为手机为例，从企业和产品两个角度分析新一代电子信息产业链存在的安全问题。

1. 产业链全景分析

芯片产业链包括芯片设计、芯片制造以及芯片封测等，其中 EDA 软件、芯片材料和芯片设备部分受制于人，且最上游的 EDA 软件是芯片产业链最薄弱的环节。芯片产业链全景如图 1 所示。从企业的角度来看，上游 EDA 软件产业已被 Synopsys、Cadence 和 Mentor Graphics 三家国外巨头垄断，缺乏自主龙头企业引领。另外，芯片材料、芯片设备和芯片制造是芯片设计和芯片封测的基础。硅片占芯片材料的比重最大，约 30%，其次是电子特种气体、光掩膜和光刻胶。虽然中国半导体硅片领域拥有沪硅产业和中环股份等龙头企业，半导体设备有北方华创、盛美半导体、中微公司、晶盛机电等龙头企业，但中国半导体设备国产化程度低于 20%（见表 2），国际市场竞争力较弱，国外巨头垄断了芯片市场，尤其是在芯片产业链上游的 EDA 软件和中游的芯片设备方面。

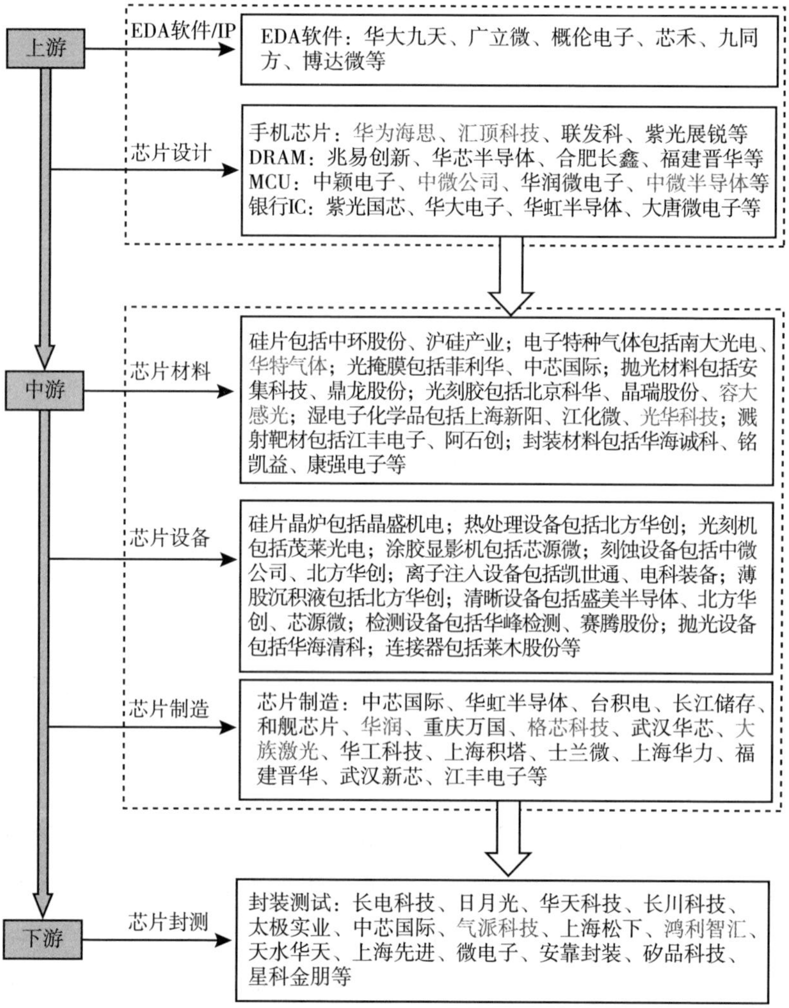

图 1　芯片产业链全景

注：图中标灰部分代表粤港澳大湾区企业，图 3、表 5、图 5、图 7、图 9 相同，此后不赘。

资料来源：作者根据相关资料绘制而成。

表 2　中国半导体设备国产化情况

设备	国产化程度
单晶炉	低于 20%
光刻机	低于 10%
刻蚀机	约为 10%
离子注入机	低于 10%
CVD/PVD 设备	10%～15%
氧化扩散设备	低于 10%
键合机	低于 10%
划片机	低于 20%
减薄机	低于 20%
检测设备	低于 20%
分选机	低于 20%

资料来源：中商产业研究院。

从产品的角度来看，以华为手机为例，其供应链主要包括三块：零部件厂商、半导体厂商以及材料和设备厂商。其手机供应链在零部件板块具有较完整的国内供应链，但大部分上游关键核心芯片为美国供应商，内存及存储尚无法自产，传感器类器件整体自产率比较低。从华为发售的主力旗舰机型 P30 拆解来看，核心芯片供应商如表 3 所示。从华为手机供应链的材料端来看，5G 所需高频高速材料目前依然集中在美国罗杰斯。

表 3　华为手机主力旗舰机型 P30 的芯片供应商

<table>
<tr><th>产品</th><th>部件</th><th>境外供应商</th><th>国内供应商或其他潜在供应商</th><th>国产替代</th></tr>
<tr><td rowspan="4">核心芯片</td><td rowspan="3">AP</td><td rowspan="3">高通</td><td>海思</td><td rowspan="3">基本普代</td></tr>
<tr><td>紫光展锐</td></tr>
<tr><td>联芯科技</td></tr>
<tr><td>CPU</td><td>inter/AMD</td><td>海思</td><td>部分替代</td></tr>
</table>

续表

产品	部件	境外供应商	国内供应商或其他潜在供应商	国产替代
核心芯片	基带芯片及部分	高通	联发科	基本替代
			海思	
	GPU	英伟达	海思	部分低端替代
	FPGA	赛灵思	紫光国微	部分低端替代
			复旦微电子	
			高云	
	DSP	德州仪器	海思	部分低端替代
			圣邦股份	
			华睿	
			进芯电子	
	模拟器件	高通/博通/Dialog/安森美	圣邦股份	部分低端替代
			全志科技	
			瑞芯微	
			华大半导体	
			闻泰科技(安世)	
	射频芯片	博通/Qorvo/Skyworks	唯捷创芯	部分低端替代
			慧智微电子	
			汉天下	
			三安光电	
			卓胜微	
	存储芯片	三星/海力士/美光	兆易创新	暂时无法满足需求
			北京矽成	
			合肥长鑫	
			长江存储	
	SSD/HDD/HHD	西部数据	紫光国微	部分低端替代
	摄像头芯片	索尼	韦尔股份	基本替代
	触控芯片	Synopsys	汇顶科技	基本替代
	指纹识别芯片	Synopsys/FPC/神盾	汇顶科技	基本替代
			思立微	

续表

产品	部件	境外供应商	国内供应商或其他潜在供应商	国产替代
设计软件	EDA 软件	Cadence	华大九天	暂时无法满足需求
			概伦电子	
			芯禾科技	
	Windows	微软	无	无法替代
	Android	谷歌	华为鸿蒙	基本替代
制造及封测	芯片制造	台积电	中芯国际	部分低端替代
	封装制试	日月光	长电科技	基本替代
			华天科技	

资料来源：作者根据相关资料整理而成。

2. 产业链存在的问题分析

（1）缺乏工业基础软件，EDA 软件“卡脖子”问题严重

在芯片设计方面，设计芯片所需的 EDA 软件是被严重“卡脖子”的地方。从国际对比来看，芯片设计所需的 EDA 软件几乎被三家美国企业（Synopsys、Cadence 和 Mentor Graphics）垄断。美国的这三家企业占全球 70%左右的市场份额，占中国 95%左右的市场份额，而中国的 EDA 软件在全球只有不到 1%的市场占有率。具体来看，粤港澳大湾区 EDA 软件发展面临的难题主要体现在以下三个方面。第一，技术门槛高。EDA 工具软件是由“多工具”组成的软件集群，大湾区企业在完整可用的全流程工具链上与国外还有较大差距。第二，技术集成要求高。EDA 软件开发需要 IC 设计企业、晶圆厂与 EDA 软件商协作配合完成，不仅涉及大量技术人才供给，还需要丰富的经验积累，目前，粤港澳大湾区企业先进制造工艺的集成设计能力明显落后于国外 2~3 代。第三，人才门槛高。目前，粤港澳大湾区高校开设 EDA 软件专业的数量还比较少，与互联网和金融行业人才相比，对软件开发类人才的吸引力还不够强，导致粤港澳大湾区内 EDA 软件方面的研发人才还存在较大缺口。

（2）“四基”关键技术受制于人，存储芯片等制造能力欠缺

粤港澳大湾区新一代电子信息产业呈现应用强、基础弱的“倒三角”形态。

从产业链来看，产业链下游具有较完整的国内供应链，产业链上游基础薄弱，尤其是核心基础零部件（元器件）、关键基础材料、先进基础工艺和产业技术基础（简称“四基”）领域进口依存度较高，关键技术有待进一步突破，极大制约了新一代电子信息产业由大到强的转型。具体来看，存储芯片制造能力严重不足，高端核心芯片90%依赖进口。如CPU（中央处理器）、MCU（微控制单元）、DRAM（动态存储器）、FLASH（闪存）、FPGA（现场可编程阵列）已实现部分低端替代，但高端基本依赖进口；存储芯片制造能力暂时无法满足需求。

（3）行业大而不强的问题突出，高端材料被国外公司垄断

电子元器件是构成电子信息产品的电子元件和器件的总称，它们的质量、水平和可靠性直接决定电子系统和整机产品的性能，在电子信息产业链和供应链中处于上游位置。目前，中国已成为世界上最大的电子元器件生产国，拥有数万家企业。但产业大而不强的问题突出，主要表现在基础材料性能落后、企业综合实力弱、自主创新能力偏弱、骨干企业偏少等方面，技术水平和产业化能力与国际先进水平存在较大差距。具体来看，电子元器件所需的电阻浆、钛酸钡等核心材料，以及半导体核心原材料高纯度硅（12英寸硅片）使用的原材料等需要进口。超高清视频产业的超高世代线高纯溅射靶材、液晶单晶显示材料、光刻胶等用于显示面板制造的高端材料被国外公司垄断。

（4）集成电路领域缺乏高端人才，产业创新发展源动力不足

粤港澳大湾区新一代电子信息企业普遍反映，制约企业发展的主要问题在于各类高端人才供不应求，行业内人才流失严重。当前，中国集成电路产业发展仍处于攻坚期，要突破核心技术瓶颈，增强核心竞争力，迫切需要大批领军人才、专业技术人才以及经营管理人才的支撑。《中国集成电路产业人才白皮书》（2019—2020年版）的数据显示，2020年我国直接从事集成电路产业的人员约54.1万人，同比增长5.7%。从产业链来看，设计行业、制造业和封测行业的从业人数分别约为19.96万人、18.12万人和16.02万人。截至2022年，中国芯片专业人才将有30万人左右的缺口，如果算上其他领域，例如通信领域的光子芯片，以及功率芯片，所有领域加起来，我国芯片相关的人才有60万人左右的缺口。中国集成电路企业人才流动频繁，按照行业离职

率高低的排序，封装测试、晶圆制造、芯片设计行业的平均离职率接近 12%。从粤港澳大湾区与世界三大湾区的科技创新数据对比来看，粤港澳大湾区在国际专利受理数量、高等教育人口占比等方面明显低于世界三大湾区。综上所述，粤港澳大湾区集成电路领域高端人才缺乏是产业创新发展源动力不足的重要原因，这对粤港澳大湾区新一代电子信息产业供应链造成了一定的风险。

（5）产业外贸型结构凸显，受外部环境影响较大

粤港澳大湾区新一代电子信息产业是典型的外贸型结构，加工型贸易占据主导，受世界经济形势、贸易环境、汇率波动影响较大，产业内生性有待增强。从进口情况来看，粤港澳大湾区电子元器件行业进口量较大，主要集中在手机CPU、集成电路，以及其他中高端基础电子元器件上。从生产设备来看，新一代电子信息产业的高端生产设备，如光刻机、蚀刻机、离子注入机等集成电路制造设备基本依赖进口。

粤港澳大湾区新一代电子信息产业发展和安全性分析概览如图 2 所示。

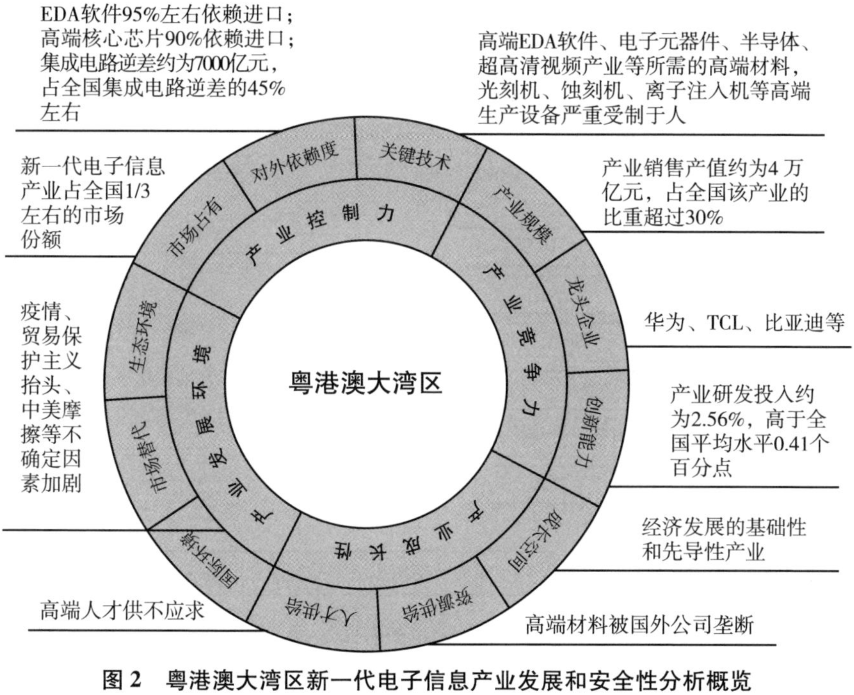

图 2　粤港澳大湾区新一代电子信息产业发展和安全性分析概览

资料来源：作者根据相关资料绘制而成。

（二）绿色石化产业链

本部分进一步聚焦，选取绿色石化产业中游的精细化工行业以及精细化工行业专用化学品中的电子化学品光刻胶作为案例，从企业和产品两个角度分析绿色石化产业链的安全问题。

1. 产业链全景分析

绿色石化产业链的上游为基本化工行业、中游为精细化工行业、下游为应用行业。绿色石化产业链全景如图 3 所示。从企业的角度来看，粤港澳大

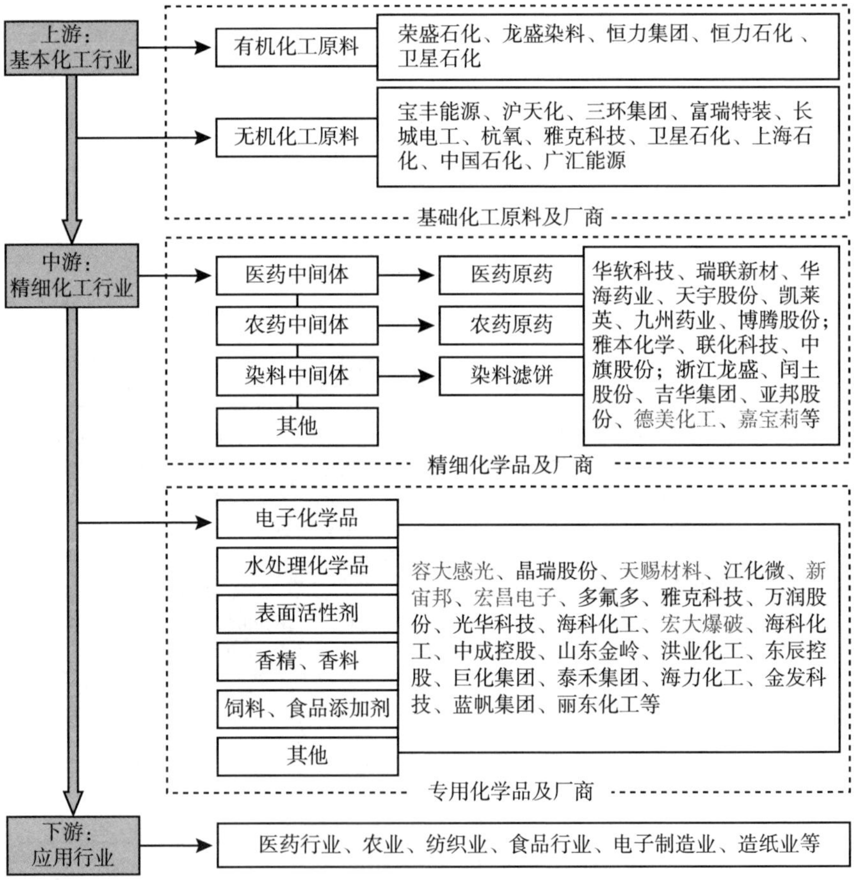

图 3 绿色石化产业链全景

资料来源：作者根据相关资料绘制而成。

湾区精细化工行业在全国竞争力较弱，缺乏龙头企业的引领带动，行业集聚效应有待进一步发挥。目前，东部地区是中国精细化工行业领先企业最集中的区域。广东仅有7家企业跻身全国100强，其中有5家企业位于粤港澳大湾区。

目前，粤港澳大湾区精细化工率远低于发达国家水平，精细化工品的品类并不多，高性能、功能化和高附加值的精细化工品进口依存度仍然较高，行业整体国际竞争力较弱，与发达国家的精细化工率（60%~70%）差距依旧较大。精细化工品国产化情况如表4所示。

表4　精细化工品国产化情况

精细化工品	国产化率	海外主要企业	中国主要企业
SAP	进口依赖度较高	日本触媒、BASF、赢创、住友、LG化学、日本SDP	卫星石化、万华化学
对位芳纶	较低	帝人、杜邦、晓星、东丽、Kermel、科隆	泰和新材、蓝星集团
电子级胶黏剂	高端依赖进口	3M、汉高、富勒、赢创	回天新材、康达新材
MS胶	较低	3M、波士胶、富勒、汉高、瓦克、钟渊	皇马科技
PIA(间苯二甲酸)	14%	伊士曼、韩国乐天、三菱瓦斯、SABIC、赛默飞	中石化、台湾化纤
乙二醇丁醚	20%	伊士曼、利安德巴赛尔、BASF	南京德纳、东联化学、怡达股份
二乙二醇	40%	壳牌、印度信诚、SABIC、科威特烯烃公司	中石化、中石油、上海石化、台塑石化
己二腈	基本完全依赖进口	英威达（59%）、奥升德（23%）、BASF（含索尔维）（15%）、旭化成(3%)	—
催化剂	较低	BASF、雅保、庄信万丰、赢创、陶氏、科莱恩	—

注：“—”表示未找到生产相关精细化工品的代表企业。
资料来源：中信建投证券。

从产品的角度来看，光刻胶是一种专门用于精细化工行业的电子化学品，行业壁垒非常高，多年来一直被日本和美国的专业公司垄断。前瞻产业研究院的数据显示，排名前五的光刻胶厂商占全球87%的市场份额。高分辨率的半导体光刻胶（KrF 和 ArF）的核心技术主要被日本与美国的企业垄断，我国该类产品主要依赖从国外企业进口，代表企业有杜邦、JSR 株式会社、信越化学、东京应化工业、Fujifilm 以及韩国东进等。从整个光刻胶市场格局来看，日本是光刻胶行业的巨头企业聚集地。目前，国内高端193nmArF 光刻胶产品还处于研发状态，与业内最为先进的光刻胶公司还存在不小的差距。三大光刻胶应用的国产化情况如表 5 所示。

表 5　三大光刻胶应用的国产化情况

三大光刻胶	类型	国产化程度	国内核心代表企业
PCB 光刻胶	干膜光刻胶	几乎全进口	
	湿膜及阻焊油墨	50%	容大感光、飞凯材料、北京力拓达、东方材料
LCD 光刻胶	彩色光刻胶	5%	雅克科技、鼎材科技、北旭电子、阜阳欣奕华
	黑色光刻胶	5%	上海新阳、江苏博砚、阜阳欣奕华
	触屏用光刻胶	30%～40%	苏州瑞红
	TFT-LCD 正性光刻	大部分进口	苏州瑞红、北京科华、容大感光、中电彩虹、飞凯材料、北旭电子
半导体光刻胶	G 线光刻胶(436nm)	20%	苏州瑞红、北京科华、容大感光、潍坊星泰克
	I 线光刻胶(365nm)	20%	
	KrF 光刻胶	<5%	徐州博康、苏州瑞红、北京科华、上海新阳
	ArF 光刻胶	1%	
	EUV 光刻胶	全进口	北京科华(02 专项)

资料来源：方正证券研究所。

2. 产业链存在的问题分析

（1）产业链“头大尾小”，高端合成橡胶类产品和精细化工品等依赖进口

从国际对比来看，中国精细化工品的品类比较少，仅占全球的 20%左右；精细化工率与发达国家（60%～70%）相比仍有较大差距。此外，高分辨率的 KrF 和 ArF 半导体光刻胶核心技术基本被杜邦、JSR 株式会社、信越

化学、东京应化工业、Fujifilm、韩国东进等日、美、韩企业垄断。另外，光刻机、显影机、检测与测试设备等是光刻胶制造的核心设备，其国产化程度低于10%，受制于美、日、荷兰等国。

（2）石化企业招工难和留人难问题突出，缺乏高端专业石化人才和一线技术人员

石化产业属于技术密集型产业，高端专业人才和一线技术人员市场供应不足，无法较好符合产业升级要求。另外，绿色石化人才的引进政策和相关的配套支持政策力度不强。

（3）石化企业创新活力有待进一步释放，产业数字化与转型升级之间融合深度不够

一方面，石化企业对创新驱动的重视不够，对创新活动方面的研发投入有待进一步加大。产业创新平台与机构不足，在重要仪器设备、特种材料以及专用化学品等方面存在核心技术受制于人的问题。另一方面，创新活动的主体存在短视思维。企业缺乏与多方合作的联动机制，与高校等科研机构之间缺乏长效的研发合作机制与成熟的成果推广应用方案，科研创新成果转化率较低。另外，数字经济迅猛发展，但是石化产业数字化与转型升级的嵌套与融合深度还不够，缺少一套有效的行业数字化与转型升级融合的方案。

（4）产业规模优势发挥不明显，产业链联动效应有待提升

在产业规模方面，尽管广东原油加工和乙烯生产规模庞大，合成材料和精细化工行业也较发达，但产品远不能满足广东省巨大的市场需要。由于供不应求，大量原材料只能长期依赖进口或从省外调入，极大地制约精细化工、化工新材料的发展，也波及电子、电器、机械、造纸、纺织、食品、汽车、建材等支柱行业的协调发展。比如，2020年广东省有机化学品净进口量855万吨，进出口逆差40亿美元；合成树脂净进口量805万吨，进出口逆差113亿美元。另外，由于央企主导的石化重点项目与地方经济发展没有完全对接，各石化园区产业链尚不完善，上游石化龙头项目对中下游产业的带动性不够，尚未形成上中下游一体化紧密联系的产业体系，导致产业链联动效应不明显。

（5）资源环境约束突出，未来发展空间受限

2021 年 10 月 24 日与 27 日，《国务院关于印发〈2030 年前碳达峰行动方案〉的通知》和《中国应对气候变化的政策与行动》白皮书分别出台，这充分体现了中国积极应对气候变化、走绿色低碳发展道路的决心，为中国乃至世界石化产业的绿色低碳、转型升级、合作创新发展注入了强大的中国动力，同时生态文明建设面临更大的挑战。随着石化产业规模的不断扩大，石化产业对工业用地、用能和排放指标的需求将不断增加，厂区周边城市更新项目不断升级改造，对安全生产环保责任、底线思维和红线意识的要求将更加突出，集群内石化企业面临的资源、安全和环境压力将增大，未来发展空间有限。

基于以上现实问题，粤港澳大湾区绿色石化产业必须加快产业结构调整及优化的步伐，加快构建更具创新性、更高附加值、更安全可靠、更绿色低碳的产业链和供应链（见图 4）。

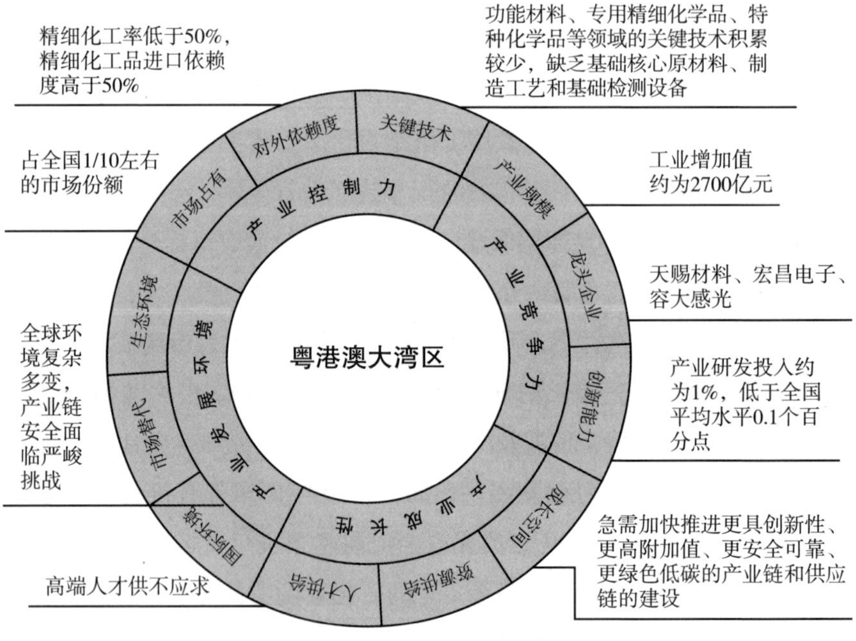

图 4　粤港澳大湾区绿色石化产业发展和安全性分析概览

资料来源：作者根据相关资料绘制而成。

（三）生物医药与健康产业链

1. 产业链全景分析

生物医药与健康产业链包括制药基础、医药研发与制造、医疗检测和服务、医药流通等主要环节（见图5）。从产品角度来看，粤港澳大湾区生物医药与健康产业链较为完善，药品生产、医疗器械生产、经营企业和批发、零售药品数量在全国占比达到10%左右，药品制剂市场竞争力在国内处于领先水平，同时生物制药和医疗器械方面的竞争力正在逐步形成。

从企业角度来看，大湾区拥有一批国内知名度较高和市场竞争力较强的医药企业，其中生产实力强劲的企业包括基因工程药物及疫苗领域的康泰生物，2020年疫苗年产量达2558.44万剂；中药制品领域的中药控股；生物药领域的华大基因以及基因检测领域的达安基因、金域医学。下游医药流通的企业药品销售额占全国的比重达到9.4%。

2. 产业链存在的问题分析

（1）原材料自给能力低，关键零部件和核心技术依赖进口

部分研发所需的原材料，如细胞模型仍依赖进口，部分生产研发所需的试剂耗材和高端研究仪器严重受制于欧美国家。一是基础原材料供应存在风险，POCT（即时检测）上游行业包括抗体、抗原、诊断酶和膜材料等生物原材料依赖美国、欧洲和澳洲，议价能力相对较低。虽然一些厂家已经通过自主研发掌握了一定的技术，可以自主生产一些原材料，但原材料的规模和质量暂时无法与进口原材料相比。还有一些原料药、辅料依赖印度、德国，化学制药工业低技术水平的制剂生产能力过剩，原料药自给不足，制剂工业与原料药工业不能相互匹配的结构性矛盾突出。二是关键零部件和核心技术供应存在风险，恶性肿瘤放疗设备和放疗比例远低于发达国家，每百万国人仅仅拥有1.4台放疗设备，远远低于发达国家平均拥有量（7~8台）的水平，美国每百万人拥有放疗设备已接近12台；气相色谱仪和高效液相色谱仪等重要药品检测设备主要依赖美国、日本等；滤光片、主控板处理器、部

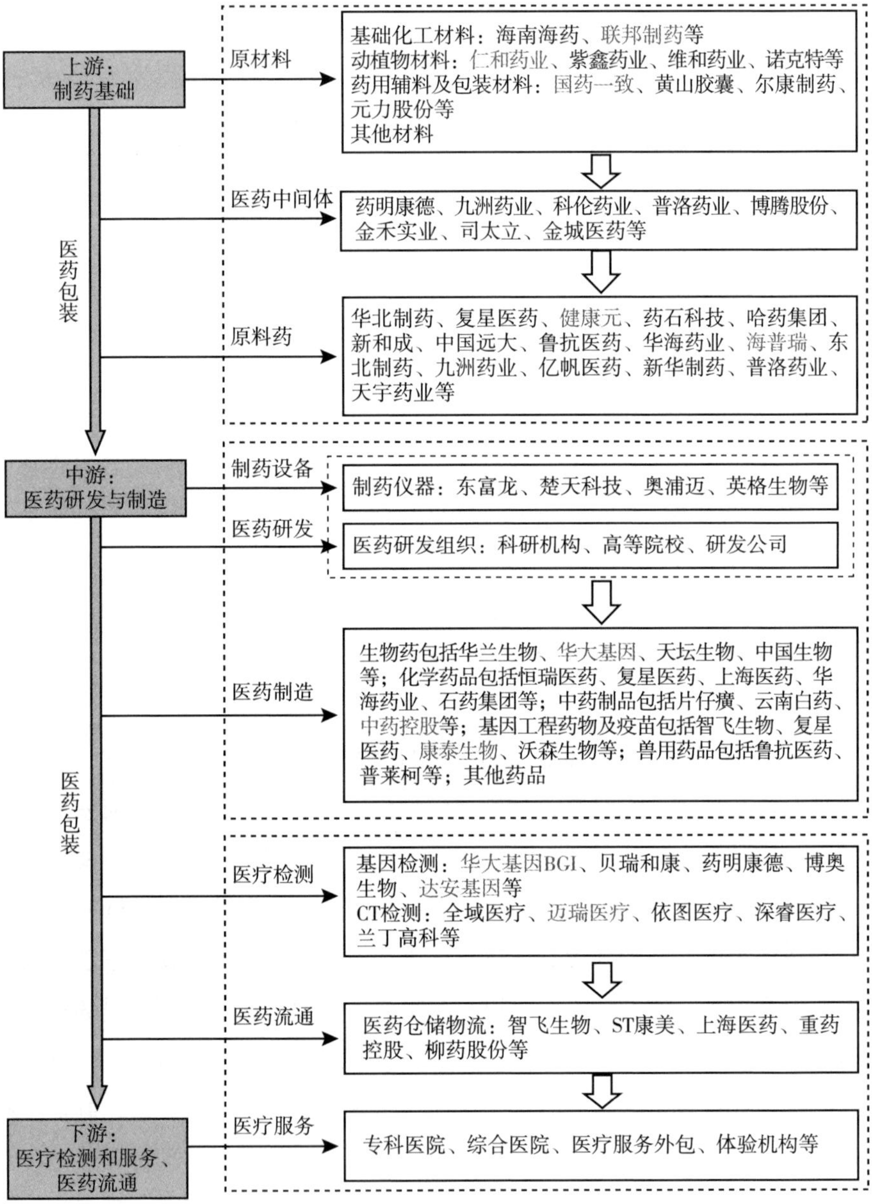

图 5　生物医药与健康产业链全景

资料来源：作者根据相关资料绘制而成。

分医用芯片等主要依赖进口；高端医疗器械和装备、基因技术、干细胞技术、生物试剂和菌种等依赖美国、德国、日本和瑞士等国。

（2）医药专利技术基础薄弱，研发投入强度仍有差距

粤港澳大湾区目前化学药品和大部分生物药品主要为仿制品，且生产性重复的现象比较严重。生物制药方面的比较优势主要集中于抗体药物、重组治疗性蛋白和干细胞治疗产品，比较薄弱的环节主要是哺乳动物细胞大规模培养、嵌合抗体和人源化抗体技术等，并且基因工程使用的大部分药物是仿制而成的。[①] 生物技术专利问题是大湾区乃至全国生物医药与健康产业链目前的一大痛点，短时间内难以打破国外的专利封锁。同时，大湾区在医药领域的相关科技研发项目主要集中在产业化前端，缺乏对产业化后端——科技成果转化的支持。在技术创新研发投入方面，大湾区生物医药与健康产业近年来每年投入研发的费用尽管不断增加，但与美国17%~18%的研发投入强度相比，甚至与国际平均水平13%相比仍存在较大的差距。

（3）合同研究外包（CRO）和合同加工外包（CMO）等关键环节薄弱，影响知名企业落地粤港澳大湾区

生物医药与健康产业链很长，一个企业往往只能集中研发自身的优势环节，其余部分则需要依靠CRO完成。目前CRO承担了全球近1/3的新药开发，在提高效率的同时，为企业节省30%~50%的成本。在从事药物发现和药物开发的国内知名CRO企业中，粤港澳大湾区只有博济医药较为知名，其他如药明康德（上海）、新生源（上海）、美迪西（上海）、华威医药（南京）、泰格医药（杭州）、赛德盛（北京）、昭衍新药（北京）等，均位于长三角地区或北京，CMO企业的业务水平还有待提升。目前，国内知名的CMO企业仍然主要分布在长三角地区或北京等地，如联化科技（浙江台州）、九州药业（浙江台州）、泓博医药（上海）、合全药业（上海）、乐威医药（江苏泰州）、

① 李缘、孟光兴：《技术创新视角下的广东省生物医药产业发展问题研究》，《科技与金融》2021年第5期。

奥达国际（北京）、博腾股份（重庆）等。这些薄弱环节影响了产业链的完整性，也影响了知名企业落户粤港澳大湾区。

（4）产业和企业的规模与水平有待提升，国际市场竞争力不足

一方面，生物医药与健康产业和企业的规模偏小。生物医药与健康产业总产值占粤港澳大湾区十大产业总产值的比重较小，产业总体规模相对偏小。目前，粤港澳大湾区珠三角 9 市的医药企业 60%以上为小型企业，产业整体竞争力不强，生物科技企业产品同质化明显，科技含量相对较低，除医疗器械、生物技术服务等少数领域在国内领先外，其余大部分领域的产业竞争力均落后于长三角和环渤海地区，与国际先进水平有较大差距。另一方面，生物医药与健康企业的药物生产品种不具有多样性、创新性。由于在市场竞争中缺少政策激励，医药企业自主创新难以实现预期回报，粤港澳大湾区内多数中小型的医药企业创新积极性不高，自我积累能力较弱，无法实现高研发投入—高技术产品—高收益率—更新产品研发的良性循环，从而引致单个企业品牌的市场占有率不高、竞争力不足，规模效益水平较低，医药企业拳头产品匮乏。

（5）公共服务平台有待完善，联动机制有待健全

从服务范围领域来看，粤港澳大湾区在平台载体建设和创新公共服务体系，如产学研创新联盟、企业重点实验室、生物医药前期研发平台等方面的投入还不够。从平台规模来看，粤港澳大湾区缺乏很多关于生物制药的大平台，高水平的药物非临床研究、药品临床试验机构还很稀缺，由此导致粤港澳大湾区的医药企业在做一些高端先进的研究时，只能前往上海、北京甚至成都，大大增加了企业的研发成本、延长了企业的研发周期，一些对运输条件要求较高的细胞、生物样品的成本增加就更为明显。从服务平台效率来看，粤港澳大湾区承接的临床试验数量依然偏低，试验药品主要集中于临床试验的第Ⅱ、Ⅲ期，而具备条件承接临床试验第Ⅰ期的机构承接的试验很少。[①] 同时，部门、地方分割和多头管理的模式导致研发平台建设分散且重复，而且

① 刘玲玉、严帅：《粤苏生物医药产业发展对比研究及对广东的启示》，《科技管理研究》2020 年第 6 期。

各类研发平台之间在规划建设、项目引进、信息共享、人才选聘方面缺乏相关的沟通和交流，尚未形成联动发展机制。

粤港澳大湾区生物医药与健康产业发展和安全性分析概览如图 6 所示。

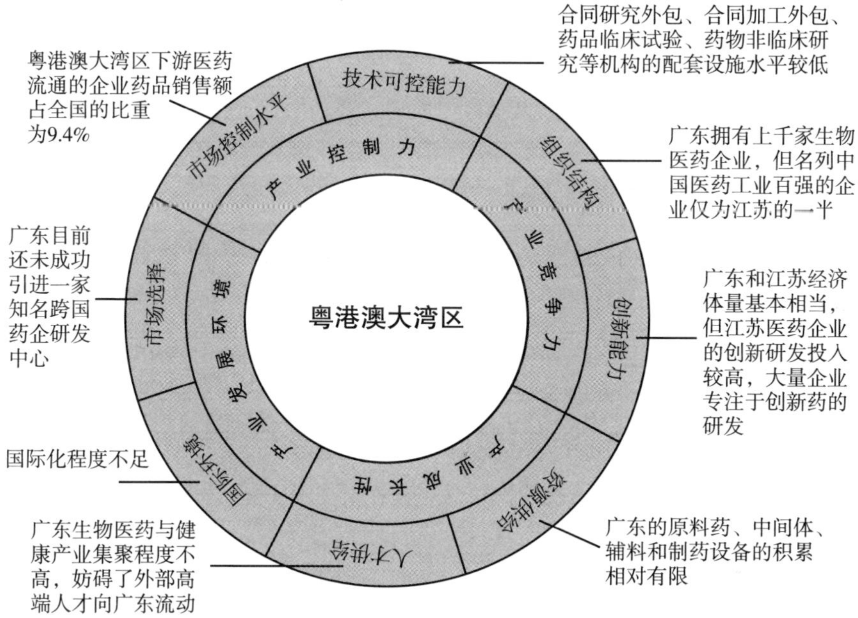

图 6　粤港澳大湾区生物医药与健康产业发展和安全性分析概览

资料来源：作者根据相关资料绘制而成。

（四）智能家电产业链

1. 产业链全景分析

智能家电产业链主要分为上游主要零部件供应、中游平台与方案设计、下游终端产品制造与销售三大环节（见图 7）。从产品角度来看，粤港澳大湾区智能家电产品覆盖了家电行业各个领域，形成以“产品研发—模具制作—配件生产—成品总装—质量检测—物流配送”流程为特点的全球品种较齐全且规模较大的产业链和供应链体系。在 MCU 芯片领域，粤港澳大湾区智能家电需要的芯片主要是更为高端的 32 位芯片，但国内 MCU 芯片产业

图 7　智能家电产业链全景

资料来源：作者根据相关资料绘制而成。

由于起步较晚，产能主要集中于中低端，能够量产32位MCU芯片的厂商并不多。此外，PCB、电容、电阻等元器件虽然已经实现了不同程度的国产化替代，但高端领域在一定程度上仍需进口。例如，常用在油烟机、空调、冰箱上的SOI电机控制芯片，粤港澳大湾区甚至国内的企业没有生产能力，目前全球只有东芝和英飞凌有生产能力，而空调制冷剂、冰箱发泡剂等关键基础材料也存在“卡脖子”问题。

从企业角度来看，粤港澳大湾区拥有美的、格力、TCL、汇川技术、深南电路、中颖电子、宇阳科技、深圳法比亚、科通芯城等一批自主龙头企业。近年来，粤港澳大湾区头部智能家电企业加大生产投资，加速产能布局。粤港澳大湾区智能家电产业链尽管规模较大、品类较全，但在芯片制造、关键零部件、智能控制软硬件、制造装备及工艺、高性能原材料、检验检测设备等方面与国际先进水平之间的差距仍然明显。

2. 产业链存在的问题分析

（1）全球化研发体系能力不强

一方面，国际市场竞争力仍待提高。尽管粤港澳大湾区家电产品已经服务全球市场，多个家电企业先后并购了多个国家的家电品牌企业，但大部分家电企业只是按照采购商的要求生产，并没有做到根据当地用户需求特点来开发和设计。另一方面，由于新冠肺炎疫情影响，各国实行出行管制措施，原材料进出口受到严重影响，智能家电企业成本端压力仍存。智能家电产品主要原材料为铜、铝、钢材以及塑料，这些原材料合计占总成本的40%左右，因此智能家电企业经济效益受上游原材料成本影响较大。2021年以来，原材料价格的大幅上涨给粤港澳大湾区智能家电企业带来较大成本压力。全球化创新平台与区域化协同的研发体系尚未形成，家电企业对市场快速响应、跨文化沟通的协同创新能力还比较弱。在高端人才培养与引进方面：一是十分缺乏具有全球视野、语言能力和专业技术功底的人才；二是国际标准人才培养机制不完善，支撑实现国际标准化目标的专家数量少。

（2）数字化转型发展进程缓慢

中小企业数字化转型水平有待进一步提升。一是粤港澳大湾区产业渗透度不高，如顺德家电制造业的5G、工业互联网应用主要集中在龙头标杆企业和大中型企业，大数据应用主要集中在政务服务和大型骨干企业。中小企业受眼光、资金和技术能力的制约，对数字化技术的应用仍处于起步阶段。二是在数字平台研发创新、产研结合上存在短板，部分企业在运营管理的某些环节实现了数字化，但与端到端的管理全价值链的数字化还有很大差距；在研发创新中通过大数据对用户需求的挖掘、建模，对产品规划做判断决策，实现产品创新的能力还不强；以数字化协调全球创新平台运营管理的能力还比较弱。

（3）企业品牌质量优势不明显

粤港澳大湾区智能家电企业高端品牌的发展能力不足。一方面是高算力需求的应用领域的头部企业较少，除美的、格力等少数龙头企业外，多数是为一些世界行业巨头进行OEM代工生产的企业，产量大、利润低，处于产业链的中低端。相比之下，国外MCU芯片企业如瑞萨、恩智浦、德州仪器、英飞凌、意法等，共垄断全球90%左右的市场份额。另一方面是缺乏爆款单品、中等规模特色的企业和品牌，零部件企业大多为中小企业，缺乏核心竞争力，对整机生产制造商缺乏议价能力，盈利能力弱，限制了企业的发展和产品的提质迭代。

（4）基础共性技术研究待加强

产业链尚有一定缺口，部分关键零部件、关键原材料、核心技术等与发达国家相比存在较大差距。智能家电在中高端MCU芯片的环节上进口依赖度较高。从家电行业整体情况来看，触控屏、基础原材料、电源等相关芯片都比较短缺，国产芯片由于产业链不够完善，应用效果不好，应用比重不到10%。对产业整体而言，芯片设计、材料供应、制造、封测等各环节几乎是空白。另外，国内高速电机的软、硬件控制技术，叶轮设计技术等存在短板。

（5）缺乏统一的行业指导标准

粤港澳大湾区智能家电产业的发展受制于国际标准引领不明显、国际话语权不强、互联互通标准不统一。物联网之间无法互联互通。各家物联网平台都不相同，使终端消费者需要安装大量App来配合各个平台，非常不方便。另外，智能家电存在泄露个人隐私的隐患，目前浙江省政府已经着力打造公共智能服务平台，粤港澳大湾区尚未搭建比较成熟的公共智能服务平台，同时公共服务平台的落地也亟待解决。

（6）国际贸易壁垒阻碍智能家电产业发展

粤港澳大湾区智能家电产品出口遭遇国际贸易壁垒，不利于粤港澳大湾区智能家电产业发展。由于经济全球化，世界各国在贸易合作的同时难免有摩擦，实施技术性贸易措施成为世界各国保护本国市场的关键途径。然而，部分国家市场准入指令和滥用知识产权的保护措施阻碍了粤港澳大湾区智能家电企业进入海外市场，从而增加了粤港澳大湾区智能家电企业的生产成本，延长了报关时间。此外，部分国家借以保护国内产业、国家安全的理由，采取反倾销措施以及损害产业发展的不正当竞争手段对中国商品采取提高关税、总量配额等做法，进一步阻碍大湾区智能家电产业的发展。

粤港澳大湾区智能家电产业发展和安全性分析概览如图 8 所示。

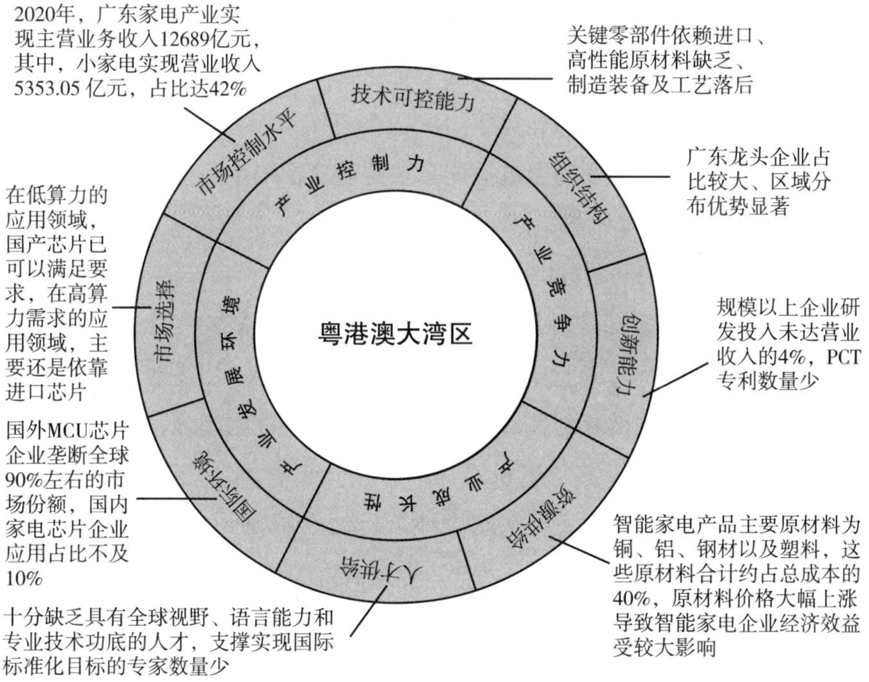

图 8　粤港澳大湾区智能家电产业发展和安全性分析概览

资料来源：作者根据相关资料绘制而成。

（五）汽车产业链

1. 产业链全景分析

粤港澳大湾区作为重要的汽车生产基地，已经形成了较为完整的新能源汽车产业链，具备包括动力电池系统、电机、电控在内的新能源汽车零部件研发能力与整车开发能力以及配套充电基础设备建造能力，研发能力和生产规模在全国处于领先水平。从产品角度来看，粤港澳大湾区具备研发设计和生产制造锂电池各个部件的能力，锂电池及锂电池的正极材料、负极材料、电解液、隔膜等产能规模均居全国前列，已成为全球最大的锂电池生产制造基地之一。2020 年，广东省新能源汽车动力锂电池产能位居全国第二，其中磷酸铁锂动力锂电池和三元动力锂电池的产能分别位居全国第一和第二。①

从企业角度来看，粤港澳大湾区培育了比亚迪、贝特瑞、星源材质、亿纬锂能、欣旺达、大洋电机等一批骨干企业，研发能力和生产规模在行业内居前列，具备较强的影响力和竞争力（见图 9）。2020 年，比亚迪、亿纬锂能、比克、欣旺达的车用动力电池配套量位居全国前十，市场占比分别达到 17.31%、2.79%、1.11%和 1.04%。

2. 产业链存在的问题分析

（1）关键基础零部件对外依赖度较高

粤港澳大湾区汽车产业尽管规模庞大，但先进基础工艺，如汽车芯片、发动机、变速箱等关键基础零部件的自主研发制造能力不强，严重依赖于进口，行业整体显现供应链“断供”风险，生产运营面临较大的冲击。由于粤港澳大湾区的汽车企业主要采取中外合资的发展模式，长期依赖于本田、丰田、日产、大众等合资企业，汽车产业整体技术创新活力不足，车规级芯片

① 《2020 年广东省新能源汽车动力锂电池产能分析（磷酸铁锂+三元）》，“战略新兴产业研”百家号，2021 年 1 月 17 日，https：//baijiahao. baidu. com/s？ id = 1689095680924078350&wfr = spider&for = pc。

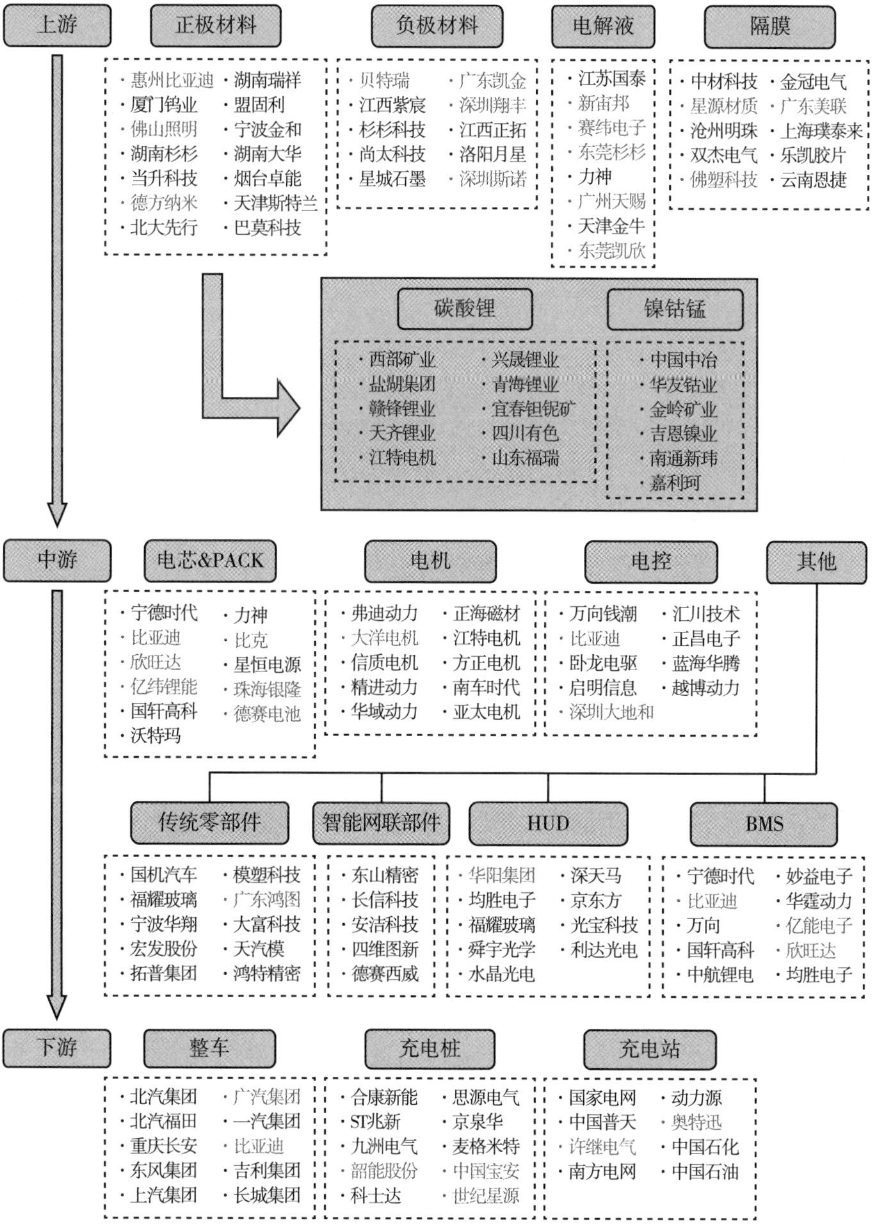

图 9　新能源汽车产业链全景

资料来源：作者根据相关资料绘制而成。

MCU、IGBT 等高端核心组件进口依赖度高达 95%①，关键零部件仍受制于人，亟须推进关键核心技术攻关，提高国产品牌芯片的研发和制造能力。

（2）关键基础材料和技术存在短板

轻量化材料的开发和应用是解决新能源汽车续航难题的有效途径，然而目前大湾区制造的轻量化材料的产品质量在异质性、均匀性、稳定性方面不高，且高端材料在工业体系中所占的比重低，原创性不足，基础共性关键技术和精深加工技术的研发很少，高端铝板带箔材等轻量化材料仍依赖进口。此外，大湾区内新能源汽车制造业与电子信息、机械装备制造等关联产业的融合发展程度不高。② 现阶段汽车自动驾驶、操作系统、车联网等网联化、共享化和智能化技术发展均显著滞后于电动化技术，真正运用产业化和应用化生产的产品并不多③，存在明显的技术短板，不利于抢占新兴汽车产业发展高地。

（3）汽车零部件产业规模质量有待提升

本土汽车零部件品牌市场份额仍然偏低，技术研发能力普遍不足，主要生产的产品，如轮胎、玻璃、发动机轴承等都是处于汽车产业价值链低端环节的零部件产品。2020 年前三季度，广东省汽车整车和零部件制造的工业总产值比约为 1∶0.91，而汽车制造业成熟国家和地区的整车与零部件制造的工业总产值比约为 1∶1.7。显然，粤港澳大湾区的汽车零部件制造业发展滞后于整车制造业，难以与整车企业开展深入合作，无法有力支撑粤港澳大湾区汽车产业迈向产业链中高端。

（4）公共技术服务平台支撑力相对有限

由于大型综合性的国家级汽车及零部件检测平台配套的不足，粤港澳大湾区很难支撑智能网联汽车等新兴汽车领域实现快速发展，不利于抢占全球

① 《产量连续三年全国第一，广东如何竞逐“造车”新赛道？丨微报告》，南方 plus 客户端，2020 年 12 月 3 日，http：//static. nfapp. southcn. com/content/202012/03/c4384921. html？colID = 16&firstColID = 6487。

② 巫细波：《外资主导下的区域汽车产业全球价值链升级路径与对策研究——以粤港澳大湾区为例》，《产业创新研究》2020 年第 3 期。

③ 方海洲、包莉丽：《智能网联汽车生态产业链困境与对策研究——以深圳智能网联汽车生态产业链为例》，《科技创业月刊》2020 年第 8 期。

新兴汽车产业发展高地。汽车零部件检测机构集聚水平及整体规模仍有待提升，粤港澳大湾区应积极争取招投标国家级整车检测平台的落户。另外，粤港澳大湾区的建设用地难以协调、资金投入不足，导致大湾区内的自动驾驶基地建设相对滞后。

（5）高端专业人才供给和储备严重不足

粤港澳大湾区汽车产业的专业化高端人才匮乏，对传统汽车产业向新能源汽车产业转型升级难以形成有效的创新和智力支撑。当前，汽车企业与粤港澳大湾区内高校及科研机构的人才交流互动较少，职业和高等院校内与汽车相关的专业还设置得比较保守，汽车人才培养和成长的速度远远落后于产业发展的速度。

粤港澳大湾区汽车产业发展和安全性分析概览如图 10 所示。

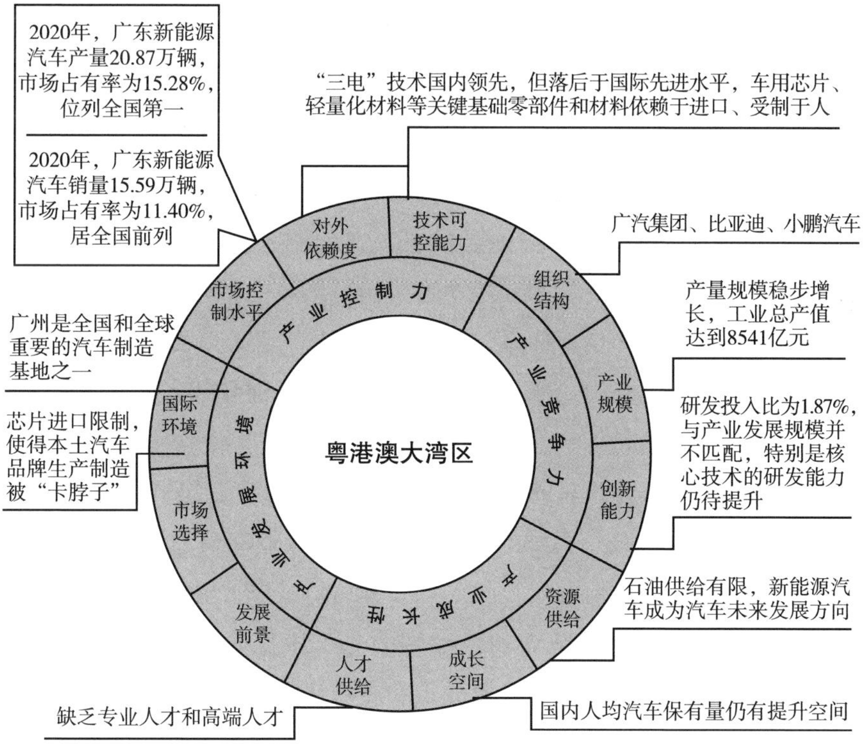

图 10　粤港澳大湾区汽车产业发展和安全性分析概览

资料来源：作者根据相关资料绘制而成。

四 粤港澳大湾区产业链建设的建议

（一）总体思路

粤港澳大湾区坚决贯彻落实中央部署，立足当前、着眼长远，全力保障制造业产业链和供应链稳定安全。围绕稳链、补链、强链、延链、控链的总体思路，补短板和育长板两手抓，针对产业薄弱环节，坚决推进关键基础核心技术攻关，打好产业链高级化、现代化攻坚战，持续抓好战略性产业集群培育发展，不断提升产业竞争力和抗风险能力。

（二）措施建议

1. 合力协同做大做强产业集群

一是完善链长制人员队伍，针对每个战略性产业集群建立战略咨询支撑机构。将政府部门、园区、企业、高校都纳入产业链体系，进一步完善链长制人员队伍，组建专家咨询委员会，在编制各条产业链的重点项目表、龙头企业清单、招商计划和综合评价指标体系的基础上，形成具有可操作性的政策工具包和创新体系，为稳链、补链、强链、延链、控链工作提供智囊团服务。二是加快制定检测评估机制。督促各地各部门各产业链持续地跟踪评价规划目标、龙头企业、重点项目和重大平台等发展情况，链长定期组织产业链建设汇报工作，对发展较好的产业集群、重点企业、重点项目予以通报表扬，总结推广各地推动制造业高质量发展的成功经验，梳理关键技术和共性技术攻关卡点，并将链长制实施情况作为绩效考核的重要依据。三是加强跨界和跨地区的分工协作。以链长制为政策基础，深入推进跨地区跨领域的产业分工和支持协作以补链、延链，因地制宜地精准施策，在落实和推进 20 个战略性产业集群的关键核心技术、基础科学研究、专业人才培养和政策实施短板的攻关上实现粤港澳大湾区各地协同合作、各展所长。

2. 培育壮大高端专业人才队伍

一是加强科技创新人才、优秀青年人才、创新型粤商等队伍建设。重视专业化人才培养，可通过建立技术转移学院、鼓励专业培训机构开展针对产业科技成果转移转化的复合型人才专项培训，增强专业化人员的服务能力，提升成果转移转化效率。二是实施引才政策。实施外籍人才创新创业同等优惠的政策，靶向地招引一批全球顶尖人才流入粤港澳大湾区。三是畅通科研院所、高校与企业人才合理流动通道。激励创新型人才进入省级以上实验室、制造业创新中心等从事科研工作。四是鼓励数字技术人才到省内各地发展。除广州、深圳以外的省内各地，制造业数字化发展潜力大，对数字技术人才来说是一片“蓝海”。本报告建议鼓励广州、深圳数字技术专业的高校毕业生、高端技术人才到包括顺德在内的省内各地发展，实现共赢。

3. 完善公共技术服务平台

一是构建研究型的公共服务平台。针对行业内关键共性核心技术和设备，依托科技厅、财政局等政府部门联合科研院所牵头组建面向基础理论的研究性公共服务平台，承担产业链关键共性核心技术的研发任务。二是构建专业型的公共服务平台。依托行业协会和产业联盟组织，鼓励各类主体参与建设专业公共服务平台，为参与平台组建的各类主体优先提供研发设计、资源共享、检验检测、成果转化技术、人才培训和品牌推广等专业服务。三是构建智能型的公共服务平台。政府牵头打造公共智能服务平台，打破行业巨头的技术壁垒，积极推动各大物联网平台实现云云互联，为各产业链之间、产业链上下游企业之间实现实时联系对接提供渠道。四是培育工业企业互联网平台。加快推进技术水平高、集成能力强、行业应用广的跨行业跨领域的工业企业互联网平台的建设，以及推动面向重点行业和区域的特色型工业企业互联网平台、面向特定技术领域的专业型工业企业互联网平台的创建。

4. 加强产业链的安全监控预警

一是加强统计检测。建立完善的产业链企业和统计监测项目目录，明确行业边界，建设产业链企业库，加强对龙头企业的监测分析，加强对产业经济运行相关数据的监测分析，及时掌握重大项目实施进度、技术创新过程、政策实施情况，完善实时动态监测和反馈机制，做好跟踪分析、监督检查、量化评估等工作。二是加强系统预警。通过“全景”实时数据分析和监测，充分掌握工厂和车间的能耗情况，实现各产业链经济运行评价、诊断、分析预警和安全隐患筛查等功能，实现工业经济监测及决策数字化、精准化、及时化。

5. 深入落实“广东强芯”工程

针对新一代电子信息、智能家电、汽车等产业缺芯问题，加快芯片、半导体、关键电子元器件的自主研发，解决高端芯片“卡脖子”问题。一是精准招商，引进国内外龙头企业以提升芯片自主研发水平。围绕“广东强芯”工程规划布局，引进一批芯片设计、封测、装备材料等上下游龙头企业，建设一批集成电路产业基地和智能传感器产业园，发挥创新集聚效应。二是做好芯片应用验证示范，构建“芯片—整机”联动发展平台。在推广国产化芯片应用的过程中，实现芯片与整机产品同步设计、系统验证、批量应用和迭代升级。三是鼓励大湾区行业协会牵头组织搭建需求对接平台。通过定期组织集成电路竞赛、论坛、行业会议等，定期开展芯片供需对接活动，整合优势产业资源，促进产业链上下游紧密合作，构建产业链合作生态圈。

6. 加大车用芯片算法研发力度

各部门要加强协调、统筹研发资源，引导汽车企业加大汽车芯片算法研发力度。一是通过设立新的新能源汽车研发专项促进关键核心技术原始创新，分担企业科创研发的风险①，以引导和鼓励比亚迪、广汽集团等龙头企业加大车用芯片算法等短板的技术研发和技术改造支持力度。二是进一步提高新能源汽车企业研发费用税前加计扣除比例。针对研发费用不存在无形资产的情况，适当提高研发费用的加计扣除比例；对研发费用已形成无形资产的，应适当提高按无形资产成本摊销的比例，降低企业研发成本。

7. 积极对标国际先进规则标准

粤港澳大湾区产业发展质量制定标准应该向国外先进标准靠拢，通过国

① 张厚明：《我国新能源汽车市场复苏态势及推进策略》，《经济纵横》2021 年第 10 期。

际合作提高大湾区产业发展水平。例如，当前大湾区智能家电产品发展速度加快，但部分产品的研发应用落后于国际水平。因此，国家智能家电产业主管部门和产业协会应根据国外最新标准调整我国智能家电产业标准。大湾区智能家电企业也同样如此，在产品研发过程中对照国际最新标准制定并不断完善智能家电新产品相关的标准体系，提高产品质量，为粤港澳大湾区智能家电产品走出国门提供支撑。粤港澳大湾区集群产业企业与国际标准化组织之间的联系也至关重要。粤港澳大湾区集群产业企业要加强与国际的合作，主动参与国际活动，主导并参与新兴产业产品及核心部件相关国际标准的制定，按照国际标准开展产品设计、开发、制造并构建具有国际水平的质量管理体系，提高粤港澳大湾区产业链的智能化水平和大湾区的国际话语权。此外，产业交流则可以收集国际市场动态、国际贸易动态，为产业提供贸易信息支持。组织国际技术交流、产品交流、产品推介会，能够提升产业集群的开放性，增强集群的国际化联系。依照国际标准建设高质量的检测平台，开展重点产品质量检测、提升行动，促进粤港澳大湾区新兴产业产品的高质量出口。

参考文献

《广东省人民政府关于培育发展战略性支柱产业集群和战略性新兴产业集群的意见》，《广东省人民政府公报》2020 年第 15 期。

《国家中长期经济社会发展战略若干重大问题》，《求知》2020 年第 11 期。

数字与科技发展篇

Numbers and Technology Reports

B.2 粤港澳大湾区数据要素流动研究

洪为民 *

摘　要： 粤港澳大湾区经济总量持续增加，人流、物流、资金流流通性持续增强，但是数据流止步不前。本报告认为数据要素跨境流动是推动粤港澳大湾区进一步融合发展的重要工作。粤港澳大湾区数据要素流动可分为三方面：首先是内地公民数据出境，其次是两地政务数据互通，最后是信用数据互通。合理有序的数据跨境流动，使粤港澳大湾区可以进一步发挥数据作为生产要素的积极作用，让粤港澳大湾区的经济圈真正的融合发展。

关键词： 数据要素　跨境流动　粤港澳大湾区

“粤港澳大湾区经济总量有望在 2022 年达到 14.76 万亿元，超越东京湾

---

* 洪为民，法学博士，海南大学“一带一路”研究院兼职教授，研究方向为粤港澳大湾区以及产学研合作。

区成为世界经济总量第一的湾区。”这是中国发展研究基金会发布的《中国城市群一体化报告》① 中对粤港澳大湾区发展前景做出的乐观预期。同时，随着横琴方案、前海方案和南沙方案陆续推出，粤港澳大湾区内城市间的分工和内地城市与香港、澳门的合作模式也逐渐成形。再加上过去数年推出的便利港澳居民在内地就业、就医、生活、创业等政策的不断落地，粤港澳大湾区正在稳步迈向《粤港澳大湾区发展规划纲要》中的第二步目标。2022年，粤港澳大湾区综合实力明显增强，区域内生发展动力进一步增强，世界级城市群框架基本形成。②

在粤港澳大湾区的“四流”（人流、物流、资金流、信息流）中，人流、物流已经基本打通，资金流也在深港通、债券通、理财通等计划下有限度地流通，但在信息流方面却一直止步不前，无法让数据要素跨境流动发挥作用。本报告认为这是下一步推动粤港澳大湾区进一步融合发展的重要工作。

数据要素流动主要分为三方面。

第一个方面是内地公民数据出境。在《网络安全法》和《数据安全法》下，内地公民数据出境有限制。2022 年 2 月，工信部发布《再次公开征求对〈工业和信息化领域数据安全管理办法（试行）〉的意见》。该意见提出，工业和信息化领域数据处理者在中华人民共和国境内收集和产生的重要数据和核心数据，法律、行政法规有境内存储要求的，应当在境内存储，确需向境外提供的，应当依法依规进行数据出境安全评估。③ 事实上，从 2016 年《网络安全法》颁布后，这个需求就一直引发讨论。

在经济全球化不断深入，电子商务迅猛发展的今天，数据跨境传输已成为绕不开的话题。如果数据被禁止跨境传输，那么不仅对企业，而且对所有

---

① 《中国发展研究基金会在京发布〈中国城市群一体化报告〉》，中国发展研究基金会网站，2019 年 3 月 19 日，https：//www. cdrf. org. cn/jjhdt/4898. jhtml。

② 《中共中央 国务院印发〈粤港澳大湾区发展规划纲要〉》，中国政府网，2019 年 2 月 18 日，http：//www. gov. cn/zhengce/2019-02/18/content_ 5366593. htm#2。

③ 《再次公开征求对〈工业和信息化领域数据安全管理办法（试行）〉的意见》，中国政府网，2022 年 2 月 13 日，http：//www. gov. cn/xinwen/2022-02/13/content_ 5673340. htm。

公民的生产生活都会造成一定的影响。工信部这次的意见征求，是正视这个需求的表现。香港作为“一国两制”政策的重要实施地，是连接内地与世界的重要桥梁之一。香港于1996年实施的《个人资料（私隐）条例》是亚洲首个就个人资料隐私专门制定的条例。2022年6月，香港特区政府宣布计划在2022年底就网络立法建议进行公众咨询。[①]

本报告建议成立香港数据行业的自律行业协会，该行业制定的行业行为守则具有一定的约束力。数据所有人的数据并不是在所有地方储存都合规，其数据只有在通过认证协会认证的数据中心储存才能被认定为合规。与此同时，数据所有人需要签订授权合约，允许数据中心在发现问题或国家相关机关要求的情形下，可以对数据进行封存处理。针对违反条例的人，数据中心可以向法院申请颁布禁制令，并对数据进行相关处理，封存取证。

2021年，香港特区政府提出“北部都会区发展策略”[②]，要把新界北建成香港的第二个都会区，成为推动香港融入粤港澳大湾区、融入国家发展大局的主要引擎。本报告建议可以借此机会把“北部都会区”建成香港特区中的特区，在里面可以实行国家的部分法律，包括在特定区域实行《网络安全法》《数据安全法》等，并且邀请国家监管机关派驻机构在“北部都会区”进行监督，然后通过香港特区执法机关执法。这个安排有一点类似于《国家安全法》的安排，既有驻港国安公署，也有香港警务处国家安全处。这样的话就可以在“北部都会区”建设国际数据安全港。

在国际商务合作日益升温、数据跨境传输要求日益增多的今天，把香港建设成为国际数据安全港可以让全球各地的企业在满足不同合规的要求下，进行跨境数据传输。在香港这个具有法律、人才、基建、科技多方优

① 《邓炳强：政府拟年底就网络安全立法建议咨询公众》，香港电台，2022年6月1日，https：//news. rthk. hk/rthk/ch/component/k2/1651148-20220601. htm。

② 《北部都会区发展策略》，香港特别行政区政府网站，2021年10月6日，https：//www. policyaddress. gov. hk/2021/chi/pdf/publications/Northern/Northern-Metropolis-Development-Strategy-Summary. pdf。

势的地方，保证数据在合规的情况下自由流通，可以保障个人隐私安全，促进全球的经济发展，同时能够为香港打造全球信息中心和促进大数据产业发展提供很好的基础。香港肩负国际数据跨境传输的重担，提供最便捷、最优化的数据交换路径，为众多企业、机构和个人指明资料出入境安全合规路线。

第二个方面是两地政务数据互通。2021 年 9 月 6 日，中共中央办公厅、国务院办公厅公布的《全面深化前海深港现代服务业合作区改革开放方案》提出，推进与港澳跨境政务服务便利化以及推动境内外口岸数据互联、单证互认、监管互助互认。这些都需要两地的政务数据互通。现在香港企业到内地开公司，需要先去香港公司注册处打印资料，再找香港司法部公证人做公证，然后才能去内地注册。如果两地公司注册信息互通，就可以大大缩短准备时间和降低成本。总的来说，如果两地政务数据互通，可以进一步推进两地在经贸上的融合，便利营商。

第三个方面是信用数据互通。内地与香港的金融监管规则不同，但两地同时限制数据出境，尤其是给第三方。即使是同一家金融机构，也不能把在本地的信用信息给另一方。这样会造成信息不对称，进而导致价格无效，令粤港澳大湾区各地的金融机构无法有效定价，同时造成粤港澳大湾区各地的金融机构无法更有效地支持企业发展。不少公司业务也因此面临财力不足的问题。因此需要打破粤港澳大湾区内的金融信息层的屏障。

随着“一带一路”倡议的落实，越来越多的国内企业走出去，同时有不少国际企业进入，尤其是进入几个区域性发展的热门地区。但是，我国现存国际征信方面的信息不足，往往只能以对当地的国家信用评级为参考。而境内的征信信息也不对境外开放，境外企业尤其是港澳企业无法依靠这些信息做业务决策。

现有的跨境信用服务定位无法完全有效满足涉及经济、金融等方面的跨境联动需求。对来自世界各地特别是对共建“一带一路”国家的企业而言，它们在尝试进入我国市场并参与我国经济全球化发展时，往往缺乏一个在征信服务领域具有“双向跨境公信力”的联系人，这个联系人兼具衔接其本国当地的信用体系，同时能够与中国人民银行征信管理体系挂钩的能力。同样地，在国内市场经济参与主体向国际迈出探索脚步之时，不但缺乏一个官方信赖的双向联系人，来提供直接、可靠的海外征信服务，还缺乏一个被国家、特区所信任的“把关人”。

本报告建议在先试先行的精神下，实验南北信息及资金流通过银行把关，考虑到金融机构对于企业及个人的身份真实性有顾虑，设立跨境金融沙盒，并允许深港电子身份证进行互认，支持跨境使用。由于深圳前海具有跨境贷及发债的经验，可考虑将前海作为跨境金融沙盒特区，进行跨境双向信息互通，实现粤港澳大湾区的规则衔接及制度创新。

信息互通可以服务粤港澳大湾区内的港商及退休的香港居民等，允许将他们在香港的财务信息作为内地金融机构的贷款或融资决策的依据。积极完善信息跨境配套体系，搭配电子人民币、自动化外汇额度的管理，目标是做到实时开户及跨境资金到账，达至“无缝”完成交易的效果，同时允许事后追踪，管理风险。

最后可以由国家监管部门为香港特区符合各项要求的本地征信公司颁发一项特殊的经营许可或核批一块特殊征信牌照，授权允许该主体以市场化的运营方式，向内地持牌照的征信服务主体提供海外征信报告，丰富海外征信资源储备，同时成为内地征信报告的对外合法合规的出口。

合理有序的数据跨境流动，可以进一步发挥数据作为生产要素的积极作用，同时让粤港澳大湾区的经济圈真正的融合发展。

B.3
加速布局和推进澳门数字经济发展的策略分析

刘成昆*

摘　要： 新冠肺炎疫情的持续冲击重挫了澳门的支柱产业——旅游博彩业，进而导致经济大幅下滑，凸显了澳门经济多元发展的紧迫性。数字化变革加速，形成全球性和区域性的数字经济发展浪潮。澳门应适时把握机遇，积极推动传统产业的数字化转型，催生新型数字产业，为澳门后疫情时期经济尽快复苏提供新的动力，亦可助力经济适度多元发展。为此，本报告提出五方面加快澳门数字经济发展的策略：推动旅游业的数字化转型、加大数字金融发展力度、打造中葡数字贸易平台、促进数字经济协同创新发展、建立数字经济发展的保障体系。

关键词： 数字经济　协同创新　澳门

在疫情给全球带来负面影响的同时，以互联网、大数据、云计算、人工智能等为代表的新一代信息技术加速迭代，推动传统产业加速向数字化转型升级，并催生了新型数字产业。我国的数字经济亦呈现快速发展的势头，从中央到地方纷纷将发展数字经济写进了“十四五”规划及当地政府工作报告，如 2021 年 12 月 12 日国务院印发了《“十四五”数字经济发展

* 刘成昆，经济学博士，澳门科技大学可持续发展研究所所长、商学院教授，研究方向为城市与区域经济。

规划》，2022 年 7 月 8 日广东发布全国首个数字经济发展指引性文件（《广东省数字经济发展指引 1.0》）。澳门在 2021 年 12 月发布的“二五”规划中亦提出，“加快数字澳门发展，推动以数据为支撑的城市服务发展，建设数字化城市，并鼓励社会机构创新利用相关数据，挖掘数据价值，推动数字经济发展”。

然而，与粤港澳大湾区的其他三个中心城市（广州、深圳、香港）相比，澳门的数字经济发展相对滞后，这在一定程度上影响到澳门作为粤港澳大湾区中心城市的引擎作用的发挥。另外，在疫情的持续影响下，澳门的支柱产业——旅游博彩业备受冲击，澳门为应对疫情造成的经济大幅下行而采取的逆周期财政政策，在抗疫中累计动用了财政储备 1678 亿澳门元，相当于耗用了过往累存的近 1/3，截至 2021 年底，澳门财政储备的资本金额为 6431.7 亿澳门元。由于疫情对占财政收入来源 80%的旅游博彩业的不断冲击，在财政收入来源大幅萎缩而财政支出和福利开支多为刚性的情形下，为避免入不敷出，澳门急需在节流的同时开源。加速布局数字经济发展、赋能传统产业转型升级、促进新型数字产业的孕育，应成为澳门经济适度多元可持续发展的一个新的增长点，并为澳门特区政府财政收入提供新的资金来源。

一　推动旅游业的数字化转型

《粤港澳大湾区发展规划纲要》赋予澳门建设“世界旅游休闲中心”的使命，而疫情重创了澳门的旅游业、酒店业和零售业等服务业。为此，澳门应及时推进数字技术与服务领域的融合，运用数字化赋能旅游业、酒店业和零售业的管理、营销、运营和服务的各个环节，兼顾线上和线下，实现综合旅游服务方式和管理模式的创新与交叉融合，打造旅游前、中、后完整的服务体验闭环，尤其是在当前疫情形势不确定、动态清零指引和静态管理措施相结合的情况下，澳门要打造数字化旅游，让潜在的游客群体通过线上体验，感受澳门丰富多彩的城市形象，产生“虽不能至，心向往之”的想法，亦可实时传递旅游信息，为后疫情时期游客资源的合理配置奠定基础。

二　加大数字金融发展力度

疫情之下，澳门的金融运行整体稳定并向好发展，以银行、保险业为主体的金融业在产业结构中所占的比重由 2019 年的 6.8% 升至 2020 年的 12.5%。在澳门“二五”规划中所提及的四大产业（以中医药研发制造为切入点的大健康、现代金融、高新技术、会展商贸和文化体育等）中，从短期来看，更具有拓展源流的当属现代金融，其可在已有的基础上通过金融业数字化加大发展力度。深化数字技术在商业银行和保险公司的应用，推动客户营销、风险控制和金融监管等领域的智慧化转型升级。在零售数字金融方面，基于基础金融场景嵌入用户的各个消费和生活场景，并与金融科技平台对接，打造丰富有效的金融生态系统；在企业数字金融方面，稳定网银渠道用户渗透率的同时，提升手机银行、微信银行等渠道的用户增长比重，并适当形成不同渠道的有效组合。此外，适时推广数字货币的应用和区块链建设的试点。

三　打造中葡数字贸易平台

澳门在《粤港澳大湾区发展规划纲要》中还被赋予“一平台”（中国与葡语国家商贸合作服务平台）的定位，但与整个中葡贸易相比，澳门与葡语国家的贸易额很小。因此，如果依然沿袭传统贸易的方式，“一平台”对澳门产生的实际效果难以提升，澳门需要发挥自由港的优势，开拓新的贸易形式，即数字贸易。

澳门有必要立足粤港澳大湾区，加强与共建“一带一路”国家和地区在数字基础设施、数字商贸、智慧物流、数字金融等领域的交流合作，扩大数字经济领域的开放。构建服务于共建“一带一路”国家和地区的数据平台、数据存储和处理的基地，提供跨境大数据的汇总、共享、存储、处理和增值服务；建设数字贸易港，利用互联网技术和信息技术，围绕核心数字贸易平台，构建线上线下相结合的以贸易综合服务（贸易便利化、供应链、支付结算）生态体系为特征的数字商业综合体；数字贸易和数字金融协同发展，积极开展金融创新，通过整合跨境贸易的各个主要环节，为供需双方提供包括数字金融在内的综合一体化服务，推动澳门的贸易企业融入全球价值链。

四　促进数字经济协同创新发展

澳门数字经济的发展思路离不开与邻近地区的合作，澳门要抓住粤港澳大湾区建设数字湾区的契机，深化区域合作，尤其是与横琴粤澳深度合作区的协同创新，加强经济规则衔接、机制对接，推进网络互联互通、数字基础设施共建共享、数字产业协同发展。

《横琴粤澳深度合作区建设总体方案》明确阐述，“支持珠海、澳门相关高校、科研机构在确保个人信息和重要数据安全前提下，实现科学研究数据跨境互联互通”，这为澳门与横琴协同发展数字经济、数字金融、数字贸易提供了重要支持。横琴粤澳深度合作区是内地唯一可与粤港澳大湾区的两个中心城市（香港、澳门）自由贸易港路桥相连的自贸区，有助于跨境电子商务业务的持续发展，进一步通过支持数字企业布局数字平台，以数字经济发展带动横琴粤澳深度合作区在多个领域合作，并在发展中解决在法律法规、跨境数据流动和一体化市场等方面可能遇到的问题，加强与澳门的金融数据、贸易数据互联互通，推动移动支付、跨境融资和跨境大宗交易等经济活动在粤港澳大湾区范围内畅通开展。

五　建立数字经济发展的保障体系

当前，澳门发展数字经济的基础设施尚需进一步完善，尤其是在5G、工业互联网、智算中心、超算中心等新型数字基础设施方面滞后于粤港澳大湾区的其他中心城市。澳门需要加快推动数字新型基础设施的建设，充分发挥数据资源作为关键性生产要素的驱动力以及数字技术创新作为重要推动力的引擎作用，后发赶超粤港澳大湾区其他中心城市的数字经济的发展，推动传统产业转型和经济适度多元发展。要构建数字政府服务支撑体系，调整法律法规，增加相应的数字经济政策指引和倾斜扶持，加大资源投入，积极支持澳门各机构、各企业用好、用足数字技术。培养和引进数字领域的人才，满足建立数据平台及数据交易平台的本地人才需求，保障数字经济高质量发展。

B.4

依托数字经济优势助推粤港澳大湾区共享创新的路径探索

陈创前　王心月*

摘　要： 随着全球新一轮科技革命和产业变革的发展演进，数字技术和数字经济的作用和地位越来越重要，有力推动了科技和产业创新模式的变革与重塑。当前，粤港澳大湾区正处于建设国际科技创新中心的关键阶段，作为我国数字经济的重要创新发源地、产业集聚地，其需要充分借鉴过去不同时期区域协同发展实践中的成功经验，依托粤港澳大湾区内数字技术创新和数字经济发展的显著优势、市场化导向的创新创业生态，积极探索共享创新的新路径。本报告提出四个建议：以数字化手段打破地理边界和制度差异衍生的客观障碍，以数字技术夯实粤港澳大湾区产业融合基础，以数字经济新技术、新业态反哺基础研究，因地制宜为前沿数字技术探索提供更包容的环境。

关键词： 数字经济　共享创新　粤港澳大湾区

粤港澳大湾区是我国数字经济的重要创新发源地、产业集聚地。当前，数字技术和数字经济加速发展演化，与各个经济行业、科研领域的深度融合、跨界融合的步伐加快，为新一轮科技革命和产业变革提供了坚实

* 陈创前，中国（深圳）综合开发研究院数字战略和经济研究所特约研究员，研究方向为粤港澳大湾区、数字经济；王心月，深圳大学公共管理硕士研究生，研究方向为科技政策与城市治理。

的孕育基础和孵化环境。国家“十四五”规划提出，支持粤港澳大湾区形成国际科技创新中心，并且首次制定了数字经济发展“十四五”专项规划，进一步扩大了数字经济范畴，为粤港澳大湾区充分发挥数字经济已有优势，探索科技自立自强的新路径、新范式带来了新的历史机遇和发展空间。

一　数字经济的发展推动科技和产业创新模式的变革与重塑

20 世纪 90 年代以来，信息化、数字化、智能化进程的不断加快，对旧金山湾区、东京湾区和纽约湾区的科技产业创新模式变革起到了有力的推动作用，奠定了它们作为当今全球一流湾区的地位和基础。创新活动从现实空间逐步延展至数字虚拟空间，从以“单打独斗”为重点演化为协同共享、集群共生。

首先，大规模、高频率的信息与知识共享成为普遍现象。得益于互联网技术的发展以及产业趋向地理集聚，同行业、跨行业的科技创新信息共享使得个人和企业更快捕捉技术与商业趋势，知识产权制度的确立也让新技术催生新产业的速度更快、效果更佳。例如，在旧金山湾区，产学研之间、不同企业之间、不同雇主与雇员之间自发形成了交互式的经验和信息交流共享机制，有力促进了旧金山湾区内部对新技术、新商业的快速吸收和应用；在东京湾区，日本政府在 21 世纪初颁布的“知识集群计划”，全面覆盖了东京湾区的科技创新活动，建立了以高校和研发机构为主体的知识集群，源源不断的为产业端的创新应用输送最新科研知识成果。其次，信息与知识共享，有力地激活了人才这一创新活动的最关键要素。一方面，鼓励创业、包容失败的文化使得一大批人才走出大公司、走出科研院所，开辟新的创新创业空间；另一方面，人才在制造业等同一领域不同企业的流动，在客观上促进了技术、管理、市场等知识的传承与流动，有利于该领域的“自我进化”。同时，各类创新资源的共享，如金融服务、风险投资、政策制度等，为创新创业提供了优质的服务保障环境，特别是在数字技术应用和数字经济需求的牵引下，人工智能、大数据、云计算和区块链等技术为信息共享、人才共享、资源共享提供了新的基础和条件，不仅提升科技与产业创新的效能水平，也倒逼不同创新主体适应和掌握新的创新思维手段，推动科技创新模式的变革与重塑。

二　粤港澳大湾区国际科技创新中心的建设路径

回顾改革开放以来，粤港澳大湾区的科技和产业创新在不同时期呈现不同特征。

一是“前店后厂”时期（1978~1997 年），区域创新呈现割裂特征。香港作为在信息、技术、资金资源方面辐射珠三角的核心城市，在科技和产业创新上与内地几乎完全割裂，珠三角主要承担的是低成本、劳动密集型的加工制造。

二是制度化经贸合作期（1998~2014 年），技术经济开始兴起。随着港澳与内地更紧密的经贸关系等制度安排的落实，加上 2008 年全球金融危机冲击的因素，珠三角作为“世界工厂”迎来了技术经济的转型，然而在科技和产业创新上仍然处于“补短板”的阶段，尚未形成局部突破和领先的态势。

三是国家战略牵引期（2015 年至今），科技和产业创新成为共同目标与追求。这一阶段，以深圳、广州等为代表的创新型城市在不同领域开始实现创新“并跑”“领跑”，粤港澳三地之间的科技和产业创新互动更加频繁。然而，外部科技竞争形势复杂多变、新冠肺炎疫情影响以及香港的发展变化，在客观上对国际科技创新中心的建设造成了明显影响。三地虽然在共建科技园区、科技资金过境使用、大科学装置等方面均有落地成果，但围绕重大问题解决、自身特色优势发挥、建设路径选择等方面，仍未形成整体共识。

此外，三地固有的社会制度以及行政、经济、亚文化差异依然存在，再加上过去以产业制造、经济贸易为主线的区域合作体系，已无法满足粤港澳大湾区加快高质量发展、服务高水平科技自立自强的需要，而区域协同发展水平不一直接导致了区域内部整体资源的利用效率无法实现最大化，这在很大程度上限制了科技和产业创新合作，反过来又制约了区域协同发展水平的提高，容易导致城市群发展创新的碎片化、壁垒化。

三　基于区域协同发展实践和数字经济优势的共享创新路径

科技和产业创新是比加工制造、经贸往来活动更加系统、更高维的复杂工程，是区域综合实力引领、战略前瞻布局的突出体现，涉及的社会部门和主体更多、调动的资源更广，同时结果产出具有更大不确定性。

经过数十年的建设发展，粤港澳大湾区的协同程度已经明显提高，为持续提升融合能级、协作建设科技创新中心打下了较好基础。一是核心城市分工相对明确，跨境、跨市交通基础设施初具规模，广佛肇、深莞惠、珠中江城市群协同效应初显，香港、澳门回归后与珠三角的全方位、多层次联系愈加紧密。二是在产业体系建设和合作上积累了丰富经验，产业优势总体互补，服务业与制造业之间的各个链条和环节衔接较为顺畅，市场信号可以快速传达，产业体系可以快速响应。三是具备了世界其他湾区不能同时具备的综合优势，无论是在制造业体系完备度、金融服务发达程度上，还是在政策制度、市场腹地或创新创业文化上，粤港澳大湾区均有明显甚至领先的优势，这是世界其他湾区无法完全具备的。

同时，数字经济蓬勃发展成为粤港澳大湾区在新形势下的重要特点和关键优势。数字经济以开放共享、互联互通为显著标志，集聚了数据要素、信息网络、通信技术、数字化转型等多个要件，其创新内驱力和外跨溢出能力大大超越了传统的农业经济、工业经济和服务经济。粤港澳大湾区抓住了新一代信息技术和互联网技术的发展机遇，培育和催生了一批数字经济龙头创新企业，构建了以市场导向、数实融合为特征的创新生态，科研产业实力位居世界前列，形成了全球一流的科技和产业创新的竞争力。

随着人工智能、大数据、量子计算、虚拟现实等新的前沿技术加速突破，科技革命的数字化演进方向更加明晰，创新链交叉协同、产业链生态融通、多学科跨界融合等新的创新形态将有望成为科技和产业创新的主流模式，创新活动的共享、协同、开放、多中心、分布式等关键特征将更加突出。而粤港澳大湾区凭借以往在工业制造、经济贸易、制度协同等现实空间、实体层面合作的成功经验，以及数字经济发展积累的信息数据、底层技术和开辟的虚拟空间场景，再加上市场导向、开放务实的创新创业文化底蕴，将有望探索出一条基于协同发展实践、数字技术与数字经济本质特征、市场化创新生态的共享创新路径，为粤港澳大湾区加快建设国际科技创新中心做出新的贡献。

四　依托数字经济优势推动探索共享创新的对策建议

为加快应对全球百年未有之大变局，抢占世界科技革命和产业变革的先机，粤港澳大湾区在建设国际科技创新中心时需要把数字技术、数字经济对科技创新的基础性、全局性、支撑性作用摆在更加重要的位置去考虑统筹、用足用好。

一是以数字化手段打破地理边界和制度差异衍生出来的客观障碍。数字化手段具有全时、泛在的特性，容易打破地理界线、物理实体边界、特定时效等时空限制，实现信息流和知识流的高效共享。在当前继续推进粤港澳大湾区一体化发展、加快制度与政策举措衔接的同时，应积极运用数字化思维和数字化手段，率先创造无障碍、无边界、全天候的科技创新数字环境，加强数字虚拟环境的相关监管和保障。

二是以数字技术夯实粤港澳大湾区产业融合基础。坚持数字产业化和产业数字化双轮驱动，以实体经济需求为导向，支持粤港澳大湾区制造业、服务业加快数字化转型升级，推动同一产业链、价值链和创新链上的各个主体依法依规打通数据和信息“墙”，提升产业运行效率和协同效能，提高全要素生产率，促进创新协同、产能共享、供应链互通，打造面向未来科技和产业创新的以及服务人民群众需求的智能敏捷、灵活适应的产业体系基础。依托粤港澳大湾区产业海量应用场景，促进共性关键数字技术创新突破和落地应用。

三是以数字经济新技术、新业态反哺基础研究。当前，生命科学、医药化学、深空探测、新材料等前沿科技创新，越来越依托数字技术所提供的基础。粤港澳大湾区应在国家超级计算广州中心、深圳中心的基础上，鼓励区内科研机构和数字龙头企业加快建设形成数字基础设施网络，提升算力、算法、数据的协同应用能力，以市场化为方向推动数据要素共享流通，为前沿科学和基础研究提供数字化加速度。

四是因地制宜为前沿数字技术探索提供更包容的环境。新一轮科技革命正呈现多线并进、多点攻关的发展态势，下一代移动通信技术、量子信息、神经芯片、类脑智能、DNA 储存等前沿数字技术正加速突破。粤港澳大湾区应充分发挥“两种制度”“三个关税区”的特殊优势，推动香港和澳门率先成为前沿数字技术创新突破的“自由港”，促进珠三角成为前沿数字技术商业化普及的“集聚区”，为全国提供先行示范。

参考文献

申明浩主编《粤港澳大湾区协同发展报告（2021）》，社会科学文献出版社，2021。

陈广汉、刘洋：《从“前店后厂”到粤港澳大湾区》，《国际经贸探索》2018 年第 11 期。

樊明捷：《区域协同：旧金山、纽约与东京湾区借鉴》，《城市开发》2019 年第 22 期。

申明浩、杨永聪：《国际湾区实践对粤港澳大湾区建设的启示》，《发展改革理论与实践》2017 年第 7 期。

万晓琼、王少龙：《数字经济对粤港澳大湾区高质量发展的驱动》，《武汉大学学报》（哲学社会科学版）2022 年第 3 期。

叶玉瑶等：《新时期粤港澳大湾区协同发展的内涵与机制变化》，《热带地理》2022年第2期。

《共享创新——加速迈向全球顶级科创湾区》，中国（深圳）综合开发研究院网站，2022年3月1日，http：//www.cdi.com.cn/upload/file/20220301/637817430815031889670193 0.pdf。

B.5

粤港澳大湾区数据安全规则发展情况及其展望*

陈寰琦　伍泳昕**

摘　要： 数据是粤港澳三地协作发展的关键要素，这也为数据安全规则发展带来了挑战。首先，本报告从“数据利用”和“数据保护”两个维度探讨数据安全的重要性。推动“数据利用”中的“跨境数据自由流动”有益于数据更好地应用于数字服务，做好“数据保护”则涉及个人、企业乃至国家层面的数据安全保障。其次，本报告分析了美式和欧式数据安全规则体系以及中国既有规制，为粤港澳大湾区数据安全规则发展提供借鉴。最后，本报告认为可从对接国际高标准数据流动规则、衔接与完善粤港澳三地签订的既有规则和推动内地相关法律的完善与升级这三个路径推动粤港澳数据安全规则发展。

关键词： 数据要素　数据安全规则　粤港澳大湾区

在数字经济快速发展的大背景下，数据是粤港澳三地协作发展的关键要素。对此，《粤港澳大湾区发展规划纲要》强调了数据这一创新要素跨境流动

---

* 本报告是2021年国家社会科学基金青年项目“美式数字贸易规则在‘一带一路’的扩展及中国应对研究”（项目编号：21CGJ044）的成果。

** 陈寰琦，对外经济贸易大学经济学博士，广东外语外贸大学经济贸易学院讲师、硕士生导师，研究方向为数字贸易、服务贸易；伍泳昕，广东外语外贸大学经济贸易学院硕士研究生，研究方向为数字贸易。

的重要性，并提出共建粤港澳大湾区大数据中心，同时加强通信网络、重要信息系统和数据资源的保护。这对数据安全规则的构建提出了更高要求。

一　数据安全的重要性

《数据安全法》第三条将“数据安全”界定为“通过采取必要措施，确保数据处于有效保护和合法利用的状态”，即数据安全涵盖数据的利用和保护两大内容。一方面，“数据利用”涉及跨境数据自由流动。在新冠肺炎疫情的大背景下，基于数据流动提供的数字服务日趋重要，是推动经济发展的核心力量，尤其是对大型数字经济体而言，数据的跨境流通可带来不少利好。一是确保线上接入海外市场。市场规模的扩大可降低数字产品边际固定成本，进而提高收益。二是摆脱传统贸易模式使用限制，如采用模式一“跨境提供”而非模式三“当地存在”，减少构建当地存在所面临的税收和风险；三是可实现“产品差异化”和“价格歧视”等策略，提高产品供应商利润。以上种种原因导致数据流动成为目前数字贸易规则谈判的核心。另一方面，“数据保护”涉及数据流动中的个人、企业乃至国家层面的数据安全问题。数据流动自由化程度过高，会对数据保护水平形成制约。在个人层面，过度数据搜集可能会侵犯数据提供者的个人隐私；在企业层面，数据垄断带来的商业行为，如“价格歧视”或“大数据杀熟”可能会损害消费者潜在利益；在国家层面，电信、金融等部门的数据往往涉及不少敏感内容。对于数据流动产生的问题，广东省“十四五”规划将“建设数字湾区和探索数字数据立法”设定为“加快数字化发展”的核心内容，强调了数据规则制定的重要性。因此，如何推动数据流动和数据保护的规则构建，以及在这两者间寻求规则制定的平衡点，成为粤港澳大湾区规范数据安全的重要路径。

二　数据安全规则发展情况

目前，粤港澳三地数字服务呈现良好的发展态势。广东地区的跨境电商服务、香港地区的金融和咨询行业，乃至三地间的科技创新协作、数字金融都具备了较为良好的技术基础和发展规模。这些数字服务在粤港澳三地间的协调发展升级需要依托跨境数据有效、合理流通来实现，如在跨境电商平台上运营的中小微企业融资所依托的供应链金融平台，对买家偏好和消费者的判断都需要建立在数据大批量获取的基础上，通过大数据分析来进行最终决策。因此，粤港澳三地需要针对“数据流动”以及“数据保护”来构建规则体系，推动合理的数据流动。目前，国际层面不少经济体已经针对这些议题进行规范，如美国和欧盟分别构建各有侧重的数据安全规则体系。美国在区域贸易协定层面着力推动跨境数据自由流动，通过签订《美墨加协定》（USMCA）等减少例外条款对数据流动的限制。另外，美国在数据保护上推出了《全球跨境隐私规则》（CBPR）以倡导数据流动的隐私保护，但其在跨境数据上最核心的诉求依然是提高数据流动的自由化水平。欧盟相对于数据流动，更侧重于对数据隐私的保护，这些立场在《通用数据保护条例》（GDPR）和《欧美—日本经济合作协定》中有所体现。中国近年亦签订了《区域全面经济伙伴关系协定》（RCEP），在强调“基本安全利益”等例外的前提下就数据流动缔结了有约束力的条款。这些对于粤港澳大湾区的数据安全规则的构建有重要的借鉴意义，但在实际操作上需要更细致的条款进行规范。目前，在粤港澳大湾区内部层面，《内地与香港关于建立更紧密经贸关系的安排》（CEPA）是促进内地与香港经贸发展所签订的协议，亦涵盖了依托数据流动的线上服务，但是在数据流动和保护的具体规则上仍有待进一步完善。在国内法层面，《网络安全法》《数据安全法》《个人信息保护法》的出台亦推动了数据流动和保护的规制发展，但在具体实践标的上亦有待细化规范，如明晰个人数据分级分类过程中的具体依据字段等。

三　数据安全规则发展展望

提升粤港澳大湾区数据安全规则水平，为数据流动营造良好的法规环境，有助于加快推进数字化的优化升级，建设数字湾区。在规则建设方面，本报告认为可从以下路径推动粤港澳大湾区数据安全规则的发展。

（一）在国际层面，对接高标准数据流动规则，完善自身规则体系

针对数据安全规则，中国签订的 RCEP 相比于中国以往的协定有较大突破，但与中国申请加入的《全面与进步跨太平洋伙伴关系协定》（CPTPP）和《数字经济伙伴关系协定》（DEPA）等协议相比仍存在区别，尤其是在数据流动自由化水平上，“特定例外”和“一般例外”条款的设定存在差异。例外范围的区别会给数据安全实践带来不同影响。因此，在深入把握和对接国际高标准数据流动规则的同时，为推进粤港澳大湾区数据安全规则的衔接提供经验借鉴。

（二）在粤港澳三地签订的规则层面，进一步衔接与完善既有规则

虽然粤港澳三地的数字贸易规则具有差异性，但三地数字贸易发展具有协同性，部分数字贸易规则已呈现衔接趋向。本报告分别聚焦广东、香港和澳门，基于它们所参与的协定，即《国际服务贸易协定》（TISA）、RCEP、CEPA 等分析三地数字安全规则构建现状；基于边境后法制（如香港的《个人资料（私隐）条例》和内地的《数据安全法》等）分析规则潜在动向。在此基础上，把握粤港澳大湾区数字贸易规则的衔接趋向，进一步发展粤港澳大湾区的数据安全规则。

（三）在内地的法律层面，进一步完善与升级既有法规

目前，内地已经出台数据安全相关法规，对基础设施数据以及个人数据的出境都有明确的规定，如对涉及国家安全和公共利益的数据予以保护，同时赋予敏感性不高的数据可以流动的空间。但具体分级分类的界限和法规的适用依然存在不确定性，有待进一步厘清。因此，有必要明确界定粤港澳数据的性质，在制定数据流动规制的同时细化对数据的分类标准，以提高数据安全规则在实践上的可操作性。

B.6
粤港澳大湾区的数字经济发展研究

申明浩　梁嘉颖　庞钰标　谭伟杰*

摘　要： 本报告探讨了2011～2019年粤港澳大湾区的数字经济发展整体状况，分析了粤港澳大湾区发展数字经济存在的问题并提出建议。研究方法是基于2011～2019年粤港澳大湾区的数字基础设施建设、数字产业化与产业数字化的相关数据，利用熵值法计算了珠三角九市的数字经济发展综合指数，同时采用文本挖掘分析法测度了微观层面企业数字化转型指数，并结合港澳相关可比数据发现粤港澳大湾区的数字经济发展水平持续提高且发展速度呈现加快的趋势。在数据分析的基础上，本报告进一步梳理了目前阻碍粤港澳大湾区数字经济发展的问题，主要体现在区域数字经济发展不平衡、数字人才匮乏、数字要素价值利用不充分、区域“数据孤岛”和企业数字化能力较弱等方面。因此，粤港澳大湾区可以从加快数字基础设施布局、培育和引进数字人才、打破数据要素流通壁垒、构建数字化创新生态系统、加大财政专项支持力度等五个层面进行优化，提升粤港澳大湾区整体的数字经济发展水平。

关键词： 数字经济　高质量发展　粤港澳大湾区

---

* 申明浩，博士，广东外语外贸大学粤港澳大湾区研究院院长、教授，研究方向为粤港澳大湾区发展与数字经济；梁嘉颖，广东外语外贸大学硕士研究生，研究方向为产业经济学；庞钰标，广东外语外贸大学硕士研究生，研究方向为产业经济学；谭伟杰，广东外语外贸大学硕士研究生，研究方向为产业经济学。

一　引言

新时代，以互联网等一系列数字信息技术为支撑的数字经济得到长足发展，加快数字化转型在经济社会各领域的纵深拓展，是实现经济高质量可持续发展的重要战略举措。2022 年《政府工作报告》指出，要加快推进数字中国建设的整体布局，激活数据要素潜能，促进产业数字化转型。在全球经济发展不确定性增大的背景下，以珠三角为依托的粤港澳大湾区作为全球第四大湾区，肩负着建设世界一流湾区的重要任务，是中国乃至世界的重要创新发展典范。珠三角九市的数字经济产值占 GDP 的比重处于全国领先水平，是全国城市群数字经济发展的领跑者。广东省“十四五”规划纲要为广东省数字化发展制定了更具体的实施路线图，《广东省人民政府关于加快数字化发展的意见》于 2021 年 5 月发布，并明确提出要以构建“数字大湾区”为契机，进一步推动珠三角九市与港澳的深度融合发展，积极融入“双循环”发展新格局。“数字大湾区”的建设将加速粤港澳大湾区从“世界工厂”向战略性新兴产业和高技术智能制造中心转变，在该过程中数字经济发展新动能的培育与凝聚，将助力粤港澳大湾区更好地参与全球产业分工与国际竞争。

全面开放示范平台、产业活力强劲、创新能力出众和多元优势独特是粤港澳大湾区的鲜明特征，也是推动其数字经济高质量发展的重要社会动力。目前，粤港澳大湾区拥有世界第三大金融中心（香港）和世界旅游中心（澳门），拥有广州南沙、深圳前海和珠海横琴三个自由贸易区，深圳和珠海两个经济特区，横琴粤澳深度合作区一个经济合作区，还拥有东莞市、中山市、佛山市和惠州市等传统制造业产业城，各城市还遍布众多的高新技术产业区、产业园，由此形成了粤港澳大湾区不同政治制度和经济发展水平下的经济优势和体制优势多层叠加，为数据要素跨区域流动、跨制度协同发展奠定了坚实基础。“数字大湾区”的构建能优化粤港澳大湾区城市间的数字经济合作模式，建设跨区域、跨制度的数字经济创新合作体，实现粤港澳大湾区城市群的数字经济创新融合新发展。因此，如何挖掘有效衔接制度创新与技术创新的关键节点，为粤港澳大湾区城市群的数字经济发展消除阻碍是当前亟须解决的重要现实问题。

二　粤港澳大湾区的数字经济发展研究指标测度

（一）数字经济发展综合指数的测度

关于粤港澳大湾区的数字经济综合发展指数的测度，目前大多数研究根据单一维度视角指标对数字经济指标进行测度或者仅停留在学理上的阐述，鲜有文献或研究报告建立指标对粤港澳大湾区近 10 年的数字经济发展程度进行时间序列上的比较，本报告借鉴赵涛等从中国地级市层面对城市数字经济发展程度进行测度的研究，结合数据的可得性，从互联网基础设施水平、数字金融发展、数字产业相关业务和数字化人才这四个方面衡量粤港澳大湾区数字经济发展水平。①

互联网基础设施水平选用每百人移动电话用户数和每百人互联网用户数这两个指标进行度量，每百人移动电话用户数和每百人互联网用户数在数值上等于移动电话普及率和互联网普及率。前者是反映一个地区电信通信水平的重要尺度，也是反映该地区信息技术应用水平的重要标志；后者反映的是城市基础数字技术运用的能力。互联网基础设施水平越高，说明该地区互联网平台建设越好，互联网用户群体越多，说明该地区发展数字经济的基础条件就越好。

数字金融是传统金融业态和数字技术相互结合的一种新型的金融发展业态，其特点是普惠性和包容性，涉及支付、融资、交易、证券等多个金融领域。本报告采用中国数字普惠金融指数进行衡量②，数据源于蚂蚁金服旗下

① 赵涛等：《数字经济、创业活跃度与高质量发展——来自中国城市的经验证据》，《管理世界》2020 年第 10 期。

② 郭峰等：《测度中国数字普惠金融发展：指数编制与空间特征》，《经济学》（季刊）2020 年第 4 期。

的支付宝交易业务数据，融合了数字金融的用户特征、服务类型和大数据技术应用，是目前衡量中国数字金融发展程度使用较为广泛和科学的指标。

数字产业相关业务通过人均邮政业务量和人均电信业务量进行衡量。信息化是数字经济发展的基础，人均电信业务量能从侧面反映地区间经济发展差距、数字通信技术应用水平和普及程度。如果某一地区的人均电信业务量越大，表明当地经济发展较好、数字通信技术应用水平和普及程度较高。回顾数字经济发展历程，我国长期以来十分重视电子商务的发展与升级。早在 2003 年 2 月，广东省人民政府就在全国率先实施首个电子商务法律——《广东省电子交易条例》，随后陆续推出相关的电子商务法律法规。电子商务是数字产业应用的重要体现，网络零售额能很好地衡量数字交易规模，由于城市层面的网络零售额数据从 2015 年开始统计，鉴于邮政业务是电子商务的基础性业务和其数据的连续性，本报告使用人均邮政业务量对网络零售额进行替代测量，人均邮政业务量在一定程度上可以衡量该地区对数字交易的重视程度以及居民办理网络零售业务的情况。

数字化人才从高校在校人数和信息传输、计算机服务及软件业从业人员占比两个指标进行衡量。高校是选拔和培育数字化人才的主力军，选择高校在校人数作为二级指标可以从侧面反映支持数字经济发展而拥有的人才储备数量。信息传输、计算机服务及软件业是集知识、技术、人才和资本等四要素于一体的高附加值行业，其从业人员主要从事信息和无线广播传输、软件信息技术服务等工作。信息传输、计算机服务及软件业从业人员在就业总人口中所占的比重，能够客观反映为数字经济发展服务的劳动力数量占比。

综上所述，粤港澳大湾区的数字经济综合发展指数如表 1 所示。

表 1　粤港澳大湾区的数字经济综合发展指数

一级指标	二级指标	指标属性
互联网基础设施水平	每百人移动电话用户数	+
	每百人互联网用户数	+
数字金融发展	中国数字普惠金融指数	+

续表

一级指标	二级指标	指标属性
数字产业相关业务	人均邮政业务量	+
	人均电信业务量	+
数字化人才	高校在校人数	+
	信息传输、计算机服务及软件业从业人员占比	+

样本数据区间为2011~2019年，数据均来源于《广东统计年鉴》。由于港澳数据的统计口径与珠三角九市不同，所以粤港澳大湾区数字经济发展综合指数仅计算了珠三角九市，总样本量为90。客观熵值法的具体计算步骤如下。

第一，由于涉及的指标属性不同，不同计量单位之间无可比性。因此，采用如下公式对指标进行无纲化处理，使其具有横向的可比性和实用性。

$$X_{it} = \frac{X_{ij} - X_{j\min}}{X_{j\max} - X_{j\min}}$$

X_{it}表示每个指标通过消除单位滞后的标准值，其中$X_{j\max}$是指对应年内指标的最大值，$X_{j\min}$是对应年内指标的最小值。

第二，计算各个指标的客观权重。

$$W_{ij} = \frac{X_{ij}}{\sum_{i=1}^{m} X_{ij}}$$

第三，S_j为各个指标的信息熵值，其中 m 是测量的时间跨度，在该指标体系中 $m=9$。

$$S_j = -\frac{1}{\ln m}\sum_{i=1}^{m} w_{ij} \times \ln w_{ij}$$

第四，计算信息熵冗余度y_i。

$$y_i = 1 - S_j$$

由信息熵冗余度y_i可以算出各个指标的权重α_j。

$$\alpha_j = \frac{y_j}{\sum_{i=1}^{m} y_i}$$

第五，通过多重共线性的加权计算出数字经济综合发展指数 dig_i。

$$dig_i = \sum_{i=1}^{m} \alpha_j \times w_{ij}$$

（二）企业数字化转型水平的指标测度

企业数字化转型有赖于由人工智能、区块链、云计算和大数据等组成的“ABCD”数字技术作为科技基石（见图 1）。鉴于此，本报告参考袁淳等与申明浩和谭伟杰的研究思路①，借助与数字经济相关的国家政策、行业报告、

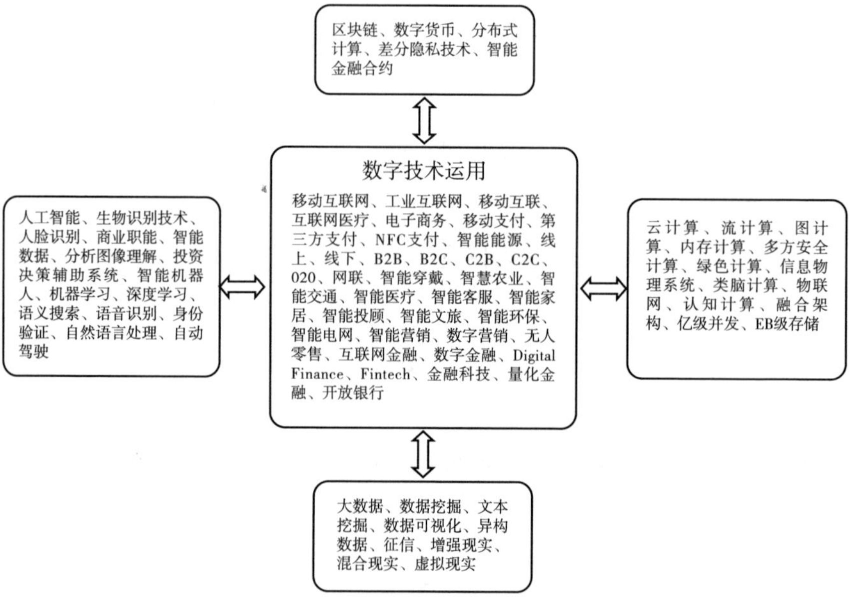

图 1　企业数字化的特征关键词

资料来源：根据中国上市公司年报信息整理得出。

① 袁淳等：《数字化转型与企业分工：专业化还是纵向一体化》，《中国工业经济》2021 年第 9 期；申明浩、谭伟杰：《数字化与企业绿色创新表现——基于增量与提质的双重效应识别》，《南方经济》2022 年第 9 期。

重要新闻和会议，利用 Python 软件建立一个相对完善的企业数字化 Java PDFbox 词典库，并在此基础上运用文本分析法对中国沪深两市 A 股上市公司的企业年报具体文本内容进行提取和分析，构建反映企业数字化转型水平的指标。

三　粤港澳大湾区的数字经济发展现状分析

广东省是最早重视且着力推进数字经济发展的省份之一，自 2020 年以来陆续推出了《广东省关于加快数字化发展的意见》《广东省制造业数字化转型实施方案（2021—2025 年）》《广东省制造业数字化转型若干政策措施》《广东省数字经济促进条例》等措施和法规，精确规划广东省数字经济发展的“时间表”“责任书”“路线图”。中国信息通信研究院广州分院发布的《粤港澳大湾区数字经济发展与就业报告（2020 年）》的数据显示，广东省 2020 年数字经济增加值规模高达到 52 万亿元，同比增长 6.6%，增加值规模占 GDP 的比重为 46.8%，数字经济规模领跑全国。广东省通过数字经济助力实现经济高质量发展，港澳大湾区更是广东省数字经济发展新高地。2019 年 10 月 20 日发布的《国家数字经济创新发展试验区实施方案》明确指出，广东的功能定位是“依托粤港澳大湾区国际科技创新中心等主要载体，加强规则对接，重点探索数字经济创新要素高效配置机制，有力支撑粤港澳大湾区建设”。目前，在粤港澳大湾区城市内，深圳市是广东省数字经济的领跑城市，新华社发布的《中国城市数字经济指数蓝皮书（2021）》指出，2020 年深圳市的数字经济发展指数得分为 91.2 分，位居全国城市数字经济的第二，数字经济规模为 14658 亿元，规模排名全国第三。

粤港澳大湾区各地整体的数字经济发展较快，并且数字经济综合发展指数呈加速扩大的趋势。在数字经济起步的 2011 年，珠三角的数字经济综合发展指数最大的为深圳，最小的为江门市，分别为 0.132 和 0.051，两地差距较小，但是随着时间的推移，粤港澳大湾区头部城市，即深圳市、广州市和珠海市的数字经济综合发展指数逐渐变大，2019 年分别为 0.5037、

0.4852 和 0.4276，以绝对优势高于肇庆市（0.1975）、惠州市（0.1831）和江门市（0.1231）等数字经济发展较慢的城市（见图 2）。从数据上看，2019 年粤港澳大湾区的数字经济综合发展指数平均值为 0.2981，仅有深圳市、广州市和珠海市的数字经济综合发展指数高于平均值，珠三角核心地带是数字化水平的领先地区，这和经济发展规模相似。其余六市的数字经济综合发展指数均低于平均值，这意味着粤港澳大湾区的数字经济发展高地由头部城市深圳市、广州市和珠海市占领，城市间的数字经济发展存在突出的“马太效应”，逐渐显现“数字鸿沟”的迹象。

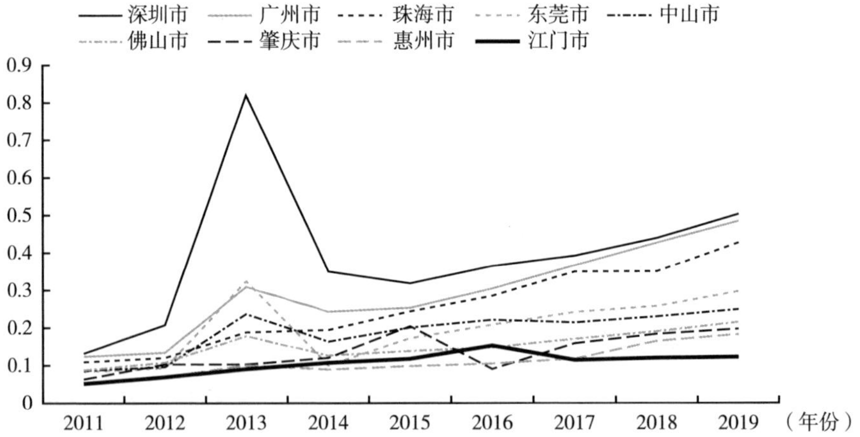

图 2　2011~2019 年粤港澳大湾区数字经济综合发展指数

注：由于统计口径差异，港澳数据并未在此图中展示。

资料来源：作者计算整理得出。

为了更加直观地反映粤港澳大湾区的数字经济发展状况，本报告将进一步从各城市的互联网基础设施水平、数字金融发展、数字产业相关业务、数字化人才方面进行细致分析。

（一）粤港澳大湾区各城市数字经济的整体发展情况

1. 粤港澳大湾区各城市的互联网发展情况分析

数字经济发展依靠信息网络这一重要载体，互联网为用户创建了丰富的信息网络内容输出平台，互联网基础设施的建设和普及是信息网络内容得以传播的前提。本报告从每百人互联网用户数，即互联网普及率和每百人移动电话用户数，即移动电话普及率这两个角度来分析粤港澳大湾区城市互联网基础设施水平。互联网普及率指该地区城市每百人有多少可通过电脑或移动手机使用互联网的用户，该指数反映的是城市基础数字技术运用的能力。2011~2019 年，珠三角九市互联网普及率整体呈现上升趋势，其中 2019 年互联网普及率较高的城市有深圳市、惠州市、珠海市和中山市，分别为 40.279%、45.318%、54.662%、56.803%，互联网普及率较低的城市有东莞市和江门市，分别为 21.476%、37.055%（见图 3）。此外，根据港澳统计年鉴中的互联网接入用户数据显示，2015~2019 年香港互联网接入用户数增长了 26.209%，2012~2019 年澳门互联网接入用户数增长了 23.67%。总体上看，粤港澳大湾区运用基础数字技术的能力稳步提升，互联网基础设施较为完善。

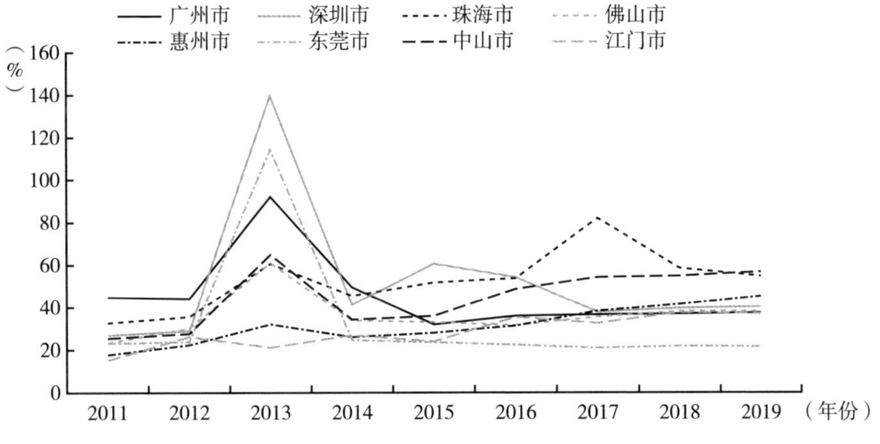

图 3　2011~2019 年粤港澳大湾区城市互联网普及率

注：由于肇庆市在样本研究时间段内的指标缺失较多，故将其剔除；由于港澳与内地统计口径不同且部分年限数据缺失，数据并未在此图中展示。

资料来源：2012~2020 年《广东统计年鉴》。

每百人移动电话用户数也叫移动电话普及率，是衡量一个地区电信通信水平的重要尺度，也是反映该地区信息技术应用水平的重要标志。《广东统计年鉴》显示广东省内移动电话交换机容量从 2010 年的 14766.90 万户增长至 2019 年的 23803.81 万户，增长率高达 61.19%，可见广东省内的移动电话需求逐步增多，2011~2019 年粤港澳大湾区中珠三角九市的移动电话总量均增加，其中惠州市的增长速度为粤港澳大湾区城市中最快的，高达 75.6%，香港从 2012 年的 339.59 万台增长至 2019 年的 597.36 万台，增长率 75.9%。2011~2019 年，粤港澳大湾区移动电话用户数整体呈增长态势，平均用户数为 141.33 部/百人，粤港澳大湾区头部城市广州市和深圳市的平均移动电话用户数高达 200 部/百人，远高于全国平均移动电话用户数（107 部/百人）；肇庆市移动电话用户数提高了 36.3%，2019 年移动电话用户数为 94.7 部/百人，仍没有实现一人一机，与珠三角其他八市相比有一定差距（见图 4）。同时，从 2019 年粤港澳大湾区城市移动电话用户数占比可以看出，粤港澳大湾区内头部城市广州市、深圳市、东莞市的移动电话用户数占比拥有绝对优势，分别为 29.46%、23.41%和 14.45%，肇庆占比最小，为 3.19%（见图 5），这在一定程度上反映了粤港澳大湾区城市之间的电信通信、信息技术应用水平差异较大。

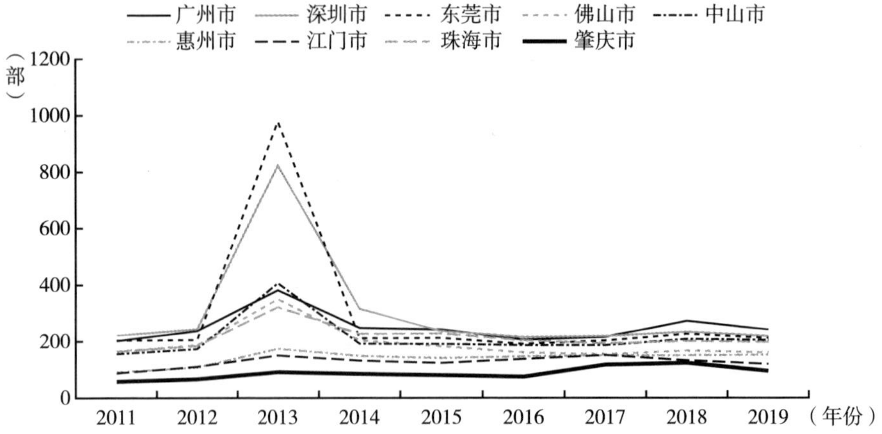

图 4　2011~2019 年粤港澳大湾区每百人移动电话用户数

注：由于统计口径差异，港澳数据并未在此图中展示。

资料来源：2012~2020 年《广东统计年鉴》。

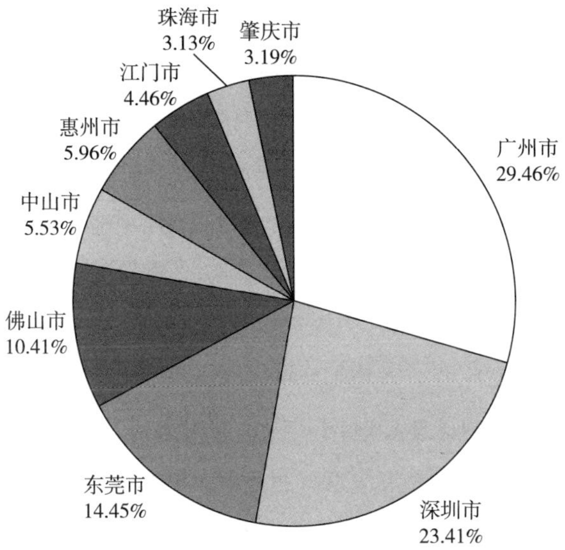

图 5　2019 年粤港澳大湾区城市移动电话用户数占比

注：由于统计口径差异，港澳数据并未在此图中展示。
资料来源：《2020 广东统计年鉴》。

2. 粤港澳大湾区城市的数字产业相关业务分析

在过去的 20 年，我国通信行业在高速发展的基础上实现了 2G 跟随、3G 变革、4G 并跑、5G 率领突破历史的新局面。2020 年以来，中国电信、中国移动和中国联通 3 家基础电信运营商积极发展交互式网络电视、物联网、大数据、云计算等新兴数字业务，推进“云网融合”以提升网络服务能力和水平，满足政企家庭不同客户群体的服务要求。电信业务是牢筑“数智基建”、丰富“数智应用”、促进“数智生态”的重要推力。粤港澳大湾区城市之间整体的人均电信业务量差距较小，2013 年电信业务量暴增，这可能是 4G 网络普及引起的大规模增办电信业务造成的，珠海市 2019 年人均电信业务量较高，达 14777. 79 元（见图 6），2011 ~ 2019 年的平均涨幅为 28. 41%，说明珠海市产业紧抓数字经济发展新机遇，数字化项目逐步增多。从整体看，2011 ~ 2019 年，粤港澳大湾区的人均电信业务量发展较为平稳，电信业务的普及范围越来越广，电信业务消费趋于稳定，有利于降低“政企民”使用互联网的成本，注入数字经济发展新活力，助力粤港澳大湾区在数字经济新赛道上奋勇前行，发挥通信业务的“扁担效应”。

国家邮政局发布的《2020 年中国快递发展指数报告》指出，当前我国邮政业务支撑实物商品网络零售额达 9.8 万亿元，占社会消费品零售总额的比重进一步提升至 24.9%，当前的邮政业务“连接千城百业、联系千家万户、联通线上线下”，与网络零售融合共创，产业间协同紧密，紧密连接生产端和消费端的重要环节，人均邮政业务量从侧面反映了该地区对网络零售的需求，数值越大表明该地互联网和物联网联系越紧密，网络零售需求大。2011~2019 年粤港澳大湾区人均邮政业务量总体呈现增长的趋势，人均邮政业务量总体增长 164.96%，其中东莞市人均邮政业务量的增长趋势最为强劲，从 2011 年的 89.427 元增长至 2019 年 2827.184 元（见图 7），增长率达 3061.43%，江门市人均邮政业务量增长率为粤港澳大湾区最低的城市，仅为 1.37%。由此可以看出，粤港澳大湾区部分城市互联网和物联网融合不足，网络零售需求差别较大。

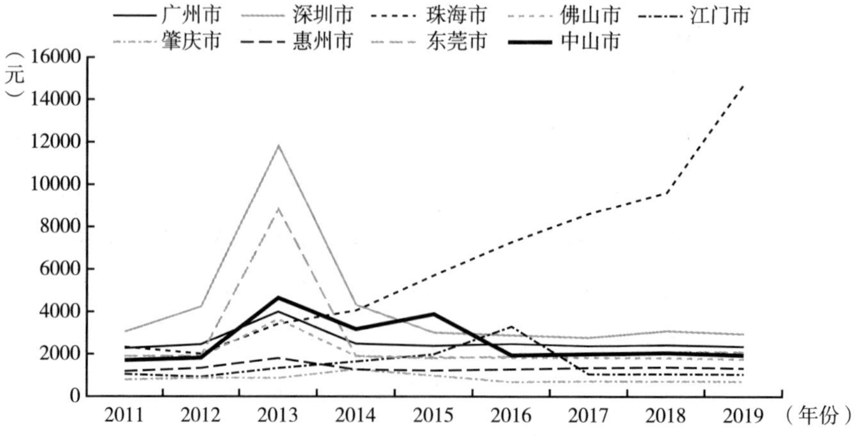

图 6　2011~2019 年粤港澳大湾区城市人均电信业务量

注：由于统计口径差异，港澳数据并未在此图中展示。

资料来源：2012~2020 年《广东统计年鉴》。

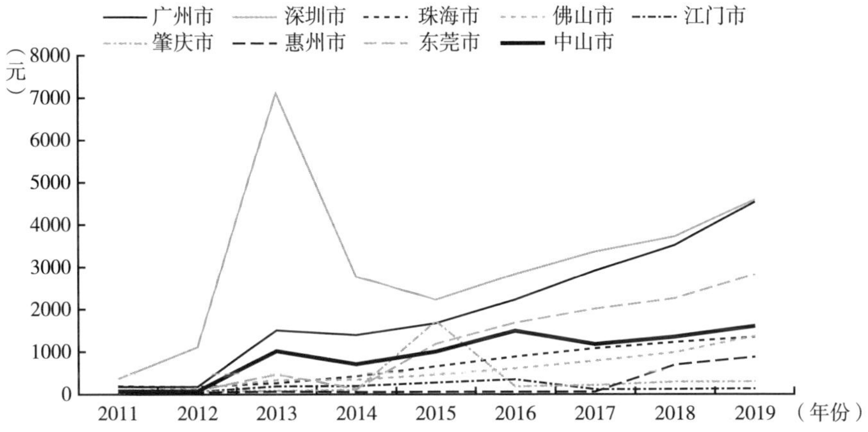

图 7　2011~2019 年粤港澳大湾区城市人均邮政业务量

注：由于统计口径差异，港澳数据并未在此图中展示。

资料来源：2012~2020 年《广东统计年鉴》。

3. 粤港澳大湾区城市的数字化人才状况

高水平人才是推动粤港澳大湾区数字经济发展的核心力量。《广州日报》和数字化研究院的数据显示，粤港澳大湾区内 25~34 岁和 35~44 岁的人才分别占人力资本总量的 59.67%和 22.54%，青壮年是推动粤港澳大湾区数字经济发展的核心力量。在 2019 年粤港澳大湾区人才供给学历结构中，高层次人才供给以本科和硕士为主，其占比分别为 64%和 19%（见图 8），说明粤港澳大湾区人才供给呈现年轻化和精英化。2011~2019 年高校在校人数逐步上升，到 2019 年高校在校人数已快达 200 万人（见图 9），涨幅为 45.18%，说明粤港澳大湾区人才吸引力强，能够为数字经济发展提供充足的人才储备。从粤港澳大湾区城市来看，港澳数字科创的氛围浓郁，人才引领数字创新发展。目前，香港高校已具备世界一流大学的智能科创研究潜力，拥有将近 100 多个人工智能领域的科研项目，澳门大学与阿里巴巴集团旗下的阿里云合作，在科技教学方面加入大数据、云计算、数字专才培训的教学内容，培育新型数字人才。对于数字技术相关从业人员而言，2011~2019 年，广州市、深圳市和珠海市的信息传输、计算机服务及

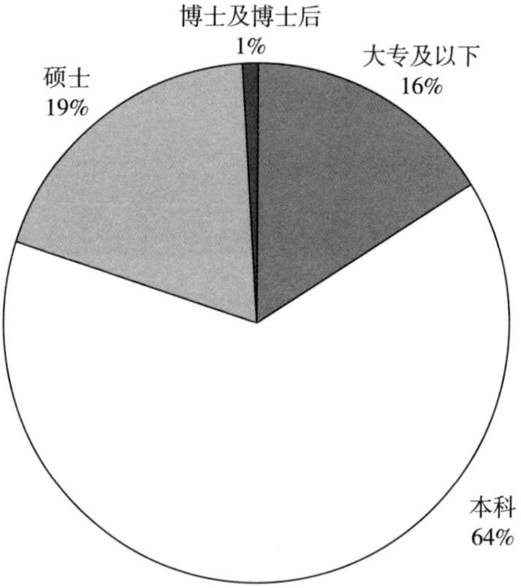

图 8　2019 年粤港澳大湾区人才供给学历结构

资料来源：《2019 粤港澳大湾区数字经济与人才发展研究报告》。

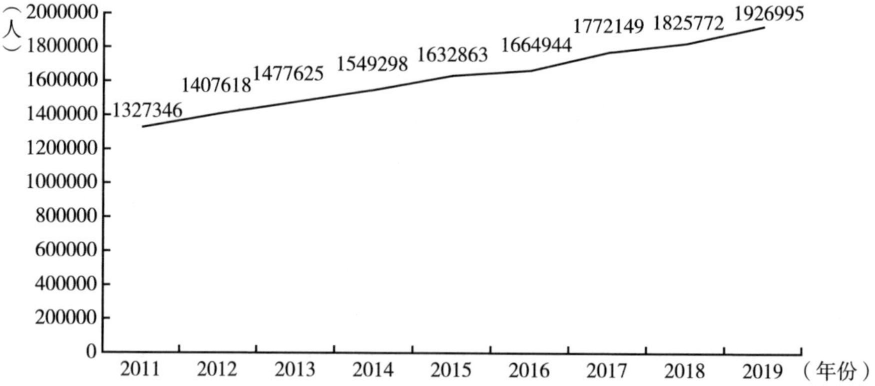

图 9　粤港澳大湾区城市高校在校人数

注：由于统计口径差异，港澳数据并未在此图中展示。
资料来源：2012~2020 年《广东统计年鉴》。

软件业从业人员占比提升较大（见图 10），珠三角中心城市对人才的虹吸效果强，特别是深圳在 ICT（Information and Communication Technology，信息和通信技术）行业的高水平人才集中度十分高，具有发展 ICT 行业的领先人才优势。佛山市、惠州市和中山市的信息传输、计算机服务及软件业从业人员占比不足1%，互联网相关从业人员较少，这可能是由于三市的制造业发展历史较长，以劳动密集型产业为导向，相较于新型互联网衍生产业来说传统优势更为明显。

整体上看，香港在金融科技创新、服务业等方面具有比较优势，澳门在旅游度假行业和博彩业中优势明显，珠三角九市以传统制造业、批发零售行业和ICT行业为主，粤港澳大湾区之间能够在人才之间形成良好的优势互补，推动数字经济发展。

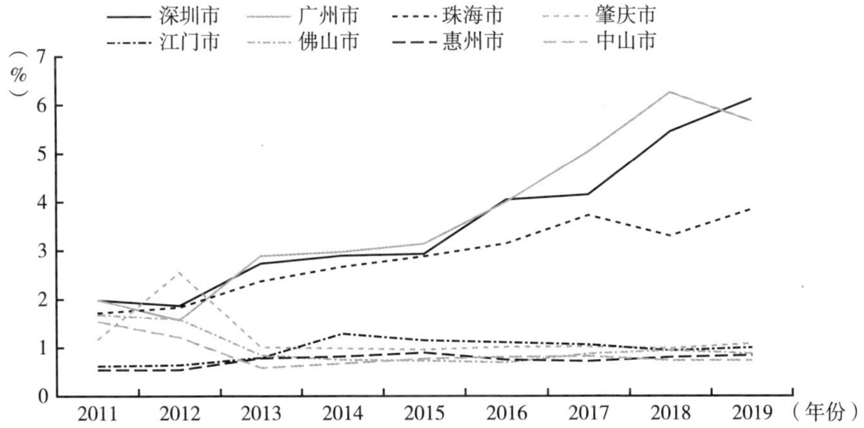

图10　2011~2019年粤港澳大湾区城市信息传输、计算机服务及软件从业人员占比

注：由于统计口径差异，港澳数据并未在此图中展示。

资料来源：2012~2020年《广东统计年鉴》。

4.粤港澳大湾区城市的数字普惠金融发展情况分析

数字普惠金融是借助数字技术为大众提供全方位且高效的金融服务，重点服务的是低收入的人群和中小型企业，填补传统金融业的空白，为其他传统行业领域转型提供资金支持，是产业转型发展的重要举措。普惠金融的发展一直是广东省人民政府关注的重点领域。2017年以来粤港澳大湾区区域政府相继出台金融普惠方案，2020年中国人民银行更是联合银保监会、证监会和外汇局发布《关于金融支持粤港澳大湾区建设意见》，为粤港澳大湾区金融机构跨区业务提供了国家层面的政策指导。在政策指引下，金融机构利用云计算、大数据等数字技术精准评价用户信用等级，优化信贷模式，有效规避和控制金融风险，推出针对性的金融信贷服务。截至 2020 年，广东省银行业普惠型小微企业贷款余额高达 1.15 万亿，普惠 120 多万户企业，有效地解决了中小企业融资难、融资慢的困境。同时，数字普惠金融普及程度最高的业务形式——数字化支付体系取得突破性进展。央行广州分行数据显示，2019 年广东省移动支付交易 197.95 亿次，金额达 45.53 万亿元，近 2 年的平均增速分别为 21.72% 和 31.31%，其中粤港澳大湾区移动支付交易 167.75 亿次，金额为 37.97 万亿元，分别占广东省移动支付交易的 84.74% 和 83.40%。为方便港澳居民和企业赴内地旅游、消费、学习和投资，粤港澳大湾区各内地城市政府积极开展港澳的个人内地银行账户试点业务。在 2020 年 1 月，该试点业务累计交易 188.5 万次，成交金额 11.44 亿元，2020 年澳门移动交易笔数达 6549 次，金额为 63.3 亿澳门元，相比 2019 年分别增长 4.12 倍和 5.43 倍，创下历史新高，澳门在内地城市的带领下逐渐拓展数字化支付业务。[①] 但香港金融管理局的资料显示，香港地区线上支付普及率仅为 20%，使用支付宝和微信支付的分别仅占 22% 和 19%，支付方式仍旧偏向八达通和现金，使用频率分别高达 97% 和 99%。万事达卡的调查表明香港居民对电子支付缺乏信心，害怕隐私泄露。对于数字化支付，粤港澳大湾区中珠三角城市和澳门的移动支付偏好较强且规模较大，香港对数字化支付仍保持谨慎态度。

整体而言，粤港澳大湾区数字普惠金融政策支持力度大，珠三角九市的数字普惠金融指数总体呈现上升趋势，粤港澳大湾区城市间的数字普惠金融差异较小（见图 11），发展程度相当。但粤港澳大湾区内地和港澳地区的移动支付普及率差异会在一定程度上影响粤港澳大湾区整体数字惠普金融进程。

---

① 数据来源于澳门金融管理局发布的 2021 年统计报告。

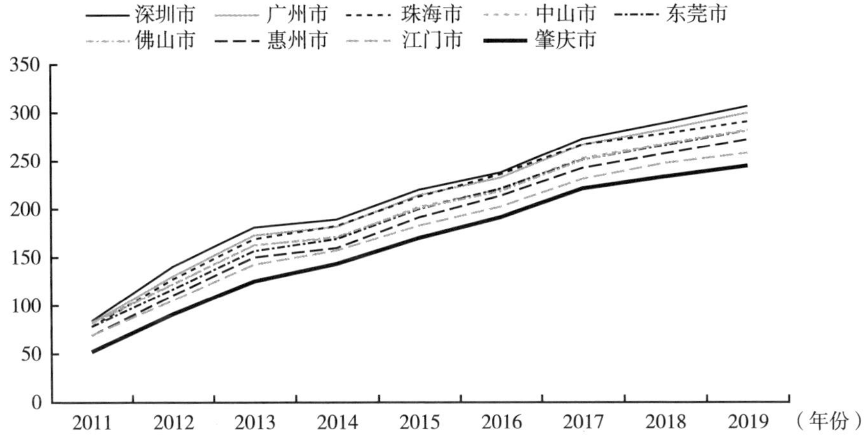

图 11　2011~2019 年粤港澳大湾区数字普惠金融指数

注：由于港澳地区未纳入该指标计算，故港澳数据并未在此图中展示。

资料来源：2012~2020 年《广东统计年鉴》。

（二）粤港澳大湾区的数字产业发展现状

1. 粤港澳大湾区的数字产业整体发展态势良好

近年来，粤港澳大湾区数字产业在各个方面呈现良好的发展态势。在"互联网+建设"方面，粤港澳大湾区在社会应用方面取得了非凡的成绩，培育了 2000 多家创新型中小企业，成为网络创业创新的聚集地，打造了珠三角国家自主创新示范区，发挥着国民互联网经济发展的重要作用。在智能制造方面，粤港澳大湾区信息化与工业化平均融合程度与规模以上工业企业数量均达到全国领先水平，数字产业有望成为引领粤港澳大湾区建设的重要引擎之一。在工业互联网建设方面，粤港澳大湾区凭借自身区位优势与实际需求，建立全国首个工业互联网基础设施，培育形成国内领先产业互联网平台 20 个，培育形成的互联网产业体系助力数字产业发展。但与世界四大湾区的工业互联网基础设施和产业体系相比，粤港澳大湾区的国际竞争力还有待提升。在大数据建设方面，大数据创新应用覆盖经济社会各领域，基本形成繁荣的大数据产业发展新生态，为粤港澳大湾区产业转型升级提供了先决条件，成为经济高质量发展的重要支撑。珠三角九市2015年以来在电子设备制造业方面发展形势良好，行业增加值从2015年的6499.71亿元增加到2020年的8583.9亿元，增长了32%。但其增长率相对较低，2018年与2020年甚至出现负增长，说明在关键核心技术上还需进一步有所突破。在数字产业中最具代表性的是信息传输、计算机服务及软件业，该行业的企业个数在近几年增长速度较快，从2015年的1833个增长到2020年的4987个，增长了172.1%，其营业收入也节节攀升（见图12），反映了粤港澳大湾区数字产业的发展规模越来越大。

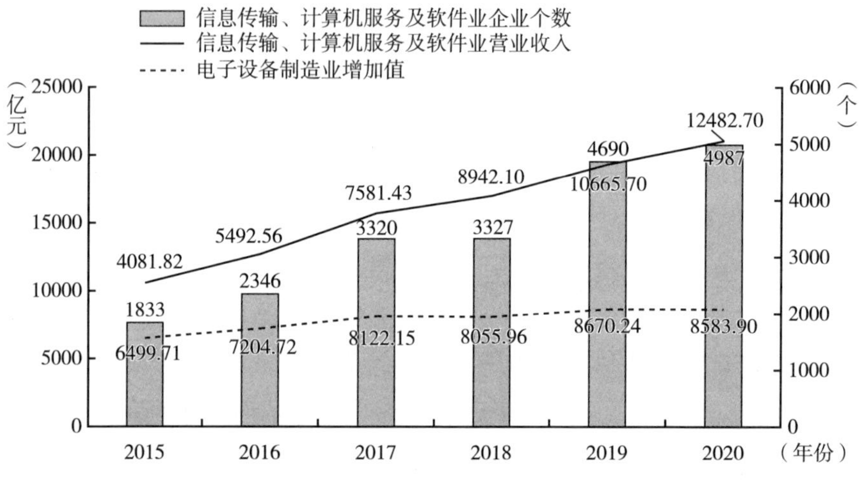

图12　2015~2020年广东省部分数字产业发展状况

资料来源：2016~2021年《广东统计年鉴》。

2. 政策支持推动数字产业发展

中央政府至地级市区政府都高度重视粤港澳大湾区内数字产业的发展态势。2022年广东省工业和信息化厅印发《2022年广东省数字经济工作要点》，从该工作要点中可以看出数据要素将成为推动产业发展的主要动力之一，广东省人民政府为数字产业的发展营造良好的政策环境，将广东省建设成为国家数字经济发展先导区。以广州、深圳两市为增长极带动珠三角九市数字经济的发展，再通过珠三角九市的知识、技术、人才的溢出效应推动整个广东地区数字经济发展进程。香港方面，跻身亚洲四小龙的香港特别行政区多年来一直是全球最自由的经济体，服务贸易的发展使其成为全球经济最发达的地区之一。但香港服务业过高的产业结构反而制约了其在后疫情时代的经济复苏。为推动其制造业的发展，香港积极求变，运用大数据技术推动“互联网+”与产业相互融合，将数据作为一种生产要素融入产业发展，推动再工业化，共同推动粤港澳大湾区智能产业链发展。香港特区政府主动开放合适的政府场所安装5G基站，在新界及离岛偏远的乡村拓展光纤网络来推动数字技术设施的建设，扩大5G覆盖范围更好地服务整个香港经济社会发展的需要。同时主动开放香港特区政府数据库，将一手信息资源提供给高校科研机构，为其提供探究数字经济发展所需的材料。这一举措成功吸引了阿里巴巴、德勤等重点行业的知名机构落户香港，为促进智慧城市快速建立提供了更多的支持。澳门方面，疫情这个“黑天鹅”事件发生以来，澳门特区政府高度重视数字产业领域的发展。为了提升整体的经济实力，澳门特区政府在澳门特别行政区“五年发展规划”中特别提出要加快经济适度多元化发展，明确拟定了智慧城市战略，推进宜居城市的建设。澳门特区政府主动出台优惠政策与国内外知名机构（如阿里巴巴等）合作，以机构的云计算和大数据平台为基础支撑构建智慧城市，推动政务、交通、旅游、医疗、安全等各个领域的智能化发展。

3. 粤港澳大湾区的制造业数字化转型基础良好

粤港澳大湾区拥有雄厚的经济实力、齐全的产业门类、完整的产业链条。珠三角人口红利与强大的制造业基础和香港、澳门发达的现代服务业有机结合，使得粤港澳大湾区各地区制造业已经具备基础发展优势，如电子信息技术和生物医药与健康行业领先的广州市，制造业产业体系齐全、拥有产业集群优势的东莞市，以电子信息和石油产业为主的惠州市，这些城市都正在寻求以制造业数字化转型为导向，加速数字经济和实体经济的融合发展。“9+2”城市群之间在产业协同发展方面具有一定的经验基础和数字化赋能传统制造业转型的禀赋条件，粤港澳大湾区拥有世界上最齐全的产业链条，各制造业巨头已经具备了良好的产业链基础设施，在数字经济发展的浪潮里推动自身的数字化转型。如佛山市美的集团凭借自身的成本和市场优势，逐步压缩产品线、暂时关闭生产基地等，加上地方政府的资金周转扶持帮助其渡过转型期的难关，完成系统的完整重构和信息化转型，从而顺利实现整个集团的数字化转型；拥有核心技术、科技领先且有较强危机意识的华为公司，利用企业强大的技术支持和高效管理成功主导自身产业与数字经济融合发展。

（三）粤港澳大湾区的企业数字化转型现状

1. 国家战略引领，粤港澳大湾区企业的数字化发展加速

粤港澳大湾区针对不同特征的企业创设了多样化的数字化转型引导模式以及优质的工业互联网服务平台。一是依靠“互联网+5G”的落地场景模式，培育“灯塔式”数字化转型的标杆示范企业。2021 年，广东省的“云”企业数量达到 55 万余家，孵化“灯塔式”数字化转型的标杆示范项目超过 200 个（包含 80 余个国家级标杆示范项目）。其中，美的是粤港澳大湾区内拥有首座 5G 全连接智能制造示范工厂的企业，并且其位于南沙的空调工厂与顺德的微波炉工厂均入选世界经济论坛（WEF）的“灯塔工厂”。二是珠三角城市积极探索工业互联网助推工业企业“云上”平台的新发展模式。工信部数据显示，广东省的数字化转型指数排名全国第一，2020 年电子信息产业营业收入突破 4 万亿元的关口，超过 1.5 万家工业企业投入数字化转型发展浪潮，带动了超过 50 万家企业实现降本提质增效。三是探索产业与企业集群数字化转型的新路径，发挥集聚优势。目前，粤港澳大湾区已拥有广州花都狮岭箱包皮具、东莞松山湖电子信息、佛山顺德小家电等多个产业集群试点区域，这有利于充分发挥粤港澳大湾区制造业数字化转型对其他地区的辐射效应和示范效应。四是工业企业的数字技术应用水平稳步提升。2021 年粤港澳大湾区内多家企业入选新一代信息技术与制造业融合发展试点示范名单。

2011~2020 年粤港澳大湾区上市公司的数字化转型水平整体呈现明显的上升趋势，并且近几年的转型速度加快。其中，广州市、深圳市、东莞市、

惠州市、中山市的上市公司在2020年的数字化转型水平均超过2，在粤港澳大湾区处于领先地位；佛山市、珠海市的上市公司数字化转型水平较高，并且增速较快；江门市和肇庆市的上市公司数字化转型水平较低，发展潜力较大（见表2）。

表2　2011~2020年珠三角九市的上市公司数字化转型水平

年份	广州市	深圳市	佛山市	东莞市	珠海市	惠州市	中山市	江门市	肇庆市
2011	0.6224	0.6222	0.1553	0.3584	0.7163	1.0594	0.6787	0.2747	0.4970
2012	0.8108	0.7173	0.4837	0.5185	0.6319	0.9972	0.6646	0.4159	0.6592
2013	0.9526	1.0840	0.6575	0.7776	0.9704	1.1969	0.8365	0.2773	0.4970
2014	1.1647	1.4736	1.3822	0.6024	1.2206	1.9744	1.2297	0.4951	0.6648
2015	1.3254	1.7143	1.1492	1.4061	1.7067	1.6840	1.5995	1.1255	1.1800
2016	1.4506	1.8206	1.3066	1.3593	1.8618	1.7639	1.4216	1.1918	1.1189
2017	1.8468	1.9774	1.4051	1.3571	1.7467	1.9497	1.8097	1.1640	1.7130
2018	1.2059	1.7943	1.2841	1.3123	1.8602	1.7087	1.4963	0.9880	1.9855
2019	2.0504	2.1878	1.6696	1.1731	2.0695	2.0085	1.9162	1.1860	1.7544
2020	2.1648	2.2977	1.8624	2.2232	1.9468	2.2556	2.1736	1.1391	1.4445

资料来源：根据珠三角九市的上市公司年报信息整理计算得出。

2. 企业数字化转型的政策支持生态领先全国

粤港澳大湾区的制造业数字化转型生态位于全国前列。2011~2020年，粤港澳大湾区上市公司的数字化转型整体水平处于全国领先地位，明显高于浙江大湾区、北京市和全国上市公司的平均水平，略低于上海市（见表3）。但随着近两年数字经济的发展成为国家战略，北京市的上市公司显现“后发优势”，数字化转型速度较快。一是推进工业互联网建设和产业数字化转型是粤港澳大湾区推进数字经济发展的重要抓手。广东省早在2018年就颁布了《深化“互联网+先进制造业”发展工业互联网的实施方案及配套政策措施》，“先典型引路、后全面推广”、针对不同类型企业分类施策的实施路径是该项政策的鲜明特色，对全国其他地区具有重要的示范意义。2020年，广州市制定了《广州市深化工业互联网赋能改造提升五大传统特色产业集群的若干措施》，实施产业集群“数字化制造”行动，以数字技术应用深度赋能产业集群发展。二是对5G基站等数字基础设施的投资力度不断加大。2020年，《广东省5G基站和数据中心总体布局规划（2021—2025年）》、《关于加快推动5G网络建设的若干政策措施》、《5G通信基站专项规划（2020—2022年）》和5G基站专项规划等相关政策陆续出台，可以看出广东省切实推进数字基础设施建设的决心。三是注重为制造业企业数字化转型“保驾护航”并制定相关具体措施。2021年，广东省颁布了《广东省制造业数字化转型实施方案（2021—2025年）》和《广东省制造业数字化转型若干政策措施》，并举办了以“数字驱动·智造未来”为主题的“2021中国工业互联网大会暨粤港澳大湾区数字经济大会”，聚焦加速推进粤港澳大湾区工业互联网赋能制造业企业数字化转型升级，同时为广东省乃至全国塑造粤港澳大湾区数字化转型新范式。

表3　2011~2020年国内主要湾区与地区的上市公司数字化转型水平

年份	粤港澳大湾区	浙江大湾区	北京市	上海市	全国平均水平
2011	0.5538	0.4228	0.5092	0.7030	0.3949
2012	0.6554	0.5446	0.5919	0.8863	0.4856
2013	0.8055	0.6642	0.8108	1.1267	0.6474
2014	1.1341	0.8486	0.9624	1.3068	0.8578
2015	1.4323	1.1118	1.3150	1.5760	1.1127
2016	1.4772	1.2824	1.3307	1.7294	1.2357
2017	1.6632	1.2727	1.5713	1.8781	1.3608
2018	1.5150	0.9935	0.9689	1.2064	0.8849
2019	1.7795	1.5115	1.8147	2.1498	1.5760
2020	1.9453	1.6700	1.9923	2.2060	1.7058

资料来源：根据上市企业年报信息整理计算得出，其中粤港澳大湾区数据不含港澳。

四　粤港澳大湾区的数字经济发展存在的问题

（一）粤港澳大湾区城市间的数字经济发展不平衡

香港、澳门两个发达的特别行政区以及头部城市广州市和深圳市作为数字经济发展的带领者，为粤港澳大湾区构建“数字大湾区”提供无限的机遇，但是区域之间经济基础、资源禀赋和产业转型速度差异导致粤港澳大湾区城市间的数字经济发展不平衡进一步凸显。珠三角九市的数字人才、数字技术、数字产业等数字资源集中在广州市、深圳市和珠海市，佛山市、东莞市和惠州市这些城市传统制造业产业发展深厚，制造业产业面临数字化转型的挑战，江门市和肇庆市以一二产业为主，发展水平较低，发展模式单一化，数字人才和数字技术匮乏。同时，在“一国两制”特殊的政治背景下，区域政府之间的运作机制和法律法规的差异会限制区域城市之间数据要素的流通、降低区域政府为数字经济发展服务的协调度和效率，进一步制约粤港澳大湾区的数字经济发展。所以，粤港澳大湾区城市之间的数字经济合作机制需进一步完善，防止粤港澳大湾区城市之间数字鸿沟的进一步扩大。

（二）粤港澳大湾区的数字人才匮乏，数字技术实力偏弱

粤港澳大湾区的劳动力分配不平均，呈现“东强西弱”的发展局面，粤港澳大湾区头部城市对劳动力的虹吸效应更强，深圳市和广州市作为粤港澳大湾区数字技术的“领头羊”，汇聚腾讯、华为、字节跳动、百度、唯品会、科大讯飞等互联网大厂，吸引全国各地的数字人才和高水平人才聚集，而粤港澳大湾区其他城市如肇庆市、江门市等人才出现流失的现象。同时，尽管粤港澳大湾区拥有众多的研究院和高校，每年培育的应届高校毕业生人数居全国首位，但是数字经济发展更需要的是信息技术和场景应用知识的复合型人才，对数字类的职位如数字营销、数据分析、人工智能等需求持续增加，各个高校、研究院和企业之间并没有形成紧密高效的合作机制，产学研一体化程度较低。

粤港澳大湾区在全球产业链中发挥着重要的作用，港口集装箱吞吐量大于世界其他三大湾区之和，但是在产业高技术方面，与发达国家还存在较大差距。例如高端产业所需的芯片自我供给率只有14%，芯片对外依赖程度依旧比较高，这将会影响粤港澳大湾区制造业进行技术改造，继而影响数字化智能制造。区块链技术虽然在早前已经投放在粤港澳大湾区相关产业当中，但是目前区块链技术仍存在技术瓶颈，导致其使用场景偏少，作为数字

化转型的重要组成部分之一，目前与粤港澳大湾区数字治理还未实现较好的融合。因此，粤港澳大湾区城市需要加大对数字技术的研发力度，为粤港澳大湾区的数字经济发展提供技术支持。此外，城市之间的产业数字化进程存在显著差距。深圳作为粤港澳大湾区数字化发展的先行者，拥有腾讯、华为等数字化企业巨头，现实需求的驱动使得深圳在科研成果转化方面在全国位于前列。但是面临缺乏具有较强科研实力和创新能力的高校、科研平台和科研院所建设发展滞后等挑战。广州市科研资源丰富，但缺乏规模化领先的数字化企业，业务创新能力薄弱，科研成果高效转化不足。香港有较好的大学和研究机构，并在基础科学研究上投入巨资，但产业空心化等问题的出现，不利于产业数字化的发展。除了广州、深圳和香港之外，其他城市在提供和培育数字化创新资源等方面相差较大，从而限制了产业数字化的发展。推进数字化转型需要能够掌握信息技术和金融经济知识的全面型人才，人才的供不应求也是阻碍粤港澳大湾区产业数字化转型的重要因素，粤港澳大湾区的顶尖大学、研究机构和企业之间深入的、有效的合作也有待进一步加强。

（三）地区数字产业发展不均衡，数字要素价值利用不充分

粤港澳大湾区拥有世界上多元化的经济主体，是属于同一个国家却有不同制度的湾区，这给粤港澳大湾区内数字产业的交流提供了较多的机遇，但同样存在问题。珠三角九市与香港、澳门发展结构与步伐不一致，从而制约了整个粤港澳大湾区的数字产业发展。2004 年以来，广州、深圳两市的信息传输、计算机服务及软件业从业人员数要远高于其他七个地级市。2013 年后，广州、深圳两市的信息传输、计算机服务及软件业从业人员数显著增加，但其他城市并未出现明显的涨幅，特别是肇庆市和江门市几乎停滞不前（见图 13）。这说明发展较好的数字产业在向广州市、深圳市集聚的同时，形成的“虹吸效应”吸引了大量的数字化人才集聚于此，从而导致各地区吸引的数字产业就业人员数差距日益凸显。

此外，目前珠三角九市部分传统产业发展方式总体上比较粗犷，主要表现为产品的附加值较低、产品的技术创新能力较弱。粤港澳三地中广州、深

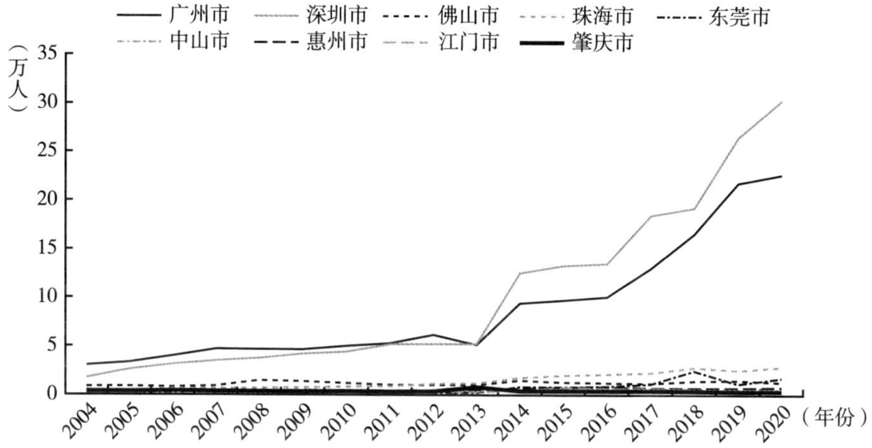

图 13　2004~2020 年珠三角九市的信息传输、计算机服务及软件业从业人员数

资料来源：2005~2021 年《中国城市统计年鉴》。

圳与香港的产业数字化发展程度相对较高，但其发挥的溢出效应还未很好地带动粤港澳大湾区内其他城市数字产业的发展，从而呈现各地区数字产业发展不均衡的现象，协同发展的效应也不明显。数据要素的价值未充分利用，城市与城市之间的产业合作与自身优势产业合作互补发展的实践有待增多。在粤港澳大湾区传统优势产业中，大部分数字化人才集中在广州、深圳两个城市，而其他地级市的数字化人才短缺，加上数字化本身是一个高投入、高消费、慢回报的过程，使得传统制造业的产品和技术处于产业链中低端，数字化赋能的产业链协同程度不高。在粤港澳大湾区中，深圳市、惠州市、东莞市的制造业与中山市、珠海市和佛山市的工业结构具有明显的相似性，数字产业发展较快的地区的产业可能拥有更高的生产效率，那么就会使得部分传统优势产业出现产能过剩的情况。

（四）“数据孤岛”现象较为明显，数据流通存在障碍

在粤港澳大湾区企业发展中，“数据孤岛”现象主要体现为底层设备层与过程控制层之间有效联动的问题。制造业的数字化转型中如何有效利用各

类设备层与控制层之间产生的数据，将其转化为有价值的数据资产，企业面临的重要问题是如何运用不断积累的数据资产。如果数据资产的潜在价值不能充分发挥出来，那么更高层级的决策分析之类的预测行为将无法实施，究其原因是数据的规模、质量和企业的应用还集中在风险控制、客户关系管理等有限场景。由此产生的“数据孤岛”问题阻碍了深层次的数字资产挖掘。部分龙头企业意识到数据要素流动出现问题后积极开展了卓有成效的工业互联网建设，但平台数据资源的开放程度不高和产业链上下游之间协同水平明显不高的问题依然制约其发展。突如其来的新冠肺炎疫情使得很多中小企业面临出口和国内需求均降低的难题、市场预期不稳定的危机，企业数字化转型的难度在一定程度上进一步提高，数字化转型的进程也会受到影响。

“一国两制”的重要制度给粤港澳大湾区带来了较好的发展机遇，同时蕴藏着更多的挑战。数据要素能效的发挥需要一个共同的平台进行各类资源的流通共享，更需要一个共同的标准对资源流通的要求进行统一，但目前粤港澳大湾区内制度的差异在某种程度上限制了数据要素在11个城市之间的流通。不同制度、不同的区域经济发展规划减缓了各地数字资源的流动性，在无形中造成了资源流动的壁垒，阻碍了粤港澳大湾区的数字产业全方位、高质量的发展。粤港澳大湾区数据流通存在障碍的关键在于数据安全与要素流通之间的平衡。如果加快数据在粤港澳大湾区城市之间的流通，那么不同的法治体系将不能保证数据的安全。如果一味地强调数据的安全性，那么必然会限制数据在粤港澳大湾区的流通。所以要平衡好二者之间的关系，关键在于技术的支撑，隐私保护、加密、脱敏都是急需突破的重要技术。

（五）企业数字化能力较弱，数字技术应用意识有待增强

企业数字化转型需要“ABCD”等数字技术的支持，《2020粤港澳数字大湾区融合创新发展报告》的调研案例显示，目前粤港澳大湾区企业间数字化的“马太效应”较为突出，近46%的企业不满意其供应链信息和数据的协同运营，大数据、物联网、云计算等技术在大部分企业的日常运营方面运用较多，比如企业云、数字化会议、财务管理系统等，而5G、区块链、

3D 打印等技术的应用程度和频率较低，信息化和数字化在企业更为核心的经营环节的应用有待增强。据埃森哲发布的《2021 年中国企业数字化转型指数研究》，整体而言，我国企业的数字化转型水平稳步提升，并且大量的企业已对数字化转型做出核心战略规划。然而，2021 年只有 16%的企业数字化转型取得了较为显著的成效，企业在数字化转型过程中面临三大挑战：第一，数字化“阵痛期”战略缺位，转型方向模糊，从而引发市场失焦、营销失语、系统失灵、管理失衡、增长失速的风险；第二，资源约束导致“买不起”技术，数字化投入无法持续导致价值难以实现，数字化投入成本过高、投资见效周期长是企业数字化部署“失灵”的重要障碍；第三，数字化能力不匹配，难以深入推进数字化转型，缺乏与数字化转型刚性需求相匹配的技术和人才支撑是实践中困扰企业转型的关键要素。同时，当前珠三角部分城市仍然存在企业缺乏数字化转型所需的基础设施、核心数字技术开发和供给的问题。

五　推动粤港澳大湾区数字经济发展的对策建议

粤港澳大湾区涉及一个国家、两种不同制度、三个关税区和四个头部引领城市，区域间经济发展复杂多样，推动粤港澳大湾区数字经济发展需要秉持协调、融合、共建的观念，建设具有中国特色的“数字大湾区”。粤港澳大湾区城市间充分发挥优势，发挥湾区头部城市带头引领的作用，优化经济建设布局，落实数字经济发展规划和政策，积极引导数字经济发展较弱的城市建设数字经济，开放粤港澳大湾区城市数据端口，建设有利于资本、信息、技术、人才互通的要素流通平台，形成粤港澳大湾区国际化数字平台。如何深化推进“数字大湾区”建设，需要直面粤港澳大湾区的数字经济发展的难点与痛点，可以从以下几方面进行思考。

（一）加快完善粤港澳大湾区数字基础设施布局

建设新一代信息技术基础设施是《粤港澳大湾区发展规划纲要》的题

中之义。大力促进粤港澳大湾区5G通信技术应用型研究和5G基站搭建，形成5G网络全覆盖、5G数字基础设施引领新一轮基础设施投资的新浪潮，实现5G技术在粤港澳大湾区各个领域广泛应用。打造数字化发展平台，汇聚各界资源，释放数字经济发展的红利优势，推进区块链服务、人工智能、物联网技术等数字技术与企业管理运营、创新活动等相融合，将企业活动信息化、数据化，让企业运行实现“互联网+”等高效率模式。同时，内地和港澳特区政府根据三地对数字基础设施的需求，实施差异化、有针对性的数字基础设施建设方案，更好地推进三地企业、行业应用数字技术、实现数字化转型，避免因数字基础设施的匮乏或建设不到位而造成内地和港澳地区分工水平和经济发展水平产生更大差距。例如，长期以来港澳和内地之间的互联网登录方式不一致，三地政府应推进内地珠三角九市与港澳地区国际互联网互联互通和提高流量接受的能力，全面开发基于互联网协议第六版（IPv6）的下一代互联网联通技术，推动核心网、骨干网、支撑网、互联网数据中心和支柱性体系IPv6的升级变革。应用5G、NB-IoT（宽窄物联网）、G. 654. E新型光纤等打造固移融合、宽窄结合的粤港澳大湾区物联网数据平台。此外，构建粤港澳大湾区智慧城市群，建设形成高效智能、泛在互通的物联网以及时空信息共享云平台，大力发展智慧社群、智慧政府、智慧产业、智慧生活等信息平台，实现高速无线网络在重点经济发展区域和城市交通轨道路线全覆盖，城市互联网宽带光纤接口入户和高清互动数字电视普及。

（二）重视数字人才培育，完善人才引进机制

港澳是粤港澳大湾区连接国际的桥梁，港澳高校可以利用特区制度优势加强引进顶级教育资源，重点培养数字技术相关方面的人才，同时粤港澳大湾区内地城市高校不断加强与港澳高校的人才、学术、技术研究等交流，通过港澳高校与粤港澳大湾区内地城市高校的深入互动交流，弥补粤港澳大湾区内地高校培养数字人才的短板，促进双方信息技术互补，为粤港澳大湾区培养一批适合粤港澳大湾区发展数字化技术的特色人才。针对粤港澳大湾区

数字经济薄弱的地区，区域政府需要根据其产业结构特征，制定相关人才引进方案，互联互动，打破人才引进障碍的屏障，重点从港澳、广州、深圳引进适合自身发展数字经济的复合型人才，为粤港澳大湾区数字经济发展注入强大动力。

一是建立引进专业人才和内部培养双线人才体系，政府可以设立专项激励基金和人才培训基金，填补企业数字化转型的人才缺口。二是要充分利用粤港澳大湾区高校和科研院所的丰富资源，建立数字化转型的“政校企联盟”，企业直接对接高校和科研机构资源，加快科研项目的成果转化。例如，建立以企业为重点、大学和研究机构辅助的密切合作机制，开展制造业、培训和研究一体化项目；建立技术合作平台，企业可以在该平台上密切共享数字化信息，同时方便教师、研究人员和企业员工之间专业培训的开展。此外，还可以邀请优质的数字化企业为高校的课程规划、教学课程设计、实训课程开发等方面提供指导，这将有助于学校了解商业需求，培养更能满足企业需求的数字人才。三是加强数字职业教育和培训，发挥职业学校社会教育的作用，培训员工的数字技能，构建适应新发展的终身职业教育和训练体系。

（三）打破数据要素流通壁垒，建立数据跨境流动治理体系

粤港澳大湾区作为世界四大湾区中占地面积最大的湾区，如何加快地区间的要素流通，协调共进是粤港澳大湾区数字化发展有待解决的问题。粤港澳大湾区需进一步优化经济建设布局，发挥横琴、前海的区位优势，打破粤港澳三地的要素流通壁垒，重点是保证数据流通的安全性，明确数字要素的产权问题。建立流通交易制度规则体系。在广州、深圳、香港积聚数字产业核心发展资源的同时加强要素所带来的溢出效应，使粤港澳大湾区内各城市结合自身的发展定位，享受穗、深、港提供的资源。充分发挥深圳高新技术产业的带动作用，广州电子信息、先进制造的优势。各城市也要主动加强与核心城市的沟通合作，结合资源禀赋情况，带动地区数字产业人才的就业，构建共同创新发展集群来提升整个粤港澳大湾区的数字产业竞争力。

建立数据安全流动技术支撑平台，构建数据跨境流动安全通道，可先在横琴、前海两地小范围进行尝试，获取经验后形成制度规则再推广至整个湾区。保证粤港澳大湾区数据跨境流动的技术支持，包括数据加密技术、数据流动时所涉及的脱敏技术。在数字跨境流动过程中，推动区块链和相应的数据加密技术相结合，保障数据的安全。第一，分级监管。粤港澳大湾区由于整体法治的特殊性应设立总数据管理组织，制定分级分类的框架性原则，后由各层级补充相应的具体规则，形成粤港澳大湾区统一的规则纲要。第二，各层级相互协调。数据的跨境流动需要政府、服务机构、企业与个人等各个市场主体之间相互协调。政府主导、地方政府细化、特区政府配合、企业单位遵守以及个人配合共同建立健全数字跨境流动体系。第三，积极推动商业、金融、物流、教育、医疗等服务业数字化新模式、新业态健康发展，减少企业间、产业内、产业间的数据要素流通壁垒。让数据作为一种新的要素赋能产业结构升级，打造产业门类完整、供应链齐全的世界级城市群和产业群。加强粤港澳的深度合作，发挥广州、香港、澳门、深圳等数字经济发展较好的城市增长极的作用，以点带面促进整个湾区的数字要素对产业的辐射带动。而江门、肇庆这些产业基础相对薄弱的地区可利用连接粤西的地理优势、良好的自然环境，打造数字旅游发展新模式。

（四）加快构建协同开放的数字化创新生态系统

经济发展进入新常态以来，数字技术已成为推动数字化转型的新型引擎，迫切需要围绕数字底层技术应用开展数字技术和标准创新。我国各地政府为推动数字技术发展，在大数据和人工智能领域，推出了一系列激励政策和发展措施来加强战略顶层设计，促进区域制造业数字化转型，特别是北京、上海和广东等从战略层面和政策层面推动数字技术研发创新高地的形成，将数字要素与制造业融合发展列为行动计划，推动其融合发展。在底层技术、标准和知识产权方面具有明显优势的地区具有数字化转型的先发优势和良好的基础设施条件，企业根据地区数字底层技术标准，结合知识产权保护力度，发挥企业间的比较优势提升自身竞争力。在这个过程中，需要加快构建协同开放的数字化创新生态系统（见图 14），政府应发挥自身超前引领的作用，充分发挥湾区政策、自主创新以及产业配套等优势，通过政策引导各产业组织数字化转型的路径。一方面，政府应选择性地进入区域市场鼓励高校等科研机构进行人才培育和引进，让数字化人才进行的价值创造作用于高技术企业、金融机构等产业组织。强化工业互联网基础设施、建筑产业互联网服务平台、数字金融科技创新平台、智慧农业云平台，通过搭建良好的平台来促进数字要素给各个产业赋能。同时，政府应引导消费者塑造正确的消费价值观，将合理的消费诉求反馈到各产业组织中。另一方面，各类产业组织也应结合自身发展情况，为政府实现政治目标提供相关的科研管理支持，促进人才、资本、技术、信息等科技创新要素的流动，为产业集群上下游中小企业的数字化转型提供基础条件。

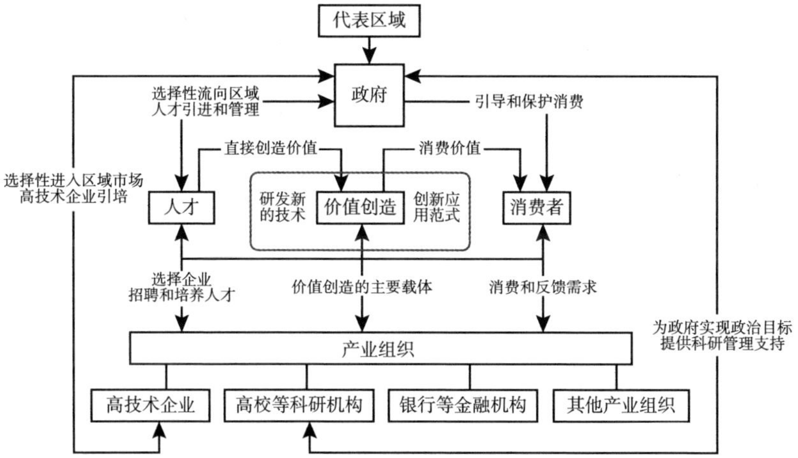

图 14　粤港澳大湾区数字化创新生态系统

（五）加大财政专项支持力度，赋能企业数字化转型

首先，地方政府应当根据当地商业资源的特点和效益，和企业共同出资设立专项基金，为制造企业管理人员提供免费培训和认证，解决人才短缺问题，为制造业数字化转型提供良好的外部环境，提高企业数字化转型的意

愿。例如，为了提高企业的员工积极性，根据粤港澳大湾区内各城市差异化的数字基础禀赋，将一般技术改造项目的设备投资门槛从 100 万元降到低于 50 万元，奖励金额从 3%~5%提高到 5%~7%。其次，政府可以借助搭建园区生态平台，支持产业园区、产业集群和特色小镇的数字化转型，加强数字园区基础设施建设，建立统一的数字园区服务平台，通过平台整合资源，充分利用数字媒体，建设一批数字化示范的小微企业园区。最后，政府要为企业创造良好的数字化发展环境，加大研发投入，主要体现在两个方面：数字产业和产业数字化转型。为了制定产业规划和发展的政策与指导方针，地方政府可以组织专项扶持资金，打破粤港澳大湾区城市间互联网产业平台的瓶颈，加大信息化基础设施建设的数字投入。鼓励民间投资，提高数字产业水平，以配合粤港澳大湾区企业的数字化转型升级。在加强企业与科研机构科技交流的同时，要积极实施促进政策，打通企业数字技术应用的"最后一公里"。通过技术改造补贴、低息贷款、产业化资金等多种方式筹集资金，积极引导制造业实现数字化改造，鼓励和支持建设数字效益企业设施和示范车间，为智能数字化转型分配参考项目，并鼓励中小企业"迁移到云并使用云"。推进粤港澳大湾区制造业企业数字化改造升级，加强"5G+工业互联网"在各行业和各类型企业的应用推广，建设智能工厂、数字车间、大灯工厂、智能园区等一系列示范项目。

参考文献

傅为忠、刘瑶：《产业数字化与制造业高质量发展耦合协调研究——基于长三角区域的实证分析》，《华东经济管理》2021 年第 12 期。

广东外语外贸大学粤港澳大湾区研究院课题组等：《数据要素跨境流动与治理机制设计——基于粤港澳大湾区建设的视角》，《国际经贸探索》2021 年第 10 期。

蒋雨婷：《粤港澳大湾区数字经济发展现状、问题和建议》，《财富时代》2022 年第 1 期。

李腾等：《数字产业化与产业数字化：双向联动关系、产业网络特征与数字经济发展》,《产业经济研究》2021 年第 5 期。

李永红、黄瑞:《我国数字产业化与产业数字化模式的研究》,《科技管理研究》2019 年第 16 期。

宋旭光等:《数字产业化赋能实体经济发展:机制与路径》,《改革》2022 年第 6 期。

万晓琼、王少龙:《数字经济对粤港澳大湾区高质量发展的驱动》,《武汉大学学报》(哲学社会科学版)2022 年第 3 期。

王军等:《中国数字经济发展水平及演变测度》,《数量经济技术经济研究》2021 年第 7 期。

王俊豪、周晟佳:《中国数字产业发展的现状、特征及其溢出效应》,《数量经济技术经济研究》2021 年第 3 期。

吴非等:《企业数字化转型与资本市场表现——来自股票流动性的经验证据》,《管理世界》2021 年第 7 期。

肖旭、戚聿东:《产业数字化转型的价值维度与理论逻辑》,《改革》2019 年第 8 期。

谢宝剑:《数字湾区——粤港澳大湾区高质量发展的新引擎》,《南方经济》2021 年第 10 期。

许宪春、张美慧:《中国数字经济规模测算研究——基于国际比较的视角》,《中国工业经济》2020 年第 5 期。

杨海深、王茜:《全面构建粤港澳大湾区数字经济协同发展新路径》,《新经济》2019 年第 10 期。

于菁:《粤港澳大湾区数字普惠金融发展现状、存在问题及对策建议》,《时代金融》2021 年第 23 期。

朱金周等:《粤港澳大湾区数字经济发展特点及对策建议》,《信息通信技术与政策》2021 年第 2 期。

朱文博浩等:《后疫情时代数字化促进粤港澳大湾区传统产业升级研究》,《国际贸易》2021 年第 3 期。

祝合良、王春娟:《“双循环”新发展格局战略背景下产业数字化转型:理论与对策》,《财贸经济》2021 年第 3 期。

分报告

Topical Reports

B.7
2021年度粤港澳大湾区科技基础设施发展形势*

杨永聪　刘丽冰　杨　帆**

摘　要：《粤港澳大湾区发展规划纲要》提出，要将粤港澳大湾区建设成具有全球影响力的国际科技创新中心。其中，完善科技基础设施和加强其建设成为粤港澳大湾区建设国际科技创新中心的首要任务。目前，粤港澳大湾区凭借扎实的经济基础、人才加速聚集以及政策叠加等优势，在科技基础设施建设方面已取得一定的成效，但缺乏统筹规划、协同合作效应不足以及相关领域学科支撑较弱且缺乏高端人才等问题尤为突出。针对以上问题，本报告指出粤港澳大湾区可通过建设四大设施集群、加大基础研究资金投入力度、构筑研究型大学支撑体系等一系列举措予以解决。

* 本报告受到广东省哲学社会科学规划基金青年项目（项目编号：GD22YYJ09）的资助。

** 杨永聪，博士，广东外语外贸大学粤港澳大湾区研究院副院长、副教授，研究方向为国际经济与产业经济；刘丽冰，广东外语外贸大学经济贸易学院硕士研究生，研究方向为产业经济；杨帆，广东外语外贸大学经济贸易学院硕士研究生，研究方向为产业经济。

关键词： 国际科技创新中心 科技基础设施 粤港澳大湾区

一 引言

当前，世界百年未有之大变局正在加速演进，新冠肺炎疫情持续蔓延，全球经济发展失衡、增长动能不足的问题日益突出，我国原始创新和科技源头供给不足的短板效应加速凸显。推进科技供给侧结构性改革、加强科技基础设施建设、打造国际一流水平的科技创新中心成为国家加速补短板的重要选择。而在推动国家科技基础设施布局建设过程中，作为改革开放前沿阵地的粤港澳大湾区责无旁贷。自《粤港澳大湾区发展规划纲要》提出把粤港澳大湾区打造成为国际科技创新中心以来，粤港澳大湾区在科技基础设施建设方面就一直走在全国前列。比如在全国仅有的9个国家实验室中，粤港澳大湾区已占据两席，其中深圳鹏城实验室在人工智能算力领域跻身全国领先行列，而广州实验室在新冠肺炎疫情防控工作中扮演主力军的角色。此外，粤港澳大湾区在重大科技基础设施（又称“大科学装置”）方面也持续发力，目前已有8个重大科技基础设施在粤港澳大湾区落地建设，推动粤港澳大湾区的原始创新能力实现跨越式提升，并且粤港澳大湾区重大科技基础设施和实验室实现协同发展，释放集聚效应。比如“东莞的中国散裂中子源+澳门大学中药质量研究国家重点实验室”“惠州的强流重离子加速器装置和加速器驱动嬗变研究装置+先进能源科学与技术广东省实验室”等，类似这样的重大科技基础设施和实验室的“CP组合”，为把粤港澳大湾区打造成为创新高地创造了有利条件。光明科学城、东莞松山湖科学城、河套深港科技创新合作区等一大批科技创新平台正在粤港澳大湾区不断涌现，粤港澳大湾区高端科技创新资源集聚效应不断加强，创新平台与创新力量在不断增多和充实。目前，粤港澳大湾区在科技基础设施建设方面虽然已取得一定的成效，但与其他三大湾区的科技地位相比，仍然相对靠后，具体表现为科技基础设施建设缺乏统筹规划、协同合作效应不足、相关领域学科支撑较弱且缺乏高端人才等。因此，优化科技基础设施建设布局是粤港澳大湾区迈向成为国际一流水平科技创新中心的关键举措。

基于上述背景，本报告分别从重大科技基础设施、新一代信息技术基础设施、金融科技基础设施以及研发平台与高等院校四个维度梳理归纳粤港澳大湾区科技基础设施的建设现状，并在此基础上结合粤港澳大湾区科技基础设施建设的优势条件和存在问题提出相应的对策建议。

二　粤港澳大湾区重大科技基础设施建设进展及其国际比较

（一）粤港澳大湾区重大科技基础设施建设进展

重大科技基础设施作为科技创新领域中最基础的支撑，不仅可以为核心关键技术的突破以及原始创新成果的产生提供重要的平台，也可以为经济社会的发展孕育增长新动能。因此，加快布局建设重大科技基础设施成为解决粤港澳大湾区科技结构性供需失衡问题的必然选择，也是粤港澳大湾区迈向成为国际一流水平科技创新中心的关键一步。

自 2005 年起，一大批重大科技基础设施在粤港澳大湾区相继布局落地。截至 2021 年末，粤港澳大湾区已集聚了中国散裂中子源、国家超级计算深圳中心、加速器驱动嬗变研究装置等 8 个重大科技基础设施（见表 1），为把粤港澳大湾区建设成为具有全球影响力的创新高地提供了重要的基础支撑。其中，作为粤港澳大湾区重大科技基础设施之一的中国散裂中子源自投入使用以来，来自国内外的注册用户已超 340 人，完成全球实验课题 700 多项并累计发表高质量论文 120 余篇，为生命科学与工程、新能源等多个前沿交叉领域的基础研究提供了有力的研发平台，对于推动粤港澳大湾区乃至全国实现科学数据服务本地化具有重要的积极意义。另外，加速器驱动嬗变研究装置和强流重离子加速器装置的建设正在惠州有序推进，目前这两项重大科技基础设施的核心技术攻关已取得重大突破，预计建成投入使用后，对于改善我国能源结构，实现“2030 碳达峰、2060 碳中和”气候行动目标具有重要意义。

表1　粤港澳大湾区重大科技基础设施装置分布情况

重大科技基础设施	建设地点	审批立项时间
中国散裂中子源	东莞	2005年
大亚湾反应堆中微子实验	深圳	2007年
深圳国家基因库	深圳	2011年
江门中微子实验站	江门	2013年
国家超级计算深圳中心	深圳	2009年
国家超级计算广州中心	广州	2013年
加速器驱动嬗变研究装置	惠州	2015年
强流重离子加速器装置	惠州	2016年

资料来源：作者根据公开资料整理。

（二）重大科技基础设施建设的国际比较

在新一轮科技革命和产业变革的大背景下，重大科技基础设施已成为世界各国站上科研浪潮之巅的重要创新载体。随着国际科技和产业竞争日趋激烈，各国纷纷涌入重大科技基础设施项目建设的角逐中，其中以欧美为代表的发达国家对于重大科技基础设施的建设尤为重视，在基础研究、应用基础研究、前沿交叉领域以及颠覆性领域不断增加投入，并取得了一系列举世瞩目的成绩。从国际湾区来看，重大科技基础设施由于具备聚人才、聚成果的功能，已成为各大湾区抢占科技前沿制高点的重要密码。截至2021年，旧金山湾区、纽约湾区以及东京湾区均布局了一大批重大科技基础设施，可见重大科技基础设施已成为成熟湾区的标配。具体来说，东京湾区共拥有31个重大科技基础设施，位列世界四大湾区之首，旧金山湾区紧随其后，而纽约湾区则以拥有16个重大科技基础设施位列第三。作为后起之秀的粤港澳大湾区也正在抢占全球科技新风口，加快推进重大科技基础设施的建设，截至2021年粤港澳大湾区已拥有8个重大科技基础设施，初步形成了集群之势，使得湾区的原始创新能力得到空前强化（见图1）。随着粤港澳大湾区科学技术发展环境的进一步优化，未来粤港澳大湾区将积极布局一批引领科技革命的重大科技基础设施，还将被打造成为国内外研究人员从事基础研究以及面向国内外需求重大研究的热土。

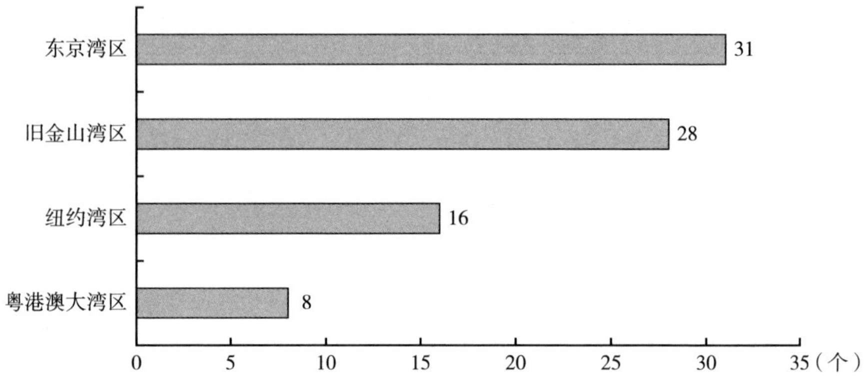

图 1　截至 2021 年世界四大湾区重大科技基础设施数量

资料来源：作者根据公开数据整理。

1. 旧金山湾区

旧金山湾区又称为科技湾区，在信息技术、生物技术以及金融科技等领域处于世界领先水平。其不仅拥有如斯坦福大学、加利福尼亚州大学伯克利分校等一批国际一流水平的大学，还汇聚了如劳伦斯利弗莫尔国家实验室、农业部西部地区研究中心等 25 个国家实验室，吸引了苹果、微软、谷歌等科技巨头在湾区内设立研究实验室，专注于研究工作。此外，具有国际竞争力的重大科技基础设施群更是助推旧金山湾区成为科技创新型世界级湾区。旧金山湾区重大科技基础设施如表 2 所示。

表 2　旧金山湾区重大科技基础设施

重大科技基础设施	领域、学科	重大科技基础设施	领域、学科
加速器质谱法中心	材料、物理	88 英寸回旋加速器设施	材料、物理
地质力学实验设施	物理、能源	伯克利实验室激光加速器设施	环境、材料
加速器结构试验区（ASTA）	物理	伯克利低放射背景探测设施	生物
下一代线性对撞机测试加速器（NLCTA）	物理、材料	伯克利同步辐射红外结构生物设施	生物、医药
先进加速器试验测试设备	物理	X 射线光学设施（CXRO）	生物、医药

续表

重大科技基础设施	领域、学科	重大科技基础设施	领域、学科
红外热像仪实验设施	环境、材料、军事	生物医学加速器质谱法设施	生物、医药、材料
系统生物学知识库 KBASE 设施	生物、医药	高性能计算创新中心	超级计算、网络
材料表征(窗用)设施	材料、物理	气候模型诊断与比对程序设施	气候、超级计算、网络
移动窗热试验设施	能源、建筑	300 实验测试网站	网络
材料项目设施	材料、生物、医药	热力学、流体力学和材料分解工程实验设施	能源、物理、材料
薄膜与沉积系统设施(窗口式)	材料、生物、医药	离子束实验设施	能源、物理
先进光源(ALS)	材料、物理、生物、医药	材料结构、性能科学与工程设施	材料、物理
能源科学网络(ESNET)	能源、网络	微系统与工程科学应用设施	工程
联合基因组研究所(JGI)	生物、医药	脉冲功率和系统验证设施	电子、物理
国家电子显微中心	材料、物理、生物、医药	终端站(A)测试波束(ESTB)	物理、材料
国家能源研究科学计算中心(NELSC)	超级计算、网络	直线加速器相干光源(LCLS)	材料、物理、生物、医药
分子构造设施	物理、材料	斯坦福同步辐射光源(SSRL)	材料、物理、生物、医药

资料来源：美国能源部技术过渡设施数据库，https://www.energy.gov/technologytransitions/technology-transitions-facilities-database。

2. 纽约湾区

作为享有全球“金融湾区”美誉的纽约湾区，不仅汇集了全球市值排名前三的纽约证券交易所以及纳斯达克证券交易所，还云集了一大批具有全球竞争力的高等院校及科研机构。纽约湾区依托其发达的金融业以及强劲的科研实力，成为全球著名的金融中心和科技创新高地。此外，纽约湾区布局了一大批覆盖核物理、材料以及大数据等多个领域的重大科技基础设施

（见表 3），这些设施产生的辐射影响更进一步推动纽约湾区成为带动世界经济发展的增长极以及驱动科技革新的重要引擎。

表 3 纽约湾区重大科技基础设施

重大科技基础设施	领域、学科
欧洲核子研究中心强子对撞机美国分支机构	核物理、粒子物理、材料
加速器试验设施	核物理、粒子物理、材料
布鲁克海文直线加速器	核物理、粒子物理、材料
相对论重离子对撞机（RHIC）	核物理、粒子物理、材料
范德格拉夫静电加速器设施	核物理、粒子物理、材料
国家球形托卡马克实验装置	能源、核物理
电子显微镜设施	生物、材料
功能纳米材料中心（CFN）	材料、化学
国家同步辐射光源（NSLS）	生物、材料、物理
纽约计算科学中心	超算、大数据
国家核数据中心	超算、大数据
蓝色纽约计算科学中心	超算、大数据
能源研究加速器中心	核物理、粒子物理、材料
美国宇航局空间辐射实验室	航天、材料
东北太阳能研究中心	能源
放射性示踪化学、仪器和生物成像	生物、医疗、化学

资料来源：美国能源部技术过渡设施数据库，https：//www.energy.gov/technologytransitions/technology-transitions-facilities-database。

3. 东京湾区

东京湾区作为这三大国际湾区中高端装备制造业最为突出的湾区，不仅拥有港口优势以及良好的政策环境，还拥有一大批国际一流水平的重大科技基础设施（见表 4）。重大科技基础设施通过聚集技术创新资源和引进顶级科研人才，为东京湾区制造业的可持续发展奠定了基础。截至 2021 年，东京湾区已汇集了日本 70%以上的重大科技基础设施，数量位列日本全国榜首。此外，东京湾区不仅拥有日本唯一的中子源大科学装置 KENS，而且拥有的自由电子激光装置的数量约占日本全国总量的半壁江山，可见东京湾区已成为日本重大科技基础设施建设中名副其实的“领头羊”。

表 4　东京湾区重大科技基础设施

重大科技基础设施	领域、学科	重大科技基础设施	领域、学科
仁科加速器	物理	多串联静电加速器系统	物理
大型放射光设施(Spring-8)	物理	粒子辐照设施(TTARA)	物理
高强度质子加速器	物理	核磁共振 NMR 平台	生物医学
蛋白质发现和功能解析系统	生物医学	汽车设计和出厂试验平台	汽车制造
药物研发共用装置	生物医学	原子级电磁场分析平台	电子电气
实验动物 SPECT	生物医学	红外自由电子研究装置	物理
绿色超算 TSUBAME2.5	系统和信息	制药技术相关研究装置	生物医药
形态分析和疾病模型设施群	生物医学	制药技术相关研究装置	生物医药
NMR 结构解释基础设施	生物医学	新型发动机研发和生产装置	汽车制造
NMR 装置群	生物医学	电机信息技术相关研发装置	系统信息
地球模拟装置	地球科学	医疗器械和传感器研发相关转置	生物医学、系统信息
红外自由电子激光装置	物理	东芝主要技术研发相关装置	系统信息
放射线发生装置群	物理	材料、化学、生物研发等研发装置	材料、化学、生物
超级计算机(“京”及其后续机)	系统和信息	尖端材料、石油化学、能源研发装置	材料、化学、能源
研发用反应堆 JRR-3	物理	汽车制造和发动机研发相关装置	汽车制造
放射光设施	物理		

资料来源：日本科学技术振兴机构，https：//www.jst.go.jp/shincho/program/pfkeisei.html。

三　粤港澳大湾区重点领域科技基础设施建设情况

（一）新一代信息技术基础设施

1. 信息通信技术基础设施

5G 基站作为新一代信息技术基础设施中的一个重要领域，已成为世界技术创新竞争的新风口。2017 年，全国首个 5G 基站在粤港澳大湾区中心城市广州落户后，粤港澳大湾区 5G 技术的发展一直在全国乃至全球保持领先水平。截至 2020 年第三季度，粤港澳大湾区累计建成 5G 基站 89752 座，占全国总量的 13%，建设规模位列全国榜首。作为粤港澳大湾区的两大中心城市，广州和深圳分别累计建成 5G 基站 27796 座和 30611 座，建成基站数量遥遥领先，尤其是深圳的基站密度在全国排名第一，发挥了良好的标杆作用。粤港澳大湾区其他城市也纷纷启动 5G 网络部署，比如东莞和佛山的 5G 基站规模均超 8000 座（见图 2）。随着各市关于推动新一代信息技术基础设施发展政策的陆续落地，未来粤港澳大湾区的 5G 基站有望迎来爆发式增长。同时，粤港澳大湾区汇聚了华为、中兴通讯等世界级龙头通信企业，为将粤港澳大湾区建设成为万亿元级 5G 产业集聚区助力蓄能。

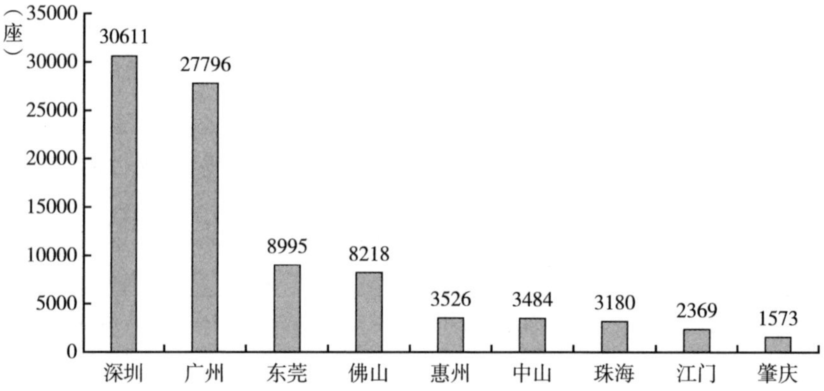

图 2　截至 2020 年第三季度粤港澳大湾区主要城市 5G 基站规模

资料来源：中国信息通信研究院数据研究中心。

此外，粤港澳大湾区 100M 以上宽带接入用户数达 2203 万户，占宽带接入用户总数的比重高达 85.5%，基本实现了百兆宽带网络全覆盖。其中广州凭借其坚实的宽带基础设施，加速推行“双千兆”网络发展，成为 2021 年获评“千兆城市”称号的首批城市之一。粤港澳大湾区信息通信技术基础设施的高速发展为湾区内企业实现数字化转型提供了强有力的支撑。粤港澳大湾区主要城市100M以上宽带接入用户占比如图3所示。

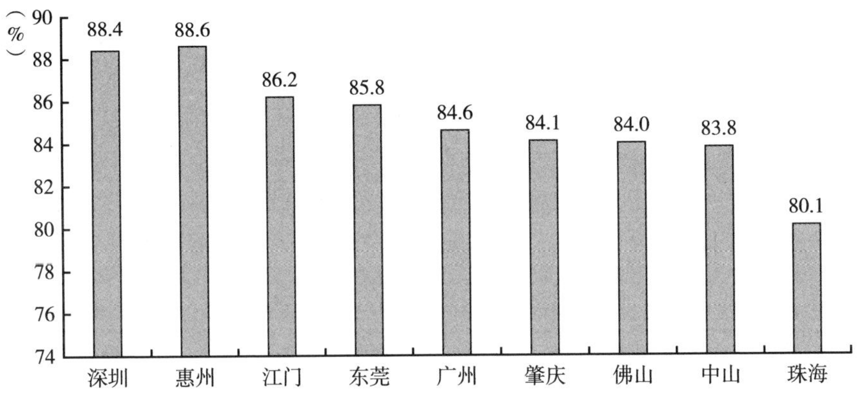

图3　粤港澳大湾区主要城市100M以上宽带接入用户占比

资料来源：中国信息通信研究院数据研究中心。

2. 工业互联网信息技术基础设施

工业互联网作为新一代信息技术基础设施的核心内容，是新旧动能转换的动力源泉，而工业互联网标识解析体系的建设是推动工业互联网发展的重要一环。广州，作为粤港澳大湾区唯一的工业互联网标识解析国家顶级节点，截至2021年底，其累计标识注册量已突破90亿个，数量领跑全国，接入二级节点高达33个，涵盖电路板、泛家居、医疗医药等16个重点行业，其中电路板、泛家居、能源和医疗医药行业建成了2个二级节点，体现了该行业对标识解释的迫切需求。在广州的辐射带动影响下，深圳、佛山以及中山等粤港澳大湾区其他城市陆续建成一批标识解析二级节点并接入顶级节点，推动粤港澳大湾区工业互联网标识解析体系建设和应用迈入新阶段。此外，粤港澳大湾区打造了众多二级节点重点项目，标志着粤港澳大湾区工业互联网进入了标识解析体系建设规模化、场景化应用阶段。随着粤港澳大湾区工业互联网标识解析体系的建设日渐成熟，粤港澳大湾区将继续引领我国工业互联网建设与应用落地，推动制造业企业实现数字化转型。

在2021年工信部公布的15家国家级跨行业跨领域工业互联网平台中，总部在粤港澳大湾区的有4家，分别是“华为FusionPlant平台”、“富士康Fii Cloud平台”、树根互联的“根云ROOTClOUD平台”以及“腾讯WeMake平台”，其他11家均在粤港澳大湾区布局。另外，粤港澳大湾区除了引进阿里云工业互联网总部、树根互联总部等省外优质企业外，还着力打造“工业互联网产业生态供给资源池”，并围绕重点行业培育了“云”工厂等一批专注于垂直行业的工业互联网平台，为企业实现智能化、数字化转型提供有力支撑。截至2021年，粤港澳大湾区已有400多家工业互联网平台被列为“省工业互联网产业生态供给资源池”，较2020年增长了1.6倍，推动一大批企业实现低成本、高效率的转型升级。其中广州市资源池企业的数量位居粤港澳大湾区城市榜首，占粤港澳大湾区内资源池企业数量的30%以上，其次是深圳市，而粤港澳大湾区内其他城市的资源池企业数量随着资源池政策的出台也逐步增加（见图4）。随着粤港澳大湾区的工业互联网平台建设不断加强，粤港澳大湾区工业互联网应用规模有望迎来爆发式增长。

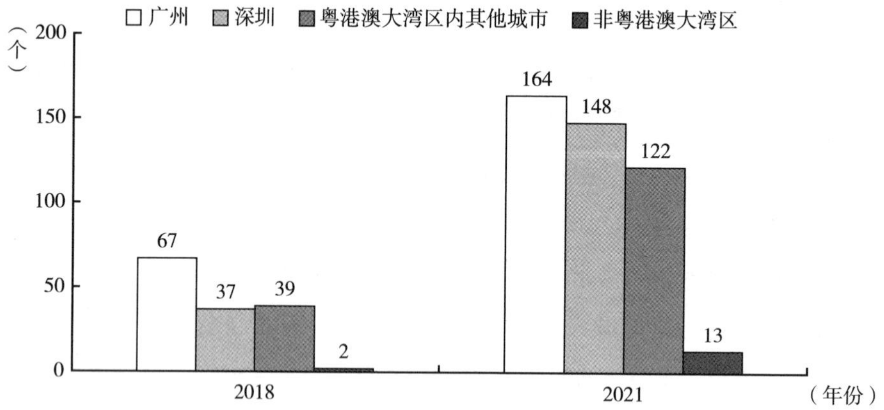

图4　2018年和2021年粤港澳大湾区资源池企业分布情况

资料来源：中国信息通信研究院数据研究中心。

3. 区块链信息技术基础设施

粤港澳大湾区作为我国未来发展的新增长点和引领示范区，不仅拥有世界级、地区级的大学集群，还汇集了众多国家重点实验室以及省级重点实验室，具备开展区块链相关教育培训与科学研究的优质土壤和条件。截至2021年，粤港澳大湾区共拥有25个区块链科研机构，广泛分布在广州、深圳、香港、澳门、东莞以及佛山等城市，其中广州、深圳和香港所拥有的区块链科研机构数量位列湾区前三，而澳门、东莞以及佛山均设有区块链科研机构（见图5）。与此同时，高校及其附属研究院成为粤港澳大湾区区块链技术研究的主阵地，如中山大学、北京大学（深圳校区）以及香港科技大学等著名大学，均创建了区块链科研机构（见表5）。除此之外，在区块链扶持政策落地方面，粤港澳大湾区内地城市如广州、佛山和珠海等均设有专项的区块链扶持政策，推动粤港澳大湾区区块链技术的快速发展。粤港澳大湾区优良的政策环境、丰富的研究平台以及多样化的应用场景将给区块链技术的发展带来全国其他区域不可比拟的优势，可见粤港澳大湾区有望成为我国区块链技术研发的重要一极。

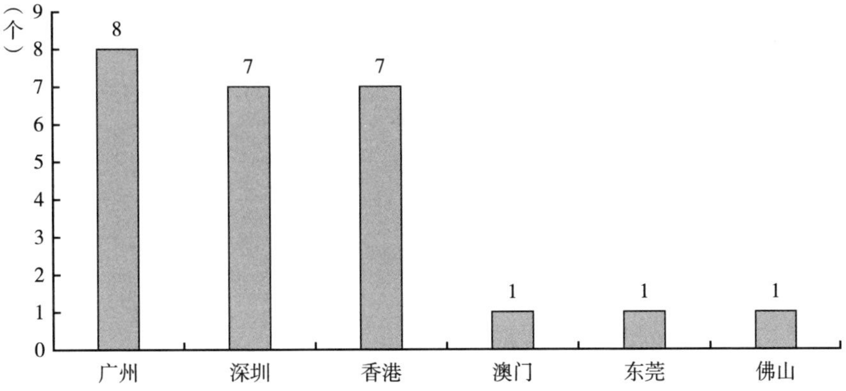

图5　截至2021年粤港澳大湾区区块链科研机构分布情况

资料来源：作者根据公开数据整理。

表 5　粤港澳大湾区区块链科研机构

湾区城市	区块链科研机构/研发机构/研究实验室(院)
深圳	南科大区块链研究院
	信大区块链研究院
	深圳大学区块链技术研究中心
	腾讯—国税“智税”创新实验室
	香港中文大学(深圳)软件与区块链系统实验室
	北京大学深圳市内容中心网络与区块链重点实验室
	南开大学深圳研究院区块链研究中心
广州	四方精创—华南理工大学区块链联合实验室
	中山大学区块链与智能金融研究中心
	广州大学人工智能与区块链研究院
	布比区块链研究院
	广州兆方区块链研究院
	广东省金创区块链研究院
	广东省华美区块链研究院
	仁聚—番职区块链技术研发中心
香港	亚洲区块链产业研究院
	香港理工大学区块链研究实验室
	中国区块链应用研究中心(香港)
	数字经济研究中心
	香港科技大学—微众银行联合实验室
	香港科技大学—迅雷区块链联合实验室
	香港大学区块链实验室
澳门	澳门科技大学澳门区块链应用研究所
东莞	区块链工业应用研究中心
佛山	广东金融高新区“区块链+”金融科技研究院

资料来源：作者根据公开资料整理。

（二）金融科技基础设施

党的十九届五中全会提出，要构建金融有效支持实体经济的体制机制，提升金融科技水平，增强金融普惠性。金融科技基础设施的建设是推动金融科技发展的关键环节，加快推进金融技术基础设施的建设对于推动粤港澳大湾区成为具有全球影响力的国际金融枢纽具有重要的意义。

粤港澳大湾区作为金融和科技领域的"领头羊"，具备成为世界级金融科技创新中心的基本要素。一方面，粤港澳大湾区拥有香港交易所、深圳证券交易所以及广州期货交易所，有望带动粤港澳大湾区成为国际金融中心；另一方面，粤港澳大湾区拥有全国领先的科技产业基础，广深港澳科技创新走廊的建设更是为将粤港澳大湾区建设成为全球顶尖金融科技创新高地助力赋能。

1. 粤港澳大湾区具备扎实的金融基础

改革开放以来，广东省金融业的发展一直处于全国领先地位。2021年，广东金融业实现增加值11058.1亿元，首破万亿元，领跑全国，增速接近12%，占GDP的比重接近9%（见图6）。其他的金融指标，如本外币存贷款余额、直接融资额、原保费收入等均位列全国之首。在交易平台方面，粤港澳大湾区同时拥有香港交易所、深圳证券交易所以及2021年新成立的广州期货交易所三个国家级金融科技基础设施平台。据不完全统计，截至2021年底，香港交易所已实现总市值65.82万亿港元，深圳证券交易所的市值也已超37亿元，而广州期货交易所的成立有效填补了广州在国家级资产市场平台上的空白，有利于推动粤港澳大湾区核心城市群在金融业务上实现强强联动。在金融服务能力方面，粤港澳大湾区除了拥有全球排名前三的金融中心——香港，还拥有在金融领域迅速发展的深圳与广州。第31期《全球金融中心指数报告》（GFCI）显示，在金融实力排名前十的城市中，粤港澳大湾区已占据两席，分别为香港、深圳，其中深圳的金融业竞争力在全球排名中整体稳中有升，而香港的国际金融中心地位持续稳固（见表6）。在金融科技基础设施建设方面，央行数字货币研究所设立的金融科技研究院、腾讯建立的粤港澳大湾区金融科技实验室等一大批金融科技基础设施落户粤港澳大湾区，为粤港澳大湾区金融科技的发展提供了重要支撑。

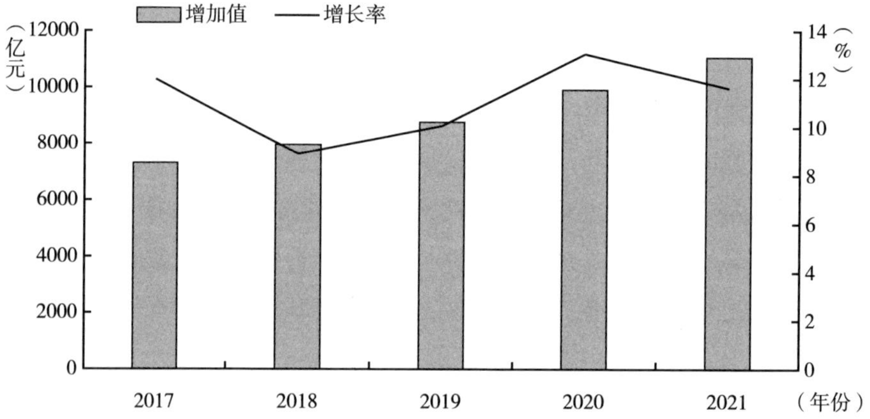

图 6　2017~2021 年广东金融业增加值及其增长率

资料来源：2018~2022 年《广东统计年鉴》。

表 6　中国入选 GFCI 的主要城市排名变化

城市	GFCI31	GFCI30	GFCI29	GFCI28	GFCI27
香港	3	3	4	5	6
上海	4	6	3	3	4
北京	8	8	6	7	7
深圳	10	16	8	9	11
广州	24	32	22	21	19

资料来源：GFCI。

2. 粤港澳大湾区拥有全国领先的科技产业基础

粤港澳大湾区作为世界四大湾区之一，科技实力呈领先之势。世界知识产权组织（WIPO）发布的《2021 年全球创新指数报告》显示，粤港澳大湾区中的深圳—香港—广州创新集群蝉联世界第二，尤其是在粤港澳大湾区日益重视人工智能、区块链以及云计算等一系列核心的互联网金融技术加速突破应用的新趋势下，使得粤港澳大湾区的金融科技得到空前发展。根据科技部统计的数据可知，2021 年，粤港澳大湾区内地城市的研发总支出已超 3800 亿元，专利授权量高达 78 万件，数量远超其他三个湾区。

同时，粤港澳大湾区拥有的孵化器、众创空间以及PCT国际专利有效申请量均位列全国榜首，创新活力可见一斑。此外，粤港澳大湾区科技企业的发展在国内同样名列前茅，在全球专利申请量前二十名的企业榜单中，华为、中兴通讯、格力电器等湾区企业赫然在列。具体地说，截至2021年底，粤港澳大湾区龙头级科技企业华为在全球累计专利申请量超过20万件，同期中兴通讯拥有约8.4万件全球专利申请，而格力电器累计申请国内专利9.3万余件、申请国际专利4390件。粤港澳大湾区科技企业的发展呈现一派生机盎然，为粤港澳大湾区城市群区域的金融科技创新发展提供良好的技术基础。

（三）粤港澳大湾区研发平台与高等院校

1. 粤港澳大湾区研发平台建设情况

在新一轮科技革命与产业变革中，原始创新至关重要，需要较强的科研储备力量。在将粤港澳大湾区建设成为具有全球影响力的国际科技创新中心目标的驱动下，一批突破型、引领型的研究实验室在粤港澳大湾区落地建设，补齐粤港澳大湾区在基础研究领域中的短板。截至2021年底，粤港澳大湾区不仅拥有深圳鹏城实验室、广州实验室两大国家实验室，还汇集了30个国家重点实验室、389个省级重点实验室、20个粤港澳联合实验室以及4个“一带一路”联合实验室，聚集了众多来自境内外的院士科学家以及港澳科研机构。

在研发平台和实验室布局浪潮下，广州作为粤港澳大湾区的中心城市，在原始创新策源地建设方面发挥着“头雁效应”。截至2021年底，广州一共布局了21个国家重点实验室（见图7）、257个省级重点实验室以及10个粤港澳联合实验室，成为粤港澳大湾区内地城市中国家重点实验室、省级重点实验室、粤港澳联合实验室布局最为密集的城市，深圳次之，佛山紧随其后。此外，粤港澳大湾区拥有的4个“一带一路”联合实验室均坐落于广州，可见广州在实验室建设方面发挥着显著的引领作用。

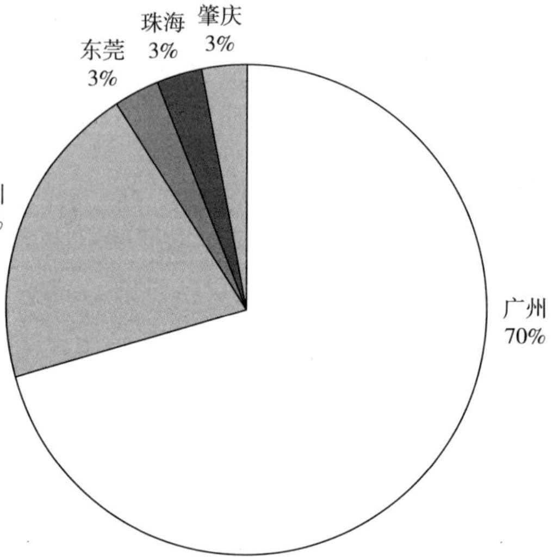

图 7　截至 2021 年底粤港澳大湾区国家实验室数量分布情况

资料来源：广东省科技厅。

2. 粤港澳大湾区高等院校建设情况

高等院校是粤港澳大湾区开展基础研究和高技术领域原始创新的重要基地。根据《世界大学第三方指数研究报告（2021）》可知，粤港澳大湾区共有 20 所大学入选前 1664 名，入榜数量远少于纽约湾区，入榜的高等院校均无缘前 50 名，而且仅有 2 所大学挤进世界大学第三方指数评价前 100 名，可见粤港澳大湾区在顶级高等院校方面竞争力不足（见表 7）。然而粤港澳大湾区的高等教育指数得分为 47.81 分，赶超东京湾区，跻身第二名，仅次于纽约湾区，说明粤港澳大湾区所拥有的高等院校综合实力尚可。而纽约湾区的高等院校无论是在入榜数量上还是在高等教育指数得分上的领先优势均尤为突出，共有 79 所高等院校入榜，并且高等教育指数得分为 100 分，排名世界四大湾区之首，展现了纽约湾区强劲的高等教育竞争力。而旧金山湾区仅有 11 所高等院校入榜世界大学第三方指数评价排名，入榜数量落后于其他三大湾区。而东京湾区入榜的高等院校数量多于粤港澳大湾区和旧金山湾区，但整体指数得分排名最后，表明东京湾区高等院校呈现多而不强的特征（见图 8）。

表 7　世界四大湾区高等院校排名情况

单位：所

湾区	TOP10高校数量	TOP50高校数量	TOP100高校数量	TOP200高校数量	TOP500高校数量	TOP1000高校数量	TOP1664高校数量
纽约湾区	5	2	15	20	44	63	79
粤港澳大湾区	0	0	2	6	9	18	20
旧金山湾区	2	2	7	8	9	9	11
东京湾区	0	1	1	1	3	11	36
总计	7	5	25	35	65	101	146

资料来源：《世界大学第三方指数研究报告（2021）》。

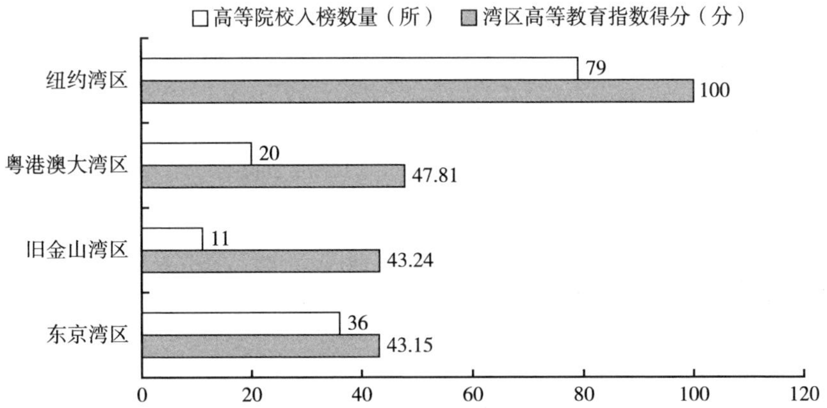

图 8　世界四大湾区入榜世界大学第三方指数评价排名的高等院校数量以及其高等教育指数得分

资料来源：《世界大学第三方指数研究报告（2021）》。

四　粤港澳大湾区科技基础设施建设的有利条件与存在的问题

（一）有利条件

1. 核心城市优势互补

粤港澳大湾区的区位条件优越，拥有明显的地理优势。粤港澳大湾区地处我国沿海开放前沿，与香港、澳门两大对外窗口城市深度融合。香港是世界金融中心之一，也是联系中国与世界的重要纽带。随着香港与内地之间经济文化交流的日益密切以及两地间经贸往来日益频繁，香港对人民币离岸业务的需求越来越旺盛，这为人民币国际化奠定了基础。但香港缺乏市场空间和创新资源，使得第一、二产业难以持续发展，而广东省广阔的市场空间以及丰富的创新资源正好弥补这一短板。目前，广东省正依托创新优势推动经济转型，重新调整经济结构并不断攀升至中高端产业。与此同时，香港在国际金融、信息、人才等方面的优势也可为广东省实现经济转型的目标助力赋能。

广州作为广东省的中心城市，处于粤港澳大湾区 A 字形结构顶端和中部，是粤港澳大湾区核心枢纽城市。广州拥有连通世界、辐射全国的综合运输体系，实现了“泛珠三角地区”的 4 小时交通圈，是粤港澳大湾区中香港和澳门联系内地、辐射内地的最佳桥梁和纽带。此外，广州是国际知名大都市、国家中心城市和综合性门户城市、珠三角地区以及华南地区的主要物资集散地，民营企业高度集中，以上优势成为广州在粤港澳大湾区中发挥核心引擎作用的重要基础。

深圳是中国三大金融中心之一，也是我国的科技产业创新中心。中小企业板和创业板都集中在深圳证券交易所，奠定了深圳的金融中心地位。同时，深圳本地企业占中小企业板和创业板上市公司的 10%以上，吸引了大量风险投资向这里集中，促使深圳成为我国科技产业创新中心。但深圳由于地区较狭小，土地价格和劳动力成本上涨迅速，大量制造业迁移至惠州、东莞等珠三角城市。而惠州、东莞等珠三角城市拥有的先进制造业基地，可以为深圳创新科技发展提供重要支撑。此外，粤港澳大湾区内其他城市也通过发挥自身优势，形成了良好的互补关系，为粤港澳大湾区科技基础设施建设提供了有力支撑。

2. 人才加速聚集

粤港澳大湾区建设于 2017 年首次被写入《政府工作报告》，并正式上升为国家战略。为了抓住这一重要契机，粤港澳大湾区内各城市相继出台科技人才建设的相关政策，吸引了大量科技人才在粤创新创业，粤港澳大湾区城市群的创新能力和活力显著增强。

粤港澳大湾区拥有丰富的国际化高校资源，集聚众多高水平大学。此外，广州市政府积极推进中外、内地与港澳合作办学，香港科技大学（广州）、中国科学院大学广州学院等高校加速建设。深圳在高校建设上虽然起步较晚，但是成效突出。深圳除了本地高校，如南方科技大学、深圳大学等近年来发展迅速之外，还吸引了清华大学、北京大学、哈尔滨工业大学以及香港中文大学等知名高校在深圳设立分校区或研究院。

优良的政策环境为粤港澳大湾区人才积聚提供动力。在不断优化人才服务、营商环境、生态环境的基础上，各地政府不断完善升级科技人才引进优惠政策，包括安居保障、子女入学等，很多粤港澳大湾区城市还施行“一事一议”“一项一策”，引进具有重大产业转化能力的顶尖项目和人才。以人才港等重大人才平台为依托，深化人才发展体制机制改革创新，构筑人才集聚强磁场，将会吸引更多科技人才进驻广东，赋能粤港澳大湾区。

为加快粤港澳大湾区创新人才的引进速度，广州市政府发布 30 条人才引进新政，发放人才补贴超过 1.4 亿元。同时，进一步扩大创新应用的开放，不断完善高层次人才“一站式”服务保障措施，整合区域内国际化教育和医疗服务资源等，解决高端人才在子女教育、医疗卫生等方面存在的问题。近年来，广州市大力实施人才引领发展战略，全方位、全链条构建人才引领发展生态圈，聚力打造粤港澳大湾区高水平人才高地。2022 年 3 月 31 日，粤港澳大湾区（广东）人才港在广州正式开港。人才港聚集了国家级专家服务基地、全国博士后创新示范中心等国家级平台。粤港澳大湾区（广东）人才港建设运营核心目的在于最大限度保障人才服务优化和人才成果的转化，最先构建了“省级主港+市县分港”和“实体港+云港”的一体化服务体系，打造具有重大影响力“实体+云端”的“人才超市”。类似的，自 2020 年起，深圳市聚焦数字经济产业领域，积极引进包含智能制造、区块链、5G 等产业急需的人才，加大了对人才创新创业的支持，并支持设立科研机构，推动建立人力资源服务产业园。

港澳人才是粤港澳大湾区的科技基础设施建设的重要力量。在国家战略政策的引导及粤港澳三地深化合作的带动下，自《粤港澳大湾区发展规划纲要》发布以来，越来越多港澳人士开始在珠三角地区寻求发展机遇。近年来，不论是在中央层面还是在各地区政府层面均强调落实有关人才引进、便利港澳人才发展的各项政策，包括对港澳人才投资和执业方面的限制也进行适当地放宽、对境外高端人才和紧缺人才实施个人所得税优惠、港澳科研机构和人员可以共享使用重大科技基础设施与大型科研设备等，为港澳人才深度融入粤港澳大湾区建设创造了有利的政策条件和发展环境。吸引港澳人才参与科技基础设施建设，有助于更好地发挥港澳在人才培养及人力资源禀赋方面的特殊优势，为粤港澳大湾区建设持续输入更多的人才。与此同时，优化粤港澳三地物流、资金流、信息流等要素的配置，也为粤港澳大湾区打造高层次人才高地、推动人才高质量发展提供了支撑。

目前，粤港澳三地在人才合作领域已经取得非常显著的成效，基于发展要求建立粤港澳大湾区人才发展联盟，针对各种科研项目建立良好的合作关系。港澳青年创业基地的建设工作在稳步推进，各种政策的颁布也使得港澳居民能够在创业补贴、推进执业和社保体系等方面得到更好的保障，有效地促进粤港澳三地人才深度交流合作。

3. 经济实力雄厚①

粤港澳大湾区是特大型城市群，经济实力雄厚，是我国目前经济实力最强、开放程度最高、创新能力最强的区域之一。尽管面对新冠肺炎疫情的挑战，2021 年粤港澳大湾区 11 个城市全年 GDP 约为 12.63 万亿元，而且有 5 个城市的 GDP 超过万亿元，其中深圳超过 3 万亿元，香港、广州均超过 2 万亿元，佛山、东莞也突破万亿元，粤港澳大湾区以不到 1%的占地面积创造了中国 12.4%的 GDP。同时，珠三角 9 市 GDP 达到 100585.72 亿元，首次突破 10 万亿元大关。

在消费方面，2021 年，广州社会消费品全年零售总额达到 10122.56 亿元，成功入选国家首批 5 个国际消费中心城市培育名单。而深圳的社会消费

---

① 该部分数据来源于《广东统计年鉴》和《中国统计年鉴》。

品全年零售总额为 9500 亿元，位居第二，其次是珠海、惠州、东莞等市，其消费增速均超过 10%。珠三角地区的巨额消费支出成为推动全国经济发展的重要动力。

在外贸总额方面，深圳贸易进出口总额已超过 3.5 万亿元，东莞贸易进出口总额超过 1.5 万亿元，广州超过万亿元。而惠州、佛山、珠海等城市贸易进出口总额较上年的增速均已超过 20%。粤港澳大湾区由从前的“前店后厂”模式，升级发展成为先进制造业和现代服务业有机融合的模式，服务贸易呈现高端化的发展趋势。

香港和澳门在 2021 年也步入经济复苏的正轨。2021 年，香港的 GDP 折合人民币约 23740 亿元，经济实际增速为 6.4%，其中贸易出口额增幅达到 19%，贸易正在全面复苏。澳门的 GDP 回升至 1929.27 亿元，按可比价格计算，实际增长了 18%。澳门居民的本地经济活动已基本恢复，私人消费同比上升 7.0%，整体服务出口额同比上升 62.1%，货物出口额则同比上升 91.0%。

雄厚的经济实力为粤港澳大湾区加大科技研发投入力度提供保障。2015~2020 年，珠三角地区 R&D 经费从 1704.35 亿元涨至 3333.83 亿元，累计涨幅高达 95.6%。广东省统计局数据显示，2021 年珠三角 9 市的研发支出预计超过 3600 亿元。其中深圳 R&D 经费投入强度为 5.5%，首次“破 5”，已与发达国家并肩。东莞、惠州 R&D 经费投入强度分别为 3.5% 和 3.1%，表现较为突出。

另外，粤港澳大湾区上市企业积极开展研发创新活动。从整体趋势来看，在大湾区 A 股上市公司中，2017~2021 年均公布研发投入数据的公司有 583 家，这 583 家上市公司研发投入从 2017 年的 1158 亿元增加到 2021 年的 2103 亿元，增长了 81.6%。

4. 政策叠加优势

珠三角地区作为我国改革开放政策先行试验区，享受了国家改革开放的政策红利。其红利主要体现在以下三个方面。第一，在综合政策支持方面，2019 年，深圳成功获批建设中国特色社会主义先行示范区。第二，在开放政策支持方面，深圳、珠海是我国最早设立的第一批经济特区，下一步的发展规划是加快推进制度型的开放，建设更高水平的开放型新体制。例如南沙、横琴、前海在金融合作、优化贸易投资、完善营商环境等方面展开了深入的探索。第三，在创新政策支撑方面，深圳被列为国内首个以城市为基本单位的国家自主创新示范区。由广州、珠海、佛山、惠州、东莞、中山、江门、肇庆市珠三角 8 个市组成的珠三角国家自主创新示范区，是我国第二个以城市群为单位的国家自主创新示范区。此外，珠三角拥有世界级创新中心的主要承载区——广深港澳科技创新走廊。

（二）存在的问题

1. 科技基础设施建设缺乏统筹规划

科技基础设施建设，尤其是重大科技基础设施建设会涉及多层面的建设部署，包括布局环境、运行机制、学科基础以及产业基础等。为此，当前必须以顶层设计为基础，持续进行战略规划，综合分析重大科技基础设施的各种因素并进行科学规划与预研。就当前全球发展态势来看，英法等国都已经建立自上而下的重大科学装置集群建设模式，这无疑也能体现政府顶层设计和统筹规划的重要作用。重大科学装置集群建设取得成功的关键在于清晰的目标定位以及较高的科技治理水平，而对于粤港澳大湾区而言，重大科技基础设施部署方面普遍存在预研不足、未建立科学规划目标等问题，这也导致各种重大科技基础设施在落地建设、运营管理过程中存在一定的问题。

2. 科技基础设施间的协同合作效应有待加强

对于重大科技基础设施而言，在实际进行布局建设时，包括运行管理的过程中，要始终树立开放、共享、合作、共赢的理念，在此基础上，使得其核心引擎功能在区域创新网络中得以最大化。目前，我国已经建立了北京、上海和合肥三个综合性国家科学中心，这三地在重大科技基础设施布局方面的设施配置具有较高的相似性，彼此间能够实现良好的协同创新。基于此，各个学科团队间可以开展更加全面的交流，进而持续增强平台优势，提高对于高端人才的吸引力。对于粤港澳大湾区的科技基础设施布局而言，不同学科领域间未能形成统一的关联，无法实现良好的沟通和合作。

3. 相关领域学科支撑较弱且缺乏高端人才

从学科分析来看，粤港澳大湾区高校和科研院所的学科基础水平与京津冀、长三角地区相比，仍存在较大的差距，特别是高能物理等领域缺乏高层次的人才团队支撑。与此同时，粤港澳大湾区尤其是珠三角地区高等教育规模和质量与京津冀、长三角地区相比均存在明显短板，京津冀、长三角地区的世界高水平大学数量远多于粤港澳大湾区，这与粤港澳大湾区的经济发展地位不匹配。

从深圳的“孔雀计划”、广州的“红棉计划”等人才引进项目来看，引进的人才大多是海归硕士、博士，真正吸引到的全球顶级专家不多。深圳即使拥有华为这样全球化的高科技企业，但缺少国际化的生活和工作环节，如在获取工作签证方面的手续较为烦琐，无法吸引更多的国际一流水平的高端人才。从国际高端人才的流向来看，其首选地仍然是北京和上海。北京的高新技术产业在国内处于领先地位，高端人才的薪酬也较高。上海的大型跨国公司总部数量居于全国首位，总部经济国际化水平较高。而广州、深圳两地得益于近两年粤港澳大湾区的发展，吸引了一批年轻学者，但这些学者更多集聚在高校，缺少能够让其实现自我价值的平台。相关领域学科支撑较弱且缺乏高端人才不利于粤港澳大湾区充分发挥科技基础设施布局对建设科学中心的支撑作用。

4. 粤港澳大湾区第三产业发展相对失衡

粤港澳大湾区现代服务业与先进制造业以及传统制造业转型升级之间的协同发展程度较低，很难形成联动效应，限制了金融科技基础设施的融合。大湾区第三产业所占的比重约为67%，整体发展水平低于国外主要城市群。其中，香港和澳门第三产业所占的比重超过90%，广州和深圳分别为71.62%和60.93%，其余城市均低于全国平均水平。虽然，粤港澳三地各产业之间互补性较强，但在第三产业的发展上，粤港澳三地发展相对失衡，特别是珠三角9市严重失衡。此外，仅广州和佛山之间产业互补性较高，东莞、江门、中山、珠海等4个城市之间则产业同构化现象较为严重，中山、东莞、惠州之间产业同构化水平同样较高。这些都制约了金融业的发展和金融基础设施场景的应用，进而会制约粤港澳大湾区金融科技基础设施的融合。

5. 粤港澳大湾区内部创新经济发展极不平衡

从粤港澳大湾区各城市 R&D 经费投入与产出方面来看，深圳 R&D 经费投入与研发投入强度均远高于湾区其他城市。广州研发投入总量虽然较高，达到 532 亿元，但研发投入强度仅为 3. 15%。从粤港澳大湾区内地 9 市先进制造业以及高技术制造业增加值及其所占比重的对比可看出，深圳在先进制造业、高技术制造业方面相较于粤港澳大湾区内其他城市有明显的优势，东莞、佛山则依靠传统制造业优势在先进制造业发展中谋求转型升级，而广州丰富的科研、教育资源以及发达的服务业体系能够为高技术产业创新发展提供有力支持。除了上述城市之外，其他城市如肇庆、江门等，先进制造业、高技术制造业所占的比重都较低，差距较为明显。

五　优化粤港澳大湾区科技基础设施布局的对策建议

当今世界正经历百年未有之大变局，大国博弈加剧，国际秩序深度调整，不稳定因素明显增多，如何实现产业创新能力的提高和科技自立自强已经成为粤港澳大湾区产业发展必须解决的关键问题。这对于粤港澳大湾区乃至全国创新一体化与高质量发展意义重大，也是在日益复杂的国际形势下维护国家安全体系、支撑国家安全的重要力量和基础。在实现国产替代、科技自立自强的过程中，完善科技基础设施和加强其建设是首要任务。同时，科技基础设施建设是短期稳增长与中长期经济结构调整的平衡点。粤港澳大湾区拥有完备的产业链和雄厚的经济实力，可以通过科技基础设施集群式建设，快速提升区域创新能力，从而为粤港澳大湾区产业突破技术封锁做出贡献。

（一）建设四大设施集群

以香港、澳门、广州、深圳四大核心城市的科技资源优势和高新技术产业为基础，聚焦新一代信息技术、绿色低碳、生物医药、数字经济等战略性新兴产业，组织实施一批新兴产业重大工程，形成多个产值过万亿元的新支柱。新兴产业加速崛起，正在重塑粤港澳大湾区的产业格局，而广深港澳科技创新走廊的连接作用也逐渐凸显。广深港澳科技创新走廊聚集了人才、资本以及技术等创新要素，能够加速壮大战略性新兴产业。立足粤港澳大湾区城市群发展空间集聚、设施关联、深度合作优势，整合广深港澳科技创新走廊及周边创新资源，以光明科学城、松山湖中子科学城、南沙科学城及惠州为主要承载区，打造重大科技基础设施集群，集聚世界一流新兴学科集群、创新人才集群、研发机构集群和创新型企业集群，孕育一批面向未来的引领型原创成果，有利于提升粤港澳大湾区在全球科技创新网络中的主导权。

（二）建设协同发展湾区

发挥粤港澳大湾区增长极辐射效应，将香港、澳门、广州、深圳四个中心城市作为区域发展的核心动力，促进各城市间的产业协同发展，加强中心城市与周边城市的经济联动，是推动粤港澳大湾区经济高质量发展的关键。粤港澳大湾区应依托深圳及广州密集的创新研发资源，发挥惠州和东莞先进的制造业发展优势，强化港澳研发创新、科技金融等现代服务业发展的支撑作用，打造高质高效的现代产业体系，深化产业分工合作，加快构建优势互补、产业协同发展的粤港澳大湾区经济体。具体来说，要构建以深圳为核心、加速联通珠江口东西两岸的产业链和创新链；打造“佛山创造+广州创新”的产业发展带，提升广佛都市圈产业和创新外溢能力；以珠海为中心，带动中山、江门的传统机械制造业向智能化、数字化方向发展；高起点规划建设粤港澳大湾区（珠西）高端产业集聚发展区，构筑支撑粤港澳大湾区经济从10万亿元迈向20万亿元的重大战略平台。

（三）持续加大基础研究资金投入力度

近年来，基础研究的广度与深度都在不断拓展，这也意味研究方法、研究工具不断更新，需要更大限度的资金支持。虽然粤港澳大湾区的R&D经费投入强度不断上升，但是基础研究投入占比并不高。政府要继续加大对基础研究长期稳定的资金支持，提高基础研究投入的比重。通过税收优惠等政策激励企业增加基础研究的经费投入。在基础研究投入机制方面，以长期稳定支持为重点，配套开放竞争辅助支持机制，对于国家战略科技力量，如重大科技基础设施、国家实验室等，须提供稳定的经费支持。

（四）构筑研究型大学支撑体系

研究型大学是培养高端科技人才的重要基地，是组织开展基础研究、应用基础研究的中坚力量，是原创性科研成果的集散地。一流研究型大学和一流学科形成的重点在于培养一流人才，培养理论基础扎实、技术研发能力强劲的创新人才，稳固提升其培养水平和基础研究、应用基础研究能力，是提升科技基础设施利用效率的关键所在。

为此，应进一步将提升高端人才培养水平和基础研究、应用基础研究能力作为研究型大学建设与发展的重点工作，推动其成为粤港澳大湾区高端人才培养和基础研究、应用基础研究的主体力量，加快建设若干所研究型大学，特别是要把握国际科技发展态势，围绕国家战略布局，通过高校与科研机构合作培养、高校与企业共同培养、内地高校与港澳高校联合培养等模式，建立新型科技创新联盟，为人才搭建良好的发展平台。

参考文献

陈岸明、魏东原：《粤港澳大湾区重大科技基础设施布局的优化分析——基于国际比较的视角》，《国际经贸探索》2020 年第 10 期。

陈和生：《促进我国重大科技基础设施持续发展》，《科技导报》2020 年第 10 期。

葛焱等：《高校国家重大科技基础设施建设现状探讨与思考》，《科学管理研究》2020 年第 1 期。

广东外语外贸大学粤港澳大湾区研究院课题组等：《新时代粤港澳大湾区协同发展——一个理论分析框架》，《国际经贸探索》2019 年第 9 期。

李志遂、刘志成:《推动综合性国家科学中心建设　增强国家战略科技力量》,《宏观经济管理》2020 年第 4 期。

王信:《粤港澳大湾区金融科技发展的若干思考》,《南方金融》2021 年第 10 期。

王贻芳、白云翔:《发展国家重大科技基础设施　引领国际科技创新》,《管理世界》2020 年第 5 期。

王子丹、潘子欣:《粤港澳大湾区国际科技创新中心建设背景下广东推动新型研发机构高质量发展的对策研究》,《决策咨询》2022 年第 1 期。

向兴华、李思:《国际一流湾区高水平大学综合实力比较》,《高教发展与评估》2021 年第 6 期。

B.8
2021年粤港澳大湾区集成电路产业发展形势*

李晓莉　温凯彤　张建武**

摘　要：集成电路产业是粤港澳大湾区的战略性新兴产业，是粤港澳大湾区实现新旧动能转换、高质量发展的关键举措，更是应对新一轮科技革命挑战、参与全球竞争、提高国际竞争力的重要保障。本报告在分析中国集成电路产业发展概况的背景下，从产业链、设计、制造、封测、设备层面分析了粤港澳大湾区集成电路产业的发展现状。本报告认为，现阶段粤港澳大湾区集成电路产业发展存在以下问题：关键设备和技术受制于人；高端芯片严重依赖进口；设计业“外”遭打压“内”被追赶；晶圆制造产能不足；高端人才严重不足。基于此，本报告提出了进一步促进粤港澳大湾区集成电路产业发展的政策建议。

关键词：集成电路产业　战略性新兴产业　粤港澳大湾区

集成电路产业是信息技术产业的核心，是事关国家安全和发展全局的基

* 本报告系广东省哲学社会科学规划 2022 年项目“习近平科技创新思想在粤港澳大湾区的实践研究”（项目号：GD22ZDZ01-14）、广东省委宣传部课题“粤港澳大湾区科技创新和制度创新协同发展研究”的阶段性成果。

** 李晓莉，博士，广东外语外贸大学经济贸易学院副教授、硕士生导师，粤港澳大湾区研究院兼职研究员，研究方向为城市经济、产业经济；温凯彤，广东外语外贸大学经济贸易学院硕士研究生，研究方向为产业经济；张建武，博士，广东外语外贸大学经济贸易学院教授、硕士生导师，研究方向为区域经济学、劳动经济学。

础核心领域，是支撑经济社会发展和保障国家安全的战略性、基础性和先导性产业。2021 年，中国集成电路产业销售额达到 10458 亿元，同比增长 18.2%。我国集成电路产业发展初具规模，集成电路设计、制造能力与国际先进水平差距不断缩小，封装测试技术逐步接近国际先进水平。当前，全球集成电路产业正进入重大调整变革期。一方面，美国于 2022 年出台《芯片和科学法案》，通过巨额产业补贴推动芯片“回流”美国本土，重构芯片全球产业链；另一方面，借助云计算、物联网、大数据等新业态的快速发展，集成电路技术和应用出现了新的发展趋势。我国拥有全球规模最大的集成电路市场，在强大的需求力量的带动下，极有可能进行技术的追赶和超越。在此背景下，中国集成电路产业的发展必须建立在自主自强的基础之上，占领技术制高点，抢占机遇实现逆势突围。加快集成电路产业发展是粤港澳大湾区建成国际科技创新中心的重要支撑，是粤港澳大湾区实现新旧动能转换、高质量发展的关键举措，更是应对新一轮科技革命挑战、参与全球竞争、提高国际竞争力的重要保障。当前，在国内国际双循环相互促进的新发展格局背景下，厘清粤港澳大湾区集成电路产业在国际和国内市场的位次、发展现状和存在的问题，明确其未来发展方向，具有非常重要的战略和现实意义。

一　粤港澳大湾区集成电路产业发展现状

集成电路①是指通过一系列特定的加工工艺，将晶体管、二极管等有源器件和电阻器、电容器等无源器件，按照一定的电路互连，“集成”在半导体（如硅或砷化镓等化合物）晶片上，封装在一个外壳内，执行特定功能的电路或系统。在信息时代，集成电路是电脑、手机、互联网、电网、汽车、高铁、医疗仪器、机器人等产品和信息系统的核心零部件。集成电路产

① 王阳元主编《集成电路产业全书》，电子工业出版社，2018，第 217 页。注：有些文献将半导体包含在集成电路产业里，有些文献将集成电路分为半导体产业和集成电路产业。本报告将半导体归到集成电路产业中。

业可进一步被划分为五个细分环节，分别为集成电路设计、制造、设备、材料、封测。后文分别从这五个细分环节来分析粤港澳大湾区集成电路产业的发展概况。

（一）创新氛围浓厚，产业链日趋完善

目前，中国形成了京津冀地区、长三角地区、粤港澳大湾区以及中西部地区四大集成电路产业集群。截至 2020 年底，中国集成电路产业有发明专利申请活动的创新企业共计 53559 家，粤港澳大湾区内该类企业主要集中在珠三角，相关创新企业共计 7763 家，在全国排名第 1。① 截至 2021 年 2 月，在全国与芯片相关的企业数量排名前十的城市中，粤港澳大湾区内的深圳、广州同时上榜，深圳更是以 16295 家排名第 1，远超后面的上榜城市，广州以 3407 家排名第 3（见图 1）。

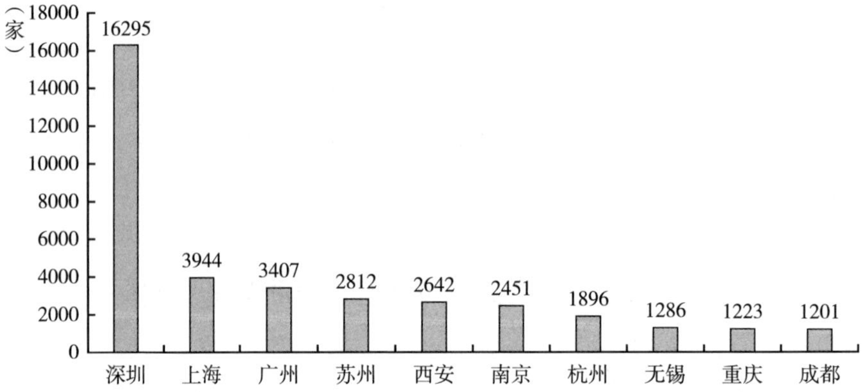

图 1　截至 2021 年 2 月中国与芯片相关的企业数量排名前十的城市

资料来源：中商产业研究院。

从粤港澳大湾区内各地市来看，深圳的半导体及集成电路产业发明专利申请公开量为 26256 件，占粤港澳大湾区的比重高达 55.6%，创新氛围浓

① 《广东省半导体及集成电路产业专利导航分析报告》（2021 年 4 月），广东省市场监督管理局（知识产权局）。

厚。香港的相关创新活动主要集中在香港应用科技研究院、香港中文大学等科研院所及高校，香港应用科技研究院曾获“国家科技进步奖”一等奖，它研发的第三代半导体技术水平在全球处于顶尖水平。根据2021年发布的《广东省制造业高质量发展“十四五”规划》，粤港澳大湾区正在构建日趋完善的集成电路产业链：以广州、深圳、珠海、江门等市为核心，打造具有全球竞争力的芯片设计和软件开发聚集区；依托广州、深圳、珠海，做大做强特色工艺制造；以广州、深圳、东莞为依托，做大做强半导体与集成电路封装测试。

（二）设计业在国内处于领先地位，在国际上仍处于中端水平

集成电路设计业（Fabless）是指进行集成电路产品设计和专用软件开发的行业。2021年，全球集成电路设计业市场规模达到1777亿美元，其中，美国占比为68%，中国台湾地区占比为21%，中国大陆占比为9%。2021年，中国集成电路产业销售额达到10458亿元，其中，设计业销售额为4519亿元，占比为43%。[①] 中国大陆的集成电路设计环节主要集中在以上海为核心的长三角地区、以深圳为核心的珠三角地区、以北京为核心的京津冀地区。从国际横向对比来看，中国大陆的企业规模比较小。2021年，世界第一大IC设计企业美国的高通的设计业务营业收入达到293亿美元，中国第一大IC设计企业韦尔股份的设计业务营业收入约为32亿美元。[②] EDA[③] 软件是集成电路设计最重要的软件工具，涉及集成电路的设计、制造、封装和测试环节，是整个集成电路产业链的基础支柱之一。全球EDA软件市场主要被三巨头[④]垄断。北京华大九天是中国

① 中国半导体行业协会。

② Report from TrendForce（Mar，2022），韦尔股份2021年年报。

③ 电子设计自动化（Electronic Design Automation）的简称。设计师利用EDA软件可以将电子产品的电路设计、性能分析、设计出IC版图整个过程通过计算机自动处理完成。

④ 美国的新思科技（Synopsys）、铿腾电子（Cadence）以及德国的西门子EDA（Siemens EDA）。

的 EDA 软件龙头企业，在国际上处于第二梯队。无论是在 EDA 软件的研发水平①上还是在企业经营规模②上，国内 EDA 软件企业与 EDA 软件三巨头的差距仍较大。

粤港澳大湾区是全国集成电路设计业的领先地区，与芯片设计相关的企业达到 3480 家，排名全国第 1。同时粤港澳大湾区在处理器、存储器芯片、基带芯片、智能芯片、物联网芯片、超高清视频芯片等细分设计领域均保持优势地位。香港特区的 EDA 软件研发技术在粤港澳大湾区处于领先地位，香港中文大学被喻为“EDA 的黄埔军校”，它的 EDA 软件研发团队在 CSRankings③ 上排名第 1。深圳是全国设计业领头城市，2020 年其设计业销售额达到 1300 亿元，占全国的 1/3 以上。深圳有华为、中兴、腾讯等国内龙头企业，设计水平在国内处于领先地位，但在国际上仍处于中端水平。华为海思成立于 2004 年，致力于手机芯片的研发，目前主要的产品线包括麒麟、巴龙、天罡、鲲鹏、昇腾等芯片，同时覆盖无线网络、固定网络、数字媒体等领域的芯片及解决方案。但是，华为海思的销售额从 2020 年的 85 亿美元急剧下降至 2021 年的 15 亿美元，深圳集成电路设计业的销售额也因此受到影响。2021 年深圳集成电路设计业销售额仅为 697.10 亿元，排名从 2020 年的第 1 跌至 2021 年的第 3。同时，在 2021 年全国集成电路设计业规模排名前十的城市中，珠海以 110.20 亿元排名第 10，比 2020 年下降一位（见表 1）。珠海有全志科技、英诺赛科等半导体设计企业，成立于 2007 年的全志科技是珠海本土企业，2021 年销售额为 20.65 亿元，专注于智能应用处理器 SoC、高性能模拟器件和无线互联芯片设计。

---

① 三巨头在 EDA 软件工具链的细分领域上基本实现全覆盖，华大九天仅实现 40%的覆盖，国内其他 EDA 软件企业只能覆盖个别细分领域。

② 2021 年，美国的新思科技营业收入为 42.04 亿美元、铿腾电子为 29.9 亿美元，而中国的华大九天仅为 0.88 亿美元。

③ CSRankings 是一项基于各类指标对全球顶尖计算机科学院校在具体细分领域进行的排名。

表1　2020年与2021年全国集成电路设计业规模排名前十的城市对比

单位：亿元

排名	2020年		2021年	
	城市	销售额	城市	销售额
1	深圳	1300.00	上海	1200.00
2	上海	950.00	北京	839.00
3	北京	494.30	深圳	697.10
4	杭州	212.80	杭州	366.90
5	无锡	180.00	无锡	356.60
6	西安	151.50	南京	306.20
7	南京	147.90	西安	182.20
8	武汉	91.10	成都	137.50
9	珠海	86.60	武汉	131.30
10	成都	82.80	珠海	110.20

资料来源：中国半导体行业协会集成电路设计分会。

（三）晶圆制造方兴未艾，“定制化代工”发展潜力大

集成电路的制造环节属于规模型经济，制造过程包括光刻、刻蚀、薄膜沉积、过程控制、清洗、涂布显影、去胶、离子注入等步骤，前四个是主要步骤，也是核心步骤。集成电路产业的制造环节也被称为晶圆代工，晶圆代工的路径主要有两条：一条是芯片尺寸①，另一条是芯片制程②。晶圆代工领域市场集中度高，其核心能力在于寻求外部资本和优先技术授权。根据芯谋研究的数据，在2021年全球营业收入前十的晶圆代工厂中，有6家是中国台湾公司，其中台积电以568亿美元位列榜首。中国台湾地区的晶圆代工企业无论是在先进制程上还是在营业收入上都处于第一梯队，而以中芯国际、华虹集团等为代表中国大陆的晶圆代工企业在全球处于第二梯队。IC Insights的数据显示，近年来中国大陆的晶圆代工市场份额增速稳定。2021

① 从4英寸到8英寸再到12英寸，不断扩大。

② 线宽不断缩小，从130纳米、90纳米到65纳米、45纳米、28纳米、14纳米、7纳米、5纳米等不断微缩。

年中国大陆在纯晶圆代工市场的份额为 8.5%，相比 2020 年的 7.4%提高了 1.1 个百分点。中国大陆的中芯国际、华虹集团分别以 54 亿美元和 33 亿美元在 2021 年营业收入中排名第 4 和第 5，营业收入分别增长了 39%和 52%。中芯国际作为中国大陆规模最大的晶圆代工厂，90%以上的营业收入来自 14 纳米、28 纳米以上的成熟制程产品。

粤港澳大湾区集成电路产业的制造环节的产能比较低，形成了“设计强，制造弱”的局面。2021 年，广东省集成电路产业实现销售额 1404 亿元，占全国的比重为 12.5%。其中，芯片制造的销售额只有 46 亿元，占比仅为 3%。① 目前，8 英寸和 12 英寸晶圆生产线是晶圆代工厂的主流配置。其中，8 英寸主要用于成熟制程及特种制程的研发和生产，12 英寸主要用于先进制程的研发和生产。从 2021 年中国已建成、在建的 8 英寸和 12 英寸晶圆厂项目产能情况来看，粤港澳大湾区的集成电路制造业大大落后于长三角地区、京津冀地区和中西部地区（见图 2）。按照城市产能来看，深圳排名全国第 9，广州排名第 15。在粤港澳大湾区，著名晶圆制造企业主要有中芯国际（深圳）和粤芯半导体。中芯国际（深圳）成立于 2000 年，总部设于上海，是全球第五大晶圆代工企业，在上海、北京、天津、深圳建有晶圆代工企业。中芯国际（深圳）已建成了 8 英寸和 12 英寸晶圆生产线，当前产能为 4.4 万块/月，规划产能是 11 万块/月。粤芯半导体于 2017 年成立，总部设于广州。粤芯半导体是粤港澳大湾区首家进入量产 12 英寸芯片的生产企业，是国内第一座以“定制化代工”为营运策略的晶圆代工厂，当前产能是 4 万块/月，规划产能是 12 万块/月。目前，粤港澳大湾区正全力打造以深圳、广州、珠海三个城市为核心的集成电路全产业链。根据 2021 年发布的《广东省制造业高质量发展“十四五”规划》：广州以硅基特色工艺晶圆代工线为核心，布局建设 12 英寸集成电路制造生产线；深圳继续推动现有生产线产能和技术水平的提升，专注于 28 纳米及以下先进制造工艺和射频、功率、传感器、显示驱动等高端特色工艺；珠海推动 8 英寸硅基氮化镓

① 2022 年中国国际集成电路产业峰会暨 IC Nansha 大会。

晶圆线及电子元器件等扩产建设；佛山推动建设 12 英寸全国产半导体装备芯片试验验证生产线。

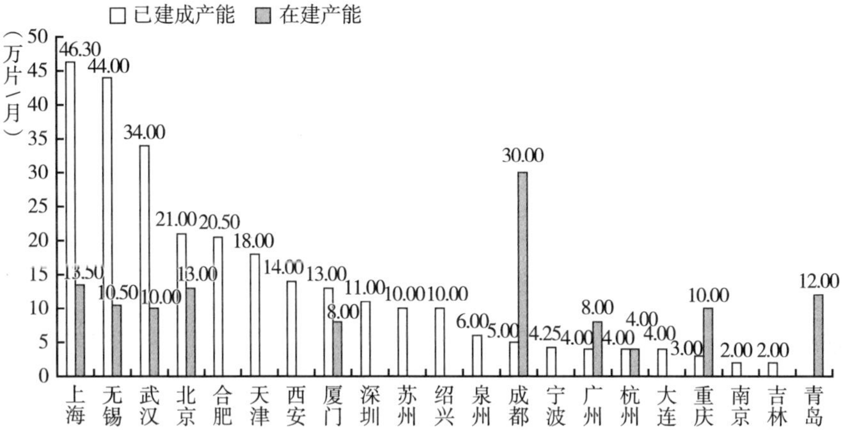

图 2　2021 年中国已建成、在建的 8 英寸和 12 英寸晶圆厂项目产能情况

资料来源：作者根据调研数据整理。

（四）封测业发展迅速，与长三角地区差距仍较大

封装测试属于集成电路产品制造的后道工序，整体伴随集成电路芯片技术的不断发展而变化。封装的主要作用是给芯片提供支撑与机械保护，测试的主要作用是剔除不合格品和进行标准的各种测量与筛选。封测是资本密集型行业，规模优势明显，技术壁垒不高，更多是通过资源整合和规模扩张来推动市占率的提升。全球封测市场格局转变的原因在于不断的并购与吸收技术。中国台湾封测技术在全球处于领先地位，中国大陆封测技术紧跟其后。2021 年，中国台湾封测市场占全球封测市场的 54. 2%，中国大陆封测市场占全球封测市场的 26. 9%，美国封测市场占全球封测市场的 18. 9%。中国大陆的封测业起步较晚，由于技术进入门槛低于集成电路的其他领域，且在庞大市场需求的支持下，中国大陆的封测技术得到了快速的发展。从 2021 年第三季度的营业收入来看，中国大陆的长电科技、通富微电、天水华天已挤入全球封测企业十强，在这三家企业中，长电科技的国际市场占有率最

高，为 14.1%，而通富微电的国际市场占有率为 7.2%，天水华天的国际市场占有率为 5.6%。近年来，中国大陆的先进封测企业已基本具备先进封装的技术能力，总体的先进封装技术水平与日月光（中国台湾）、安靠（美国）等龙头企业的差距在不断缩小。

封装测试作为集成电路制造的后道工序，其发展在一定程度上取决于晶圆制造业的发展。根据江苏省半导体行业协会统计，截至 2020 年底，中国半导体封测企业有 492 家。其中，江苏省有 128 家，广东省有 97 家、山东省有 48 家、安徽省有 40 家、上海市有 38 家、浙江省有 34 家。中国的封测企业主要集中在长三角地区，该地区拥有成熟的晶圆代工业和先进的封装测试技术，配套的设备生产厂商也相对成熟。近年来，粤港澳大湾区的封测业发展迅速，但是与长三角地区内的封测企业长电科技、通富微电仍有较大的差距。在粤港澳大湾区，沛顿科技是封测业的著名企业。沛顿科技成立于 2004 年，总部设于深圳，专注于高端存储芯片（DRAM、NAND FLASH）的封装测试。2021 年，沛顿科技的营业收入为 25 亿元（见表 2），排名全球封测业第 22、中国封测业第 4。

表 2　2021 年中国封测业十强企业情况

单位：亿元，%

企业	总部	营业收入	中国市场占有率
长电科技	无锡	310	11.0
通富微电	南通	145	5.0
天水华天	天水	120	4.0
沛顿科技	深圳	25	0.9
华润封装	无锡	21	0.8
宁波甬矽	宁波	20	0.7
苏州晶方	苏州	14	0.5
颀中科技	合肥	14	0.5
紫光宏茂	上海	9	0.3
新汇成	合肥	8	0.3

资料来源：芯思想研究院（ChipInsights）。

（五）设备业发展滞后，核心设备无法自产

集成电路的制造设备主要包括光刻机、刻蚀机、薄膜沉积设备等，制造过程所需的主要高端制造设备均由国外企业把控。光刻机作为集成电路产业设备环节最高精尖设备，该市场长期受到荷兰的阿斯麦（ASML）和日本的佳能（Canon）、尼康（Nikon）三家公司垄断。在刻蚀机领域，美国的泛林半导体（LAM）、应用材料（Applied Materials）和日本的东京电子（TEL）作为全球最顶尖的生产刻蚀机的三家厂商，占全球市场的比重超过90%。薄膜沉积设备领域主要被美国应用材料（Applied Materials）、瑞士意发薄膜科技（Evatec）、日本爱发科（Ulvac）垄断。中国企业在高端制造设备环节仍未能取得突破性进展，但在制造设备的中低端环节国产化程度不断提高。在光刻机领域，国内主要有上海微电子和长春光机，技术水平仍处于国际低端；在刻蚀机领域，国内主要有中微公司和北方华创，技术水平处于国际中端；在薄膜沉积设备领域，国内主要有北方华创和拓荆科技，技术水平处于国际中端。

集成电路设备是晶圆制造、封测环节的关键。在粤港澳大湾区，与集成电路相关的设备业发展远远落后于京津冀地区和长三角地区，关键的核心设备仍无法实现自产。2021年，在中国半导体设备业上市企业十强名单中，有3家企业位于京津冀地区，有4家企业位于长三角地区，有2家企业位于东北地区，只有1家企业位于粤港澳大湾区（见表3）。新益昌是粤港澳大湾区唯一一家进入2021年中国半导体设备业上市企业十强的企业。新益昌于2006年创立，总部设于深圳，现已发展成LED及半导体封装智能制造装备国内领先企业，主要的产品有LED固晶机、Mini固晶机、半导体固晶机。2021年，新益昌的LED及半导体封装智能制造装备业务营业收入达到9.1亿元。此外，在粤港澳大湾区，还有专注于半导体设备中激光技术应用的深圳大族激光、专注于半导体检测设备的深圳矽电半导体。

表 3　2021 年中国半导体设备业上市企业十强

单位：亿元

企业	总部	营业收入	主要产品
北方华创	北京	71.2	刻蚀、沉积、清洗等制造设备
中微公司	上海	31.1	刻蚀、沉积等设备
盛美上海	上海	15.5	清洗、封测设备
长川科技	杭州	15.1	测试设备
新益昌	深圳	9.1	测试设备
华峰测控	北京	8.8	测试设备
芯源微	沈阳	8.3	涂胶显影、刻蚀、清洗等设备
华海清科	天津	8.0	化学机械抛光 CMP 设备
拓荆科技	沈阳	7.6	薄膜沉积设备
至纯科技	上海	7.0	刻蚀、清洗等设备

资料来源：作者根据上市企业 2021 年年报整理。

二　粤港澳大湾区集成电路产业发展存在的问题

（一）关键设备和技术受制于人

集成电路产业是当今世界互联网、物联网、大数据、云计算等现代信息技术的基石，被誉为“现代工业的粮食”，是全球各国高科技竞争的制高点。粤港澳大湾区要想建设成为国际科技创新中心，就必须推动集成电路产业的发展，瞄准关键节点进行科技创新，将粤港澳大湾区建设成具有国际影响力的集成电路产业的科技创新高地和产业集聚区。目前，粤港澳大湾区集成电路产业发展已达到一定的规模，但在产业内许多关键领域仍然受制于人。例如，在晶圆制造设备领域，极紫外线光刻机（EUV）和深紫外线光刻机（DUV）高度依赖于荷兰的阿斯麦（ASML）；在软件设计领域，EDA 软件高度依赖于美国的新思科技（Synopsys）、铿腾电子（Cadence）及德国的西门子 EDA（Siemens EDA）；在半导体材料领域，硅片高度依赖于日本的信越化学（Shin-Etsu）和盛高（SUMCO）、德国的世创（Siltronic）、韩国的 SK 集团（SK Siltron）；在其他材料领域，如电子气体、靶材、光刻胶、湿电子化学品等高度依赖国外企业。这些领域需要人才、资金、研发的长期投入和积累，粤港澳大湾区在短期内难以追赶和超越。在这些被“卡脖子”的领域，我国需要采取“新型举国体制”和“错位发展战术”。长三角地区、京津冀地区、粤港澳大湾区、中西部地区在各自优势领域内瞄准某个环节集中力量进行国产替代，然后进行技术超越。本报告认为，粤港澳大湾区应在补齐集成电路产业“制造、测试”短板的基础之上，凭借“设计”环节的优势，通过理论突破、软件突围、架构重构来进一步提升高端芯片的研发和设计能力。

（二）高端芯片严重依赖进口

近年来，粤港澳大湾区新一代信息技术、超高清视频、机器人、智能网联汽车、工业控制等产业蓬勃发展，而高端芯片是这些高端制造业的基石。由于关键设备和技术受制于外国企业，我国的高端芯片制造能力严重不足，90%以上的高端芯片依赖进口。2012～2021 年，广东省集成电路进口额从 749 亿美元上升到 1690 亿美元，年均增长率达到 9%；出口额从 163 亿美元上升到 298 亿美元，年均增长率达到 7%（见图 3）。从这些数据可知，第一，广东省的集成电路呈现巨大的逆差，逆差额呈现逐年扩大的趋势，从 2012 年的 586 亿美元扩大到 2021 年的 1392 亿美元；第二，广东省集成电路依赖进口的情况没有得到改善，高端芯片仍然依赖进口，进口额整体呈现增长的发展趋势；第三，广东省集成电路产业的发展不断加速，在满足自身产业发展需求的同时，可以满足部分外国企业的需求。2021 年，广东省进口的集成电路 75%来源于亚洲。其中，36%来源于中国台湾，17.6%来源于韩国，3.6%来源于日本。广东省进口的高端芯片主要包括处理器及控制器、存储器、逻辑芯片等数字芯片，以及放大器、标准模拟芯片等模拟芯片。2021 年，广东省集成电路的进口额为 1690 亿美元，其中，处理器及控制器占40.5%，存储器占27.3%，放大器占3.6%，其他集成电路占28.3%，集成电路的零件占0.2%。①

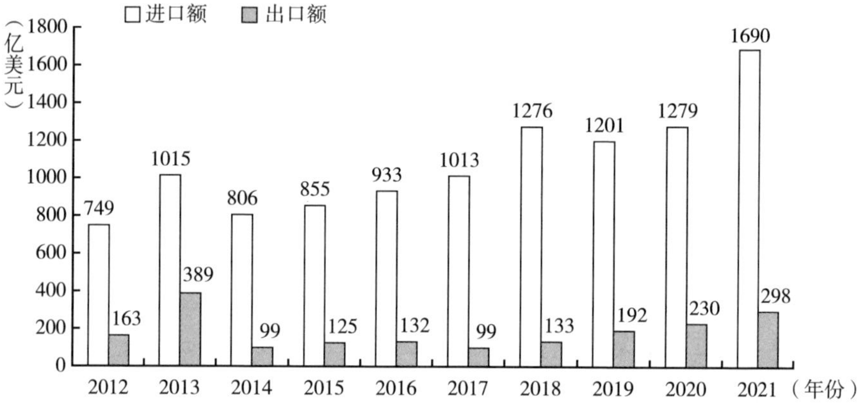

图3　2012~2021年广东省集成电路进出口情况

资料来源：国研网（国际贸易研究及决策支持系统）。

（三）设计业"外"遭打压"内"被追赶

自2019年开始，粤港澳大湾区集成电路设计业在"内外"双层压力下砥砺前行，在"国外"受到竞争对手的打压，在"国内"被长三角地区设计企业强势追赶。粤港澳大湾区集成电路产业的优势环节在于"设计"，但是，设计环节中的关键技术IP核以及EDA软件设计的核心技术仍然为国外公司所掌控，这也成为粤港澳大湾区半导体设计业发展的瓶颈。粤港澳大湾区内的EDA软件企业数量屈指可数，尽管华为、腾讯等大型企业有涉及EDA软件研发，但是EDA软件研发能力并不是很强。在国外竞争对手的打压下，华为海思的营业收入从2019年的120亿美元下降至2021年的15亿美元②。

① 国研网（国际贸易研究及决策支持系统）。集成电路进出口数据为第85章目录下集成电路（8542）类产品数据，细分产品包括处理器及控制器（85423100）、存储器（85423200）、放大器（85423300）、其他集成电路（85423900）、集成电路的零件（85429000）。

② Top 25 Chinese Vendors by Revenue，2021，Research Report by Gartner.

与此同时，长三角地区的集成电路设计业蓬勃发展，对粤港澳大湾区形成了追赶、超越之势。首先，上海集成电路设计业的规模在 2021 年超越了深圳，排名全国第 1。其次，从地区整体实力来看，长三角地区比粤港澳大湾区发展得更为均衡。从城市分布来看，在全国集成电路设计业规模最大的十个城市中，粤港澳大湾区内只有深圳和珠海两个城市上榜；长三角地区有上海、杭州、无锡、南京和苏州五个城市上榜。再次，从设计业企业的规模和数量来看，长三角地区的企业平均规模比粤港澳大湾区的大，长三角地区的企业数量比粤港澳大湾区的多。2021 年，长三角地区的集成电路设计企业数量为 1019 家，粤港澳大湾区①的集成电路设计业的企业数量为 600 家。其中，在销售额大于 1 亿元的企业中，长三角地区的企业数量为 185 家，粤港澳大湾区的企业数量为 97 家（见图 4）。由此可见，长三角地区集成电路设计业的追赶和超越势头很强，对粤港澳大湾区的集成电路设计业造成不小的压力。

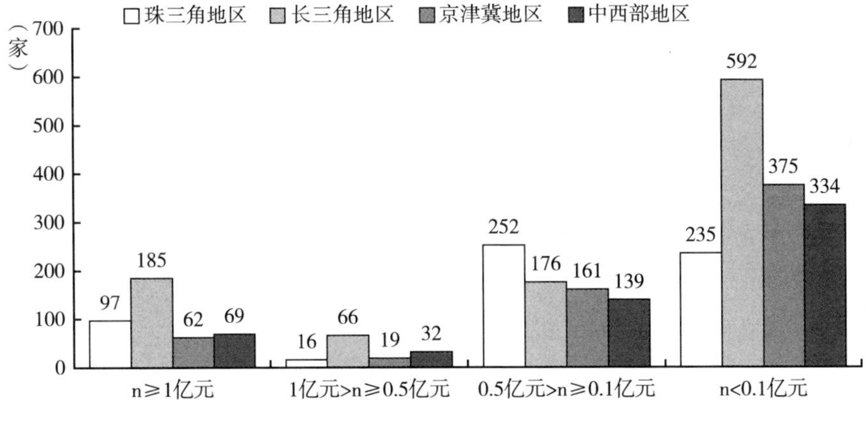

图 4　2021 年全国集成电路按销售额统计的分地区企业数量

资料来源：中国半导体行业协会集成电路设计分会。

---

① 由于粤港澳大湾区集成电路设计业的企业主要集中在珠三角地区，本报告以珠三角地区的企业数据代替粤港澳大湾区的企业数据。

（四）晶圆制造产能不足

粤港澳大湾区集成电路产业发展呈现“设计强，制造弱”的特点。在国内外新冠肺炎疫情蔓延和反复的情况下，粤港澳大湾区的晶圆制造产能严重不足，严重制约了“设计优势”的发挥。无论是在晶圆制造的生产线数量上还是在晶圆制造的技术水平上，粤港澳大湾区都与长三角地区、京津冀地区存在一定的差距。2021 年长三角地区的 8 英寸、12 英寸晶圆厂已建成项目产能是 141.05 万片/月，在建项目产能是 28 万片/月；粤港澳大湾区的 8 英寸、12 英寸晶圆厂已建成项目产能是 15 万片/月，在建项目产能是 8 万片/月（见图 5）。从用于先进制程的研发和生产的 12 英寸晶圆厂项目来看：长三角地区已建成项目产能是 71.5 万片/月，在建项目产能是 8.5 万片/月；粤港澳大湾区已建成项目产能是 4 万片/月，在建项目产能是 4 万片/月。由此可见，粤港澳大湾区的晶圆制造环节仍处在起步阶段，已建成项目和在建项目的产能远远低于长三角地区、中西部地区、京津冀地区。粤港澳大湾区集成电路产业晶圆制造产能不足制约了粤港澳大湾区内汽车、人工智能、通信、机器人等高端制造业的进一步发展。

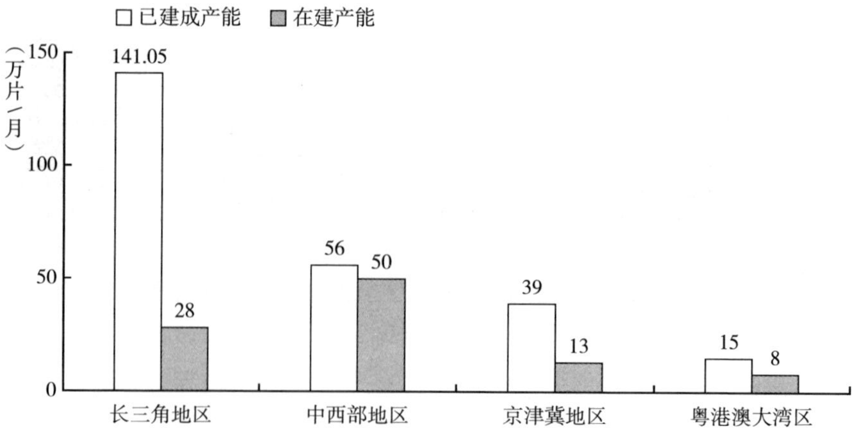

图 5　2021 年中国 8 英寸、12 英寸晶圆厂已建成、在建项目产能情况

资料来源：作者根据调研数据整理。

（五）高端人才严重不足

人才、资金、体制和产业链配套能力是影响集成电路产业发展的四大因素，而人才短缺和产业链配套能力差是制约粤港澳大湾区集成产业发展最关键的两个因素。在高等教育中，与集成电路产业发展最密切相关的专业是集成电路技术专业和微电子技术专业。粤港澳大湾区内尽管拥有广东、香港和澳门等众多高校，但是在科研团队和集成电路高端人才培养的数量和质量上，仍与北京、上海等高校有一定的差距。上海软科根据学校条件、学科支撑、专业生源、专业就业、专业条件5个指标类别19项指标，对全国1200多所高校的6万个本科专业进行动态的监测评价，发布了中国大学2022年专业排名。在集成电路设计与集成系统专业领域，华南理工大学排名全国第7，深圳大学排名全国第20，华南师范大学排名全国第22，广东工业大学排名全国第23；在微电子科学与工程专业领域，中山大学排名全国第14，南方科技大学排名全国第20，华南理工大学排名全国第21，深圳大学排名全国第37，广东工业大学排名全国第38。粤港澳大湾区在集成电路领域的高端人才培养长期处于供小于需的状况，需要大量从区外和国外引进高端人才。2022年，粤港澳大湾区上述高校在集成电路设计与集成系统专业以及微电子科学与工程专业的本科招生人数是937人，硕士招生人数是292人，博士招生人数是49人。[①]近年来，粤港澳大湾区高端人才培养不足，人才引进难度越来越大，人才供求矛盾突出。

三　粤港澳大湾区集成电路产业发展政策建议

（一）加大创新要素投入，提高创新能力

集成电路产业属于技术与资本密集型产业，创新要素的投入对集成电路

① 数据来自各校官方网站招生计划，由于南方科技大学官网并未公布具体专业招生计划人数，本报告并未将其列入统计。

产业的发展尤为重要。粤港澳大湾区要想在集成电路产业的发展上追赶国内领先地区，就必须加大创新要素的投入，提升创新能力。政府可以加大财政金融支持力度，对创新研发活动进行相应补贴，激发创新活力，加快科研成果的转化，解决集成电路企业特别是初创型集成电路企业所面临的科研投入经费少、融资难度大等问题。引导粤港澳大湾区内创新要素的流动，重点关注粤港澳大湾区内集成电路产业薄弱环节的创新要素投入，加速薄弱环节创新能力的提升，比如在晶圆制造、封测等环节上，加大创新要素的投入，出台相应的创新补贴政策，刺激上述环节的企业加快研发速度。同时可以借助集成电路产业创新和公共服务平台，加强粤港澳大湾区内各地市相关企业的交流，共享创新成果，加快创新速度的提升。

（二）优化设计业发展方向，攻克“卡脖子”技术

经过多年的发展，粤港澳大湾区的集成电路设计业已在国内处于领先地位。但 EDA 软件和高端芯片等环节的设计水平仍与全球顶尖技术存在一定的差距，这些“卡脖子”技术是制约粤港澳大湾区集成电路设计业发展的重要因素。粤港澳大湾区的集成电路设计业要想缩小与其他地区的差距，追赶全球龙头，就必须优化设计业发展方向，积极探索攻克“卡脖子”技术，提升产业优势。粤港澳大湾区要把设计业的重心转向加大对 EDA 软件和高端芯片的研发，联合大湾区内如香港中文大学 EDA 研发团队等优秀科技资源以及寻求与全球顶尖科研机构的合作，引领大湾区内设计龙头企业对 EDA 软件和高端芯片的研发，例如推动大湾区内研发 EDA 软件和高端芯片的科研团队与大湾区内下游的应用企业进行联合研发，将研发成果转化为产品，以此带动大湾区内 EDA 软件和高端芯片的设计水平的提升，加快优化设计业发展方向。同时要提升设计业的产业集聚度，政府需要引导设计企业的规模和水平同步发展，企业自身需要有较强的抗风险能力，充分发挥粤港澳大湾区集成电路应用规模庞大的优势，在大湾区内建设具有全球竞争力的集成电路设计业集聚区。

（三）补齐晶圆制造短板，满足晶圆消耗需求

晶圆制造环节作为集成电路产业承上启下的关键一环，影响着一个地区集成电路产业的发展。目前，粤港澳大湾区的晶圆制造产能严重不足，无法通过自给满足应用需求。粤港澳大湾区集成电路产业要想得到全面发展，就必须补齐晶圆制造短板，满足晶圆消耗需求。要想解决晶圆产能不足这个问题就必须重点发展晶圆制造业，政府财政联合企业资金共同投入，积极探索先进制程芯片制造，缩小与长三角、京津冀等拥于国内先进水平地区的差距，同时加快布局芯片制造项目，积极布局大规模特色工艺制程生产线。一方面，积极培育像粤芯半导体等“定制化代工”模式的粤港澳大湾区本土企业，发挥广东省集成电路产业基金等财政支持的作用，鼓励企业积极扩大晶圆制造产能；另一方面，积极引进国内晶圆制造龙头企业在粤港澳大湾区布局成熟生产线，目前大湾区内仅有中芯国际在深圳布局的一条 14 纳米生产线，未来需要政府出台相应优惠政策吸引更多成熟生产线进驻粤港澳大湾区。

（四）提升封装测试能力，促进产业链协调发展

封装测试环节作为集成电路产业的下游环节，随着后摩尔时代的到来，其封测技术的创新将成为半导体产业发展的主要方向。近年来，粤港澳大湾区的封测业发展势头良好，但是与长三角地区仍有明显差距，因此粤港澳大湾区集成电路产业链要想得到协调发展，封测能力必须得到进一步提升。一方面，加快对封测技术的创新，利用大湾区内一系列的研究中心、科研院所对封装测试工艺技术进行升级和对产能进行提升；另一方面，把培育大湾区内封测“小巨人”企业与引进其他地区封测业龙头企业相结合，通过集成电路产业基金的财政支持鼓励大湾区内封测企业进行技术创新，支持现有封测企业开展兼并重组，发挥规模优势，同时积极吸引封测业龙头企业的生产线在粤港澳大湾区内布局，带动区内封测业发展，实现粤港澳大湾区封测能力的优化升级，进而促进全产业链协调发展。

（五）联合粤港澳创科优势，培育高端复合型人才

集成电路属于交叉学科，专业知识涉及量子力学、固体理论、半导体材料、软硬件协同等多个领域。当前，粤港澳大湾区对集成电路产业发展所需要的高端复合型人才培养和储备严重不足，要解决这个问题就必须同时采用“引进来、重培养”的策略。一方面，积极从湾区外引进国内一流或国际一流的人才；另一方面，加强粤港澳大湾区高校的科研和人才培养能力。例如，减少制度因素对科研要素跨境流动的阻碍，加强大湾区高校在集成电路领域的科研合作与交流。鼓励大湾区高校与国际一流高校或科研机构在科研和人才培养方面的合作与交流。促进高校科技创新链与市场应用链的融合，鼓励科研人员对科研成果进行市场化实践，构建高校研发与成果转化的产学研转化平台。加强湾区内高校对集成电路相关专业的建设，紧密根据湾区集成电路产业发展需求及时调整课程设置、教学计划和教学方式，培养既有创新能力又懂市场运作的产业领军人才团队。

参考文献

陈相：《广东集成电路设计业发展情况研究》，《广东科技》2020 年第 1 期。

《广东集成电路（芯片）产业发展研究报告》，《广东经济》2018 年第 11 期。

《广东省人民政府办公厅关于印发广东省加快半导体及集成电路产业发展若干意见的通知》，《广东省人民政府公报》2020 年第 5 期。

倪雨晴：《粤芯成长背后：大湾区半导体产业探寻“第三极”之路》，《21 世纪经济报道》2021 年 7 月 28 日。

孙宇等：《中国集成电路产业发展现状及广东发展建议》，《中国集成电路》2019 年第 12 期。

张百尚：《广东芯片产业的现状、问题和发展模式》，《科技创新发展战略研究》2019 年第 3 期。

张晓婧：《我国半导体行业政策研究》，《科技经济市场》2020 年第 10 期。

张依依：《中国半导体行业协会集成电路分会理事长叶甜春：封测技术创新是半导体产业发展主要方向》，《中国电子报》2022 年第 3 期。

《华为投资控股有限公司 2021 年年报》，华为集团网站，2022 年 3 月 28 日，https：//www. huawei. com/cn/annual-report/2021。

《ICCAD 2021（魏少军）中国芯片设计业年终总结》，搜狐网，2022 年 3 月 11 日，http：//news. sohu. com/a/511128855_ 120926356。

B.9
2021年粤港澳大湾区空港经济发展形势

肖鹞飞*

摘 要： 本报告聚焦于粤港澳大湾区7座航空港的基础设施建设、机场营运和临空经济等发展，通过数据分析揭示了2019年、2020年和2021年7座机场运营业绩的发展变化，并得出以下结论：第一，7座航空港的基础设施建设继续快速发展；第二，2021年的机场营运业绩普遍好于2020年，但仍然未恢复到2019年的水平，国内运输航线的恢复好于国际航线，广州白云国际机场、深圳宝安国际机场和珠海金湾机场的营运业绩好于香港国际机场和澳门国际机场；第三，新冠肺炎疫情在全球的蔓延是影响机场营运业绩发展变化的根本原因，随着对疫情的逐步控制，粤港澳大湾区空港经济发展将全面恢复并迎来新的发展机遇。

关键词： 空港基础设施　航空运输　粤港澳大湾区

一　引言

建设粤港澳大湾区是国家的重大战略，该重大战略的目标是把粤港澳大湾区打造成国际一流湾区和世界级城市群。交通基础设施互联互通的能力提升是建设粤港澳大湾区的基本保障。建设世界级机场群、发展以机场为核心的空港经济是交通基础设施建设的重要任务，这为粤港澳大湾区的发展提供

* 肖鹞飞，广东外语外贸大学云山资深教授，广东外语外贸大学粤港澳大湾区研究院高级研究员，广东国际战略研究院高级研究员，研究方向为国际金融、国际贸易。

有力支撑。

截至2021年底，粤港澳大湾区有7座运输机场、11条跑道。其中包括：三大国际枢纽机场，即香港国际机场、广州白云国际机场、深圳宝安国际机场；两大干线机场，即澳门国际机场、珠海金湾机场；两个支线机场，即惠州平潭机场和佛山沙堤机场。《粤港澳大湾区发展规划纲要》明确指出，要在粤港澳大湾区建设世界级机场群，巩固提升香港国际航空枢纽地位，提升广州和深圳机场国际枢纽竞争力，增强澳门、珠海等机场功能，推动大湾区机场错位发展和良性互动。

二　粤港澳大湾区空港基础设施建设发展概况

（一）香港空港基础设施建设发展

香港国际机场位于香港特别行政区大屿山，1998年7月建成通航，2007年2月完成第二期扩建工程，拥有两座客运大楼、两条长3800米宽60米的跑道。第三跑道自2016年开工建设，2022年5月建设完成。在修建第三跑道的同时，香港国际机场整体完善了机场的其他基础设施，扩建了2号航站楼、兴建了新客运长廊、构建了全新的旅客捷运和行李运输系统、完善了已有的道路网络及交通设施。除了机场基础设施的建设，临港经济的基础设施建设也得到了加强。香港国际机场由“城市机场”蝶变为“机场城市”，由国际航空枢纽变为“航空城”，包括建设“11天空”（11 SKIES）、“亚洲博览馆”等项目。“11天空”项目的第一期已经建设完成，包括三栋写字楼，分别吸引金融企业、医疗健康企业、总部在粤港澳大湾区的企业；亚洲博览馆的展区面积扩大到10万平方米，同时建设一个能容纳2万个座位的表演馆，打造香港中西文化交流中心。

扩建完成后，预计2024年香港国际机场年旅客吞吐量可以达到1.2亿人次、年货邮吞吐量可以达到1000万吨。

（二）广州空港基础设施建设发展

2004年8月，旧的广州白云国际机场关闭，新的广州白云国际机场启用。新广州白云国际机场位于广州市白云区与花都区交界处，是4F级的民用国际机场，是我国三大门户枢纽机场之一。

2000年8月，新广州白云国际机场开工建设，一期工程投资196亿元，占地面积21840亩，飞行区按4F级标准建设，两条跑道分别长3800米、3600米，2004年8月一期工程通过验收，新机场启用。

2013年2月，广州白云国际机场二期扩建工程开工，总投资188亿元，扩建项目包括机场工程、空管工程和供油工程。主体工程是第三跑道和2号航站楼，2015年2月第三跑道投入使用，2018年4月2号航站楼正式投入使用。

2020年9月，广州白云国际机场三期扩建工程开工，规划总投资超过500亿元。主体工程包括两条新建跑道、42万平方米的3号航站楼和超过190个机位的停机坪。扩建工程完成后，机场近端年旅客吞吐量1.2亿人次、年货邮吞吐量380万吨，机场终端年旅客吞吐量1.4亿人次、年货邮吞吐量600万吨。

（三）深圳空港基础设施建设发展

深圳宝安国际机场位于深圳市宝安区，是4F级民用运输机场、国际枢纽机场，是我国四大航空货运中心及快件集散中心之一。

1989年5月，深圳机场正式开工建设，1991年10月建成正式通航，2001年9月正式更名为深圳宝安国际机场。2010年2月，启动3号航站楼扩建工程，2012年11月完工。2011年7月，第二跑道正式启用。

2020年3月，深圳宝安国际机场启动第三跑道扩建工程，总投资123.3亿元，预计2025年建成，建成后可以起降A380等各类大型客机，机场年旅客吞吐量达8000万人次、年货邮吞吐量260万吨。

（四）澳门空港基础设施建设发展

1989年，澳门国际机场一期建设工程开始启动，1995年11月建成通航，拥有一座航站楼、一条长3360米的跑道、25个停机位，年旅客吞吐量600万人次。2015年11月，澳门国际机场启动二期扩建工程，2018年2月完工并投入使用，年旅客吞吐量达到780万人次。

澳门国际机场规划未来5年分阶段进行填海扩建工程，扩建1号航站楼、新建2号航站楼，扩建后的机场年旅客吞吐量可以达到1300万人次。

（五）珠海空港基础设施建设发展

1992年，珠海机场开始动工建设，1995年6月建设完成，正式通航。2013年1月，正式启用珠海金湾机场名称。该机场拥有长4000米的跑道一条和滑行道一条，可以满足B747-400等大型客机和货机的起降。

珠海金湾机场于2017年8月启动指廊升级改造工程，于2019年启动改扩建工程，工程项目包括新建2号航站楼、站坪、飞行区、滑行区等。根据《珠海机场总体规划》，到2025年机场年旅客吞吐量达到1300万人次、年货邮吞吐量达到16万吨、年飞机起降12万架次，到2045年机场年旅客吞吐量达到2800万人次、年货邮吞吐量达到60万吨、年飞机起降24万架次。

（六）惠州空港基础设施建设发展

惠州平潭机场位于广东省惠州市惠阳区，原是军用机场，1985年开通民航业务，2002年又停办民航业务。2014年惠州机场进行扩建改造，2015年2月重启民航业务，更名为惠州平潭机场，拥有一条长2400米宽48米的跑道和1.35万平方米的停机坪，飞行区为4C级标准，是粤港澳大湾区的支线机场之一。

2018年11月，新建航空货运站投入使用。2019年8月，新建的2号航站楼启用。

（七）佛山空港基础设施建设发展

佛山沙堤机场位于广东省佛山市南海区，是4C级军民合用机场、中国联合航空独飞机场，是粤港澳大湾区的支线机场之一。

1954年佛山沙堤机场建成，为军用机场，1988年开通民航业务，2002年11月停办民航业务，2009年11月又恢复民航业务。2020年4月，机场拥有4000平方米的航站楼、10个民航停机位、一条长2800米宽45米的跑道，飞行区为4C级标准，年旅客吞吐量100万人次。

三　2021年粤港澳大湾区空港营运概况

2021年，疫情的严重和严格的防控措施对民用航空运输和空港经济的影响超出预期。根据国际航空运输协会公布的数据，2021年全球航空客运需求与2019年相比下降58.4%，2020年与2019年相比下降65.8%；2021年全球航空货运需求比2019年增长6.9%，比2020年增长18.7%，2021年与2020年相比有所改善。根据中国民用航空局公布的《2021年全国民用运输机场生产统计公报》（不包括香港、澳门和台湾地区），2021年，我国民用运输机场完成旅客吞吐量90748.3万人次，比上年增长5.9%，是2019年的67.1%；完成货邮吞吐量1782.8万吨，比上年增长10.9%，是2019年的104.3%；完成飞机起降977.7万架次，比上年增长8.0%，是2019年的83.9%。总的来看，货运好于客运，国内航线好于国际航线，内地航线好于港澳台航线。

新冠肺炎疫情对全球的航空业造成了重大冲击。2021年，航空运输经营得到部分恢复。粤港澳大湾区的空港经济与全国及全球的航空运输业是同步的，运输经营得到部分恢复，旅客运输和货邮运输的恢复程度不同，各机场的恢复程度也不同（见图1）。

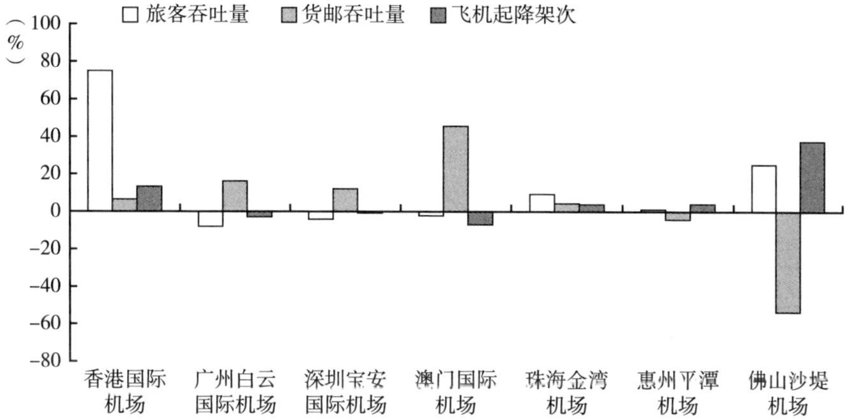

图1　2021年粤港澳大湾区7座机场运输量的增长率

资料来源:《2021年民航行业发展统计公报》、《2021年全国民用运输机场生产统计公报》、《香港国际机场2021/2022年报》、澳门国际机场官方网站。

(一)2021年香港空港营运概况

2021年香港国际机场营运的硬件基础设施保持稳定，机场用地面积1255公顷，客运大楼楼面面积73万平方米，通航的航空公司约120家，航点约150个，跑道两条。其中，有22家航空公司于2021年加入香港国际机场的航空网络，机场也迎来了10个新航点。

由于新冠肺炎疫情的影响，世界各地纷纷采取人员隔离、限制流动和限制出入境措施，航空运输业遭遇重创。根据香港国际机场公布的年报资料，2020年，香港国际机场的客运量80万人次，只有2019年的13%；货运量460万吨，是2019年的98%；飞机起降128000架次，只有2019年的34%。2021年，香港国际机场的整体营运仍然受到疫情持续影响，虽然比2020年有所好转，但远低于疫情发生前的水平。2021年，旅客吞吐量140万人次，比上年上升75%，但只有2019年的23%；飞机起降144505架次，比上年上升12.9%，但只有2019年的38%；货邮吞吐量达到490万吨，比上年上升了6.5%，比2019年上升了4.3%。2021年香港国际机场收益57.98亿港元，比上年下降2.3%，只有2019年的34%。

2021年香港国际机场的客运市场占比情况为中国内地占26%、欧洲占22%，美国及加拿大占15%、东南亚占15%、澳大利亚占4%、中国台湾占4%、日本占2%、其他占12%。2021年香港国际机场的货运市场占比情况为美国及加拿大占20%、东南亚占17%、欧洲占14%、日本占8%、中国内地占8%、中国台湾占8%、澳大利亚占2%、其他占23%。

2021年香港国际机场的主要收入来源：一类是航空收入，包括飞机着陆和停泊的机场收费，占36%，向旅客提供航空保安服务收入，占1%，向航空公司、特许经营商和专营服务商提供保安服务收入，占10%；另一类是非航空收入，包括机场禁区辅助服务专营权收入，占30%，零售特许经营权及广告收益，占1%，其他客运大楼商业收益，占12%，地产收益，占3%，其他收入，占7%。

2021年香港空港经济具有以下特点。第一，客运市场仍然低迷，但货运市场需求旺盛。香港国际机场在2021年全球十大最繁忙机场（国际货运吞吐量）中排名第一。第二，市场对疫苗需求强劲，年内机场处理了1400万剂进口疫苗，另有1.9亿剂疫苗经机场转至亚洲及美洲的不同航点。第三，获“2021年亚洲货运、物流及供应链奖”，连续第六年获选为“全球最佳机场”。第四，加强转口业务，在东莞发展香港国际机场物流圈，构建海空联运体系。第五，机场服务质量高，质量调查好评率超过99%，行李运送及时率达99.7%，经机桥登机和下机旅客达99.9%。第六，与香港商用航空中心合作，维持商用航空枢纽的优势。

2021年11月，香港机场管理局主办“2021年粤港澳大湾区五大机场主席会议”，与粤港澳大湾区内各机场之间紧密联系，加强合作、协同发展。临空经济正在发展，SKYCITY航天城是香港机场城市的另一个重要组成部分。丽豪航天城酒店于SKYCITY航天城开幕，设有1208间客房及套件。全香港最大型综合零售、餐饮及娱乐设施11 SKIES将分阶段启用，其中三栋甲级写字楼于2022年启用。香港国际机场与SKYCITY航天城及周边设施的联系更加紧密，商业发展的潜力巨大。

（二）广州空港运营概况

2021 年广州白云国际机场营运的硬件基础设施保持稳定，机场拥有两座航站楼、三条跑道以及完善的旅客服务、飞机起降服务设施，可以保障年旅客吞吐量 8000 万人次、年货邮吞吐量 250 万吨、年飞机起降 62 万架次。广州白云国际机场是我国内地三大门户复合型枢纽机场之一，目前是南方航空公司的基地机场，中国国际航空、深圳航空、东方航空和海南航空等公司均在白云国际机场实行基地化运作。

2021 年，广州白云国际机场完成旅客吞吐量 4026 万人次，比上年下降 8%，是 2019 年的 55%；完成货邮吞吐量 205 万吨，比上年增长 16%，是 2019 年的 107%；完成飞机起降 36 万架次，比上年下降 3%，是 2019 年的 73%。

在新冠肺炎疫情发生前，广州白云国际机场航线网络覆盖全球 220 个航点，其中直航航点 173 个，国际直航航点 73 个，是中国面向澳新、东南亚、南亚的第一枢纽。其中，国际运力较强的是泰国、越南、澳大利亚、柬埔寨、日本和新加坡，泰国占 14.0%、马来西亚占 8.4%、越南占 7.7%、澳大利亚占 7.1%、柬埔寨占 6.0%、日本占 5.9%、新加坡占 4.8%、其他占 46.2%。

在航空公司方面，南方航空公司在广州白云国际机场的运力处在主力地位，运力占比最高，超过 46%，国际运力占比超过 50%。在新冠肺炎疫情发生前，不同的航空公司在白云国际机场的运力占比为南方航空公司占 46.1%、东方航空公司占 7.5%、中国国际航空公司占 7.4%、深圳航空公司占 7.1%、海南航空公司占 7.0%、其他航空公司占 24.9%。

（三）深圳空港营运概况

2021 年深圳宝安国际机场营运的硬件基础设施逐步完善，机场拥有一座航站楼和一座卫星厅（2021 年 12 月投入使用）、两条跑道以及完善的旅客、飞机起降服务设施，可以保障年旅客吞吐量 3700 万人次、年货邮吞吐量 240

万吨、年飞机起降 37.5 万次。深圳宝安国际机场是国内十大机场之一。

2021 年，深圳宝安国际机场完成旅客吞吐量 3635.8 万次，比上年下降 4.1%，是 2019 年的 68.7%；完成货邮吞吐量 156.8 万吨，比上年增长 12.1%，是 2019 年的 122.2%；完成飞机起降 31.8 万次，比上年下降 0.8%，是 2019 年的 85.9%。2021 年，深圳宝安国际机场的旅客吞吐量、货邮吞吐量和飞机起降架次等的年均增长率均高于全国前十大机场年均增长率 10.3 个百分点。在粤港澳大湾区大型机场中，深圳宝安国际机场区域客运市场份额上升 3.2 个百分点，货运市场份额保持稳定。

新冠肺炎疫情发生前，深圳宝安国际机场拥有直航航点 157 个，其中国际航点 51 个。国际运力只占深圳宝安国际机场总运力的 11%。在国际运力中，马来西亚占 13.3%、泰国占 13.1%、中国台湾占 10.2%、韩国占 8.5%、柬埔寨占 8.1%、越南占 6.6%、新加坡占 6.4%、印度尼西亚占 6.0%、其他占 27.7%。

在深圳宝安国际机场运营的航空公司有 48 家，其中，深圳航空、南方航空、海南航空和东方航空等 4 家客运航空公司是深圳宝安国际机场的基地航空公司。2019 年，各航空公司的运力占比为深圳航空公司占 25.6%、南方航空公司占 25.2%、海南航空公司占 11.4%、中国国际航空公司占 6.9%、东方航空公司占 6.5%、东海航空公司占 3.2%、其他航空公司占 21.3%。

截至 2021 年底，深圳宝安国际机场客运通航城市 133 个，其中国内 127 个，恢复国际客运通航城市 6 个。全货机通航的城市 51 个，其中国内 20 个，国际 30 个，地区 1 个。

（四）澳门空港营运概况

澳门国际机场于 1995 年通航，有一条跑道、25 个停机位、一座航站楼，机场设计年客运量 780 万人次、年飞机起降 6300 万架次，是粤港澳大湾区的国际机场和干线机场。

澳门国际机场主要服务于本地旅游业和博彩业，周边国家和地区的经济发展是澳门国际机场市场需求的主要动因，航线网络主要覆盖亚太地区。直航航点 57 个，其中，中国内地 26 个、泰国 7 个、菲律宾 6 个、柬埔寨 3 个、日本 3 个、韩国 3 个、中国台湾 3 个、马来西亚 2 个、越南 2 个、帕劳 1 个、新加坡 1 个。

新冠肺炎疫情发生前，澳门国际机场不同国家或地区的运力占比分布为中国内地占 37.6%、中国台湾占 21.1%、泰国占 11.0%、韩国占 8.9%、菲律宾占 7.4%、其他占 14.0%。澳门国际机场不同航空公司的运力市场占比分布为澳门航空公司占 38.2%、国泰航空公司占 9.0%、长荣航空公司占 7.3%、台湾虎航公司占 6.7%、亚洲航空公司占 3.9%、厦门航空公司占 3.8%、春秋航空公司占 3.3%、宿务航空公司占 3.1%。

2021 年，全球经济整体呈现复苏态势，全球民用航空事业也得到一定程度的复苏，但波动不稳，航空客运和货运的恢复不同步。2021 年，澳门国际机场旅客吞吐量 114 万人次，较上年下降 2.2%，是 2019 年的 20%；货邮吞吐量 48595 吨，较上年增长 45.7%，比 2019 年增长 15%；航班起降 15791 架次，较上年下降 6.9%，是 2019 年的 20%。2021 年，澳门国际机场整体收入超过 19 亿澳元，较上年增长 30%，是 2019 年收入的 30%。

（五）珠海空港营运概况

珠海金湾机场是粤港澳大湾区的主干机场，1995 年 6 月正式通航。截至 2017 年，机场拥有一条长 4000 米的跑道和一条滑行道，有 23 个机位，航线 120 条，通航城市 52 个，可以满足大型客机和货机起降。进驻机场的航空公司有 26 家，珠海航空公司是基地航空公司。珠海金湾机场年旅客吞吐量 1200 万人次、年货邮吞吐量 60 万吨、年起降飞机 10 万架次。

2019 年，旅客吞吐量 1228.3 万人次，货邮吞吐量 5.14 万吨，飞机起降 8.9 万架次。2021 年，珠海金湾机场通达航点 89 个，完成旅客吞吐量 802 万次，比上年增长 9.3%，是 2019 年的 65.3%；完成货邮吞吐量 4 万吨，比上年增长 4.4%，是 2019 年的 77.8%；完成飞机起降 6.7 万架次，比上年增长 9.2%，是 2019 年的 75.3%。

2006 年，珠海开启了国内机场管理改革的先例，与香港机场管理局联合成立珠港机场管理有限公司，托管珠海金湾机场航运主业，引入香港机场的经营管理模式。

（六）惠州空港营运概况

惠州平潭机场于 1985 年开通民航业务，2002 年停办，2015 年 2 月又重启民航业务，2018 年 6 月启动扩建工程。截至 2019 年，机场有一条长 2400 米宽 48 米的跑道，停机位 8 个，飞行区为 4C 级标准，是我国广东省东部的支线机场之一。高峰时开通营运航线 36 条，通航 31 个城市。

2019 年，惠州平潭机场旅客吞吐量 255.4 万人次，货邮吞吐量 0.89 万吨，飞机起降 2.0 万架次，航班放行正常率 91.8%。2021 年，惠州平潭机场旅客吞吐量 201 万人次，比上年增长 1.2%，是 2019 年的 78.6%；货邮吞吐量 0.86 万吨，比上年下降 4%，是 2019 年的 96%；飞机起降 1.9 万架次，比上年增长 4.1%，是 2019 年的 92.6%。

（七）佛山空港营运概况

1988 年佛山沙堤机场开通民航业务，2002 年 11 月停办民航业务，2009 年又恢复民航业务。截至 2020 年，佛山沙堤机场拥有一条长 2800 米宽 45 米的跑道，设 10 个民航机位，为 4C 级军民合用机场，是中国联合航空公司独飞机场。2021 年有航线 18 条，通航城市 15 个，可以满足年旅客吞吐量 100 万人次的需求。

2019 年，旅客吞吐量 87.8 万人次，货邮吞吐量 285.8 吨，飞机起降 7751 架次。2021 年，佛山沙堤机场完成旅客吞吐量 60.5 万人次，比上年增长 25.0%，是 2019 年的 68.9%；完成货邮吞吐量 2.6 吨，比上年下降 53.6%，是 2019 年的 0.9%；飞机起降 6154 次，比上年增长 37.6%，是 2019 年的 79.4%。

四　2021年粤港澳大湾区空港营运比较分析①

2019年2月18日，中共中央、国务院印发了《粤港澳大湾区发展规划纲要》。在加快基础设施互联互通方面，该规划纲要提出要建设世界级的机场群，提出要巩固提升香港国际航空枢纽地位，提升广州和深圳机场国际枢纽竞争力，增强澳门、珠海等机场功能，推进粤港澳大湾区机场错位发展和良性互动。该规划纲要发布之前的2018年，粤港澳大湾区有民用航空机场7座，它们的营运条件和定位如表1所示。

表1　2018年粤港澳大湾区7座机场主要营运条件及其定位

机场	定位	旅客吞吐量（万人次）	占比（%）	直航航点（个）	国际航点（个）	航空公司（家）
香港机场	国际枢纽	7470	34.73	155	155	99
广州机场	国际枢纽	6973	32.42	173	73	75
深圳机场	国际枢纽	4935	22.95	157	51	48
澳门机场	干线机场	820	3.81	57	57	27
珠海机场	干线机场	1122	5.22	52	0	27
惠州机场	支线机场	188	0.87	22	0	9
佛山机场	支线机场	部分时段停航维修		8	0	1
合计		21508	100	624	336	286

资料来源：中国民用航空总局、各机场官方网站。

2018年，粤港澳大湾区7座机场的旅客运输总量超过2.1亿人次，相当于北京机场和上海机场的总和，超过著名的伦敦机场群。由于航线结构、吞吐量以及地理位置的不同，7座机场已经形成了“3+2+2”机场格局：3座国际枢纽机场、2座干线机场、2座支线机场，从核心区逐渐向外扩散。

① 该部分将“香港国际机场”称为“香港机场”，将“广州白云国际机场”称为“广州机场”，将“深圳宝安国际机场”称为“深圳机场”，将“澳门国际机场”称为“澳门机场”，将“珠海金湾机场”称为“珠海机场”，将“惠州平潭机场”称为“惠州机场”，将“佛山沙堤机场”称为“佛山机场”。

以区域内7座机场为主基地的航空公司（以客运为主）有8家，其中，南方航空、九元航空以广州机场为主基地，深圳航空以深圳机场为主基地，国泰航空、国泰港龙、香港航空和香港快运以香港机场为主基地，澳门航空以澳门机场为主基地。南方航空和深圳航空作为粤港澳大湾区最大的两家主基地国内航空公司，在区域内的大部分机场均有布局，南方航空在广州机场和珠海机场占主导地位。

（一）2019年粤港澳大湾区7座机场的运营情况对比分析

2019年粤港澳大湾区7座机场的旅客吞吐量对比分析。在粤港澳大湾区的7座机场中，香港机场旅客吞吐量占32%、广州机场占33%、深圳机场占24%、澳门机场占4%、珠海机场占6%、惠州机场占1%、佛山机场占比接近于零（见图2）。与2018年相比，香港机场的占比有所下降，广州机场、深圳机场、珠海机场等都有所上升。

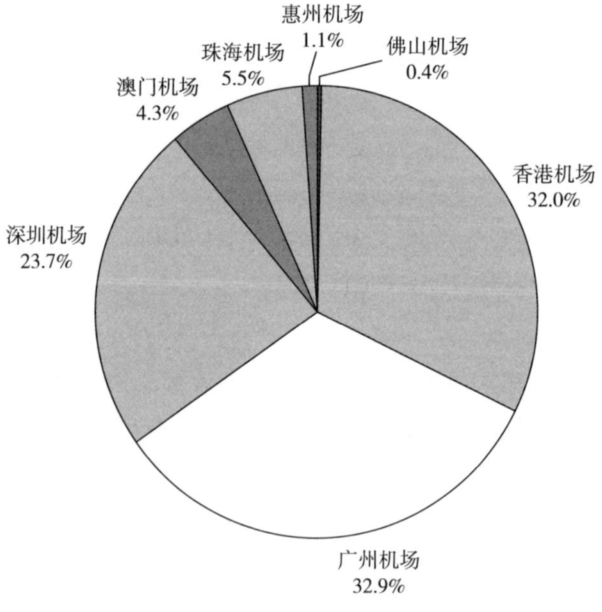

图2　2019年粤港澳大湾区7座机场的旅客吞吐量

注：为更清晰的展示各机场占比，图2~图7保留1位或几位小数，此后不赘。

资料来源：《2019年民航行业发展统计公报》、《2019年民航机场生产统计公报》、《香港国际机场2019/2020年报》、澳门机场官方网站。图3、图4相同，此后不赘。

2019 年粤港澳大湾区 7 座机场的货邮吞吐量对比分析。在粤港澳大湾区的 7 座机场中，香港机场货邮吞吐量占 59%、广州机场占 24%、深圳机场占 16%、澳门机场占比接近 1%、珠海机场占 1%、惠州机场占比接近于零、佛山机场占比接近于零（见图 3）。

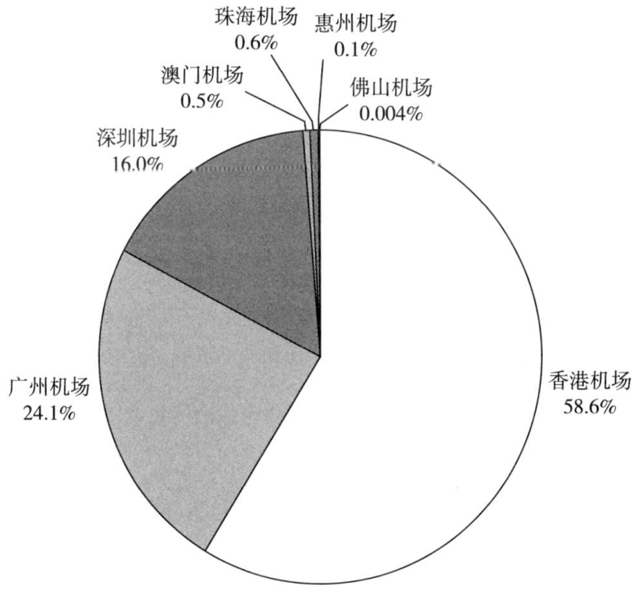

图 3　2019 年粤港澳大湾区 7 座机场的货邮吞吐量

2019 年粤港澳大湾区 7 座机场的飞机起降架次对比分析。在粤港澳大湾区的 7 座机场中，香港机场飞机起降架次占 29%、广州机场占 33%、深圳机场占 25%、澳门机场占 5%、珠海机场占 6%、惠州机场占 1%、佛山机场占比接近于零（见图 4）。

（二）2021年粤港澳大湾区7座机场的运营情况比较分析

新冠肺炎疫情在全球的蔓延，给民用航空业造成巨大冲击。根据中国民用航空局的统计公报，2020 年全国全行业的民航运输生产全面下滑，旅客吞吐量、货邮吞吐量和飞机起降架次与 2019 年相比，分别下降 36. 7%、

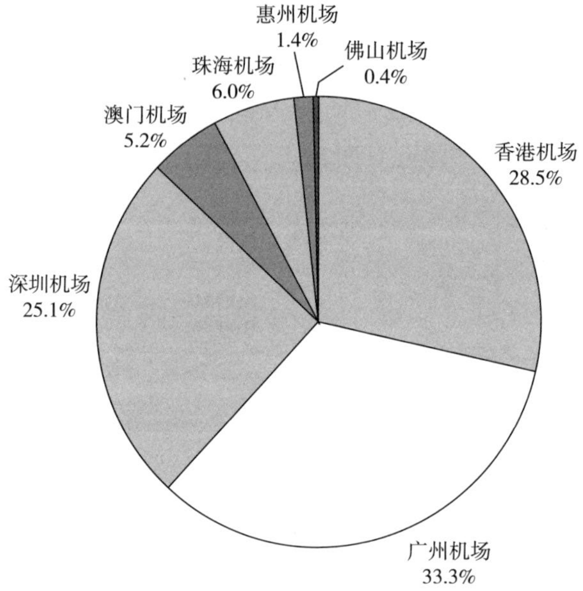

图 4　2019 年粤港澳大湾区 7 座机场的飞机起降架次

10.2%和 25.3%。2021 年，新冠肺炎疫情对民航运输生产影响的深度和持续性超出了预期，虽然旅客吞吐量、货邮吞吐量和飞机起降架次与 2020 年相比，分别上升了 5.5%、8.2%和 6.5%，但整体情况还没有恢复到 2019 年的水平。粤港澳大湾区机场群的情况与全国的情况基本相似。

2021 年粤港澳大湾区 7 座机场的旅客吞吐量对比分析。在粤港澳大湾区的 7 座机场中，香港机场旅客吞吐量占 2%、广州机场占 45%、深圳机场占 40%、澳门机场占 1%、珠海机场占 9%、惠州机场占 2%、佛山机场占 1%（见图 5）。

与 2019 年相比，香港机场旅客吞吐量的占比变化最大。香港机场在粤港澳大湾区机场群旅客吞吐量的占比由 2019 年的 32%下降到 2%，相对应，广州机场的占比由 33%上升到 45%，深圳机场的占比由 24%上升到 40%，珠海机场的占比由 6%上升到 9%。

2021 年粤港澳大湾区 7 座机场的货邮吞吐量对比分析。在粤港澳大湾区的 7 座机场中，香港机场货邮吞吐量占 57%、广州机场占 24%、深圳机场占 18%、澳门机场占比接近 1%、珠海机场占比接近于零、惠州机场占比

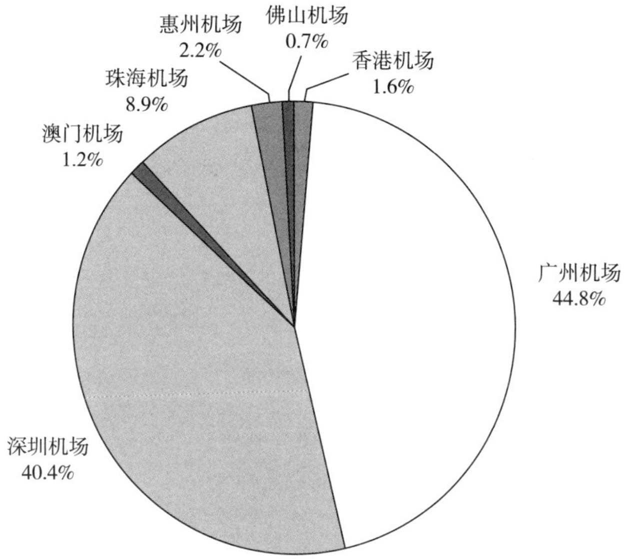

图 5　2021 年粤港澳大湾区 7 座机场的旅客吞吐量

资料来源：《2021 年民航行业发展统计公报》、《2021 年全国民用运输机场生产统计公报》、《香港国际机场 2021/2022 年报》、澳门机场官方网站。图 6、图 7 相同，此后不赘。

接近于零、佛山机场占比接近于零（见图 6）。

与 2019 年相比，粤港澳大湾区机场群中各机场的货邮吞吐量的占比变化不大，香港机场、珠海机场略有下降，深圳机场略有上升，其他机场基本保持不变。

2021 年粤港澳大湾区 7 座机场的飞机起降架次对比分析。在粤港澳大湾区的 7 座机场中，香港机场飞机起降架次占 16%、广州机场占 39%、深圳机场占 34%、澳门机场占 2%、珠海机场占 7%、惠州机场占 2%、佛山机场占 1%（见图 7）。

与 2019 年相比，粤港澳大湾区机场群中各机场的飞机起降架次的占比变化较大。香港机场的起降架次占比由 2019 年的 29%下降到 2021 年的 16%，澳门机场由 5%下降到 2%，与此相对应，广州机场由 33%上升到 39%，深圳机场由 25%上升到 34%，珠海机场、惠州机场和佛山机场分别上升了 1%。

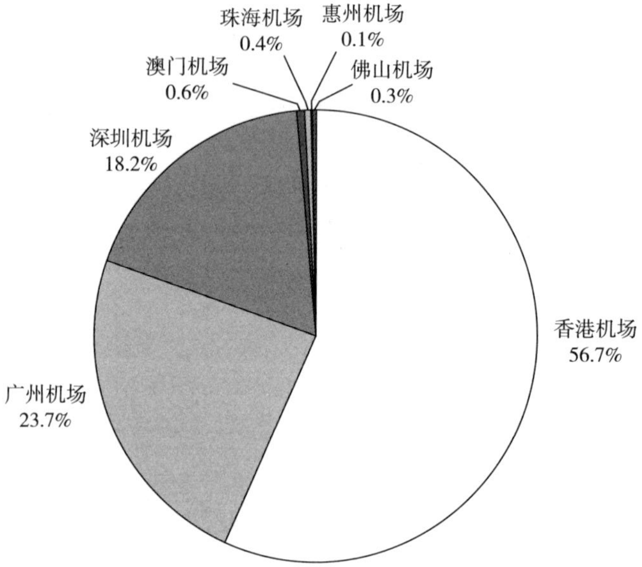

图 6　2021 年粤港澳大湾区 7 座机场的货邮吞吐量

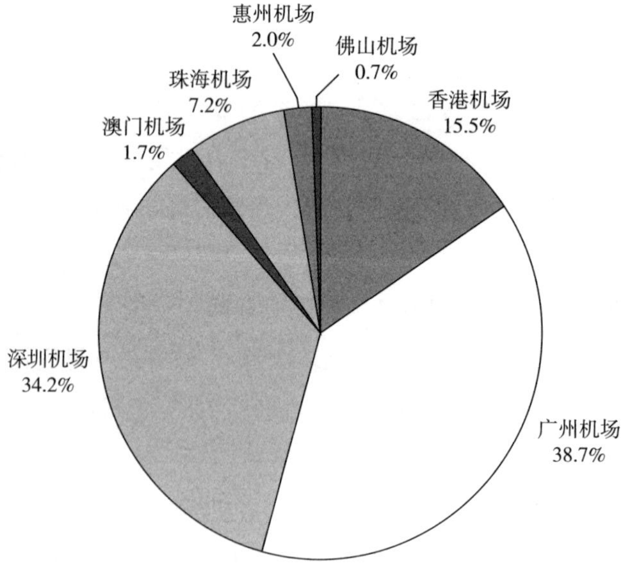

图 7　2021 年粤港澳大湾区 7 座机场的飞机起降架次

五　粤港澳大湾区空港经济发展的展望

2021 年粤港澳大湾区的空港经济发展主要受新冠肺炎疫情的影响，随着对疫情的逐步控制，粤港澳大湾区空港经济发展会得到全面恢复并迎来新的发展机遇。

第一，粤港澳大湾区机场群的基础设施建设为粤港澳大湾区空港经济发展带来新的机遇。近年来，粤港澳大湾区的 7 座机场都提出基础设施建设规划，并在全面实施建设中。随着基础设施建设的逐步完成，粤港澳大湾区机场群的运输能力将有大幅提升，进而提高服务粤港澳大湾区经济发展能力。预计到 2035 年，粤港澳大湾区机场群将拥有 7 座运输机场、17 条跑道，年旅客吞吐量将超过 4.2 亿人次、年货邮吞吐量将达到 2000 万吨，成为粤港澳大湾区经济一体化的重要驱动力。

第二，粤港澳大湾区机场群的建设和发展带来临空经济的快速发展。香港开展“11 天空”（11 SKIES）和“亚洲博览馆”项目，构建新的经济增长极。广州将构建多种交通方式联运的航站楼综合体，形成以白云国际机场为核心的高效、便捷、安全的综合交通网络，白云机场综合保税区的进一步发展为临空经济增加活力。深圳将建设空铁联运综合交通枢纽和机场国际会展中心。珠海推动珠海机场与航空城集团融合发展，打造航空航天产业群，以及航展会展创新交易服务平台和建材交易服务平台。

第三，粤港澳大湾区机场群的综合运能显著提高，发达的航空运输能力和临空经济是世界级湾区的核心增长极之一。在 2021 年全球最繁忙航线排名中，中国有 5 条进入前 20 强，其中粤港澳大湾区机场群就有 3 条。深圳—上海航线在 2021 年通航 19945 班，全球排名第 7，中国排名第 1；广州—上海/虹桥在 2021 年通航 18066 班，全球排名第 11，中国排名第 3；广州—成都在 2021 年通航 14746 班，全球排名第 19，全国排名第 4。2021 年空运业绩既体现了粤港澳大湾区机场群在国际航空市场的实力，也反映了其未来的发展潜力。以香港国际机场、广州白云国际机场、深圳宝安国际机场三大国际航空枢纽为引领的世界级机场群正在迅速崛起。

参考文献

《2018 年民航机场生产统计公报》，中国民用航空局网站，2019 年 3 月 5 日，http：//www. caac. gov. cn/XXGK/XXGK/TJSJ/201903/t20190305_ 194972. html。

《2018 年民航行业发展统计公报》，中国民用航空局网站，2019 年 5 月 8 日，http：//www. caac. gov. cn/XXGK/XXGK/TJSJ/201905/P020190508519529727887. pdf。

《2019 年民航机场生产统计公报》，中国民用航空局网站，2020 年 3 月 9 日，http：//www. caac. gov. cn/XXGK/XXGK/TJSJ/202003/t20200309_ 201358. html。

《2019 年民航行业发展统计公报》，中国民用航空局网站，2020 年 6 月 5 日，http：//www. caac. gov. cn/XXGK/XXGK/TJSJ/202006/t20200605_ 202977. html。

《2020 年民航机场生产统计公报》，中国民用航空局网站，2021 年 4 月 12 日，http：//www. caac. gov. cn/XXGK/XXGK/TJSJ/202104/t20210409_ 207119. html。

《2020 年民航行业发展统计公报》，中国民用航空局网站，2021 年 6 月 10 日，http：//www. caac. gov. cn/XXGK/XXGK/TJSJ/202106/t20210610_ 207915. html。

《2021 年民航行业发展统计公报》，中国民用航空局网站，2022 年 5 月 18 日，http：//www. caac. gov. cn/XXGK/XXGK/TJSJ/202205/t20220518_ 213297. html。

《2021 年全国民用运输机场生产统计公报》，交通运输部网站，2022 年 3 月 22 日，https：//www. mot. gov. cn/tongjishuju/minhang/202204/t20220408_ 3649981. html。

《白云机场：广州白云国际机场股份有限公司 2021 年年度报告》，新浪网，2022 年 4 月 9 日。

《深圳市机场股份有限公司 2021 年年度报告》，网易，2022 年 4 月 9 日，http：//quotes. money. 163. com/f10/ggmx_ 000089_ 7970574. html。

《香港国际机场 2021/2022 年报》，香港国际机场网站，2022 年 7 月 2 日，https：//www. hongkongairport. com/tc/airport - authority/publications/annual - interim - reports/annual2021。

B.10 2021年粤港澳大湾区汽车产业“新四化”发展形势*

李晓莉　吴斯真**

摘　要： 进入21世纪，汽车产业呈现“电动化、网联化、智能化、共享化”（以下简称“新四化”）的发展趋势，“新四化”是中国汽车产业实现“弯道超车”的历史机遇。汽车产业是粤港澳大湾区的战略性支柱产业，是粤港澳大湾区建设具有全球影响力的科技创新中心的重要支撑。本报告分析了粤港澳大湾区汽车产业在“三电技术、汽车芯片、自动驾驶、研发投入、共享出行”等领域的发展现状，发现粤港澳大湾区汽车产业“新四化”发展仍存在以下问题：部分核心零部件和技术依赖进口，充电基础设施不完善，自动驾驶系统存在技术差距，共享汽车出行发展面临诸多阻力。基于以上分析，本报告提出了促进粤港澳大湾区汽车产业智能化发展的政策建议。

关键词： 汽车产业　“新四化”　粤港澳大湾区

近年来，新能源汽车产销量攀升，加上从5G赋能车联网、辅助驾驶到

* 本报告系广东省哲学社会科学规划2022年项目“习近平科技创新思想在粤港澳大湾区的实践研究”（项目号：GD22ZDZ01-14）、广东省委宣传部课题“粤港澳大湾区科技创新和制度创新协同发展研究”的阶段性成果。

** 李晓莉，博士，广东外语外贸大学经济贸易学院副教授、硕士生导师，粤港澳大湾区研究院兼职研究员，研究方向为城市经济、产业经济；吴斯真，广东外语外贸大学经济贸易学院硕士研究生，研究方向为产业经济。

无人驾驶技术的演变，共享汽车成为重要出行方式，汽车产业迎来“新四化”发展浪潮。汽车“新四化”以“电动化”为基础，以“网联化”为中间纽带获取出行数据，逐步实现“智能化”“共享化”出行。2020年，国务院发布《新能源汽车产业发展规划（2021—2035年）》，指出发展新能源汽车是我国从汽车大国迈向汽车强国的必由之路。“电动化”、“网联化”、“智能化”和“共享化”成为汽车产业的发展趋势。目前，粤港澳大湾区聚集了比亚迪、广汽集团、小鹏汽车等新能源汽车企业，形成了以广州、深圳、佛山为三大整车厂，东莞、中山、惠州、肇庆等城市发展关键零部件的整车产业链布局。2021年，广东省汽车制造业的工业销售产值9483.1亿元，同比增长5.4%，占广东规上工业制造业销售产值的5.8%，成为广东工业的第三大行业。[①] 在汽车与新科技、网络加速融合的发展背景下，粤港澳大湾区汽车产业能否抓住“新四化”的发展机遇，实现“弯道超车”成为全球汽车产业引领者，是粤港澳大湾区建设具有全球影响力的科技创新中心的重要支撑。

一　粤港澳大湾区汽车产业“新四化”发展现状

（一）新能源汽车产量进入全国前列，比亚迪销量位居第一

面对全球气候变暖的挑战，碳排放问题受到许多国家和地区的关注。1992年，联合国大会通过了《联合国气候变化框架公约》，节能减排便与一国的经济发展日趋紧密。从第一辆汽车面世以来，传统燃油车便成为汽车行业的主流车型。在全球环境恶化、碳减排迫在眉睫的背景下，纯电动汽车和油电混动汽车迅速崛起，冲击着传统燃油车的地位。在新能源汽车发展之初，中国、美国、欧盟等都为汽车企业提供补贴，推动新能源汽车产业发展。如

① 《2021年1-12月分行业工业销售产值》，广东统计信息网，2022年1月28日，http://stats.gd.gov.cn/fhygy/content/post_3802070.html。

今，新能源汽车发展顺利从政策驱动型过渡为市场驱动型，汽车产业迎来了快速发展阶段。2016~2021 年，全球新能源汽车销量从 73.1 万辆上升至 649.5 万辆，占全球汽车销量的比重从 0.77%上升至 7.91%。中国新能源汽车产业发展迅猛，全球领跑。2016~2021 年，中国新能源汽车销量从 50.7 万辆上升至 352.1 万辆，占全球汽车销量的比重从 0.53%上升至 4.29%（见表 1）。

表 1　2016~2021 年全球汽车、新能源汽车以及中国新能源汽车的销量情况

单位：万辆，%

年份	全球汽车销量	全球新能源汽车		中国新能源汽车	
		销量	占比	销量	占比
2016	9505.8	73.1	0.77	50.7	0.53
2017	9674.7	162.0	1.67	77.7	0.80
2018	9686.9	201.8	2.08	125.6	1.30
2019	9217.6	210.2	2.28	120.6	1.31
2020	7762.2	319.8	4.12	136.7	1.76
2021	8210.0	649.5	7.91	352.1	4.29

资料来源：《CleanTechnica：2021 年全球新能源车型累计销量近 650 万辆　同比增长 108%》，中文互联网数据资讯网，2022 年 2 月 7 日，http：//www.199it.com/archives/1386971.html；中国汽车工业协会。

进入 21 世纪，能源危机、全球变暖和环境污染等问题突出，中国能源主题从“节能减排”到“低碳发展”，再到“碳达峰、碳中和”的“双碳”时代。随着新能源对传统燃油的替代、发动机到电动机的转变，低碳、节能、环保的新能源汽车深受消费者喜欢，逐步成为消费者日常出行的首选。2021 年，我国新能源汽车产量为 354.5 万辆，市场占有率提升至 13.4%，连续 7 年位居全球第一。其中，广东省新能源汽车产量达到 53.54 万辆，同比增长 155.6%，占全国新能源汽车产量的 15.1%，新能源汽车产量位居全国前列。广东省新能源汽车正处于快速发展阶段，产量从 2016 年的 5.20 万辆快速增长至 2021 年的 53.54 万辆（见表 2）。2021 年，广东省新能源汽车产量的增长率达到 157%。

粤港澳大湾区新能源汽车制造企业主要有比亚迪、广汽集团、小鹏汽车。2021年，比亚迪销售新能源乘用车约59.37万辆，成为中国新能源汽车销量冠军，特斯拉（中国）以43.11万辆位居第二。比亚迪生产的新能源汽车包括纯电动EV和插电混动DM，畅销车型有比亚迪汉EV、秦PLUS DM-i、宋MAX DM、海豚等。2010年，比亚迪率先制定“城市公交电动化”方案，致力于发展纯电动大巴和纯电动出租车，比亚迪的新能源商用车在国外市场备受欢迎，在50多个国家和地区成功运营。2021年，广汽集团销售新能源汽车14.29万辆，同比增长77.35%，其中，广汽集团自主新能源汽车品牌广汽埃安，总销量达12.02万辆，占广汽集团新能源汽车总销量的约84%。广汽集团主要畅销车型有广汽埃安S、广汽埃安Y、广汽传祺GE3、广汽传祺M8等。小鹏汽车是中国汽车智能网联化转型的主力军，2021年，小鹏汽车新能源汽车销售98155辆，旗下主要销售车型有G3、P5、P7。①

表2　2016~2021年广东省汽车产量情况

单位：万辆，%

年份	基本型乘用车	新能源汽车	新能源汽车占比
2016	151.17	5.20	1.86%
2017	158.82	1.45	0.45%
2018	174.09	13.27	4.12%
2019	182.83	15.59	5.00%
2020	172.70	20.87	6.66%
2021	183.34	53.54	15.82%

资料来源：广东省统计局。

（二）破除“三电”系统技术壁垒，优化全产业链布局

“三电”系统技术是新能源汽车的核心技术，为全球汽车电动化转型

① 数据源自各汽车制造企业的年度报告。

提供核心零部件支撑。不同于燃油车的传统动力总成技术，纯电动车“三电”系统包括电机系统、电控系统、电池系统。电机作为新能源汽车的“发动机”，其性能决定了汽车的加速、爬坡能力以及最高车速等。全球驱动电机种类主要有直流电机、交流感应异步电机、永磁电机、开关磁阻电机和轮毂电机，其中永磁电机占据主流市场。高品质电机企业主要有日本三菱电机（MEC）、日本安川（Yaskawa）、日本松下（Panasonic）、瑞士 ABB、德国西门子（SIEMENS）等。电控系统是新能源汽车的“大脑”，作为连接电机和电池的中间载体，包括电池控制系统、驱动系统、能源回馈系统和电动助力转向系统等。全球的电控系统供应模式主要有两种：一是汽车制造商自主研发生产，如特斯拉、宝马、本田、日产等；二是汽车制造商和零部件供应商合作研发生产，如福特与麦格纳。知名电控系统供应商有德国西门子、德国大陆（Conti）、日本日立（HIT）等。动力电池作为新能源汽车的“心脏”，以电池组替代燃油，为汽车出行提供动力，是目前制约新能源汽车发展的关键因素。动力电池种类有三元锂电池、磷酸铁锂电池、铅酸电池和镍氢电池等，其中三元锂电池和磷酸铁锂电池分别以高能量密度和热稳定性强的优点占据新能源汽车主流市场。全球知名的动力电池制造商有中国宁德时代（CATL）、中国比亚迪、中国中航锂电、中国国轩高科、中国蜂巢能源、韩国 LG 化学、韩国三星（SAMSUNG）、韩国 SK 集团（SK Siltron）、日本松下等。

从汽车的诞生到 21 世纪，燃油车一直是汽车行业的主流车型，而中国在传统燃油车领域始终是一名追赶者。进入 21 世纪，我国大气污染问题日益严重，国家出台《中华人民共和国大气污染防治法》（2000 年），该法指出，国家采取财政、税收、政府采购等措施推广应用节能环保型和新能源机动车船等的发展，减少化石能源的消耗。在该法的引导下，中国汽车企业开始进行新能源汽车的研制。在过去一百多年的汽车产业发展进程中，欧、美、日、韩车企偏重于发展传统燃油车技术，在“发动机、变速箱、底盘”燃油车三大核心技术上拥有非常多的专利技术，这些高技术门槛使中国车企在燃油车领域难以实现超越。而在新能源汽车技术上，欧、美、日、韩车企的技术较为薄弱，是中国车企进行技术追赶和超越的最佳赛道。进入21世纪初，比亚迪凭借在电池领域的优势，开始进军新能源汽车领域。2006年，比亚迪研制推出首款纯电动轿车F3e。2013年，为了建设满足市场规模化推广的新能源汽车产业链，广东省发展改革委发布《广东省新能源汽车产业发展规划（2013—2020年）》。此外，政府从税收减免、金融支持、购置补贴、上牌免摇号等方面出台一系列措施促进新能源汽车的研发和销售。目前，粤港澳大湾区的“电机、电控和电池”技术已达到国际一流水平。

电机和电控技术作为新能源汽车的核心技术，不仅能提升汽车性能，还能通过充分利用资源来减少汽车尾气排放。在电机和电控领域，粤港澳大湾区的主要企业有深圳比亚迪的弗迪动力、深圳市汇川技术、中山大洋电机、深圳市蓝海华腾等。2020年，弗迪动力电驱动系统①装机量为11.53万套，占国内市场的22.8%，仅次于特斯拉，排名第二。深圳市汇川技术于2016年进军新能源汽车领域，是国内电机的领军企业。2021年，汇川技术销售电驱动系统8.67万台，占国内市场的5.0%，位居全国第五，其电机则配套11.97万台，占国内市场的3.68%，位居全国第十。② 在动力电池领域，粤港澳大湾区的主要企业有深圳比亚迪、惠州亿纬锂能、深圳欣旺达等。2021年，比亚迪全球装机量为26.3GWh，占国内市场的8.8%（见表3），重点配套比亚迪旗下的车型；亿纬锂能、欣旺达分别实现装机量2.3GWh和2.3GWh，均占国内市场的0.8%，主要配套小鹏P7和东风风行景逸S50EV等车型。③

① 以电机为动力源的驱动系统，包括电机控制器、电机和传动机构。

② 《2021年中国电驱动系统行业竞争格局分析》，华经情报网，2021年10月26日，https：//www.huaon.com/channel/trend/757991.html；《汇川技术2021年年度董事会经营评述》，同花顺财经网，2022年4月25日，http：//yuanchuang.10jqka.com.cn/20220425/c638677251.shtml。

③ 中商产业研究院，www.askci.com。

表 3　2021 年全球动力电池装机量十强企业

单位：GWh，%

排名	企业名称	装机量	国际市场占比
1	宁德时代	96.7	32.6
2	LG 新能源	60.2	20.3
3	松下	36.1	12.2
4	比亚迪	26.3	8.8
5	SK on	16.7	5.6
6	三星 SDI	13.2	4.5
7	中创新航	7.9	2.7
8	国轩高科	6.4	2.1
9	远景动力	4.2	1.4
10	蜂巢能源	3.1	1.0

资料来源：SNE Research。

（三）布局智能化硬件基础，提高汽车芯片自主控制能力

汽车芯片是汽车“电动化”“网联化”“智能化”的关键零部件，是决定汽车产业核心竞争力的重要器件。汽车芯片的自研自产能力决定了汽车企业的国际竞争力。2002 年，比亚迪成立 IC（集成电路）设计部开启造芯之路。芯片产业链的分工模式主要有 IDM、Fabless 和 Foundry 三种模式。IDM 模式为一个企业完成芯片设计、制造、封测等环节。Fabless 模式为一个企业只专注于芯片设计环节，而将制造和封测环节交给其他企业。Foundry 为代工厂模式，一个企业只负责制造、封装或测试的其中一个环节。不同的模式对技术、资金、人才、规模等要求有所不同，因此，比亚迪制定了对于不同类型的芯片采取不同的产业链分工模式。对于 IGBT 芯片的研发，比亚迪采取 IDM 模式；对于 MCU 芯片、CMOS 摄像头、指纹传感器的研发，比亚迪采取 Fabless 模式；在电源管理芯片上，比亚迪可以采用 Foundry 模式为其他企业代工生产。目前，比亚迪已具备了多种芯片自研自产能力，如分立器件、电源管理、MCU、光器件、传感器等，同时成为小鹏汽车、东风岚图、宇通汽车、长安汽车等品牌的汽车芯片供应商。近两年来，在国内外新冠肺炎疫情的蔓

延和反复下，汽车芯片市场“缺芯”问题困扰着汽车制造商，减产、减配、延迟交付成为一些车企摆脱当前困境的方法。而比亚迪却不存在“缺芯”问题的困扰，在一定程度上具备汽车芯片自给自足的能力。

不同于消费级芯片和工业级芯片，汽车芯片在使用寿命、性能指标、质量和可靠性、安全性等各方面要求更为严苛。汽车芯片按种类大致可分为功率半导体、功能芯片、传感类芯片、存储类芯片等。IGBT 功率芯片作为汽车电子的 CPU，负责电流转换，直接影响汽车功率。2009 年，比亚迪通过自产自研的 IGBT 芯片打破国外技术垄断，至今已拥有一套完整的 IGBT 芯片产业链。据华经产业研究院公布数据，2019 年，比亚迪占国内车规级 IGBT 芯片市场的 20%，仅次于英飞凌，位列全国第二。随着汽车智能化程度加深，通过增加 ECU 电子控制单元来强化汽车功能的传统分布式架构弊端突出，而集成 ECU 功能的 MCU 芯片成为主流趋势。目前，市场上存在 8 位、16 位、32 位三种车规级 MCU 芯片，位数越高，越能提供高级控制功能。至今，比亚迪已经量产车规级 MCU 芯片，实现车规级 MCU 芯片从 8 位到 32 位的技术升级，成为国内最大的车规级 MCU 芯片企业。汽车传感类芯片主要用来探测汽车周边环境变化，并将采集的信息转换后传送给其他电子设备。在汽车传感类芯片领域，粤港澳大湾区的企业主要有东莞利扬芯片、深圳华为海思、广州一谷电子、深圳速腾聚创等。传感类芯片根据传感机理不同，可分为力学、磁学、声学等类型。存储类芯片是自动驾驶、高精地图、AI 计算、车载娱乐系统、事件记录等领域的关键部件，在汽车领域主要使用的有 DRAM（久存）、NAND Flash（闪存）。在存储类芯片领域，粤港澳大湾区的企业主要有深圳江波龙、深圳深科技、深圳宏旺半导体等（见表 4）。

表 4　2021 年粤港澳大湾区各类汽车芯片企业

芯片名称	种类	主要企业
功率半导体	IGBT	深圳比亚迪半导体、深圳方正微电子、深圳芯能半导体
	MOSFET	深圳比亚迪半导体、东莞安世半导体(闻泰)
功能芯片	MCU	深圳比亚迪半导体、珠海全志科技
	AI	深圳比亚迪半导体、深圳万讯自控

续表

芯片名称	种类	主要企业
传感类芯片	MEMS 传感器用芯片	东莞利扬芯片
	ISP 图像分析芯片	深圳华为海思
	超声波雷达芯片	广州一谷电子、广州奥迪威
	激光雷达芯片	深圳速腾聚创
	NTC 热敏电阻芯片	深圳科敏传感器
存储类芯片	DRAM(久存)	深圳宏旺半导体、深圳深科技
	NAND Flash(闪存)	深圳江波龙、深圳深科技

资料来源：中商情报网。

（四）“合作与自研”双轮驱动，自动驾驶引领智能化新变革

汽车自动驾驶技术是汽车产业与人工智能、算法、物联网等新一代信息技术深度融合的产物。自动驾驶三大系统涉及了激光雷达、V2X、高精度地图、环境感知与传感器融合、人机交互技术（HMI）、AI 算法等关键技术。目前，自动驾驶技术的研发和应用主要来源于两类企业：一类是信息技术企业，如美国谷歌 Waymo、美国亚马逊 Zoox、美国通用 cruise、美国安波福（Aptiv）、中国百度阿波罗（Apollo）、中国小马智行（Pony. ai）、中国文远知行（WeRide）等；另一类是汽车制造企业，如德国宝马、美国特斯拉。其中，美国谷歌 Waymo 早在 2005 年就开始研发自动驾驶技术，其自动驾驶技术在国际上处于领先的位置。当前，全球汽车行业广泛采用国际汽车工程师协会（SAE International）制定的自动驾驶技术分级标准，将汽车驾驶自动化等级划分为 0~5 级，共 6 个等级。全球众多汽车制造商已经实现 L2 辅助驾驶量产，正在向 L3 迈进。个别项目正在进行 L4 自动驾驶的试运行，例如百度的 Robotaxi 业务领域达到了 L4 自动驾驶级别，但是只能在规定路线内行驶，而且单车成本高。可以预见，L3 自动驾驶实现量产还需要相当长的一段时间。

目前，汽车产业正从“工业化时代的机械产品”向“智能化时代的科

技硬件”转变。为了加快自动驾驶产业化发展进程，广州市于2020年发布了《广州市人民政府办公厅关于促进汽车产业加快发展的意见》，力争于2025年实现L3（含）以下自动驾驶功能的新车装配率在80%以上，L4自动驾驶功能的汽车实现产业化。为了促进自动驾驶的商业化发展，2022年8月1日，深圳市正式实施中国首个智能网联汽车地方法规《深圳经济特区智能网联汽车管理条例》，该条例明确了智能网联汽车在道路测试和示范应用、准入和登记、使用和管理、车路协同基础设施、网络安全和数据保护、交通违法和事故处理、法律责任等方面的法律规定。该条例让拥有自动驾驶、无人驾驶以及高阶辅助驾驶技术的汽车上路首次实现了有法可依，深圳成为国内首个允许“真无人”自动驾驶汽车上路的城市。随着该条例的推行和实践，粤港澳大湾区的自动驾驶汽车的行业准则、交通事故权责、商业化运营将会得到进一步完善和规范。

广东省实现搭载L2自动驾驶功能并且量产的车企有比亚迪、广汽乘用车、小鹏汽车、合创汽车等。搭载L2自动驾驶功能包括ACC自适应巡航控制、APA自动泊车辅助、车道保持或偏离辅助控制、自动变道等。一些车型已配备了L3自动驾驶功能，如广汽埃安LX、比亚迪宋Pro、小鹏P7。自动驾驶是实现汽车智能化的关键，众多相关企业竞相加入自动驾驶领域的研发队列。如深圳的速腾聚创为自动驾驶感知层提供激光雷达；广州的超前计算主攻GPS车载设备，为汽车提供高精定位；深圳的远望谷、中山的达华智能提供全球领先的射频识别技术（RFID）；深圳的Auto X和元戎启行，广州的文远知行和小马智行为自动驾驶出行提供全栈式解决方案。在自动驾驶技术研发上，传统车企主要选择与德国博世、美国英伟达、北京百度阿波罗（Apollo）、深圳华为等国内外供应商合作，摆脱资金、技术、人才等研发要素不足的约束。例如广汽集团与华为、腾讯等合作推出自动驾驶辅助ADiGO2.0、2.5、3.0等三个版本，包括前碰撞预警、车道偏离警告、车道保持辅助、驾驶员状态监测等功能。2020年，比亚迪与百度合作推出DiPilot，并率先装载在比亚迪汉车型上。小鹏汽车则选择坚持自动驾驶核心技术的自研路线，目前已经实现“感知、决策、执行”自动驾驶全域算法自研，自动驾驶辅助系统 XPilot 也更新了四代，NGP 自动驾驶功能在国内一直追赶特斯拉的步伐。

（五）抢占技术制高点，企业加大研发投入

为了促进粤港澳大湾区汽车产业“新四化”的发展，政府不仅从政策层面进行扶持，也从资金补助层面对新能源汽车行业展开扶持。2019~2020 年，广东省为新能源汽车推广应用提供补贴资金达 17.76 亿元，补贴车型有客车与乘用车，补贴的企业包括广汽乘用车、广汽丰田、小鹏汽车、东莞中汽宏远汽车、珠海广通汽车。其中，广汽乘用车这两年得到的补助金额达到 10.76 亿元，占新能源汽车总补贴金额的 60.59%。比亚迪 2021 年企业财报显示，其全年收到政府的新能源汽车补贴资金合计约 58.67 亿元，政府补助金额约为 22.63 亿元，补助和补贴共计约 81.30 亿元，这在一定程度上分担了企业研发投入资金的压力。①

掌握核心技术是保证汽车企业在“新四化”发展趋势中引领国际市场的关键，而坚持不懈地投入研发资金是掌握核心技术的根本保障。2021 年，比亚迪以 106.0 亿元的研发投入，位居全国第二，研发营收比为 4.9%，研发人员占比从 2020 年的 13.69%升至 14.01%。在长期的研发投入支持下，比亚迪成功研究出先进的刀片电池、DM-i 混合系统、IGBT 芯片等核心技术，这成为比亚迪参与国际竞争的核心竞争力。2021 年，广汽集团研发投入为 51.7 亿元，位居全国第六，其中研发营收比达到 6.8%。目前，广汽埃安已经实现从架构到系统软件的智能全栈自研，包括电子电气架构、智能驾驶（ADiGO PILOT）和智能座舱（ADiGO SPACE）。小鹏汽车是 2014 年才进入汽车领域的造车新势力，2021 年，小鹏汽车的研发投入为 41.1 亿元。小鹏汽车虽然研发投入资金规模较小，但是整体研发营收比明显高于传统车企，高达 19.6%（见表 5），由此可见，小鹏汽车对研发投入的重视程度。截至 2021 年上半年，小鹏汽车累计专利申请数量 2567 件，智能化专利申请

---

① 数据来源于广东省财政厅、深圳市政府。

数量达到887件。小鹏汽车自主研发的技术有自动驾驶辅助系统XPilot、车载智能系统Xmart OS、独立的App Store车载生态系统、智能泊车等。

表5　2021年中国部分上市汽车企业的研发投入以及研发营收比

单位：亿元，%

排名	上市汽车企业名称	所属省(市)	研发投入	研发营收比
1	上汽集团	上海市	206.0	2.7
2	比亚迪	广东省	106.0	4.9
3	长城汽车	河北省	90.7	6.6
4	潍柴动力	山东省	85.7	4.2
5	吉利汽车	浙江省	55.2	5.4
6	广汽集团	广东省	51.7	6.8
7	长安汽车	重庆市	48.3	4.6
8	蔚来汽车	安徽省	45.9	12.7
9	小鹏汽车	广东省	41.1	19.6
10	理想汽车	江苏省	32.9	12.2
11	北京汽车	北京市	26.5	1.5
12	小康股份	重庆市	19.5	11.7
13	江铃汽车	江西省	18.9	5.4
14	北汽蓝谷	北京市	18.4	21.1
15	江淮汽车	安徽省	18.0	4.5
16	东风汽车	湖北省	4.3	2.8
17	海马汽车	河南省	1.5	8.5
18	力帆科技	重庆市	1.5	4.1

资料来源：各个上市汽车企业2021年年报。

（六）构建粤港澳大湾区共享出行生态，如祺出行崭露头角

共享汽车是共享经济在汽车领域的应用，是利用互联网平台优化配置闲散资源的新业态、新模式。共享汽车早期模式就是出租车，随着用车需求的多样化以及互联网技术的进步，共享汽车催生了多样的业务模式，包括网约车、分时租赁、顺风车、P2P租车等。目前，全球五大共享出行服务平台有

中国滴滴出行[①]、美国 Uber、美国 Lyft、新加坡 Grab、印度尼西亚 Go-jek，其中滴滴出行成为全球最大的共享出行服务平台。国际知名汽车企业也纷纷推出共享出行平台，如奔驰 Car2go、宝马 DriveNow、大众 WeShare、特斯拉 Robotaxi Network 等。2021 年，我国汽车保有量达到 3.02 亿辆，网约车用户规模累计达 4.53 亿人，庞大的汽车保有量和网约车用户规模为共享汽车出行提供生长的土壤。我国汽车制造商一般以网约车为切入点进入共享汽车出行领域，如吉利汽车是国内较早推出共享出行平台的车企，目前已经拥有曹操出行、礼帽出行、耀出行三大共享出行平台。又如上汽推出"享道出行"，北汽推出"华夏出行"，江淮推出"和行约车"，一汽大众推出"摩捷出行"，长安、一汽和东风共同推出"T3 出行"等。此外，国内的互联网企业推出共享汽车平台，如首约科技推出"首汽约车"、神州租车与优车科技推出"神州专车"、北京畅行推出"嘀嗒出行"、美团推出"美团打车"、高德地图推出"高德出行"等。

2015 年，滴滴出行率先在广州、深圳开展顺风车、滴滴快车、滴滴专车等业务，运营业务范围涵盖整个广东省和香港特别行政区。2017 年，曹操专车[②]进驻广州，运营业务范围涵盖广州、深圳、佛山、东莞、汕头、中山、珠海等城市，并开通全新"优选"服务为用户提供高端、绿色的出行体验，投入高性能纯电轿车如吉利帝豪 EV、几何 A 车型。在粤港澳大湾区，共享汽车领域除了滴滴出行、曹操出行、T3 出行等省外企业，还有本土共享汽车企业。2019 年，广汽集团和腾讯、广州公交集团联合创办如祺出行平台。如祺出行一开始就采用以广州为中心，逐步延伸至粤港澳大湾区周边城市的"涟漪模式"，至今运营范围涵盖广州、佛山、珠海、深圳、东莞、中山 6 座城市，拥有如祺快车、如祺企业用车、如祺顺风车、如祺车服、如祺 Robotaxi 五大服务板块。如祺出行深知共享汽车出行不仅是一种新业态，还是一种服务。2020 年，如祺出行成立如祺学院对网约车司机进行

---

① 2015 年 9 月 9 日，"滴滴打车"更名为"滴滴出行"，涵盖出租车、专车、快车、顺风车、代驾大巴、货运等多项业务。

② 2019 年 2 月 14 日，"曹操专车"升级改名为"曹操出行"，是国内首个新能源网约车平台。

培训，并在行业内提出“洁净服务标准”，率先建立行业标杆。因此，在上线半年多后，如祺出行便获得良好的市场口碑和用户认可。2021 年，如祺出行拥有 1100 万名用户，年度订单量超 5000 万个，5 个月的订单合规率位居全国第一，荣获广州市 2020 年度 4A 级网约车品牌。[①] 为引导和规范共享汽车发展，深圳市交通委员会于 2017 年发布了《深圳市汽车租赁管理规定》和《关于规范分时租赁行业管理的若干意见》，广东省交通运输厅于 2020 年发布了《广东省交通运输厅关于进一步加强网约出租汽车管理的指导意见》。

二　粤港澳大湾区汽车产业“新四化”的不足之处

（一）汽车芯片存在供应缺口

作为汽车“大脑”的汽车芯片，一辆传统燃油车对芯片的需求量约 300 个，一辆智能化燃油车则需要 500～700 颗芯片，而随着智能网联化程度加深，制造一辆新能源汽车需要的芯片高达 1000 颗以上，甚至更多。近两年，MCU 芯片是国内车企最急需的一种芯片，决定着汽车的驱动系统、制动系统、悬架系统、网络娱乐控制系统等功能的工作效率。2020 年，疫情在全球大流行，美国得克萨斯州风暴、日本瑞萨工厂起火等使得新一轮全球“缺芯”寒潮袭来。MCU 芯片供不应求的状况严重扰乱了其市场正常价格，一些 MCU 芯片从最初 3 元左右上涨数十倍，更有甚者超过 100 元。2021 年，中国进口芯片总量为 6354.8 亿个，同比增长 16.9%，而粤港澳大湾区进口芯片量约占全国进口芯片总量的 40%。据海关广东分署公布的数据，2021 年，广东省集成电路出口总额为 1901.2 亿元，而进口总额却高达 10898.2 亿元，是出口总额的 5.7 倍，这表明目前广东省集成电路存在较大

① 《用户和订单 3 倍增长还不够，如祺还要加速 Robotaxi 的商业化》，《广州日报》2021 年 12 月 31 日。

的供应缺口，离国产自主替代还有较长的一段路要走。

由于汽车芯片种类多、产业链长，某一车企或者芯片供应商很难对汽车芯片实现生产闭环，而车企缺少某一个关键芯片会面临减产减配，甚至停产的情况。比亚迪虽然能够自研自产 IGBT、MCU 等重要芯片，但是也存在个别关键芯片供应短缺问题，例如自动驾驶用的存储类芯片。2020 年，比亚迪晶圆产销率达到 109.37%，晶圆制造的自用占比提高至 59.35%。近两年来，芯片供应存在缺口也一直困扰着广汽集团。2021 年初，广汽埃安 V 作为全球第一款量产的 5G 汽车，本应成为年初的热门车型，但是受限于 5G 芯片供应量，最终仅有 200 辆汽车落地。广汽合资汽车也面临同样的困境，广汽丰田一度由于缺芯而停止了部分生产线，至此产销量大幅下降，其中包括一些热销车型如凯美瑞、汉兰达、威兰达等。目前，广汽集团一些缺供的芯片主要通过国产芯片替代，如存储类芯片和功能芯片，但是 MCU 芯片仍依赖进口。

（二）充电基础设施存在较大缺口

近年来，新能源汽车产销量大幅上升，续航里程焦虑也随之而来。解决续航里程问题主要通过扩大电池容量和建设充电桩。目前，电动汽车的续航里程普遍达到 500 公里左右，达到了与普通燃油车相同的行驶里程，满足了城市居民日常出行的需求。然而，充电基础设施不完善却引起车主对续航里程的担忧。电动汽车主要采用锂离子电池，而锂离子容易受到温度和环境的影响。另外，车辆载重越重，行驶过程中耗电越快，这就导致实际续航里程要比测试里程短，无法满足省际长途出行的需求。最重要的是，充电桩不及加油站遍布范围广，车主找充电桩相对困难。充电桩作为电动汽车推广的“最后一公里”，其功能相当于燃油车的“加油站”。2014 年，四部委联合发布《关于新能源汽车充电设施建设奖励的通知》，为充电设施提供补贴，提高充电桩建设积极性。广州、深圳、东莞、肇庆等城市也随之出台政策，对充电基础设施进行建设并提供运营补贴。2021 年，广东省计划对 20 个地级市（除深圳市外）的充电基础设施补贴约 2.4 亿元。截至 2021 年底，广东省新能源汽车保有量达到 130 万辆左右，公共充电桩保有量达到 18.2 万台，居全国公共充电桩保有量首位，桩车比约为 1∶7.1，这与广东省“十四五”规划的桩车比（1∶6.4）还存在一定距离。[①]

私人充电桩作为新能源汽车补能的另一种途径，一般都是随车配建或购买。截至 2020 年 2 月，比亚迪运营的私人充电桩达到 41.9 万台，约占 60% 的市场份额。[②] 许多车企，如比亚迪、广汽集团、小鹏汽车都纷纷推出“购车送桩”优惠，免费提供私人充电桩安装服务，而车主只需支付电箱到桩之间的线材费用。私人充电桩不仅有方便、位置固定、不需要排队充电、电费低等优点，还能有效弥补公共充电桩数量不足带来的补能需求缺口，将成为未来的一大发展趋势。

（三）部分“三电”系统仍依赖湾区外产业链

目前，粤港澳大湾区的比亚迪、广汽集团和小鹏汽车的新能源车型产销量迅增，但部分核心零部件依赖于湾区外产业链。在“三电”领域，比亚迪已经建立自研自产自销的垂直供应链，如成立弗迪电池企业提供动力电池，成立弗迪动力企业提供电机和电控。电控系统核心部件的 IGBT 模块，主要由欧、美、日企业垄断生产，例如德国英飞凌的 IGBT 芯片技术已经发展到第七代的水平。比亚迪虽然早在 2009 年就研发量产 IGBT 芯片，但 IGBT 4.0 芯片技术仅达到国际上第五代水平，与第七代国际先进技术仍存在一定差距。广汽集团的电机主要由广州尼得科汽车驱动系统有限公司[③]和精进电动供应。广汽集团的 BMS（电池管理系统）供应主要来源于自主研发和辽宁东软睿驰。广汽集团的动力电池主要由第三方供应，供应商主要有中国宁德时代、中国中航锂电、中国时代广汽、日本松下等。2021

① 《新能源汽车保有量专题分析》，腾讯网，2022 年 7 月 8 日，https://view.inews.qq.com/a/20220708A0B7PZ00。

② 《充电桩：被遗忘的“新基建”》，爱企查，2021 年 1 月 24 日，https://aiqicha.baidu.com/yuqing?yuqingId=e94105752a0a5b74261c3270447cf712&type=。

③ 2019 年，广汽集团和日本电产合资成立的电机生产企业。

年，广汽埃安第一大电池供应商是中航锂电，约占电池供应的66%。小鹏汽车的BMS（电池管理系统）一直是自主研发，而小鹏汽车的动力电池则由国内第三方供应，供应商主要是中航锂电、宁德时代、亿纬锂能等。2021年，宁德时代以81%的份额成为小鹏汽车的第一大供应商，亿纬锂能供应份额为15%，中航锂电供应份额为4%。[①] 小鹏汽车的电机供应商主要由第三方供应，如上海电驱动、广东合普动力、北京精进电机、浙江方正电机等。

（四）自动驾驶系统存在技术差距

自动驾驶赋予汽车集感知、决策、执行于一身的功能，辅助代替车主日常出行，实现从人工驾驶到汽车自动驾驶的转变。2015年，国务院印发《中国制造2025》，指出自动驾驶成为未来汽车转型的重要方向。2021年，广州市在南沙区率先开展自动驾驶混行，加快自动驾驶技术落地和商业化进程。至今，广东省拥有超过1600家与自动驾驶相关的企业，占全国总量的28%，自动驾驶产业领跑全国。[②] 近年来，借助粤港澳大湾区发展自动驾驶技术的东风，自动驾驶企业如广州小马智行、广州文远知行、深圳元戎启行等纷纷涌入该行业，成为国内自动驾驶领域的独角兽企业，业务涉及L4自动驾驶、V2X、ADAS算法等。

为了在智能化时代掌握自动驾驶核心技术，粤港澳大湾区三大整车企业也加入自动驾驶技术研发的队伍。在电动化时代，比亚迪凭借掌握新能源汽车的核心技术，如纯电动车整车制造、"三电"系统技术、汽车芯片垂直供应，夺得2021年全球新能源汽车销量第二名，仅次于特斯拉。然而，在智能化浪潮中，比亚迪在芯片算法和软件领域存在空白，其自动驾驶辅助系统DiPilot稍微逊色于小鹏汽车的XPilot和广汽集团的ADiGO。2020年，比亚

① 《小鹏汽车电池是哪个厂家生产的？小鹏汽车电池供应商》，无敌电动网，2022年11月9日，https：//m. modiauto. com. cn/bk/50394. html。

② 《自动驾驶有规可循！我国现存自动驾驶相关企业超5600家》，搜狐网，2022年8月10日，https：//www. sohu. com/a/575602033_ 422199。

迪推出第一代 DiPilot，拥有 L2 自动驾驶功能，但却是德国博世提供的整套解决方案，目前版本还未更新换代。2014 年，特斯拉推出第一代自动驾驶辅助系统 AutoPilot。目前，其芯片已历经 3 次迭代，自动驾驶辅助系统 AutoPilot 也升级到完全自动驾驶 FSD。特斯拉自动驾驶辅助系统的算法成熟度、运行里程总数、搭载的车数是比亚迪短时间内无法赶超的。相比于免费的 AutoPilot，车主则需要花 64000 元购买特斯拉的 FSD。如今，L2 自动驾驶功能成为汽车标配，车主越发看重汽车智能化体验，自动驾驶将成为传统车企和造车新势力在智能化时代的发力点。因此，比亚迪也开始着手进入自动驾驶“赛道”，与自动驾驶企业 Momenta 成立合资企业，与英伟达、速腾聚创、百度、地平线等在软件或硬件方面达成合作，旨在进一步提升自动驾驶的技术。

（五）共享汽车出行发展面临诸多阻力

近年来，随着汽车市场由增量市场过渡到存量市场，众多车企开始寻找新的盈利模式，同时自动驾驶技术助力共享汽车的发展。2018 年，广汽集团和文远知行联手在广州市运营全国第一辆自动驾驶出租车 Robotaxi。2020 年，广东省首辆智能网联无人驾驶公交——“熊猫公交”在深圳坪山区运行。2018 年，共享汽车市场突然由“热”转“冷”，多家共享汽车企业出现暂停共享汽车业务、押金退还困难等问题，如深圳佰壹出行、深圳 PonyCar、广州幸福叮咚出行等。究其原因主要有两点：一是共享汽车出行作为“重资产、运营成本高”的行业，“押金+消费”的单一盈利模式使得“共享服务”利润稀薄，难以覆盖较高的投入；二是考虑到投入成本、驾驶安全等问题，共享汽车覆盖面比共享单车要窄，并且汽车共享化出行渗透率还不高。

自动驾驶依靠大数据可以解决共享汽车出行的车辆取用和停放、用车区域调度等问题，提升用户使用的便捷性和降低用户出行成本，共享汽车则依靠每日海量的出行数据来反哺自动驾驶算法，两者相辅相成。Robotaxi、Robobus 作为汽车智能化和网联化在共享出行场景下的重要应用，有可能成为自动驾驶技术进步的突破口，备受各大车企和自动驾驶公司推崇，目前，这些应用正处于发展初期阶段。2019 年，深圳 Auto X 与出租车公司鹏程电动合作推广 Robotaxi 商业化，广州文远知行也与白云出租汽车集团合资成立文远粤行，展开 Robotaxi 商业化运营。广汽集团借助如祺出行已经布局粤港澳大湾区的核心城市，广汽埃安也拥有较大的出租车和网约车规模。2021年，广汽集团宣布如祺出行、广汽埃安和文远知行分别从运营层面和技术层面进军 Robotaxi，打造车企、共享出行平台和自动驾驶企业三者合作的“铁三角”模式。

三　促进粤港澳大湾区汽车产业“新四化”发展的政策建议

（一）加快芯片、“三电”系统等核心零部件自主研发

目前，粤港澳大湾区汽车产业“新四化”发展趋势越发明显，而一些核心零部件却面临被“卡脖子”的风险，如 IGBT 芯片、MCU 芯片、AI 芯片、“三电”系统等。在“缺芯”潮和疫情的双重冲击下，芯片在国外和国内供应链的断裂严重影响粤港澳大湾区汽车产业的发展，减产减配、延迟交付等问题频出。由于这些核心零部件具有技术门槛高、资金投入大、回报期长等特点，单靠市场的力量难以破解“卡脖子”难题。要破解汽车产业的“卡脖子”难题，我国需要采取新型举国体制和错位发展战术，粤港澳大湾区、长三角地区、京津冀地区、中西部地区在各自优势领域内瞄准某个环节集中力量进行国产替代。在粤港澳大湾区，针对汽车产业已有优势和短板，有选择性地进行产业链节点的强优势、补短板，从产业政策、科技研发、产业融合、金融支持、产学研转化平台、法律法制等方面出台一系列措施，激励科研产出和成果转化，扶持粤港澳大湾区内重点汽车整车和零部件企业，推动粤港澳大湾区汽车产业链向高质量发展。

（二）优化5G和充电基础设施建设

5G和充电基础设施建设，是粤港澳大湾区汽车产业“新四化”发展的加速器。5G凭借高速率、低时延、高可靠性、连接数多的优点，使得传统汽车向智能网联汽车加速演进，赋能汽车更多功能，如车联网、自动驾驶、“车路人”一体化、共享汽车出行等。借助5G进入商业化的契机，政府应加快5G网络等新型基础设施建设，强化5G网络可靠性和覆盖范围的连续性，加快智慧交通和智慧城市的建设，缓解交通拥堵、提高管理效率、提高驾驶安全性等。充电基础设施是汽车电动化发展的助推器，是促进新能源汽车产业发展的重要支撑。目前，城市公共充电桩分布不均，部分小区车位建桩改造难，节假日高速公路充电难、城乡布局比例严重失衡等问题阻碍汽车电动化的发展。一方面，政府应加强顶层设计，积极推动解决充电基础设施在建设、运营和维护过程中遇到的困难，出台相关的政策指引；另一方面，政府应采用“市场主导+财政补贴”的发展模式，加快充电基础设施体系建设，完善充电基础设施配套支持体系，培育多种可持续发展的商业运营模式，强化充电基础设施安全管理。

（三）完善自动驾驶技术领域的法律法规

新一轮的科技革命和产业变革正在兴起，自动驾驶成为汽车智能网联化转型的重要方向，将给整个汽车行业和日常生活带来深刻的变革。作为新事物，自动驾驶自诞生之日起，一直受到众多质疑。这与自动驾驶感知和决策技术不成熟、基础配套设施不完善、相应法律法规尚未出台等有密切关系。目前，粤港澳大湾区自动驾驶技术能够支撑大规模L2自动驾驶功能量产装车，实现一定程度的自动驾驶，然而，L3～L5自动驾驶所面临的法律法规问题仍没有解决。例如高级自动驾驶汽车能否入市和上牌？自动驾驶系统是否具有驾驶机动车的合法地位？自动驾驶车辆若发生了交通事故，各方权责应如何划分？这些问题需要政府制定出台相关法律法规，以政策促进自动驾驶商业化进程。2022年8月1日，深圳市已率先实施中国首个智能网联汽车地方法规《深圳经济特区智能网联汽车管理条例》，开启了智能网联汽车的商业化实践探索。可以预见，随着与自动驾驶技术相关的法律法规陆续出台，汽车产业将迎来新一轮的发展。

（四）破除共享化困境，助力未来出行

共享汽车作为互联网时代新的出行方式，可以盘活闲置资源，实现汽车共享，是高效出行和节能环保的有效途径。共享汽车作为新兴热门的产业，吸引众多企业前来布局的同时，数据隐私漏露、车辆的性能安全、随意停放、寻找车辆难、事故权责划分不明、相关部门监管力度不够等问题浮出水面，这些问题的解决需要从自动驾驶技术、出行平台、基础设施、法律法规等方面入手。目前，部分企业退出共享汽车服务领域，这与共享汽车商业模式重资产投入、运营成本高、盈利模式单一的运营模式有关，也与共享汽车服务所面临的技术手段不成熟、基础设施和法律法规不完善的市场环境有关。要想解决这些问题：一方面，需要市场中的企业不断探索新的商业模式来摆脱困境；另一方面，需要政府从技术、基建、政策、法律等方面提供支持。因此，政府应出台相应政策措施鼓励加大科技研发投入，实施相应的财政补贴政策，完善基础设施、相关法律法规体系，为共享汽车出行营造良好的商业环境。

（五）完善学科体系，培养复合型高端人才

“新四化”的发展趋势正推动汽车产业进行颠覆性的产业变革，汽车产业发展逐步由机械驱动向电驱动和软件驱动转变，“三电”系统技术、芯片技术、操作系统、算法、大数据等逐渐成为汽车产业链中的重要组成部分，人才需求也从单一的汽车工程类人才向以汽车工程类为基础的复合型高端人才转变，这些复合型高端人才需要掌握汽车工程、新能源动力、计算机、通信、人工智能等领域的专业知识。跨界融合成为汽车产业的发展趋势，粤港澳大湾区重点高校需要从科研、学科建设、人才培养三个层面促进汽车产业的跨界融合发展。首先，要加强大学基础研究对汽车产业关键技术创新的支

撑能力。从基础研究到产业化一般要经历基础研究—技术研发—技术评价—示范应用—产业化五个阶段。在我国，大学以基础研究为主，企业以产业化为主，而中间的技术研发、技术评价、示范应用环节比较薄弱，导致大学与企业联系不够紧密、基础研究与产业创新脱节，这正是阻碍我国产业创新的关键因素。因此，要大力加强校企合作，大学要从基础研究向中间环节延伸，企业要从产业化环节向中间环节延伸，校企合力强化技术研发、技术评价、示范应用等中间薄弱环节，才能加强基础研究对产业创新的支撑能力，才能有效解决“卡脖子”问题。其次，改革高校科研人员绩效评价机制，培养和锻炼一批有能力从基础研究到产业化全链条创新的学科带头人和学术骨干，鼓励他们围绕汽车产业重大急需的方面积极开展产业创新活动。最后，要依据汽车产业“新四化”发展趋势，推动汽车工程、软件工程、微电子、集成电路等学科的交叉融合，注重培养学生的创新意识和创新能力，培养基础理论扎实、技术研发能力强的创新人才，适当加强硕博研究型人才的培养，以适应汽车产业“新四化”发展趋势。

参考文献

白茹梦、任鹏燕：《汽车“芯荒”为哪般?》，《中国电信业》2021 年第 12 期。

崔明阳等：《智能网联汽车架构、功能与应用关键技术》，《清华大学学报》（自然科学版）2022 年第 3 期。

吕纯池：《新能源电动汽车核心技术发展现状与趋势综述》，《科技与创新》2020 年第 17 期。

缪立新、王发平：《V2X 车联网关键技术研究及应用综述》，《汽车工程学报》2020 年第 1 期。

孙晓麒、何帅：《粤港澳大湾区新能源汽车产业发展情况分析》，《科技与金融》2020 年第 Z1 期。

王秀旭、王晶：《汽车共享出行商业模式分析——基于滴滴出行、环球车享案例研究》，《时代汽车》2019 年第 14 期。

张厚明：《我国新能源汽车充电桩新基建存在的问题与建议》，《科学管理研究》2020 年第 5 期。

章军辉等:《自动驾驶技术研究现状及发展趋势》,《科学技术与工程》2020 年第 9 期。

朱晶:《全球汽车半导体产业现状及对我国该产业发展的建议》,《中国集成电路》2021 年第 3 期。

人才篇

Talents Reports

B.11

粤港澳大湾区境外人才工作现状与对策研究*

张 慧**

摘 要： 综观世界一流湾区，都极为重视引进、使用境外创新人才，粤港澳大湾区具有促进境外人才就业、创新创业的紧迫性。本报告首先梳理了粤港澳大湾区境外人才工作、创新创业现状与存在的问题，其次对标上海、北京及世界一流湾区城市，挖掘了广州、深圳等粤港澳大湾区城市在境外人才现状与政策方面的差距，最后提出了促进粤港澳大湾区境外人才就业、创新创业的政策建议。本报告认为，粤港澳大湾区在境外人才规模、结构、政策等方面与国内外先进城市仍存在一定差距，未来应从扩大外国留学生规

* 本报告是教育部人文社会科学研究青年基金项目“政府补贴影响企业生存的效应、机制及优化路径研究”（项目编号：19YJC790183）、广东省普通高校青年创新人才类项目“经济政策不确定性影响企业退出决策的效应、机制及优化路径研究”（项目编号：2018WQNCX031）的成果。

** 张慧，博士，广东外语外贸大学粤港澳大湾区研究院讲师，研究方向为产业经济学。

模、引导境外人才就业创业、促进境外人才科技成果转化、建设粤港澳人才统一大市场、推进技术移民试点工作、完善境外人才政策体系六个方面加以改善。

关键词： 境外人才　就业　创新创业　粤港澳大湾区

一　引言

在2021年9月召开的中央人才工作会议上，习近平总书记强调，加快建设世界重要人才中心和创新高地，需要进行战略布局。[①] 综合考虑，可以在北京、上海、粤港澳大湾区建设高水平人才高地。粤港澳大湾区要想在建设高水平人才高地的战略中发挥“头雁效应”，必须立足国际化的人才导向，进行着眼全球的人才布局，引进、留住、用好境外人才是其中的一个关键抓手。由此，以建设高水平人才高地为牵引，全面集聚境外人才，加快提高境外人才吸引力、竞争力，成为粤港澳大湾区应有之义。与此同时，粤港澳大湾区正处于建设综合性国家科学中心和区域性创新高地、数字经济转型的关键时期，对境外科技攻关人才、核心技术人才等的需求较大，由此鼓励境外人才在粤港澳大湾区就业、创新创业具有紧迫性和必要性。

然而，值得注意的是，就目前而言，粤港澳大湾区与上海、北京及世界一流湾区相比，在人才国际化程度上仍有一定的差距，限制人才跨境流动的“玻璃门”尚未打破，外籍及港澳台人才就业创业环境和延伸服务还需进一步优化，亟须建立与国际接轨、体现中国特色、符合粤港澳大湾区定位的境外人才服务管理体制。鉴于此，本报告在分析粤港澳大湾区境外人才工作、创新创业现状和存在的问题的基础上，对标北京、上海及旧金山湾区、纽约

① 《习近平出席中央人才工作会议并发表重要讲话》，中国政府网，2021年9月28日，http：//www.gov.cn/xinwen/2021-09/28/content_5639868.htm。

湾区，提出促进粤港澳大湾区境外人才就业、创新创业的对策建议。本报告对于粤港澳大湾区开发跨境人才红利、把握后疫情时代境外人才流动机遇、打造国际人才枢纽意义重大。

二 粤港澳大湾区境外人才工作、创新创业现状与存在的问题

粤港澳大湾区是高质量对外开放的典范，吸引了大量境外人才来就业创业。本报告从外籍及港澳台人才就业、外国留学生就业、高水平境外人才集聚、境外人才创新创业、境外人才重大平台建设、境外人才就业创业政策六个方面，分析粤港澳大湾区境外人才工作、创新创业现状与存在的问题，试图厘清粤港澳大湾区在境外人才使用中存在的核心问题和关键挑战。

（一）外籍及港澳台人才就业情况

第七次全国人口普查结果显示，广东常住外籍人员和港澳台居民数量总计418509人，人数在全国最多。从广东常住外籍人员来看，2020年人数达11.68万人，这些外籍人员来源于世界各地，其中来源于亚洲的人数最多，为6.08万人，美洲为2.89万人，欧洲为1.57万人，非洲为0.67万人，大洋洲为0.47万人（见图1）。广东常住外籍人员主要分布在深圳和广州两个城市，其中，广州常住外籍人员数量约为3.08万人，人数最多的5个国家分别为韩国、日本、美国、加拿大、俄罗斯，深圳常住外籍人员数量约为2.60万人，人数最多的5个国家分别是日本、韩国、美国、印度和加拿大。外籍人员在广东就业的比重较高，目前广东持有效“外国人工作许可证”的外国人才47444人，其中A类外国高端人才10688人，B类外国专业人才32055人，C类其他外国人员4701人[①]，这些外籍人才主要分布在电子科技服务业、制造业、商贸业、教育业等领域。由此可以看出，广东外籍人才规模较大，但外籍人才

① 数据来源于广东省人民政府网站。

主要来源于发达国家，广东对发展中国家人才的吸引力不足，同时外籍人才引进以中高层次人才为主，没有形成外籍人才引进的梯度。

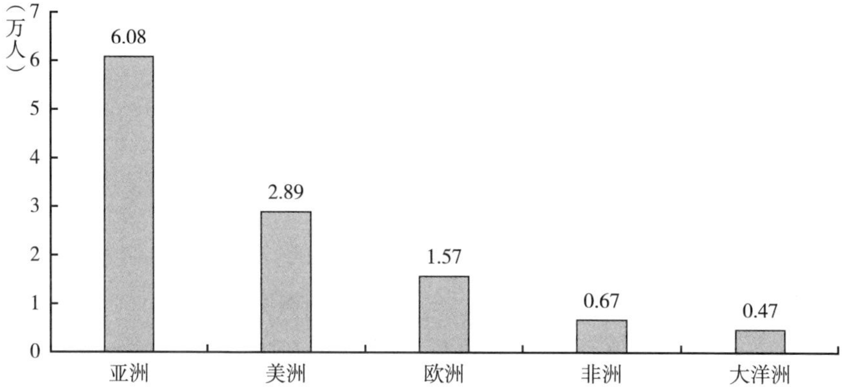

图 1　2020 年广东常住外籍人员来源地

资料来源：广东省人民政府网站。

广东与港澳台之间具有紧密的地缘经济关系，从港澳台吸收了大量资本、技术，港澳台一直是广东境外投资的主要来源地。2020 年，广东实际使用香港、澳门、台湾投资所占的比重分别为 73.40%、8.35%、0.33%，带动了一大批港澳台居民涌入广东，由此广东常住境外人员中港澳台居民数量较多，特别是粤港澳大湾区建设以来，广东陆续出台了一系列港澳人才就业促进政策、建设了一批港澳人才就业服务和创新孵化平台，并全面取消了港澳居民在内地就业许可审批，使粤港澳三地人才流动更加便利、人才合作交流更加广泛，越来越多的港澳人才选择来粤港澳大湾区就业、创新创业。截至 2021 年，广东办理就业登记的港澳居民有 8.51 万人，港澳居民在广东参加养老、失业、工伤保险累计已达 27.5 万人次，社保卡持卡人数达 19.54 万人，已有 3169 名港澳专业人士获得内地执业资格。同时，广东大力支持港澳台青年来实习、就业创业，2020 年实施“展翅计划”港澳台大学生实习专项行动以来，累计有 1600 余家机构提供了超过 6000 个优质实习岗位，吸引了海内外 174 所高校的 6000 余名港澳台大学生报名参加，实习专项行动激发了港澳台大学生来广东就业、创新创业的热情。2021 年，广东已吸纳港澳青年就业 3455 人，职业资格认可、标准衔接范围持续拓展至医师、教师、导游等八类职业。由此可以看出，粤港澳大湾区正在加快释放对港澳人才的“强磁力”，但也应注意到，港澳人才流动的限制因素仍客观存在，服务港澳人才就业、创新创业的模式、机制和体系还需进一步完善。

（二）外国留学生就业情况

广东各大高校外国留学生规模不大。2020 年，外国留学生规模排名前七的高校包括暨南大学、中山大学、华南理工大学、广东外语外贸大学、华南师范大学、深圳大学、南方医科大学，其中暨南大学和中山大学外国留学生规模较大，分别为 4861 人、2559 人（见图 2），占总学生人数的比重分别为 5.34%、4.93%。香港和澳门的大学外国留学生规模、占比均远远高于广东各大高校，如香港大学外国留学生的占比高达 43%。相较于香港和澳门的大学，广东各大高校外国留学生规模较小的主要原因是，广东没有世界一流高校和科研机构。在 2022 年 QS 世界大学排名中，香港有 5 所高校进入前 100 名，广东仅有中山大学和华南理工大学分别以第 260 名和第 407 名进入前 500 名。另外，广东也没有国际化水平较高的大学，在英国泰晤士高等教育最新发布的《2022 年度全球国际化大学榜单》中，香港共有 3 所高校上榜，包括香港大学（排名第 1）、香港科技大学（排名第 3）、香港中文大学（排名第 9），广东仅有中山大学（排名第 189）上榜。同时，广东高校在招聘教师、招收学生时普遍缺乏国际视野，而香港和澳门的高校普遍是面向全球招聘教师、招收学生的，加上语言、文化等方面的因素，港澳国际化的学习和生活氛围对外国留学生吸引力更大。

广东经济、科技与产业较为发达，并以外向型经济为主，吸引了一大批广东高校的外国留学生留下来就业、创新创业，这些留下来就业、创新创业的外国留学生主要分布在高校、高科技产业，国际化水平相对较高的广州和深圳。然而，目前广东高校的外国留学生留下来就业、创新创业的比重并不高，并存在向香港、澳门、上海、北京、杭州、江苏等城市流动的现象，主要原因在于香港、澳门等城市的国际化水平更高，拥有国际影响力的跨国公

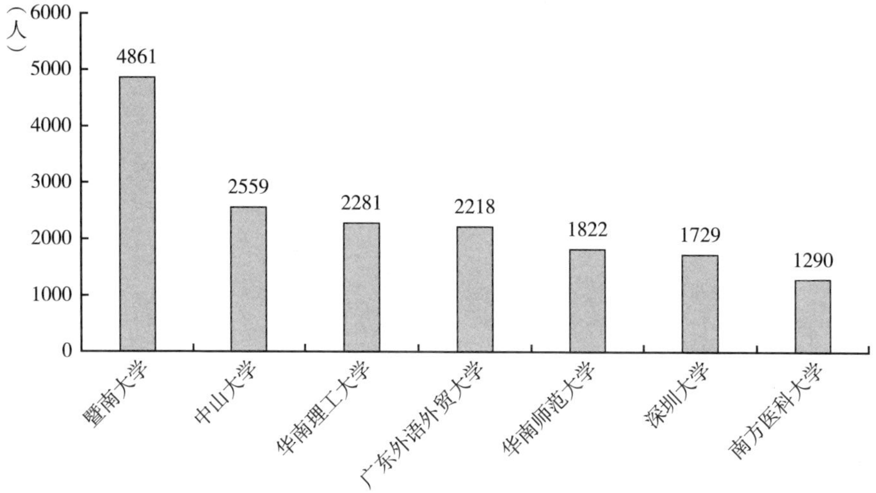

图 2　2020 年广东高校外国留学生人数

资料来源：各高校官方网站。

司更多，工资薪酬、福利待遇、工作环境和条件、工作岗位等方面也更接近国际水平，对外国留学生的吸引力更大。同时，广东高校与企业的互动性不够强，也未形成成熟的产学研合作机制，缺乏引导外国留学生获得实习和就业机会，缺少推动外国留学生科技成果转化、创新创业的成熟路径。

（三）高水平境外人才集聚情况

从国际人才质量层次来看，粤港澳大湾区十分重视高水平境外人才的引进，广东是全国境外来华工作人才规模最大的区域，且从港澳台地区引进的人才数量最多。外国高水平人才则主要来自美国、英国、澳大利亚、新加坡、印度五个国家。美国和英国是粤港澳大湾区高水平境外人才最主要的来源国，两国高水平人才占高水平境外人才总数的比重分别达 20.83%、15.26%，两国之和的占比高于1/3，深圳仅来自美国的高水平人才的占比就高达 66.74%。粤港澳大湾区来自澳大利亚、新加坡、印度的高水平人才也较多，三国高水平人才占高水平境外人才总数的比重分别为 6.79%、6.47% 和 5.05%（见图 3），深圳来自这三个国家的高水平人才的占比高于粤港澳大湾区。由此可以看出，粤港澳大湾区高水平人才的集聚效应较为显著，但对发达国家人才的依赖度比较高，对发展中国家人才的使用率比较低，深圳的这一现象尤其突出。同时，粤港澳大湾区是“一带一路”的重要节点，但目前对共建“一带一路”国家和区域的人才使用率较低，仅有印度进入高水平境外人才来源国前五名。

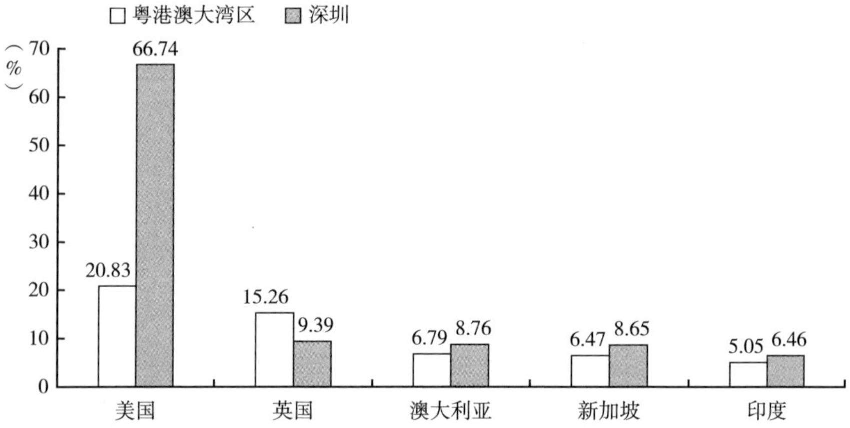

图 3　粤港澳大湾区和深圳的高水平境外人才排名前五的来源国及其占比

资料来源：《粤港澳大湾区数字经济与人才发展研究报告》。

同时，粤港澳大湾区高水平境外人才主要集中在深圳、广州、东莞、佛山、珠海、惠州等城市。深圳是粤港澳大湾区高水平境外人才流入流出比最高的城市，这一比值高达 1.65，即有 1 个高水平境外人才流出深圳的同时会有 1.65 个高水平境外人才流入，对高水平境外人才的吸引力和保留率均位居粤港澳大湾区前列。东莞、佛山、广州也是对高水平境外人才的吸引力和保留率较高的城市，高水平境外人才流入流出比分别为 1.43、1.38 和 1.11。由此可以看出，广州虽然高水平境外人才吸引力比东莞和佛山高，但在人才保留率方面不如东莞和佛山。珠海和惠州对高水平境外人才也存在吸引力，但高水平境外人才流入流出比较低，分别为 0.86 和 0.93，处于人才净流失状态，说明这两个城市的高水平境外人才正向国际其他区域流动，人才保留率较低（见图 4）。

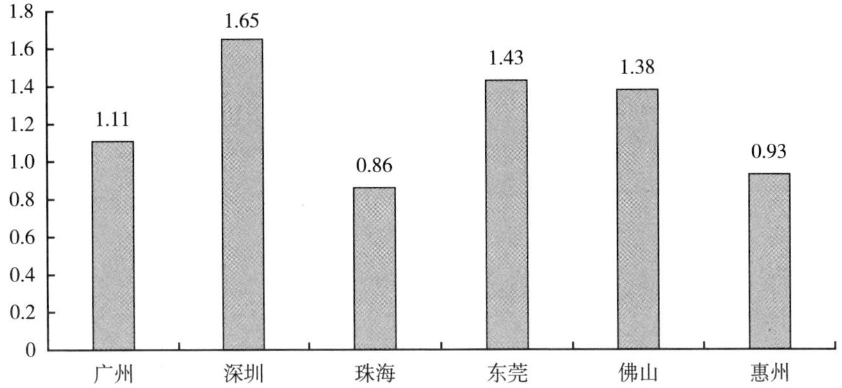

图 4 粤港澳大湾区各城市高水平境外人才流入流出比

资料来源：《粤港澳大湾区数字经济与人才发展研究报告》。

总体而言，吸引、留下高水平境外人才十分重要，但目前广州在高水平境外人才保留率方面仍有待提高，珠海和惠州两个城市的高水平境外人才流失问题同样值得特别关注。

（四）境外人才创新创业情况

从外籍人才创新创业来看，外国专家、外商投资人才、外国留学生等外籍人才均广泛参与粤港澳大湾区创新创业。为促进产业高质量发展，广东引进了大量外国科学家、外国科技人才、外国高技能人才等外国专家开展创新创业活动。广东支持外国专家在粤通过担任重大项目主持人或首席科学家从事科学研究，鼓励外国专家设立实验室、科研机构等研发机构，并为外国专家开展研发活动和科技成果转化提供政策支持。同时，广东支持外籍人员创办科技型企业，鼓励外籍人员以自有知识产权、专有技术等非货币财产作价出资创办科技型企业，持有外国人永久居留身份证的外籍人员创办科技型企业可获得境内自然人同等待遇。广东以开放型经济为主，对外贸易水平高且呈现快速增长态势，2021 年广东省吸收实际外资 1840.0 亿元，同比增长 13.6%，新设外商直接投资项目 16155 个，同比增长 25.6%，外商投资资金和项目带动了外商投资人才在粤创新创业。广东在支持外籍学生和毕业生在粤创新创业方面也出台了政策条例，但由于相关政策相对分散、针对性不强、延续性不高，没有形成促进外国留学生创新创业的政策体系，也没有落地一批外国留学生创新创业园等平台，所以广东外国留学生创新创业成效还不够显著。

从港澳台人才创新创业来看，广东为推动港澳深度融入粤港澳大湾区建设大局，进一步加大了港澳台人才创新创业平台、政策等方面的支持力度。以支持和鼓励港澳台青年来粤创业为重点，以港澳青年创新创业基地建设为抓手，广东已形成“1+12+N”港澳青年创新创业孵化基地体系。截至2021年，广州已建成港澳台青年创新创业基地45个，其中5个被认定为粤港、粤澳青年创新创业基地，1个获评广东青年五四奖章（集体），10个被评为广州市港澳台青年创新创业示范基地，吸引港澳台近400个创业项目600余个团队3000多名青年落户。截至2021年，深圳已建成深港澳青年创新创业基地10余个，先后有4000余人次入驻，其中港澳创业青年300余名，已累计孵化港澳创业项目500余个。除强化港澳创业孵化平台载体建设外，广东还出台了创业补贴、创业融资支持、人才服务、生活保障等各项港澳创新创业扶持政策，举办了港澳台创新创业大赛等多项创新创业活动。但是，也应注意到，虽然广东产业发展前景好、创新创业政策较为健全，但粤港澳三地在薪酬水平、法制、税务政策、专业资格认可、生活文化、民生优惠政策等方面仍存在显著差异，这会导致部分港澳青年到粤港澳大湾区内地城市创新创业的意愿偏低。

（五）境外人才重大平台建设情况

境外人才就业创业离不开重大平台的支撑，广州和深圳是广东境外人才重大平台集聚地。在广州，广州开发区拥有国家级双边合作项目中新广州知识城，已运营启动国际人才自由港项目，并出台了全国首个建设国际人才自由港的措施“国际人才自由港10条”，设立了国际领军人才集聚区，落地了粤港澳青年创新创业基地、澳门青年人创新部落等港澳青年创新创业平台，获批设立了国家海外人才离岸创新创业基地，集聚境外高层次人才效应强。南沙自贸区正加快建设国际化人才特区，设立了南沙国际人才港、大湾区（广东）国际人才驿站等平台，设立了港澳青年创新创业基地、新华港澳国际青创中心等港澳青年创新创业平台，获批设立了国家海外人才离岸创新创业基地，此外《广州南沙深化面向世界的粤港澳全面合作总体方案》正式发布。广州拥有以海外人才交流大会（以下简称“海交会”）为载体的国家级引智平台，根据2020海交会发布的数据，历届大会共吸引海内外高层次人才近5万人，覆盖全球140多个国家和地区，向全国各地输送近5万个项目，促进了海外人才来穗交流对接，推动了海外人才项目落地。然而，也应注意到，广州的部分重大平台尚在规划建设阶段，已建设的平台对全球境外人才的集聚效应还有待提升，留学生创新创业园、重大境外人才研发平台、境外人才数据统计分析平台等建设相对滞后。

在深圳，2017年国内首家海外人才离岸创新创业基地开园，并同步在美国波士顿设立了海外创新孵化点，在海外渠道建设、团队建设、深圳基地建设、重大项目引进、海外孵化器建设等方面取得了重要进展，已成为深圳集聚海外优质创新人才和项目的重要平台。深圳拥有前海深港现代服务业合作区、河套深港高科技创新合作区等重大平台，建设了前海深港青年梦工场等港澳青年创新创业平台，并在加快构建以前海深港青年梦工场为龙头的“1+10+N”港澳青年创新创业空间，吸引众多港澳青年到深圳创新创业。近期，前海启用了国际人才港、深港国际法务区两个重大平台，其中国际人才港旨在打造全球人才来粤港澳大湾区就业、创业、投资和生活的第一站和首选地，深港国际法务区旨在打造国际商事争议解决的优选地，深港规则衔接、机制对接的先行地，两大平台的落地将大力提升前海全球人才集聚功能。深圳正在着力建设国际人才数据分析平台，旨在通过大数据算法实现即时人才信息分析，实现国际人才项目与产业地图的精准化匹配。然而，也应注意到，深圳境外人才创业孵化平台较多，但由境外人才和团队设立或联合设立的重点实验室、科研机构等重大研发平台不多，也缺乏国际化人才工作与生活配套“软环境”建设方面的重大平台。

（六）境外人才就业创业政策情况

为促进境外人才在粤港澳大湾区就业创业，粤港澳大湾区出台了一系列境外人才政策，形成了具有大湾区特色的人才政策体系。境外人才政策对象侧重高层次人才，广州、深圳等粤港澳大湾区城市面向境外高层次人才出台的政策数量居多。广州实施了“广聚英才计划”和人才绿卡制度，开展了外籍及港澳台高层次人才认定，截至2021年，已颁发人才绿卡7600余张，引进外籍高端人才3234名。深圳开展了针对海外高层次留学人才的“孔雀计划”，纳入“孔雀计划”的海外高层次人才，可享受160万~300万元的奖励补贴，并享受居留和出入境、落户、子女入学、配偶就业、医疗等方面的待遇政策。同时，粤港澳大湾区内地9市陆续启动了境外高端人才个税优惠申报，对境外高端人才个税超15%的部分给予财政补贴。境外人才政策紧贴产业发展需求，广州、深圳等粤港澳大湾区城市的境外人才政策围绕战略性主导产业集聚人才，广州的境外高端人才个税补贴政策主要针对新一代信息技术、人工智能、生物医药、新能源、新材料、电子信息、装备制造与机器人、电子商务（现代物流）、金融、汽车、航空航运、文化体育创意、工程建设、教育、医疗卫生、专业服务、经营管理、集成电路等领域，深圳的“孔雀计划”则主要针对高新技术、金融、物流以及文化等支柱产业及新能源、互联网、生物、新材料等战略性新兴产业。

境外人才政策强调促进科技成果转化，广州、深圳等粤港澳大湾区城市允许取得永久居留资格的国际人才创办科技型企业、担任科研机构法人代表，支持外籍人才创办科技型企业并享受境内自然人同等待遇。在广州，允许企业聘请的外国专家承担各类外国专家项目，鼓励外国科学家领衔承担市科技计划项目。同时，广州科技计划项目面向港澳开放，联合共设粤港澳大湾区（粤穗）开放基金，市财政每年投入6000万元支持穗港澳联合开展基础和应用基础研究，并允许港澳高校、科研机构牵头或独立申报广州市科技计划，在广东率先实现了粤港澳大湾区市级财政科研资金跨境拨付。粤港澳大湾区在境外人才出入境政策方面表现了良好的创新性和示范作用，并不断修订境外人才居住证管理办法，深化外籍人才永久居留积分试点，为外籍高层次人才和创新创业人才提供出入境和停居留便利。然而，也应注意到，粤港澳大湾区境外人才政策主要集中在高层次人才引进上，高层次人才的认定范围还有待拓展，针对外国留学生等境外人才就业创业的政策较少，境外人才工作涉及多个部门导致政策碎片化的问题有待解决，还未形成完善的境外人才就业创业促进政策体系，部分政策实施不够灵活，如除珠海直接对境外高端人才个税超15%的部分予以免征外，其他城市都是采取先征后补的方式，缺乏灵活性。

三　国内先进区域对标分析

上海和北京是国内境外人才最为集聚的城市，粤港澳大湾区的深圳、广州在人才国际化程度上与上海、北京仍有较大差距。本报告从境外人才规模、境外人才创新水平、境外人才政策体系、境外人才发展环境、境外人才社会保障五个方面，将广州、深圳与上海、北京进行对比分析，试图找出广州和深圳与国内先进城市在境外人才现状和政策方面的薄弱点、缺失点、不健全点。

（一）境外人才规模

根据第七次全国人口普查结果，广东常住外籍人员和港澳台居民数量在全国最多，总计418509人。除广东外，常住境外人员数量位列前十的省（区、市）还有云南、上海、福建、北京、江苏、浙江、广西、山东、辽宁，其中，上海以163954人位列第3，北京以62812人位列第5，江苏以58201人位列第6，浙江以46189人位列第7（见图5）。由此可以看出，相对于长三角区域、京津冀区域的主要城市，粤港澳大湾区中心城市的常住境外人员数量最多，这主要源于粤港澳大湾区发达的国际航运、国际贸易、国际物流体系，外向型经济发达带动了境外人员流动。同时，粤港澳大湾区出入境创新政策更多，出入境管理、服务水平更高，境外人员出入粤港澳大湾区更为便利，由此也更愿意居留在粤港澳大湾区。此外，广东具有毗邻港澳的区位优势，是港澳人才流动中心，特别是《粤港澳大湾区发展规划纲要》发布以来，港澳人才来广东居留的人数更是呈现快速上升的态势。

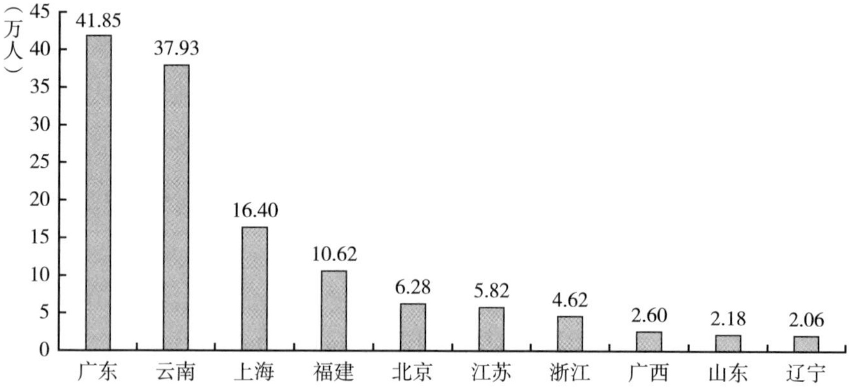

图 5　常住境外人员数量位列前十的省（区、市）

资料来源：第七次全国人口普查。

然而，在境外人才规模方面，广东与北京和上海差距明显，而这一差距主要体现在来华留学生（不包含港澳台）的规模。2018 年，广东来华留学生数量为 22034 人，位列 31 个省（区、市）第 7，来华留学生数量位列前十的省（市）分别为北京、上海、江苏、浙江、辽宁、天津、广东、湖北、云南、山东，其中，北京以 80786 人位列第 1，上海以 61400 人位列第 2，江苏以 45778 人位列第 3，浙江以 38190 人位列第 4（见图 6）。因此，粤港澳大湾区核心城市的来华留学生数量，不仅远远低于京津冀区域的北京，还与长三角区域的上海、江苏、浙江存在一定差距，这主要是因为全国世界级名校主要集中在北京、上海、浙江等城市。在 2022 年 QS 世界大学排名中，进入前 100 名的北京高校有 2 所、上海高校有 2 所、浙江高校有 1 所，广东高校尚未有进入。此外，北京、上海等城市针对来华留学生的政策、措施更多，实施力度等更大，如上海临港新片区允许企业直接聘雇优秀外籍高校本科毕业生在临港新片区工作，直接给予在临港新片区留学人员创业园就业的外籍毕业生工作许可，而广东针对来华留学生的政策相对较少。但广东外国专家规模较大，在全国外国专家引进总数中占比较高，这和广东持续加大外国专家引进力度，不断创新外国专家认定、工作许可等政策，支持鼓励企业使用外国专家相关。

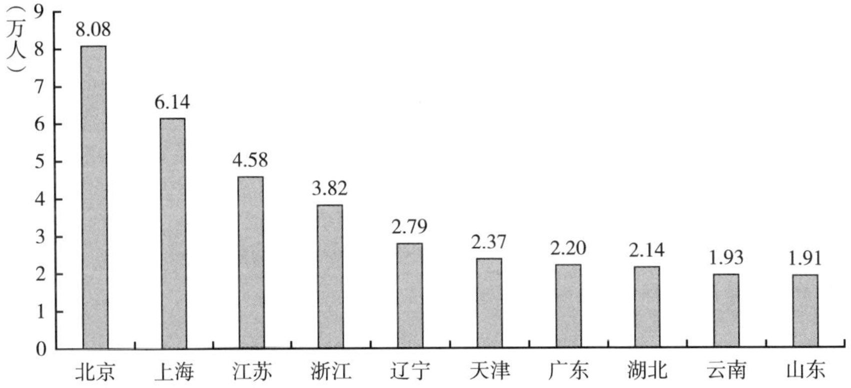

图 6　2018 年外国留学生数量位列前十的省（市）

资料来源：《2018 年来华留学统计》。

（二）境外人才创新水平

科技创新是粤港澳大湾区建设的主线方向，并已取得了显著的成效。根据《2021 中国区域创新能力评价报告》，在全国区域创新能力综合排名中，广东连续 5 年位列第 1，北京、江苏、上海和浙江分别位列第 2、第 3、第 4 和第 5。其中，广东在企业创新方面表现较为突出，是全国高新技术企业数量最多的区域，2020 年高达 53776 个，江苏以 32572 个位列第 2，北京以 28795 个位列第 3，浙江以 22158 个位列第 4，上海以 16967 个位列第 5（见图 7）。优越的区域创新环境和丰富的产业创新资源，为境外人才在广东创新创业奠定了良好的基础，特别是广东在新一代信息技术、高端制造等产业领域较发达，而这些产业不仅是创新潜力较大的领域，也是属地政府重点支持发展的领域，境外人才创新创业前景较好。由此，相较于京津冀区域、长三角区域，粤港澳大湾区拥有更好的境外人才产业创新基础。

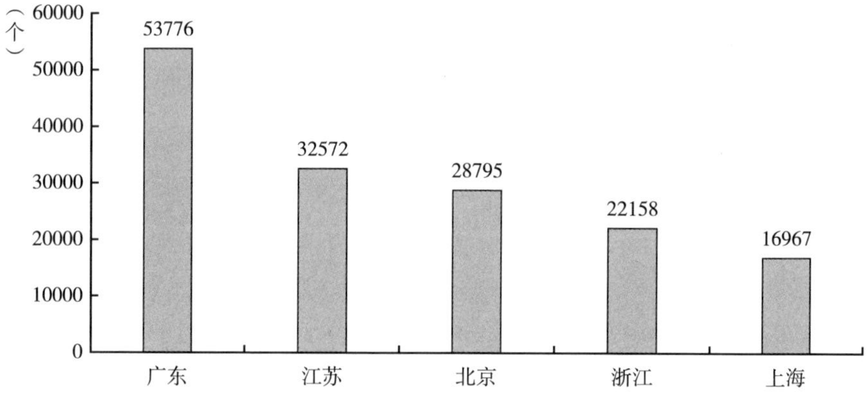

图 7　2020 年高新技术企业数量位列前五的省（市）

资料来源：2020 年各省（市）统计公报。

同时，广东境外人才对产业的贡献度更高，这是因为广东在境外人才引进时往往具有明确的产业导向性，新一代信息技术、人工智能、电子信息、高端制造等高科技产业领域的技术人才较多，产业与人才融合度较高。同时，不像顶尖高校云集的北京、上海、浙江等城市，广东科技创新主要集中在企业，而广东特别是深圳的高新技术企业倾向于在全球范围搜集最顶尖的人才，如深圳的华为每年都会通过面向学术科研界的开放式创新合作平台推出华为创新研究计划（HIRP）与全球各领域的专家进行广泛合作，引进的境外人才创新能力更强。此外，广东不仅注重境外人才引进，而且十分重视“留才”“用才”，陆续出台了一系列外籍人才出入境签证、居留许可、永久居留等方面的创新政策，以及促进境外人才就业创业的政策举措，这大大延长了境外人才在广东就业创业的工作周期，可以在更大程度上发挥境外人才对创新的作用。然而，也应注意到，广东与北京、上海的境外人才政策侧重的产业领域有相当高的一致性，引进人才中存在强竞争性。

（三）境外人才政策体系

上海、北京、深圳、广州均是境外人才集聚区域，通过对比四个城市的境外人才政策，挖掘上海和北京境外人才政策可借鉴的优点。从境外人才引进来看，深圳和广州的境外人才政策多集中于外籍和港澳台高层次人才，针对外国创新创业人才、外国留学生等境外人才类型的政策较少，且未形成境外人才全流程服务管理体系。相比之下，上海境外人才引进体系更为完备，以上海发布的海外人才“4+1”新政为例，该政策体系包含留学人员创业新政、海外人才居住证管理新政、外籍高校毕业生工作新政、留学人员创业园管理新政、自贸区支持留学人员创新创业新政，覆盖了各类、各层次境外人才，建立了梯度化的待遇服务体系和就业、创业、乐业全流程服务体系，打好了境外人才引进的“组合拳”。北京的境外人才引进体系也十分健全，最新出台的服务国际人才20条新政，涵盖了外籍人才、外国优秀青年和外籍华人等各类人才出入境、引进使用、兴业发展、服务保障的全流程政策体系，让国际人才不仅进得来而且留得下、干得好、融得进。

从境外人才政策创新性来看，深圳和广州的境外人才政策不如上海和北京的更开放、便利。上海正在实行更为宽松的境外人才政策，不仅拓展了外籍高层次人才认定范围，还放宽了外国科技人才、外国创新创业人才、外国高技能人才三类人才的年龄、学历和工作经历限制。同时，上海境外人才机制灵活性较高，遵从市场化的人才评价机制，且在新冠肺炎疫情发生以来先后推出了外国人来华工作许可“不见面”审批1.0版、2.0版和3.0版，为用人单位和外国人才提供了极大的便利。此外，上海境外人才政策向临港新片区、张江科学园、虹桥商务区等重点区域倾斜，赋予重点区域更多自主审批权，鼓励重点区域率先突破体制机制障碍，重点区域在创新境外人才政策方面发挥了良好的示范作用。北京也在不断创新境外人才政策，为促进境外人才便利流动，积极探索国际职业资格认可工作，发布了《北京市境外职业资格认可目录》，并为该目录中的境外职业资格的外籍人员办理工作许可业务和出入境业务提供了更为便利的政策。同时，北京为促进境外人才创新创业，鼓励在国内重点高等院校、科研院所和知名企业工作的外籍高层次人才兼职创新创业，支持国内重点高校毕业的外国优秀留学生进行创新创业，并进一步扩大了外籍人员持外国人永久居留身份证创办企业享受国民待遇的领域和区域。

从境外人才配套政策来看，在境外人才资金奖励方面，广州的境外人才资金奖励力度与深圳、北京和上海存在明显差距。以境外高层次人才政策为例，广州高端外国专家引进项目资金奖励为20万元，深圳“孔雀计划”给予海外高层次人才160万~300万元的奖励补贴，北京海外人才聚集工程奖励资金达100万元，上海浦东新区“百人计划”提供奖励资金50万元和安家补贴50万元。在境外人才就业创业方面，相较于广州和深圳，北京和上海的创新举措有：北京中关村形成了一套成体系的机制支撑外国科学家科研成果孵化、落地，包括允许取得永久居留资格的外国科学家领衔承担中关村示范区内国家科技计划项目、担任新型科研机构法定代表人，支持外籍高层次人才领衔承担北京市科技计划项目；上海为支持境外人才就业和创新创业，将政策供给和平台保障相结合，在境外人才的创业支持、就业通道、权益保障等多方面进行一揽子政策的“打包”推出、集成发布。在境外人才教育、生活等配套方面，北京和上海也有广州和深圳可借鉴的地方，北京出台的服务国际人才20条新政，在外籍高层次人才及其配偶子女享受永久居留“直通车”政策的基础上，允许中国籍高层次人才的外籍配偶及子女，也通过“直通车”政策申请永久居留，实现了政策对高层次人才及其家属的全覆盖。同时，北京允许社会资本开办外籍人员子女学校，为境外人才和引进人才子女提供了更加多元的就学选择和更加优质的教育服务。此外，北京试点建设了4个国际人才社区，让境外人才更快地融入社会。上海则首创了海外人才居住证制度，该制度给予海外人才17个方面的权益，提高了海外人才的工作生活待遇。

（四）境外人才发展环境

2010~2020年，上海和北京在外籍人才眼中最具吸引的中国城市排行榜中始终位列第1或者第2，粤港澳大湾区仅有深圳和广州进入前十位，其中，深圳有4年位列第3，但2020年跌至第9位，广州最好的名次是第4，但部分年份排名不如杭州、苏州等城市（见表1）。由此可以看出，深圳、广州的境外人才吸引力与上海、北京存在明显差距，甚至不如杭州、苏州。究其原因主要是上海和北京均是国际化大都市，上海是全国经济和人才交流国际化水平最高的城市，北京是全国政治和文化国际吸引力较大的城市，在国际贸易往来、外资投资、国际一流学研资源、国际化生活氛围等方面均处于全国领先水平，境外人才发展环境更好。同时，随着长三角一体化的深入推进，杭州和苏州两个城市的外贸发展势头突飞猛进，对境外人才的吸引力也越来越大。

表 1　2010~2020 年外籍人才眼中最具吸引力的中国城市排行榜 TOP10

排名	2010 年	2011 年	2012 年	2013 年	2014 年	2015 年	2016 年	2017 年	2018 年	2019 年	2020 年
1	北京	北京	上海	上海	上海	上海	上海	上海	上海	上海	北京
2	上海	上海	北京	北京	北京	北京	北京	北京	北京	北京	上海
3	大连	天津	深圳	天津	深圳	深圳	杭州	合肥	合肥	深圳	杭州
4	杭州	深圳	苏州	广州	天津	杭州	青岛	青岛	杭州	杭州	广州
5	深圳	武汉	昆明	深圳	青岛	天津	天津	深圳	深圳	广州	西安
6	天津	广州	杭州	厦门	杭州	青岛	深圳	杭州	苏州	合肥	成都
7	青岛	苏州	南京	南京	广州	苏州	苏州	苏州	青岛	南京	宁波
8	厦门	重庆	天津	苏州	苏州	广州	广州	成都	天津	成都	苏州
9	烟台	厦门	厦门	杭州	厦门	厦门	南京	南京	西安	青岛	深圳
10	芜湖	杭州	青岛	青岛	昆明	济南	长春	广州	武汉	苏州	青岛

资料来源：国家外国专家局发布的《外籍人才眼中最具吸引力的中国城市排行榜》。

具体来看，在国际贸易往来方面，2021 年上海进出口总额以 4.06 万亿元位列第 1，深圳以 3.54 万亿元位列第 2，北京以 3.04 万亿元位列第 3，而广州以 1.08 万亿元仅位列第 7，前十位中还包括长三角区域的苏州（位列第 4）和宁波（位列第 6）及粤港澳大湾区的东莞（位列第 5）。在服务贸易方面，上海服务贸易金额位列全国第 1，占全国服务贸易总额的 1/4 左右，其次是北京，占全国服务贸易总额近 1/5，深圳和广州分别位列第 3 和第 4。由此看出，相对于深圳和广州，上海和北京的贸易经济和服务经济更加发达，是国际贸易往来的最重要门户，对境外人才的吸引力更大。在外资投资方面，2021 年上海实际使用外资总额以 225.5 亿美元位列第 1，北京以

155.6 亿美元位列第 2，深圳以 110.2 亿美元位列第 4，广州以 85.3 亿美元位列第 7，长三角区域的杭州和苏州分别位列第 8 和第 10。[①] 显然，外资企业的落地为境外人才涌入上海和北京提供了市场动能，而其他外资企业市场动能不足的区域，境外人才引进只能依赖项目。同时，上海和北京是国内经济最发达的区域，2021 年，北京的世界 500 强企业数量为 60 个，位列第 1，上海、深圳、杭州、广州、厦门、苏州、佛山等城市的排名也进入国内前十，但数量均与北京差距较大（见图 8）。北京众多大型跨国公司的集聚，为境外人才提供了更丰富的工作岗位、更有吸引力的工资薪酬及更多职业技能提升的机会，从而吸引境外人才源源不断地涌入。

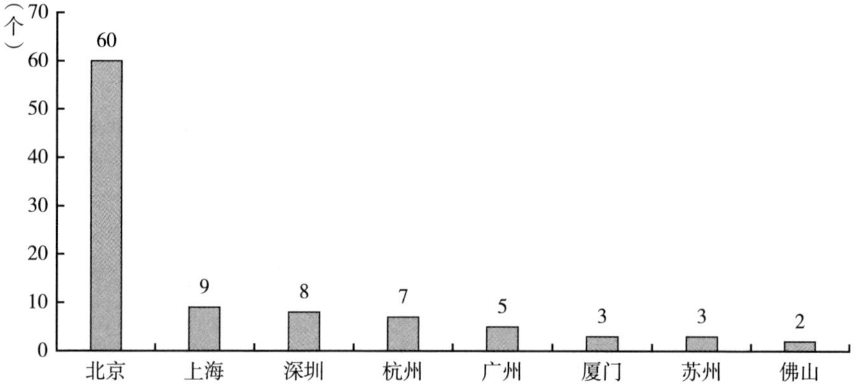

图 8　2021 年世界 500 强中国上榜企业数量排名前十的城市

资料来源：2021 年《财富》世界 500 强中国上榜企业排行榜。

在国际一流学研资源方面，北京、上海和浙江均拥有世界一流高校，根据 2022 年 QS 世界大学排名，在排名前 100 的高校中，北京的清华大学和北京大学分别位列第 17 和第 18，上海的复旦大学位列第 31，浙江的浙江大学位列第 45，而广州、深圳目前尚未有高校进入前 100 名。由于全球一流高校的国际化程度、国际知名度都更高，北京、上海、浙江可以吸引更多外国留学生涌入，外国留学生学习、就业、创业环境就更好。同时，北京、上海

① 数据来源于各地统计年鉴。

集聚了科研实力雄厚的研究机构，如北京拥有中科院、社科院等顶级科研机构，中国顶级科技公司也在上述区域设立了研发中心，这为外国科学家入驻并从事科学研究提供了优越的创新环境。相对而言，虽然粤港澳大湾区的深圳已入驻众多顶级科研机构和顶级公司研发中心，但广州在这两个方面表现欠佳，如在国内9个全国性大型顶级科技公司中，仅有1个公司将研发中心设在广州，而有9个公司设在深圳、有8个公司设在北京、有5个公司分别设在南京和上海、有3个公司分别设在东莞和杭州（见表2），没有形成外国科学家从事科学研究尤其是基础研究的浓厚科研氛围。在国际化生活氛围方面，相较于深圳和广州，上海和北京的国际化氛围更加浓厚，特别是上海处处洋溢着国际化氛围，形成了成熟的国际生活圈，为境外人才安居乐业创造了更好的环境。

表2　国内9个全国性大型顶级科技公司研发中心所在地

公司名称	研发中心所在地
华为	深圳、北京、西安、上海、武汉、杭州、南京、成都、东莞
小米	北京、南京、深圳、武汉
OPPO	北京、上海、深圳、东莞
VIVO	深圳、东莞、杭州、南京、北京
中兴	深圳、上海、武汉、南京、西安
联想	北京、南京、深圳
百度	北京、上海、深圳
阿里巴巴	杭州、北京、上海、深圳
腾讯	深圳、北京、武汉、广州

资料来源：作者根据各科技公司的研发中心所在地整理。

（五）境外人才社会保障

在境外人才社会保障方面，医疗和教育是境外人才落户重点考虑的因素。广东、江苏、浙江拥有丰富的医疗资源，根据《2021年中国卫生健康统计年鉴》，广东省三甲医院数量排名全国第1，共122家，其中广州拥有

38家三甲医院，聚集全省约31%的三甲医院资源，江苏、浙江三甲医院数量也相对较高，分别为82家和67家，但上述三个城市的人均三甲医院数量较少。相比之下，虽然北京和上海的三甲医院较少，仅有55家和32家，但两个城市的人均三甲医院数量高于广东。北京和上海拥有更多的国际学校，在可招收中国籍学生的中国国际学校前八十强中，北京和上海的数量最多，分别有21家和17家，广州和深圳都有6家，排名并列第3。在中国外籍人员子女学校前二十强中，上海的数量最多，拥有9家，其次是北京，有6家，广州和深圳拥有3家，排名并列第3（见图9）。总体而言，虽然粤港澳大湾区的广州和深圳在高端医疗方面优势明显，但在国际学校的数量上与北京和上海还存在一定差距。

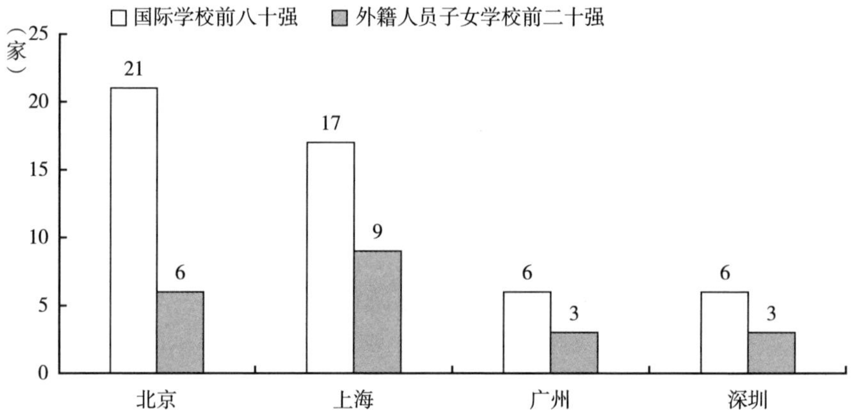

图9　2021年中国四大城市国际学校前八十强和外籍人员子女学校前二十强数量

资料来源：《2021胡润百学·中国国际学校百强》。

在国际人才居住环境方面，广州、深圳等粤港澳大湾区城市虽然城市化水平和国际化水平没有北京、上海高，但生态环境全国领跑，将经济发展与生活舒适度结合得更好。根据生态环境部发布的2022年1~4月全国空气质量榜单，在全国168个重点城市中，粤港澳大湾区的珠海、惠州、深圳、广州的空气质量均处于前二十位，其中深圳位列第5、广州位列第19。同时，深圳、广州等城市将绿色低碳发展融入经济社会发展的各个领域，多项绿色指标领跑全国，更适合注重生活品质的境外人才居住。此外，粤港澳大湾区正在加快建设宜居宜业宜游的优质生活圈，未来在生态环境、交通设施、服务便捷、产业生态、居民生活、社区智慧智能、文化多元融合等方面都将达到国际一流水平，可以为境外人才入住提供更加优越的生活环境。在国际人才旅行环境方面，北京、上海、广州和深圳是中国对外开放的重要门户窗口，均具有国际航班和国际旅客接待方面的优势，但广东在境外人才出入境政策方面的创新性更强，境外人才流动更加便捷。同时，粤港澳三地正加速形成“1 小时生活圈”，不仅港澳人才可以更加方便地到达粤港澳大湾区内地各城市，而且境外人才也可以更方便地在粤港澳大湾区境内各城市自由流动。

四　国外先进区域对标分析

美国的旧金山湾区和纽约湾区是世界高端人才集聚地，境外人才为两大湾区的经济、科技和产业发展做出了重大贡献。本报告从世界一流高校和外国留学生规模、国际移民占比和移民政策、产业巨头创造的工作岗位、境外人才工作待遇和条件、境外人才创新创业氛围五个方面，将粤港澳大湾区与旧金山湾区、纽约湾区进行比较，从而梳理了国外先进区域境外人才就业创业的成功经验和借鉴启示。

（一）世界一流高校和外国留学生规模

旧金山湾区和纽约湾区拥有麻省理工学院、斯坦福大学、哈佛大学、宾夕法尼亚大学、耶鲁大学等世界一流高校，这些大学会提供奖学金、助学金和优厚的贷款政策，吸引了众多外国留学生前来求学。根据 2022 年 QS 世界大学排名，旧金山湾区和纽约湾区有 10 所高校进入前 100 名，这些高校外国留学生规模均较大，其中，哥伦比亚大学外国留学生占比最高，达 30.80%，其次是卡内基梅隆大学，占比为 22.00%，哈佛大学以 21.40%位列第三，10 所高校中外国留学生占比最低的麻省理工学院也有 10.00%（见图 10）。相较而言，广东各高校外国留学生规模较小，暨南大学和中山大学是广东外国留学生占比最高的两个高校，分别为 5.34%和 4.93%，但与旧金山湾区和纽约湾区高校存在较大差距。这主要是因为，广东没有世界一流大学，现有大学全球知名度不高，在招聘教师、招收学生时普遍缺乏国际视野，没有对外国留学生形成虹吸效应。

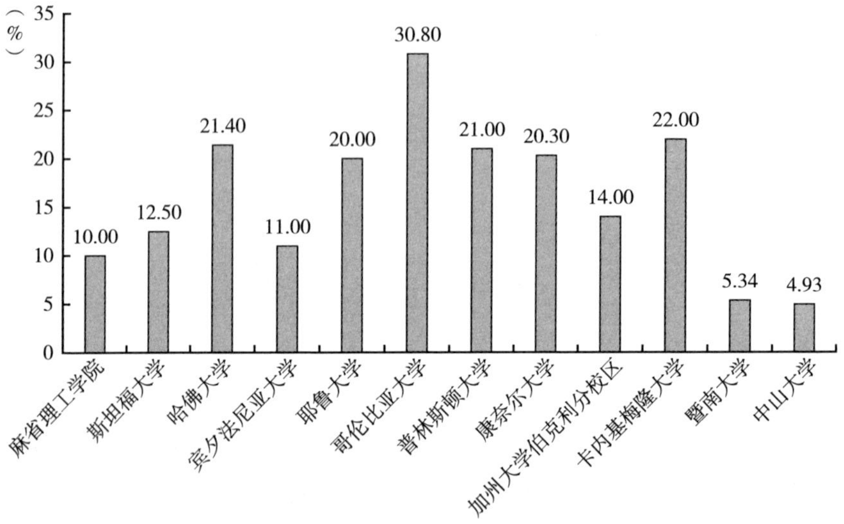

图 10　2021 年各高校外国留学生占比

资料来源：作者根据各高校网站数据整理。

同时，旧金山湾区和纽约湾区给予外国留学生在居留、就业、创新创业等方面的优惠政策，促进一大批外国留学生居留工作。在外国留学生居留政策方面，两大湾区实行绿卡制度、留学生签证（F-1 签证）、职业移民签证（EB）以及专业职业的工作许可（H1-B 签证）等，并将留学生签证作为储备技术移民后备力量的重要手段，同时打通了教育体系、留学签证与就业工作签证，外国留学生可以更方便地在这两大湾区居留、发展事业。在就业和创新创业方面，两大湾区的大学与企业之间存在广泛的互访、交流、合作，外国留学生可以获得更多实习机会和工作机会。同时，两大湾区的大学不仅科研实力雄厚而且具有成熟的科研成果向生产力转化机制，如斯坦福大学首创了技术许可办公室模式，极大地促进了外国留学生或团队开展创新创业活动，推动了外国留学生的研究成果更快地从实验室走向市场。此外，两大湾区，特别是旧金山湾区内的硅谷，是全球创新创业文化氛围最浓厚的区域，外国留学生留下来创新创业所占的比重很高。相比之下，广东外国留学生就业政策不如世界一流湾区城市灵活，尚缺乏引导外国留学生实习、直接就业的创新政策。广东高校与企业的双向互动效率不高，也未形成成熟的产学研转化机制，外国留学生创新创业所占的比重较低。

（二）国际移民占比和移民政策

国际移民是旧金山湾区和纽约湾区重要的人才来源，且在旧金山湾区尤为突出。根据《2021 硅谷指数》数据，外国出生人口在硅谷总人口中的占比为 39%，在旧金山总人口中的占比为 34%，在加利福尼亚州总人口中占比为 27%，远高于美国 14%的水平（见图 11）。硅谷是旧金山湾区国际移民最多的地区，年国际移民人口流入在 1.6 万人以上，且相当一部分是来自外国的技术移民。硅谷中在外国出生的、处在工作年龄的就业居民所占的比重更是高达 47%，从不同职业类别来看，计算机与数学领域在外国出生的就业人员占 65%、建筑与工程领域在外国出生的就业人员占 63%、自然科学领域在外国出生的就业人员占 51%、医疗卫生服务领域在外国出生的就业人员占 49%、金融服务领域在外国出生的就业人员占 47%。由此可以看出，旧金山湾区对于国际移民具有强大吸引力，吸引了大量来自世界各地的高端人才，这些高端人才为旧金山湾区带来了资本、技术，为旧金山湾区科技创新和经济发展做出了重大贡献。与旧金山湾区相比，粤港澳大湾区国际移民所占的比重较低，技术移民尚在探索阶段，对全球优秀人才的吸引力还相对较弱。

旧金山湾区集聚大量国际移民，主要原因是拥有相对完备和成熟的国际移民法律法规、国际移民政策、国际移民服务管理体系、国际移民社会融入体系。在国际移民立法和国际移民政策方面，其多次对移民法进行修订，将移民划分为投资移民、职业移民、技术移民等不同类别，不断拓展技术移民的范畴，形成了成熟的移民制度体系。在国际移民服务体系方面，外国人的入境许可与居留许可，外国人入籍、居留、签证等，劳动力市场测试、审核劳工证等，签证、护照的签发，等等具体事务均由专门的职能部门负责，移民程序更加简洁化、规范化。在国际移民社会融入方面，浓厚的移民文化造就了国际化、多元包容的工作和生活环境，移民群体可以更快地融入社会。相比之下，粤港澳大湾区在国际移民、技术移民制度方面仍处于探索阶段，国际移民制度和管理体系还不完善，尚未形成具有国际竞争力的移民制度环境。

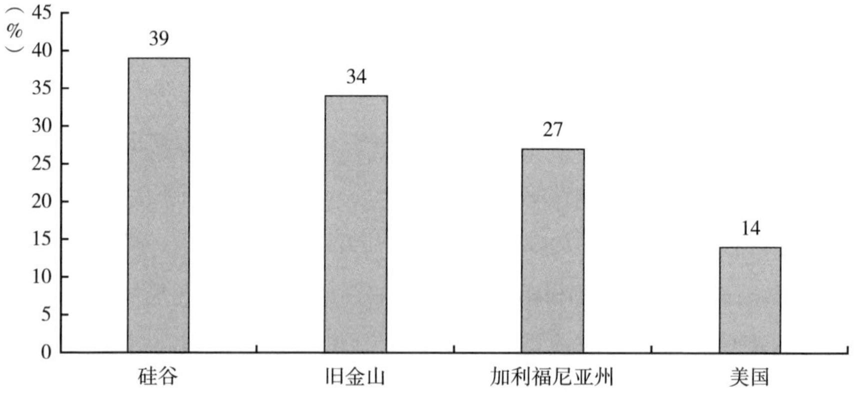

图 11　外国出生人口在各地总人口中的占比情况

资料来源：《2021 硅谷指数》。

（三）产业巨头创造的工作岗位

根据 2021 年《财富》世界 500 强排行榜，纽约湾区有 24 家企业进入榜单，旧金山湾区有 10 家企业进入榜单，粤港澳大湾区有 25 家企业进入榜单，其中，香港有 9 家、深圳有 8 家、广州有 5 家（见图 12）。纽约湾区和旧金山湾区拥有大量实力雄厚的产业巨头，如纽约湾区拥有摩根大通、花旗、高盛等金融巨头，旧金山湾区拥有苹果、谷歌母公司

Alphabet、Facebook、惠普、英特尔等互联网巨头。这些产业巨头均是全球知名企业，国际化水平较高，既可以为国际化人才提供丰富的工作岗位，又可以为国际化人才职业技能提升和生涯发展提供优越的条件，吸引了境外人才大量涌入。相比之下，虽然2021年粤港澳大湾区世界500强企业数量首次超过纽约湾区，但企业排名并不靠前，总体国际竞争力和国际知名度不如纽约湾区和旧金山湾区，这显然会影响粤港澳大湾区集聚境外人才的能力。

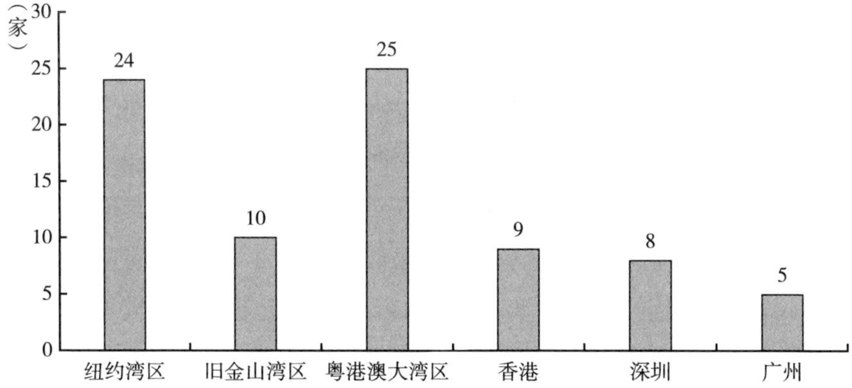

图12　2021年各湾区和城市世界500强企业数量

资料来源：根据2021年《财富》世界500强排行榜数据整理。

同时，纽约湾区和旧金山湾区的产业巨头主要分布在高端服务行业和高科技行业，这些产业巨头占据全球高端创新链和价值链，拥有世界领先的专业服务能力和研发投入能力，汇聚了全球顶级的高新技术服务人才、信息产业人才、专业服务人才等。最具代表性的是旧金山湾区的硅谷和纽约曼哈顿的“硅巷”，不仅密集分布着金融巨头总部和区域总部，而且谷歌、Facebook、微软等高科技巨头均在两个区域设立了研发中心，是全球专业服务和研发服务人才最集聚的区域。然而，在粤港澳大湾区内的世界500强企业中，香港的企业主要分布在金融、地产等行业，广东的企业主要分布在制造业、科技创新行业，虽然产业分布较为全面，但在专业服务和科技创新领域的企业还较少，在全球范围内配置高端专业服务人才、研发人才的能力尚不足。此外，纽约湾区和旧金山湾区拥有全球最活跃的资本市场，吸引了大量外资流入，形成了自由开放的发展环境，进而带动了优质境外人才的流入。

（四）境外人才工作待遇和条件

旧金山湾区和纽约湾区均是美国乃至全球经济最发达的区域，人均收入较高，优越的工作待遇极大地吸引了优秀境外人才流入。以旧金山湾区为例，硅谷的人均年收入为 83.59 万元、旧金山的人均年收入为 96.18 万元、加利福尼亚州的人均年收入为 45.96 万元，均远高于美国的人均年收入（38.98 万元），且近十年来硅谷和旧金山的人均年收入水平基本维持在美国整体水平的两倍之上。相比之下，在粤港澳大湾区四大中心城市中，香港和澳门的人均年收入较高，分别为 38.21 万元和 30.00 万元，但与硅谷等世界一流湾区内的产业区与城市相差较大，也低于美国的水平。深圳和广州的人均年收入较低，分别为 13.73 万元和 13.01 万元，远低于位于世界一流湾区内的硅谷，也明显低于香港和澳门等城市（见图 13）。由此可以看出，广州和深圳的工作待遇对于全球人才不具有吸引力，且会对外籍及港澳人才流入产生限制。

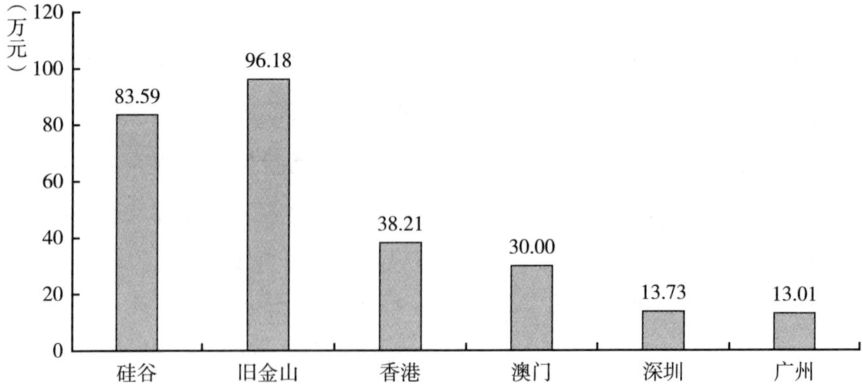

图 13　旧金山湾区和粤港澳大湾区内的产业区及城市人均年收入水平

资料来源：《2021 硅谷指数》《广东统计年鉴》《香港统计年刊》《澳门统计年鉴》。

除工资薪酬外，硅谷等世界一流湾区内的产业区与城市也拥有优越的就业条件和福利待遇。纽约湾区和旧金山湾区是全球知名企业和高技术创新型企业集聚地，这些企业创造了丰富的工作岗位和高薪酬职位，境外人才可以在两大湾区内获得更多的工作机会，享受更优厚的福利待遇和更健全的配套设施，从而得到更好的工作和生活体验。同时，纽约湾区和旧金山湾区内劳动人员的法律更加完善，鼓励人才多样化，支持人才高度流动，硅谷每年企业间的人才流动保持在20%~30%，自由开放的工作环境可以让境外人才获得更多元的发展。此外，硅谷等世界一流湾区内的产业区与城市境外人才的集聚，可归因于猎头公司的广泛参与，猎头公司可以为企业与境外人才及时提供信息，帮助成熟的大企业和高技术创新型企业在全球范围内搜寻高层管理人才和关键技术岗位人才，同时助力境外人才获得更适合的工作岗位和更优越的工资薪酬、福利待遇，对促进境外人才流动发挥了巨大作用。在福利待遇方面与硅谷等世界一流湾区内的产业区与城市相比，粤港澳大湾区各城市还有较大差距，也未形成国际化的工作条件和环境。

（五）境外人才创新创业氛围

旧金山湾区和纽约湾区是全球创新创业氛围最为浓厚的区域，而硅谷是其中的标杆。硅谷全球创新中心的虹吸效应强，集聚了大量来自世界各地的高科技顶尖创新人才。截至 2021 年，在硅谷工作的美国科学院院士近千人，诺贝尔奖得主的科学家有 30 多人，世界各国聚集在此的高端科技人才达 100 万人以上。这种全球人才集聚效应产生的区域创新效应，又进一步带动了硅谷全球人才的快速积累和提升。硅谷世界一流大学与企业和产业的互动性强，大学与企业之间形成了成熟的产学研合作机制，大学里的外国教师、外国科研人员、外国留学生可以通过技术授权、资助研究协议、学者访问等方式参与企业和产业创新活动，并进行科技成果转化，如斯坦福大学通过设立 BIO-X 项目，与强生、诺华等十余家生物制药巨头合作开展访问学者助学金等形式的研究计划，外国访问学者可以与企业展开创新研究合作。同时，硅谷的大学鼓励师生凭借研究成果创业，外国师生创业可以获得学校给予的市场、资金、技术等方面的支持。相比之下，粤港澳大湾区虽然正在打造国际科技创新中心，但目前集聚全球顶尖人才的效应还较弱，大学内也没有形成浓厚的创新创业氛围，外国教师、外国科研人员、外国留学生创新创业所占的比重低。

同时，硅谷拥有雄厚的创业资金来源和成熟的金融体系，多层次的资本市场可以满足境外人才创新创业的各类资金需求。硅谷风险投资体系十分完善，根据《2021 硅谷指数》数据，硅谷和旧金山风险投资额占加利福尼亚州的 69%，占美国的 38%，对境外人才科技成果转化、创新创业起着至关重要的作用。此外，硅谷形成了有利于创新创业的政策法规与制度环境，政府是大学基础研究的主要资助者，如斯坦福大学 82% 的研究由政府出资，大学里的外国教师、外国科研人员、外国留学生产出的科技成果均可以得到政府资助。硅谷政府机构不仅会通过资金提供、政府采购、税收优惠等方式支持创新创业，而且在融资、投资、税收、专利保护、科技研发等方面实施贯穿产业发展全程的政策，使境外人才在硅谷创新创业更有保障。相对而言，粤港澳大湾区资本市场还不够完善，风险投资也不够活跃，政府对大学科技成果转化、创新创业的资助程度也不高，急需形成带动境外人才创新创业的制度环境。

五　粤港澳大湾区境外人才工作的政策建议

在粤港澳大湾区现状与问题分析、对标国内先进城市及世界一流湾区城市的基础上，本报告提出粤港澳大湾区鼓励境外人才就业、创新创业的策略和建议。本报告认为粤港澳大湾区可以在扩大外国留学生规模、引导境外人才就业创业、促进境外人才科技成果转化，建设粤港澳人才统一大市场、推进技术移民试点工作、完善境外人才政策服务体系六个方面加以改善。

（一）培育世界一流大学，扩大外国留学生规模

鼓励广东高校面向全球招聘教师和招收学生，建立具有国际水准的师资

队伍，使广东拥有进入世界100强的大学，提升广东高校对外国留学生的吸引力。支持广东高校扩大外国留学生规模，增强粤港澳大湾区境外青年人才储备。立足国际合作办学引才育才方式，联合港澳高校、全球一流高校在广州、深圳、珠海等地合作共建世界一流研究型大学和高水平研究机构，建立健全外国留学生、外国科研人员培养体系，走好人才自主培养之路，吸引全球各地的外国留学生、外国科研人员来粤港澳大湾区学习、研发。构建高校、企业与政府紧密合作、相互促进的产学研生态系统，广州、深圳、香港、澳门四个中心城市，应该有2~3所高校，构建较为完善的科研成果向生产力转化机制。支持粤港澳大湾区企业与高校广泛交流、合作，组织外国留学生参观访问粤港澳大湾区高新企业，帮助外国留学生在粤港澳大湾区获得更多实习、就业机会。推动粤港澳大湾区高校外国科学家与政府、企业共建产业技术创新重点实验室，支持高校外国专家、教师、学者、科研人员承担各类外国专家项目，鼓励外国科学家领衔承担市科技计划项目，促进粤港澳大湾区高校外国学者、专家、教师、科研人员、留学生进行创新创业、科研成果转化。

（二）瞄准重点产业领域，引导境外人才就业创业

瞄准新一代信息技术、人工智能、新能源、生物医药等重点产业领域的境外高端人才、紧缺人才、创新人才，加大力度引进符合粤港澳大湾区产业发展方向的境外人才，引导境外人才广泛参与粤港澳大湾区重点领域产业创新和关键技术攻关工作，推动在产业链的关键核心环节设立境外引才专项，促进境外人才链与产业链精准对接，将境外人才引进和使用作为推动粤港澳大湾区产业高质量发展的重点。开展面向全球的数字经济产业引才专项，支持粤港澳大湾区通过技术领先的数字经济领域优质应用场景示范项目吸引境外“高精尖缺”人才和团队来粤港澳大湾区创新创业，引进和培育数字经济领域跨国公司、龙头企业和独角兽企业，以具有全球吸引力的大企业吸引境外人才源源不断地流入。促进粤港澳大湾区企业引进和使用境外人才，鼓励有条件的科技型企业聘请外国高水平专家，支持企业通过在海外设立研发中心、企业技术中心等方式集聚境外人才，推动企业

制定“以才引才、以才聚才”的境外人才引进制度，加快在企业宣传和落实境外人才个税补贴、高端研发人才职称评审、外国专家和科学家项目承担等方面的相关政策，探索实施对企业引进高层次人才普遍采用减免税负与引才补贴等普适性政策。

（三）围绕前沿科技领域，促进境外人才科技成果转化

推动粤港澳大湾区建设大科学装置、国家重点实验室，围绕大科学装置打造若干个跨境科技成果转移转化集聚区，集聚一批来自全球的诺贝尔奖获得者、顶级科学家，支持外籍人才和团队设立重点实验室和科研机构，鼓励境外人才开展跨境科技成果转化和离岸科技成果转化，处理好境外人才的科技成果归属、权益分配、知识产权等问题，打造具有全球影响力的科技创新中心。引导世界500强企业在粤港澳大湾区设立全球研发中心、外资研发中心等，为外国专家、科技人才、高技能人才提供丰富的研发岗位和丰厚的薪酬福利，形成吸引全球研发人才集聚的“强磁场”。建设好面向全球人才的科技孵化平台载体，利用好深圳、广州、珠海的国家海外人才离岸创新创业基地平台，建设一批留学生创新创业园、大学科技园，帮助高校（包括港澳）和科研机构的外籍人才科研成果对接市场。建立健全跨境人才科技成果转移转化体系，打造具有全球影响力和显示度的科创生态圈，将境外人才的创新技术、科研成果与粤港澳大湾区的市场、产业深度连接。

（四）建设粤港澳人才统一大市场，助推港澳人才深度融入社会

推动建设粤港澳人才统一大市场，加快开展粤港澳人才一体化工作，建立健全粤港澳人才合作机制，深化粤港澳人才政策创新和体制机制沟通衔接，促进粤港澳人才信息和数据共享，打通制约粤港澳人才循环的“堵点”，促进粤港澳人才要素资源在更大范围内畅通流动，以港澳为纽带连接全球人才资源，打造国内国际人才双循环先行区。允许粤港澳三地高校合作办学，支持广东高校扩大港澳学生招生规模，鼓励粤港澳三地高校联合培养国际化人才，推动港澳高校、科研机构人才来粤建设国家重点实验室并合作

开展科研项目。推动粤港澳人才与企业展开广泛合作交流，促进以广深港澳科技走廊为核心形成产学研合作区，建设具有国际影响力的港澳人才创新创业孵化平台。激发“双区”和“两个合作区”的建设人才集聚效应，支持在上述平台基础上建设粤港澳人才一体化专区，该专区具有管理粤港澳人才一体化的自主权，实行专区人才制度，可以在港澳人才就业创业政策方面率先探索，在专区内基本实现粤港澳人才畅通无阻碍。全面推动港澳人才融入社会，完善港澳人才学习、就业、创业、生活公共服务和管理，促进广东薪酬待遇、教育、医疗、社保等方面的待遇接近港澳标准和国际标准，切实解决粤港澳人才往来中存在的问题，使得港澳人才来粤工作生活更加便捷。

（五）推进技术移民试点工作，打造全球人才创新高地

加强技术移民总体规划和顶层设计，推动在粤港澳大湾区设立统一的技术移民管理机构，准确把握整个粤港澳大湾区技术移民总体方向、目标、任务等，建立健全技术移民政策和实施细则，完善技术移民法律制度体系，加快对技术移民进行详细分类，建立技术移民职业清单和积分评估制度，争取在南沙、前海、横琴三大自贸区尽快落实技术移民制度。对标世界一流湾区，积极在粤港澳大湾区实行更加开放包容的技术移民政策，推动在实行人才绿卡制度、开展外籍创新人才创办科技型企业享受国民待遇试点的基础上，通过实施宽领域的人才资助计划和签证制度等吸引科技人才流入，放宽、简化、缩短境外高层次人才入籍限制、流程、审批时间，制定富有吸引力的外国留学生移民政策，支持产证学研多元主体广泛参与技术移民的人才引进。推动粤港澳大湾区技术移民深度融入社会，推进国际化人才特区建设，做好技术移民家庭随签工作政策，提升技术移民公共服务水平，优化技术移民工作和生活环境。

（六）完善境外人才政策服务体系，打好政策“组合拳”

发布粤港澳大湾区就业、创业、乐业境外人才系列新政，出台自贸区境外人才新政，改变粤港澳大湾区过于注重高层次境外人才引进的政策倾向，

打造覆盖外籍及港澳台高层次人才、外国科技人才、外国高技能人才、外国留学生、外国青年人才等人才类型的境外人才梯度，建立与国际接轨、体现中国特色、符合粤港澳大湾区定位的境外人才服务管理体制。提高粤港澳大湾区境外人才就业创业政策灵活度，实行灵活的签证制度、出入境制度、居留许可制度、国际移民制度等，降低外籍及港澳台高层次人才认定标准并拓宽覆盖范围，直接对粤港澳大湾区境外高端人才个税超15%部分予以免征，在疫情背景下支持开展在线教育、在线招聘，为国际学生来华留学、创新创业提供便利。通过出台促进粤港澳大湾区人才国际联通的专项政策，发布“一带一路”引才政策，开展海上丝绸之路引才计划，建立境外人才数据分析平台，通过设立海外人才联络处、引进专业化国际猎头机构等方式拓展境外人才引进渠道，推动跨境人才科研资金、数据高效流通。做好境外人才的融入性与服务工作，增强国际学校资源配置能力，优化境外人才化医疗和住房环境，建立与国外有效衔接的社保体系，提高外国机构的数量，包括世界500强企业的入驻量及领事馆等外事机构，营造一流的境外人才创新创业生态环境。

参考文献

蔡昌等：《粤港澳大湾区跨境税务焦点及税收合作研究》，《税务研究》2019年第11期。

陈瑞娟：《粤港澳大湾区引进海外华侨华人高层次人才的思考》，《探求》2021年第3期。

陈雪玉：《粤港澳大湾区人才体制机制创新研究》，《探求》2019年第6期。

房海蕾：《基于组合需求预测的我国大陆境外专家引智工作对策研究》，硕士学位论文，天津大学，2018。

葛雅青：《中国国际人才集聚对区域创新的影响——基于空间视角的分析》，《科技管理研究》2020年第6期。

李永周等：《创新支持感对来华境外人才创新行为的影响——基于创新网络嵌入的中介作用》，《科技进步与对策》2022年第17期。

连晓毅:《福建省境外人才竞争力研究》,硕士学位论文,厦门大学,2018。

刘雨嘉等:《在华外国留学生就业管理制度浅析》,《长春师范大学学报》2022年第3期。

卢奇骏:《加快制定粤港澳大湾区吸引技术移民先行先试政策》,《智慧中国》2020年第8期。

吕利丹等:《国际移民最新趋势和政策应对》,《人口学刊》2021年第6期。

薛佳慧、彭华涛:《创新投入、国际人才流动与国际创业——基于国家级高新技术产业开发区的实证研究》,《中国科技论坛》2022年第2期。

岳文厚:《国际人才战略引领京津冀协同发展》,《国际人才交流》2019年第3期。

张俊美、佟家栋:《"一带一路"国际人才网络对中国出口贸易的影响:来自出口企业的微观证据》,《世界经济研究》2021年第9期。

赵春明等:《国际人才流动与中国对外直接投资——基于非洲来华留学生视角的实证研究》,《天津商业大学学报》2021年第6期。

周家铭:《大数据背景下在华外国留学生移民管理工作的挑战与启示》,《网络安全技术与应用》2021年第10期。

周敏、王大磊:《国际移民创业与族裔社区建设——以美国洛杉矶华裔和韩裔经济为例》,《华侨华人历史研究》2021年第2期。

B.12

粤港澳大湾区打造人才发展新平台研究*

张　琳**

摘　要： 粤港澳大湾区打造人才发展新平台，对于人才高质量发展、促进人才作用的发挥和保障人才资源等尤其重要。本报告首先分析了粤港澳大湾区人才发展整体情况，并深入剖析了核心城市的人才发展现状和需求、实施的人才政策。其次，从人才政策体系、经济社会发展和产业转型升级、人才社会保障等多方面探究当前人才发展平台建设成效。再次，分析现阶段粤港澳大湾区人才发展平台建设存在的问题与面临的挑战，包括高层次人才数量偏少和人才结构不合理，人才创新创业能力仍显不足，人才培养、引进和流动机制不健全，人才发展保障机制不完善，人才发展环境不佳。最后，梳理并总结国内外地区人才发展与平台建设的先进经验，为粤港澳大湾区打造人才发展新平台提出思路和建议：优化产学研协同创新体系，大力培育创新创业人才；健全人才培养、引进和流动机制，实施人才评价和激励措施；完善人才发展保障机制，提高人才生活服务供给能力；优化人才发展环境，培育良好的创新创业氛围。

关键词： 人才队伍　人才发展新平台　粤港澳大湾区

---

* 本报告得到国家自然科学基金项目“日常活动时空间视角下多维地理环境对流动人口心理健康的影响机制”（项目编号：42101247）、广东省基础与应用基础研究基金“时空行为视角下居民地理环境暴露对心理健康的阈值效应及风险防控”（项目编号：2020A1515110623）、广东省普通高校特色创新类项目“‘活动—环境—健康’视角下青少年心理健康状况及其影响机制研究”（项目编号：2021WTSCX023）的资助。

** 张琳，博士，广东外语外贸大学粤港澳大湾区研究院讲师，云山青年学者，硕士生导师，研究方向为经济地理、城市规划。

人才，是指拥有一定知识或技能的人。作为能力和素质较高的人力资源，人才能进行创造性劳动、累积创新动能并推动产业结构转型升级，也能为经济、政治、文化、社会生活等各个方面的发展建设做贡献。[①] 如今，人才资源已成为社会发展的第一战略资源，是区域经济增长的核心驱动力，也是国家之间综合国力竞争的关键指标[②]，人才集聚有助于加快科技创新、吸引高技术产业集聚。为实现“两个一百年”奋斗目标，我国需要贯彻落实人才强国战略，为促进科技创新、实现经济腾飞、提升国家综合实力提供强大的人力支撑。[③] 建设粤港澳大湾区是中国建设世界级湾区、推动国内特大城市转向世界级中心城市，以及提升国家和区域竞争力的重大发展战略。2019 年 2 月 18 日，中共中央、国务院印发的《粤港澳大湾区发展规划纲要》中，明确提出将粤港澳大湾区打造成为人才高地，高质量的人才资源是保障和支持粤港澳大湾区发展的关键要素。因此，如何培育人才、吸引人才、集聚人才、用好人才、留住人才，以及实现人才资源的永续发展，是现阶段和未来一段时期内国家发展和粤港澳大湾区建设的重点。

一　粤港澳大湾区人才发展现状及平台建设分析

（一）粤港澳大湾区人才发展现状

粤港澳大湾区对外来人口有较强的吸引力，主要表现为以下三点。一是大量常住人口向该地区集聚。《2021 年广东省国民经济和社会发展统计公

① 聂晶鑫、刘合林：《中国人才流动的地域模式及空间分布格局研究》，《地理科学》2018 年第 12 期；崔少泽等：《城市人才吸引力评价模型研究——以深圳市为例》，《科研管理》2021 年第 7 期。

② F. Delisle, R. Shearmur, “Where does All the Talent Flow? Migration of Young Graduates and Nongraduates, Canada 1996-2001,” *Canadian Geographer* 3（2010）.

③ 陈标新等：《基于粤港澳大湾区建设背景下的科技创新人才队伍建设研究——以东莞市为例》，《科学管理研究》2020 年第 1 期。

报》显示，2021年末广东省常住人口12684万人，相较于2020年末增加60万人，占全国人口总数的8.98%。其中，广州、深圳作为粤港澳大湾区的核心城市，对广东省人口增量和增速有较高的贡献率。第七次全国人口普查数据显示，2020年粤港澳大湾区内地9市[①]的常住人口数量达到7801万人，比2010年增加2189万人，增长幅度高于北京、上海和广东的平均水平。二是粤港澳大湾区人口集聚呈现年轻化趋势。相较于北京、上海等城市的人口管控政策严格、落户难、房价和生活成本高等影响年轻人口流入的因素，粤港澳大湾区内地9市的人口制度相对更灵活、人口流入门槛略低，并且区域包容性较强，因此，吸引了更多年轻人口集聚。国家卫生健康委员会发布的《中国流动人口发展报告2018》指出，中国城市群流动人口平均年龄由高到低排序为成渝城市群、京津冀城市群、长江中游城市群、长三角城市群和珠三角城市群。珠三角城市群流动人口中超过70%是新生代流动人口（1980年及以后出生的流动人口）。由此可见，年轻人口日渐成为粤港澳大湾区高速发展的主力军。三是粤港澳大湾区吸引大批人才，形成人才集聚中心。借助粤港澳大湾区的地理环境、经济社会发展、政策措施等独特优势，粤港澳大湾区内多个城市启动实施各类人才计划，在培育本地人才的同时，引进海内外创新创业人才。越来越多的高学历人才、各领域中的高层次人才涌入粤港澳大湾区，尤其是广州和深圳接纳了逾70%从其他地区流入粤港澳大湾区的人才。[②]

近些年，粤港澳大湾区总体人才事业取得显著成绩，但是粤港澳大湾区内各个城市的人才增长和发展情况存在明显差异。本报告根据2000年第五次、2010年第六次和2020年第七次全国人口普查，《广东统计年鉴》等数据分析粤港澳大湾区11个城市的人才数量及其变化状况。本报告中的“人

① 即珠三角城市群，包括广州、深圳、珠海、佛山、惠州、东莞、中山、江门、肇庆。

② 阎豫桂：《粤港澳大湾区打造世界一流创新人才高地的思考》，《宏观经济管理》2019年第9期；张颖莉：《粤港澳大湾区人才集聚与空间分布格局研究》，《探求》2020年第4期。

才”是指接受过高等教育，即大学（大专）及以上层次教育的人口。①2000~2010年，粤港澳大湾区城市的人才数量增长迅速。其中，广州一跃成为2010年人才数量最多的城市，高达249.2万人，远超过深圳（182.8万人）、香港（155.4万人）。在这十年间，东莞和中山均实现300%以上的人才增长率，惠州、佛山、深圳和珠海这四个城市的人才增长率达200%以上。2010~2020年的人才增长率，除肇庆外，珠三角城市群另外8个城市的人才增长率均大于100%，深圳、惠州、中山的增长率位于前三名。从2020年的人才数量来看，广州、深圳的人才数量已遥遥领先粤港澳大湾区其他城市，分别为511.2万人、508.7万人（见图1）。2010~2020年的人才增速相较于前十年（2000~2010年）趋缓。总体来看，2000~2020年，粤港澳大湾区的人才数量持续增长，这种增长既是绝对量的增长，也是相对量的增长。深圳的人才增长数量最多，增长了452.3万人，广州紧随其后，增长了418.6万人。在珠三角各城市中人才增长率最高的是东莞，其后依次是中山、惠州、深圳，而人才增长率最低的是肇庆。尽管粤港澳大湾区各城市的人才数量逐年增长，但仍显示城市间人才发展不均衡的现象。

2000~2010年，11个城市的人才数占人口总数的比重均有明显增长，增长幅度最大的前三位依次是珠海、广州和澳门，分别增长了11.1个百分点、10.3个百分点和9.6个百分点，增长幅度最小的是肇庆，仅增长了2.3个百分点。2010年，人才数占人口总数比重最大的城市为香港（22.1%），虽然香港的人才增长率相对较低，但人才数占人口总数的比重仍然居粤港澳大湾区城市首位。另外，广州、珠海、深圳、澳门的人才数占人口总数的比重也较大，人才集聚度较高。2010~2020年，珠三角各城市的人才数占人口总数的比重仍持续上涨，深圳的增长幅度跃居第一，增长了11.3个百分点，远超过珠三角其他城市。除广州、珠海的增长幅度较2000~2010年稍有下降，其他珠三角城市均较2000~2010年有所增加或保持不变。2020年深圳

① 戴翔、刘梦：《人才何以成为红利——源于价值链攀升的证据》，《中国工业经济》2018年第4期；张颖莉：《粤港澳大湾区人才集聚与空间分布格局研究》，《探求》2020年第4期。

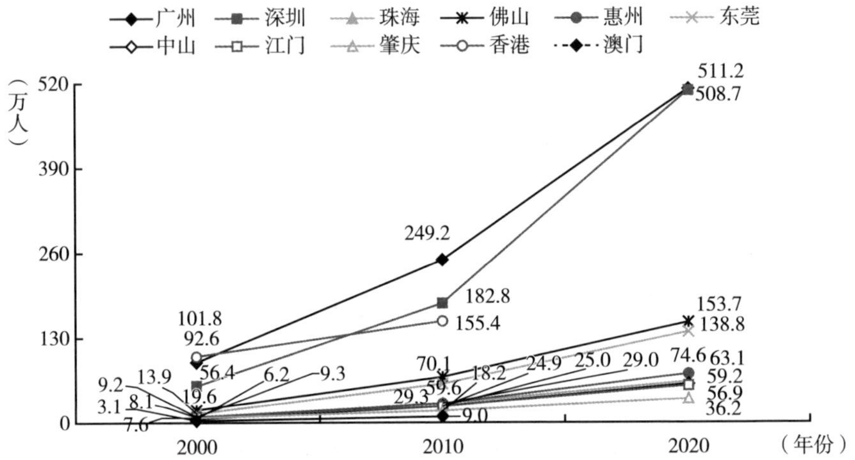

图 1 2000~2020 年粤港澳大湾区城市人才数量变化

注：缺少 2020 年香港和澳门的人才数据。

资料来源：作者根据 2000 年第五次、2010 年第六次和 2020 年第七次全国人口普查，《广东统计年鉴》数据绘制。

成为珠三角城市人才数占人口总数的比重最大的城市，为 28.8%。广州（27.3%）、珠海（25.8%）紧随其后（见表 1）。综上所述，2000~2020 年，粤港澳大湾区人才集聚能力逐渐增强，人才总数持续增加，人才数占人口总数的比重也不断上升，拥有较好的人才优势和发展前景。

表 1 2000~2020 年粤港澳大湾区城市人才数占人口总数的比重变化

单位：%

城市	2000 年	2010 年	2020 年
广州	9.3	19.6	27.3
深圳	8.0	17.5	28.8
珠海	7.5	18.6	25.8
佛山	3.7	9.7	16.1
惠州	2.5	6.4	12.3
东莞	2.2	7.2	13.2
中山	2.6	8.0	13.4
江门	2.3	5.6	11.8

续表

城市	2000 年	2010 年	2020 年
肇庆	2.3	4.6	8.8
香港	15.3	22.1	—
澳门	7.2	16.8	—

注：由于缺少 2020 年香港和澳门的人才数据，无法计算其人才数占人口总数的比重，用“—”代表数据缺失。

资料来源：作者根据 2000 年第五次、2010 年第六次和 2020 年第七次全国人口普查，《广东统计年鉴》数据绘制。

为更好地打造粤港澳大湾区人才发展平台，需要了解当前粤港澳大湾区人才集聚与空间分布格局及特征。粤港澳大湾区人才核心区域出现向外扩散现象，但是广州、深圳、香港和澳门作为粤港澳大湾区的核心城市仍然是人才高度集聚的中心，并且这四个城市具有一定的人才辐射能力，今后能逐步带动周边城市形成人才集聚区。随着经济快速发展和人才政策出台，深圳人才虹吸效应越发凸显，包括广州、佛山、珠海和中山在内的多个城市人才密度有不同程度的增长，然而粤港澳大湾区呈现人才空间分布不均衡的格局，东岸和西岸的惠州、肇庆和江门的人才密度较低。①

本报告深入剖析粤港澳大湾区重点城市的人才发展现状，以及这些城市对人才缺口与需求趋势的研判、实施的人才政策措施等。

1. 广州

广州作为粤港澳大湾区核心城市之一，需要充分发挥核心增长极效应，其中一个方面就是要求广州提高吸纳、集聚和配置人才资源的能力，进而打造人才资源集聚和流动的战略高地。② 近年来，广州始终贯彻“人才引领发展”的思想，加快提升人才培育和引进的工作质量，广纳一流人才，充分发挥人才是第一资源的效应，持续推动广州经济社会高效发展、产业稳步转

① 张颖莉：《粤港澳大湾区人才集聚与空间分布格局研究》，《探求》2020 年第 4 期。

② 李世兰：《广州打造粤港澳大湾区人才高地的思考》，《探求》2021 年第 6 期。

型升级和科学技术不断创新。[①] 为吸引在海外留学的优秀人才回国发展，广州从 1998 年起开始举办“中国留学人员广州科技交流会”，到 2016 年正式更名为“中国海外人才交流大会”（以下简称“留交会”），这一大规模、高层次、强影响力的交流平台吸引了全球多个国家和地区的海外人才积极参与。“留交会”立足广州市，面向海内外，为国内需求单位和海外优秀人才提供彼此了解与沟通的广阔平台。截至 2021 年，“留交会”已成功举办 23 届，引进了众多海外人才服务于广州乃至全中国，并推动大量高端科技项目在全国各地开展。广州人才事业在“引进来”的同时，强调“走出去”，这也是培育人才的关键步骤。广州市“菁英计划”留学项目自实施以来培育了多名拥有广阔国际视野的优秀青年人才，其中的大多数人已学成反穗就业创业，成为广州人才队伍中的骨干成员。此外，在国际国内形势迅速变化、世界经济格局深刻变动的背景下，我国对重点产业领军人才和“高精尖缺”人才的需求日益迫切，对人才建设工作也提出更高的要求。基于此，广州持续加大“人才强市”战略实施力度，开展产业领军人才的引育工程并制定相关支持和保障政策，推动形成人才引领产业发展、产业集聚人才的良性互动关系，进而借助丰富的人才资源和完备的产业体系推动广州高速发展。[②] 同时，广州针对“高精尖缺”人才实施高层次人才支持政策，从工资待遇、生活条件、教育医疗、培养资助等全方位保障高层次人才留穗的工作和生活。目前，广州的引才、育才和聚才能力较为突出，人才事业取得良好的成效，2020 年人才总数高达 511.2 万人，居粤港澳大湾区城市首位。广州集聚了广东省超过 80%的“两院”院士，以及一大批青年优秀人才。广州积极打造粤港澳大湾区的人才高地，尤其是培育和引进高层次、领军型和国际化人才，进一步加大人力资本投资，这对推动广州经济社会高质量发

① 施仁才等：《聚一流人才　展羊城风采——改革开放 40 周年回望广州人才事业发展》，《中国人才》2018 年第 8 期。

② 施仁才等：《聚一流人才　展羊城风采——改革开放 40 周年回望广州人才事业发展》，《中国人才》2018 年第 8 期；陈丽冰：《广州建设国际科技产业创新中心的人才发展研究》，《探求》2018 年第 6 期。

展、增强产业竞争力和科技创新能力，以及提升城市综合实力起着重要作用。[①] 尽管如此，广州的高层次人才吸引力和竞争力相较于国际一线大城市仍有一定的差距。广州作为粤港澳大湾区核心增长极之一，在引才、育才和聚才各方面不仅要引领国内城市，也应当对标国际一线大城市，聚焦国际化高层次人才来穗发展，同时，广州人才竞争力要不断增强，力争能位于全球城市人才竞争力前列。

2. 深圳

改革开放四十多年以来，深圳经济发展取得举世瞩目的成就，迅速跻身中国超大城市之一，并成为全球著名的创新创业城市。在发展建设粤港澳大湾区这一国家重大战略背景下，深圳已成为科技创新产业发展的核心引擎。[②] 在这一过程中，深圳十分重视人才资源的强大推动力，深圳市政府、各区政府在人才建设中相继出台了连贯性强且体系完备的人才政策。[③] 另外，深圳的经济发达、环境较宜居且具备完善的创新产业链，有助于增强人才集聚力、支持创新型人才在深圳就业和安居。深圳尤其重视对国际化、高层次人才的引进，为此制定了有针对性的人才政策，如“孔雀计划”“鹏城英才计划”等，并且与时俱进的不断完善具体实施措施[④]，不仅能为国际化、高层次、高技能人才提供良好的发展平台，还能满足他们在生活住房、教育医疗等方面的需求。因此，深圳吸引了大量不同领域的海内外高层次、高技能人才和团队，进而加快了深圳的金融、互联网、高新技术、生物医药等支柱产业和新兴产业的发展。深圳的人才建设事业成绩显著，2020 年深圳人才总数已达 508.7 万，人才数占人口总数的比重为 28.8%，二者均位于

① 李世兰：《广州打造粤港澳大湾区人才高地的思考》，《探求》2021 年第 6 期。

② 李诗元、唐咏：《我国城市创新发展主要特点及人才挑战——以深圳为例》，《理论月刊》2019 年第 11 期。

③ 吴田、赵渊博：《促进人才发展的公共服务政策文本量化研究——以深圳市为例（2010—2020 年）》，《重庆理工大学学报》（社会科学）2022 年第 3 期。

④ 邱丹逸等：《国内外建设创新人才高地的经验与启示》，《科技与创新》2018 年第 8 期；赵玲玲：《深圳国际化人才引进政策的现状、问题及对策》，《特区实践与理论》2019 年第 2 期；陈健、丁瑞盈：《粤港澳大湾区背景下珠海人才协同发展机制研究》，2020 中国环境科学学会科学技术年会会议论文，中国江苏南京，2020 年 9 月。

粤港澳大湾区城市前列，其中高层次人才增速明显，本土顶尖人才逐渐涌现。另外，深圳培育的本地创新人才和引进的创新人才均偏向年轻化，引进人才较多就职于华为、比亚迪、中兴通讯等企业。① 深圳的产业结构从工业制造业不断转型升级后，最终形成以科技创新为主体的中高端结构。现阶段，深圳从事高科技行业的人员占比较大，远超过全国平均水平，这也表明人才资源能源源不断地推动创新产业发展和转型升级。不可否认的是，尽管深圳提供了较完善的人才政策措施、凭借良好的发展平台吸引了一批国际化人才，但是相较于国际知名一线城市，深圳对国际化人才的引进和培育力度仍较小，人才国际化发展程度与国际知名一线城市还存在较大差距，主要表现为在深圳的国际人口所占的比重低、国际人才吸引力相对较弱，以及国际高知识和高技能人才集聚度不高。② 此外，2020 年全球人才竞争力指数显示，中国的人才竞争力水平排在全球第 42 位，在城市排行榜中，虽然深圳榜上有名，但相较于国际发达城市和部分国内一线城市，例如香港、上海、北京、台北、杭州等，深圳的人才竞争力水平还比较低，排名靠后，仅处于排行榜的第 78 位。③ 为进一步打造现代化、国际化创新城市，深圳需要集聚更多更优质的国际化、高层次人才资源，这也是现阶段深圳人才建设工作的关键。④ 因此，深圳急需更深入地分析国际人才引进工作中尚存的难题，打破大力引进国际化、高层次人才却“留不住”“待不长”的瓶颈。⑤ 这要求深圳不仅要利用好沿海经济特区的地理环境优势，优化城市综合环境，加快科技创新产业发展和打造人才事业平台，还要大力完善公共服务设施、生活和就业创业保障措施，从而增强人才在深圳的归属感和幸福感，把已有人

---

① 李诗元、唐咏：《我国城市创新发展主要特点及人才挑战——以深圳为例》，《理论月刊》2019 年第 11 期。

② 张颖莉：《深圳人才国际化发展现状及对策建议》，《中国人事科学》2020 年第 4 期。

③ 德科集团与欧洲工商管理学院和谷歌联合发布 2020 年《全球人才竞争力指数报告》。

④ 朱莉、袁丹：《深圳国际人才引进障碍及对策研究》，《特区经济》2020 年第 1 期。

⑤ 魏浩等：《国际间人才流动及其影响因素的实证分析》，《管理世界》2012 年第 1 期；金朝阳：《我国引进海外人才工作存在的问题及对策建议——基于深圳市引进海外人才工作的案例研究》，《决策探索》（下）2018 年第 10 期。

才本土化，以软硬兼备的城市实力引才、育才和用才，实现城市的跨越式发展。[①]

3. 东莞

近些年，东莞加强对本地人才培养并不断从海内外引进各类人才，虽然东莞的人才基数小，但人才总数持续攀升，人才增长率位居粤港澳大湾区城市前列。东莞高层次人才集聚效应日益凸显，人才结构也得到优化且人才产出成绩显著。[②] 目前，东莞的人才资源偏年轻化，多数是处于创新创业“黄金年龄期”的中青年。在行业分布上，高层次人才大多属于高新技术企业，主要致力于东莞重点发展的战略性新兴产业，包括生物医药产业、电子信息产业、新能源产业等。[③] 人才资源在东莞城市建设中发挥关键作用，有助于加快产业转型升级，增强产业和科技竞争力，推进技术创新，将东莞逐步打造成为“创新型城市”，也有助于提升城市综合实力，进而在粤港澳大湾区城市中占据更重要的地位。然而，东莞在人才发展工作和人才资源开发中也存在一些局限性。一是人才吸引力有限，未能充分吸引更多更优质的人才资源，东莞的人才数占人口总数的比重始终处于粤港澳大湾区城市群的中下游位置。在发展建设粤港澳大湾区这一国家战略背景下，东莞凭借作为粤港澳大湾区核心地带的地理优势和较完善的产业链，本应引进大量更优质的人才资源助力发展，但粤港澳大湾区城市之间人才流动数据显示，粤港澳大湾区人才将广州、深圳、香港、澳门作为就业地的意向更强，对东莞的意向较低。同时，东莞人才的流出意向地主要是广州、深圳两市，这两市对东莞人才有显著的虹吸效应，这也在一定程度上影响东莞人才的数量和集聚度。因此，东莞还需要进一步提升城市形象，以良好崭

---

① 崔少泽等：《城市人才吸引力评价模型研究——以深圳市为例》，《科研管理》2021 年第 7 期；崔宏轶等：《基于主成分分析法的深圳科技创新人才发展环境评析》，《科技进步与对策》2020 年第 7 期。

② 李冬梅：《粤港澳大湾区建设视域下东莞青年人才资源的开发路径研究》，《中国储运》2021 年第 7 期。

③ 陈标新等：《基于粤港澳大湾区建设背景下的科技创新人才队伍建设研究——以东莞市为例》，《科学管理研究》2020 年第 1 期。

新的城市形象加深与增强人才对东莞选择的内在认识和外在动力。[①] 二是人才政策体系和公共设施配套不完善。东莞的多层次人才政策体系还有待建设，目前人才激励措施和评价机制尚未完善，也缺少针对人才的人力资源服务和公共设施配套服务。东莞还需要进一步优化人才发展环境，包括政策环境、在城市生活的公共服务设施（教育、医疗、交通等）资源和社会文化环境，以及鼓励创新和充分重用人才的社会环境。三是人才结构不完善，人才竞争力尚显不足。当前，东莞中层次人才缺乏的结构性矛盾较为突出，对青年人才的关注程度也不够，未能充分给予青年人才发展平台和机会。此外，各镇区的人才分布存在不合理之处，东莞现有人才的自给能力较欠缺，人才竞争力相对薄弱。

4. 珠海

珠海在粤港澳大湾区建设中处于重要地位，是连接澳门与内地城市的关键枢纽。港珠澳大桥的开通给粤港澳三地互通带来了高度便利化，加快了资金、人力资源、信息等多要素在粤港澳大湾区内流动，珠海在这一背景下也获得新的发展机遇。与此同时，珠海面临人才留珠和引才入珠方面的挑战，如何培育本地人才、引进外来人才，以及合理用才并最大化发挥人才效用，进而实现人才协同发展是珠海亟须解决的问题。目前，珠海越发重视人才建设工作，出台了一系列人才政策，包括人才引进政策（“珠海英才计划”“面向港澳的人才政策”）和人才留珠措施，以及完善人才培育、人才激励、创新支持与生活保障等多方面的政策，这些政策措施的出台为珠海人才发展奠定基础。2000~2020 年，珠海的人才数占人口总数的比重始终处于粤港澳大湾区城市群前列，已有多个领域的人才被引进珠海，这极大地促进了珠海在新经济、高新技术产业等方面的快速发展。[②] 珠海产业的大力发展也

① 王军：《粤港澳大湾区建设背景下东莞人才发展战略研究》，《淮南职业技术学院学报》2020 年第 5 期。

② 陈君梅等：《创新驱动下珠海人才开发现状问题及对策研究》，《人才资源开发》2018 年第 11 期。

使得其人才需求量日益增加。[①] 但就人才总量来看，珠海的人才总量远低于广州、深圳、香港，其与佛山、东莞相比也有一定差距。在人才结构方面珠海尚存不足之处，例如，珠海随着高新技术产业的蓬勃发展，遇到了高技能人才供给不足的发展瓶颈。此外，珠海各行政区的人才数量差距明显，人才发展不均衡。在人才投入资金方面，珠海愈加重视科技研发，逐年增加R&D 经费，提高对高新技术产业和人才的财政投入比重，以期提升技术研发和创新能力，进而促进高新技术产业发展对城市经济的带动。尽管如此，相较于粤港澳大湾区内多个城市，珠海的 R&D 经费投入仍显不足。粤港澳大湾区只有打造良好的市场环境，发挥市场效应，以及充分发挥人才资源在城市发展中的作用，才能加快推动粤港澳大湾区人才协同发展[②]，对于珠海亦是如此。除人才政策保障和扶持经济发展、产业升级之外，珠海在人才协同发展方面还需强调高校教育质量的提升、社会良好环境的营造、创业就业机会的供给等。[③] 珠海作为粤港澳大湾区重要的节点城市，为粤港澳三地的人才流动和国际性人才交流提供平台并积极营造良好的人才发展环境，但是目前珠海对外来人才的吸引力尚显薄弱，人才留珠的意愿较低。而这与珠海的面积、人口和经济规模在粤港澳大湾区城市中相对较小，以及产业结构还需优化、整体竞争力和综合实力不强的劣势有关。此外，珠海现有就业人群中的高层次、高学历的科研人才和高技能人才相对较少，相较于广州、深圳等城市，缺乏从事战略性新兴产业的知识密集型人才和综合型人才。因此，珠海需要培养和引进大量高层次人才，提升人才结构优质化程度。

5. 香港

香港回归 25 年以来，已成为我国“引进来”“走出去”和连接世界的重要门户。早期，香港作为国际金融中心，经济水平遥遥领先我国众多城

① 梁育民、郑海御：《粤港澳大湾区背景下珠海的地位与作用》，《城市观察》2019 年第 1 期。

② 周仲高等：《粤港澳大湾区人才协同发展的理论构建与推进策略》，《广东社会科学》2019 年第 6 期；陈杰等：《粤港澳大湾区人才协同发展机制研究——基于粤港澳人才合作示范区的经验推广》，《科技管理研究》2019 年第 4 期。

③ 陈健、丁瑞盈：《粤港澳大湾区背景下珠海人才协同发展机制研究》，2020 中国环境科学学会科学技术年会会议论文，中国江苏南京，2020 年 9 月。

市，然而，近些年香港的经济发展开始放缓，随着内地经济快速腾飞，北京、上海、深圳等大城市的经济规模和发展水平均反超香港。这与香港以贸易、金融和旅游等为经济支柱产业有关，而高新技术产业在香港没有得到十足的发展，这在一定程度上导致了香港经济发展放缓和较低的抗风险能力。香港在向创新型和知识型经济转型升级过程中最关键的要素是人才资源，如何育才、引才、用才和留才成为香港科技创新发展的重要环节。① 在育才方面，香港高校的教育教学质量已普遍得到社会各界的认可，其通过国际化的高等教育策略，培育大量优秀人才，同时从全球各国引进不同领域的专家与学者、重要的科研学术成果，这为香港的发展提供了强有力的人才支撑。②然而，香港高校的创新成果产出水平和效率还需要提高，科技创新人才的培养与就业问题在一定程度上阻碍了香港科技发展。在引才和用才方面，香港陆续推出"专才计划""优才计划"等人才政策吸引我国内地、世界各地优秀人才来港就业创业和定居生活。各类人才政策实施以来，赴港优秀人才数持续上升，其中多数人才是受香港金融和高端服务业以及整体营商环境的吸引，但科技创新产业对人才的吸引力较低，这与香港的科技创新产业仍未得到较大发展有关。③ 为此，2018 年香港特区政府推出"科技人才入境计划"，从海外和内地吸引自身缺乏的科技人才，用来壮大香港科技创新人才队伍和助力科技创新产业发展，例如，人才入港后主要从事生物科技、人工智能、网络安全、大数据技术等相关产业。同时，科技创新产业发展能进一步加强对科技人才的培养，实现人才和产业互促互进的良性互动关系。④

6. 澳门

近些年，澳门的人才发展面临几大困境。一是本地人才培养不足，人才

① 李莹亮、李慧：《育才、优才、引才，香港打响科技创新"人才争夺战"》，《科技与金融》2018 年第 7 期。

② 严笑等：《新时期香港高校人才发展战略对广东省高校统一战线海外人才引进工作的启示》，《广东省社会主义学院学报》2021 年第 3 期。

③ 叶蓝、赵觉理：《疫情下，香港如何留住内地人才》，《环球时报》2022 年 4 月 7 日。

④ 刘辉：《香港岭南大学商学院副院长、副教授陈弋风：香港正加快大数据人才的培养步》，《贵阳日报》2019 年 5 月 29 日。

资源储备不足。澳门本身的人口基数有限，处于各教育阶段的学生规模较小，并且有超过一半的高中毕业生选择离澳升学①，导致澳门高校培养的本地人才严重缺乏。另外，澳门本地高中毕业生留澳升学的竞争小、门槛低，因此，本地生源质量参差不齐，高校培养人才素质的能力有限。针对这一问题，澳门特区政府开始重视本地人才培养以及吸引在外的澳门人才回流。二是外部人才引进不足。② 早期，澳门的人才引进政策较为保守、审慎，人才引进力度较小，因而，难以通过外部人才引进解决澳门人才不足的难题，也制约了澳门的经济发展并影响澳门在粤港澳大湾区建设中的战略定位。现阶段，澳门已逐渐意识到人才短缺对经济社会和产业发展的明显制约，开始逐步引进特别需求的高层次人才，健全专才引进制度和相关政策措施，制定了《澳门中长期人才培养计划——五年行动方案》，致力于解决澳门人才不足的问题。三是人才结构单一。澳门的产业结构相对单一，导致就业形式单一和人才结构失衡。澳门公职系统和博彩旅游行业吸纳大部分人才资源，造成金融、科技创新、文化等产业的人才结构性短缺，进而制约了产业多元化发展。③ 目前，仅依赖澳门本地高校培养人才已远远不够，但是外来人才资源也比较欠缺。澳门人才短缺问题，尤其是科技和产业人才的短缺对澳门深度参与粤港澳大湾区建设和经济多元化发展都产生了负面影响。

（二）粤港澳大湾区人才发展平台建设分析

粤港澳大湾区开始从人才政策、经济社会、产业发展、教育医疗和社会保障等多个方面打造人才发展平台，建设人才发展高地。本报告通过全方位剖析粤港澳大湾区人才发展平台建设现状，找出其存在的问题与面临的挑战，进而为打造人才发展新平台提供思路和建议。

1. 建立人才政策体系，加快吸引海内外人才

粤港澳大湾区的发展建设需要大量各行各业的人才资源，以促进经济转

---

① 王万里：《澳门参与粤港澳大湾区建设的人才保障问题》，《科技导报》2019 年第 23 期。

② 张驰、梁维特：《澳门人才短缺与人才需求趋势》，《国际人才交流》2008 年第 10 期。

③ 王万里：《澳门参与粤港澳大湾区建设的人才保障问题》，《科技导报》2019 年第 23 期。

型、产业结构升级、教育医疗保障措施的完善和公共服务设施建设，以及社会文化发展等。为进一步推动粤港澳大湾区世界级“人才湾区”的打造，给粤港澳大湾区人才的生活、工作和发展创造良好的政策环境，以及加快对培养本地人才、引进和回流海内外人才形成全方位的政策引力，多个城市相应出台一系列培养与引进人才的政策和措施，覆盖范围较广，涉及重点领域紧缺人才、科技创新人才、高层次人才、高级技能人才、科研人才、创业人才、党政管理人才、社会工作人才等。粤港澳大湾区根据自身战略定位和经济社会建设以及产业发展所需的人才资源，制定了科学合理的中长期人才发展规划，深入优化现有人才培养和引进制度，尝试打造多层次人才政策体系。这些人才政策的实施有助于加大本地人才培养力度，切实提升高校办学质量和国际影响力以及结合产业多元化发展趋势设置专业课程并进行技能培训，从而保持本地人才不外流。同时，加大吸引外来人才和在外的粤港澳大湾区人才回流，积极扎实推进粤港澳大湾区的人才发展工作。此外，推进粤港澳大湾区人才合作共享机制的构建，形成核心城市与周边城市的人才共享联盟，拓宽人才引进渠道，加大人才政策宣传力度，加快引进各领域专业人才和国际人才。[①]

2. 促进经济社会发展，提升城市开放包容度

为促进人才流动、吸引大量从事各行各业的人才流入粤港澳大湾区，需要进一步提升区域经济发展水平和城市的开放度以及对外来人口的包容度[②]，并且加快产业转型升级。因此，粤港澳大湾区内的城市要加快发展经济，并且从政治、经济、文化等多方面提高社会开放度和包容性，提高城市对外来人口的接纳程度，营造有益于人才发展的良好环境，调动人才流入和留在粤港澳大湾区的积极性。近些年，粤港澳大湾区逐渐成为我国经济活力最强劲、开放和友好程度最高的区域之一。当前，粤港澳大湾区内部分城市的薪酬水平已排在全国城市前列。薪酬不仅能反映城市的劳动力报酬水平，

---

① 彭韵茹：《浅谈粤港澳大湾区背景下珠海人才引进工作优劣因素》，《中小企业管理与科技》（上旬刊）2020 年第 9 期。

② B. S. A. Yeoh，S. Huang，“Introduction：Fluidity and Friction in Talent Migration，” *Journal of Ethnic and Migration Studies* 5（2011）.

也能体现经济发展水平，粤港澳大湾区的高薪酬城市对人才有更强的吸引力。此外，粤港澳大湾区内多个城市经过产业转型升级，逐渐形成以科技创新为主导的产业结构，在此过程中也促进城市人才结构不断调整，形成了以高科技行业为主体的中高端人才结构和就业结构。① 由此可见，高科技产业的发展和创新吸引一大批优秀人才为建设人才发展平台提供强大支撑，同时，人才集聚对推动城市产业发展与转型、经济高速增长发挥重要作用。

3. 完善教育医疗设施，提高社会保障度

粤港澳大湾区打造人才发展平台在关注经济、产业发展和科技创新等区域硬实力的同时，要重视社会环境、公共服务设施、文化交流等软实力方面的提升。其中，高校是培育和吸引海内外人才的重要根据地，在粤港澳大湾区发展建设中起到战略支撑作用。高等教育尤其是在科技创新人才培养和国际化人才建设工作中占据非常重要的地位，其提供的人才资源、科研资源和前沿成果已成为区域建设科技创新高地的决定性要素。② 粤港澳大湾区也强调进一步提高高等教育教学质量，加强对高层次、高学历人才的培养，同时为引进人才的子女提供配套入学教育资源。另外，粤港澳大湾区将提供完备的医疗健康设施及资源作为保障，切实改善人才居住、工作环境和多方面生活条件，完善公共交通设施以提高出行便捷度，以及将完善其他社会保障体系等作为提升人才吸引力和保障人才发展的关键要素，这也是打造人才发展平台的先决条件。

二　粤港澳大湾区人才发展平台建设存在的问题与面临的挑战

1. 高层次人才数量偏少和人才结构不合理

（1）高层次人才数量偏少，国际化人才所占的比重较低，且顶尖人才

① 李诗元、唐咏：《我国城市创新发展主要特点及人才挑战——以深圳为例》，《理论月刊》2019 年第 11 期。

② Jack T. Lee, "Education Hubs and Talent Development: Policymaking and Implementation Challenges," *Higher Education* 6 (2014)；李晓峰：《发挥高校在粤港澳大湾区建设中的支撑作用》，《中国教育报》2018 年 11 月 15 日。

相对紧缺

近些年，粤港澳大湾区各城市高度重视人才建设，已启动多项有关高层次人才、国际化人才、“高精尖缺”领军人才等引进和培养工作并陆续出台一系列政策措施，目前粤港澳大湾区的人才工作取得了一定进步，人才总量逐年增加。但是，对比国际上有影响力的湾区可以发现，粤港澳大湾区仍存在高层次人才规模偏小且人才国际化程度偏低的发展瓶颈，在科技创新、高端产业、教育领域有重大贡献和影响力的尖端人才相对匮乏。① 而作为粤港澳大湾区核心城市的广州、深圳，相较于北京、上海等其他国内一线城市的人才发展情况，呈现人才国际化程度略低、“两院”院士等顶尖专家较少的现象。当前，粤港澳大湾区缺少掌握关键核心技术和拥有前沿科技成果的顶尖人才与领军人才，以及国际化精英人才与部分行业领袖级企业家人才。② 虽然广州、深圳等粤港澳大湾区内的核心城市加大了对本地人才的国际化培养力度，为本地人才提供了赴境外交流学习的机会，但这种机会只能惠及极少数人才，仍然难以彻底解决问题。在 Clarivate 发布的 2020 年度“高被引科学家”名单中，粤港澳大湾区核心城市并不占优势。上述各类人才资源的短缺会在一定程度上制约未来粤港澳大湾区经济发展、教育质量提升和产业创新发展。

（2）人才结构欠佳，人才分布不太合理

粤港澳大湾区正处在经济高速发展和产业转型升级的关键时期，急需有国际领先水平的高新技术行业领军人物和人才队伍、高层次科研人才和创新人才等作为人力资源支撑。然而，这些急需人才的短缺导致人才结构失衡，难以形成多层次、全方位发展的人才结构，也不能满足当前社会发展建设的需要。粤港澳大湾区各城市的人才分布也存在较大差异，例如，仅深圳、广

① 余碧仪等：《国际三大湾区科技人才发展经验对粤港澳大湾区的启示》，《科技创新发展战略研究》2019 年第 3 期。

② 陈丽冰：《广州建设国际科技产业创新中心的人才发展研究》，《探求》2018 年第 6 期；李诗元、唐咏：《我国城市创新发展主要特点及人才挑战——以深圳为例》，《理论月刊》2019 年第 11 期；张浩良、隋艳颖：《面向 2035 年：广东创新人才发展形势与应对》，《中国发展》2021 年第 4 期。

州、珠海和中山四市的工业企业 R&D 人才数量就占粤港澳大湾区的 70%以上。粤港澳大湾区人才空间分布呈现“中心—外围”态势，以广州、深圳、香港为人才集聚核心城市，外围区域的人才发展相对滞后，并且区域间差距仍在继续扩大。因此，要在不断优化粤港澳大湾区人才结构的同时，逐渐缩小各城市的人才分布差距。

2. 人才创新创业能力仍显不足

粤港澳大湾区在科技发展领域存在一些“卡脖子”的问题，这与人才创新创业能力不足和基础科研人才数量偏少有关。当前，粤港澳大湾区 R&D 人员的占比较低，国家自然科学奖获奖项目数远少于北京、上海等城市。[①] 研发投入强度相对较低成为制约人才原始创新创业的关键因素，同时人才效用未能得到充分发挥，这与粤港澳大湾区建设国际科技创新中心的战略目标不相符，也与粤港澳大湾区的经济水平和科研院所数量不相匹配。此外，科技成果的转化率有待提高、产学研协同创新发展进程较为缓慢、人才创新竞争力不够强，这需要粤港澳大湾区为人才提供多元化创新创业渠道和资源。因此，亟待进一步激发和提高粤港澳大湾区人才自主创新创业活力和人才竞争优势。

3. 人才培养、引进和流动机制不健全

（1）粤港澳大湾区的人才培养体系尚不完善

对比国际一流湾区和国内城市群，目前粤港澳大湾区内的高水平大学数量并不多，培养国际化人才的优秀学校偏少，同时，少有企业参与国际化人才培养。在人才培养过程中尚存“偏科”现象，例如，人才培养的目标对象主要是教育科研人才、科技创新研发人才、医疗卫生领域研究人才等，但是，针对企业科技创新服务人才、战略企业家、职业经理人和风险投资人的培养与支持投入较少。另外，粤港澳大湾区的产学研协同发展也较为滞后。

（2）高层次人才和国际化人才的引进机制不健全

粤港澳大湾区的高层次人才、国际化人才等引进主要依靠省（市）有

---

① 张浩良、隋艳颖：《面向 2035 年：广东创新人才发展形势与应对》，《中国发展》2021 年第 4 期。

关人才工作行政部门、各类人才工程等进行。然而，全球70%左右的高层次人才通过各国猎头机构的挖掘、招聘和协助引进，这已成为众多发达国家人才引进的重要市场化渠道。现阶段，粤港澳大湾区借助中介机构等市场化方式引进高层次人才、国际化人才的效果未有显现。此外，粤港澳大湾区侧重于刚性人才引进，对人才有一系列约束条件与硬性指标，缺少柔性引进方式，并且各种人才政策与措施主要用于全职和长期在粤港澳大湾区工作的人才，而对于短期工作、开展科学研究等人才的支持和保障力度较小。①

（3）人才流动机制尚不健全

国际知名湾区人才流动频繁、交流密切，并且国际互联互通高效。当前，粤港澳大湾区港澳两地的人才在国际上流动相对活跃，广州、深圳人才流动仍以国内为主，其他城市则侧重在粤港澳大湾区城市内部流动。总体来看，粤港澳三地经济发展体制存在一定差异，协同发展机制不畅，以及在资源和信息的互通共享等方面有壁垒，这在一定程度上削弱了粤港澳大湾区人才流动与合作的积极性。

4. 人才发展保障机制不完善

粤港澳大湾区人才发展的社会保障机制仍需完善，各城市在教育资源、医疗保健、住房保障、社会保险、家属安置与就业保障、薪酬和福利待遇等机制上有明显差异，这在一定程度上影响了对人才的吸引力和人才作用的发挥。为此，粤港澳大湾区内的城市陆续推出人才发展扶持政策和人才保障机制，为保障引进人才的工作和生活做出突出贡献。然而，粤港澳大湾区关于留住人才长期发展的有效机制和配套措施以及人才发展环境还要不断完善。

教育资源问题。高校教育质量仍需提高，同时，加大对紧缺型人才的培养。此外，针对引进的国际高层次人才，由于现有国际化教育资源有限，较难完全满足他们子女的教育需求。

医疗保健问题。粤港澳大湾区各城市之间的医疗资源差异较大，例如，

---

① 陈杰等：《粤港澳大湾区人才协同发展机制研究——基于粤港澳人才合作示范区的经验推广》，《科技管理研究》2019年第4期。

深圳作为我国特大城市和粤港澳大湾区核心城市之一，其医疗设施资源供给总体不足、基层医疗服务能力较弱，难以给大量的引进人才提供充足的医疗保健服务。①

住房保障问题。落户和住房成为影响引进人才生活质量的关键问题。目前，粤港澳大湾区主要城市的房价均较高，排在全国城市房价前列，如此高昂的购房或租房费用使人才的生活成本增加，降低人才的生活质量和满意度，也可能导致人才的流失。尽管政府部门出台相关政策，提供人才用房、公租房等，但是此类住房数量有限且申请难度较大，能否保障大量引进人才和本地培养人才的住房需求仍是未知。

社会保险问题。在社会保险中，国际化人才更加关注来华后的养老保险问题。由于我国政策规定养老保险需缴纳满一定年限，在退休后才能终生享受养老金。国际人才来华后，已不能维系其国原工作单位的养老保险缴纳，若在我国因工作年限不符合养老保险缴纳规定年限而不能享受养老保险，这对来华工作的国际人才来说是巨大的损失。不同于香港，粤港澳大湾区内地城市针对国际人才的社会保障体系尚未与国际有效衔接，这会制约粤港澳大湾区对国际人才的吸引力。

家属安置与就业保障问题。为保证引进人才能无后顾之忧的为粤港澳大湾区发展建设做贡献，需要做好他们家属的安置保障工作。由于解决人才配偶的就业问题存在诸多困难，当前政府提供的相关优惠政策和具体措施还未完全落地。另外，大多数引进人才的单位难以切实解决人才配偶的就业难题。

薪酬和福利待遇问题。有竞争力的薪酬和较好的福利待遇是保障人才生活质量和影响人才引进与流动最直接的原因之一。② 对于大力引进的国际人才、顶尖人才、领军人才等应当提供可观的薪酬待遇并加大对人才资源开发投入。

5. 人才发展环境不佳

目前，粤港澳大湾区人才发展环境有待优化，影响人才发展工作进程，

---

① 朱莉、袁丹：《深圳国际人才引进障碍及对策研究》，《特区经济》2020 年第 1 期。

② 王延涛：《我国海外人才引进体系研究》，《现代管理科学》2018 年第 12 期。

主要体现在三个方面。

第一，区域公共服务水平有待提高。粤港澳大湾区在对人才引进后的公共服务、政务服务方面尚存不足。公共交通拥堵、公共服务和文体设施供给不足且分布不均、房价高昂、薪资水平竞争力不大等不利因素都会影响人才的工作效率和发展，也会阻碍区域的经济发展。

第二，科技创新氛围不太浓厚，法治环境也亟待优化。粤港澳大湾区内多数城市的科技创新氛围较弱，这与长久以来企业对创新的需求不多有关。城市内缺少创新资源集聚、创业条件配套齐全的科技园区，本地培养和吸引的科技创新人才较少。此外，促进创新创业的立法保障制度需要进一步完善。①

第三，企业工作环境欠佳。粤港澳大湾区已引进了大量人才投身于知识密集型和科技创新型产业，但相关企业难以提供开放兼容的工作环境，在企业的经营机制、用人制度上还存在局限性，从而影响人才效用的发挥，也可能导致人才流失。这是国内大城市在企业工作环境方面普遍存在的局限性，粤港澳大湾区核心城市，例如广州、深圳等也不例外。

三　粤港澳大湾区打造人才发展新平台的思路与建议

综上所述，本报告通过对粤港澳大湾区人才发展现状和人才发展平台建设优劣势进行分析，梳理并总结国内外地区人才发展与平台建设的先进经验，为粤港澳大湾区打造人才发展新平台提出思路和建议。

（一）国内外人才发展与平台建设的先进经验

1. 国际三大湾区人才发展与平台建设的先进经验

当前，粤港澳大湾区的经济影响力已位于世界四大湾区前列，并逐步建立了多层次、立体化的人才发展政策体系，初步形成优势互补的产业格局，

① 汪怿：《面向全球科技创新中心建设的人才政策评估及发展对策》，《科学发展》2017 年第 11 期。

集聚高端创新平台与载体，进一步完善现代化、综合化基础设施，对高层次人才、高技能人才、科技创新人才等人才队伍的吸引力持续提升，粤港澳大湾区已初步具备打造高水平人才高地的扎实基础和显著优势。然而，相较于其他三大湾区（纽约湾区、旧金山湾区和东京湾区），粤港澳大湾区人才所占的比重较低，人才数量也偏少。《粤港澳大湾区人才发展报告》显示，粤港澳大湾区的高等教育人口占比仅为17.47%，旧金山湾区占比最高，达到46%，其次依次是纽约湾区（42%）和东京湾区（36.7%）。[①] 现阶段，粤港澳大湾区尚处于人才发展和人才高地建设的初级阶段。[②]

本报告通过分析纽约湾区、旧金山湾区、东京湾区人才发展工作的先进经验，可以总结得出以下启示。一是实施多层次、全方位的人才引进政策。在重视本土人才培养之外，借助多个渠道引进和储备需要的人才，包括以更宽松的移民政策、猎头制度、留学生政策和良好的生活条件等吸引海外高层次人才和投资者移民落户，以及通过收购、入资国外实验室或企业、设立海外研发机构等方式不断引进人才和发挥人才效用。[③] 二是完善的金融服务与科技创新创业服务体系，为人才创造良好的发展环境和条件。具体来说，区域内汇集各类专业科技服务机构，形成多层次、全方位、链条式的科技创新创业服务体系，有助于加快科技成果转化。[④] 此外，集聚众多金融服务机构和投资企业，为科技企业成长发展提供资金储备，同时，高科技、高新技术产业发展能带动金融服务业等现代服务业的加速发展，从而加快吸引高科技人才大规模集聚。三是建立产学研一体化合作新模式，积极推动产业界和学术界之间人才双向流动、开展研发合作并建立紧密合作机制，允许产业界人才前往高校听课和借用实验室，鼓励企业参与科技人才的培养，支持高校科

① 《CCG发布〈粤港澳大湾区人才发展报告〉丨大湾区经济实力雄厚，经济呈平稳高速增长》，全球化智库（CCG）网站，2018年12月，http://www.ccg.org.cn/archives/37028。

② 余碧仪等：《国际三大湾区科技人才发展经验对粤港澳大湾区的启示》，《科技创新发展战略研究》2019年第3期。

③ 余碧仪等：《国际三大湾区科技人才发展经验对粤港澳大湾区的启示》，《科技创新发展战略研究》2019年第3期。

④ 李敏等：《国内外科技人才政策服务情况与启示》，《科技中国》2018年第6期。

研人才进行创新创业，促进高校人才与企业交流并强化二者合作研究关系。通过产学研联合、校企合作、官学研联合等多种方式促进人才创新创业、培养和集聚创新创业人才。[①] 这些举措有助于在“人”这一层面上实现产业、高校、市场和资本之间的连接，加快科技成果转化应用。[②] 四是提供人才生活保障设施与服务，设置人才激励机制。一方面要完善人才生活的基础设施和服务，提供医疗健康保障、子女教育保障、基础设施建设保障和其他社会保障，例如国际间养老金互补制度等，加快改善人才的生活条件并提高人才的生活质量，提升区域人才竞争力。另一方面是通过实施人才激励机制，进一步调动人才开展科技创新和创业就业的积极性，增强人才的满足感和获得感。其主要方式包括从国家层面、省（市）层面设立有针对性的人才引进制度、人才专项资助计划，以及税收减免等措施[③]，从企业层面实施员工持股激励计划，充分增强员工的科技创新创业意识，增强员工的组织凝聚力。[④]

2. 国内地区人才发展与平台建设的先进经验

长三角城市群和京津冀城市群的经济发达、创新力强、开放程度高，对人才吸引力大。本报告通过总结这两个城市群在人才发展和平台建设方面的先进经验，可以得出以下启示。一方面，构建高效联动的人才协同发展机制，更有助于从政治（政策措施、宏观调控）、经济（就业创业配套体系、福利待遇）、人才培养等多方面落实好人才发展工作。同时，政府、市场和企业等多主体相互配合，共同促进人力资源开发，实现人才协同发展。[⑤] 另一方面，充分发挥政府、高校、市场的作用，建设人才培育一体化机制，同

① 王磊、何思学：《世界三大湾区人才发展对粤港澳大湾区人才战略高地建设的启示》，《人才资源开发》2019 年第 9 期。

② 姜绍华：《斯坦福缘何成为硅谷智库》，《成才之路》2015 年第 10 期；张豪、张向前：《日本适应驱动创新科技人才发展机制分析》，《现代日本经济》2016 年第 1 期。

③ 乌云其其格：《发达国家高科技人才培养、使用与引进政策述要》，《中国科技论坛》2007 年第 10 期。

④ 罗剑钊：《国外人才政策对我国优化科技人才战略的启示》，《科技创新发展战略研究》2017 年第 2 期。

⑤ 金丽赟：《从京津冀实践看浙江如何推动长三角人才协同发展》，《政策瞭望》2019 年第 2 期；陈健、丁瑞盈：《粤港澳大湾区背景下珠海人才协同发展机制研究》，2020 中国环境科学学会科学技术年会会议论文，中国江苏南京，2020 年 9 月。

时，设置政企协同发展的人才评价机制以及市场导向的人才激励和吸引制度。此外，在人才服务层面，打造“保姆式”个性化服务机制，在政策、资金、人才培育、创新创业和人才生活保障等多方面为人才提供高质量服务，进一步吸引和集聚人才。①

（二）粤港澳大湾区打造人才发展新平台的思路与建议

1. 优化产学研协同创新体系，大力培育创新创业人才

进一步优化粤港澳大湾区的产学研协同创新体系，建立产学研一体化新模式，推进创新创业人才培养与引进工作，主要从四个方面开展。一是提升高校教育教学质量，加快对科技创新创业人才的培育，同时引进大量创新型人才，共同促进粤港澳大湾区科技创新力量日渐雄厚，解决科技发展中的“卡脖子”问题。首先，激发人才创新精神，培养创新思维，培育创业意识；其次，高校引进高水平师资和营造良好的校园创新创业氛围，进而开展科学研究和科技创新工作；再次，以市场和就业为导向，重视对创业人才的培养；最后，实现创新研究与创业实践的紧密结合和互促互进，加快科研人才、创业实践人才的培养。② 二是鼓励企业参与科技创新人才的培养，例如聘请产业界的高水平人才为相关领域的高校学生授课、允许企业人才去附近高校听课和使用实验室。三是促进粤港澳大湾区内的高校和企业之间的人才交流以及优势互补，积极推动学术界和产业界的研发合作。高校联合政府与企业三方共建研发平台，以校企协同形式培育创新创业人才，以及构建包括科学管理机制、高水平科研人才、成熟技术转让制度、雄厚创新基金在内的创新创业人才培养体系。③ 四是加大创新研发投入，提高粤港澳大湾区人才创新创业活力，充分发挥人才效用，加快实现粤港澳大湾区

---

① 张贵、刘雪芹：《京津冀人才一体化发展的合作机制与对策研究》，《中共天津市委党校学报》2017 年第 3 期。

② 陈媛：《旧金山湾区高校创新创业人才培养模式对粤港澳大湾区高校人才培育的启示》，《创新与创业教育》2019 年第 2 期。

③ 董美玲：《加州大学的产学研合作创新》，《中国高校科技》2011 年第 9 期。

人才协同发展。[①]

2. 健全人才培养、引进和流动机制，实施人才评价和激励措施

从政府、学校和科研院所、企业等多个主体出发，进一步完善粤港澳大湾区的人才培养体系，储备更多的优秀人才资源。一是突出政府主导的地位，为人才培养提供政策和制度保障，为人才培养及其后续发展制定系统性规划，并推进培养工作有序开展。二是把对于创新素养的培养贯穿包括小学、中学和大学在内的完整教育体系[②]；提高现有高校的教育水平和科研创新能力，推进粤港澳大湾区高校的国际交流与深度合作；加快粤港澳三地合作建设高等教育联盟，促进教育资源的互通共享、均匀分配，推动高校培育多元化的高学历、高层次人才和尖端创新型人才；为防止“偏科”式人才培养，高校和企业联合为粤港澳大湾区培育科技创新人才和创业人才，可以在高校开设创新创业实践类课程并配置高校和企业的双导师进行指导。[③] 三是强调企业在人才培养过程中的重要性，在符合条件的科技企业设立人才工作站并加大研发投入，加快企业和高校、科研机构合作共建实验室、共享创新创业资源，以及联合培养科技创新人才、专业技能人才。[④]

健全粤港澳大湾区优化人才引进机制，可以从这些方面出发。一是政府要为引才提供健全的制度保障。二是企业积极参与引才、用才过程，使企业成为人才成长的沃土。立足于产业需求和企业发展，实施精准化引才引智策略。三是拓宽人才引进渠道，采取多样化的引才方式。首先，转变先前依靠政府人才工作部门引才、人才工程引才的方式，加快健全市场化引才机制，通过具有国际影响力的猎头机构、海外引才站点等围绕区域重点发展产业、政府提供的紧缺型人才需求目录等开展精准挖掘、招聘和协助引进工作。其次，对接人才需求，完善粤港澳大湾区的柔性引才机制。通过国际科技合作

---

① 周仲高等：《粤港澳大湾区人才协同发展的理论构建与推进策略》，《广东社会科学》2019年第6期。

② 李楠等：《粤港澳大湾区人才高地建设中的问题及对策建议》，《广东经济》2021年第4期。

③ 刘雪冰：《粤港澳大湾区创新创业人才发展问题及对策研究》，《创新创业理论研究与实践》2019年第14期。

④ 赵超：《推进粤港澳大湾区科技人才队伍建设》，《中国人才》2021年第6期。

和学术交流吸引海外高层次人才，通过粤港澳大湾区内跨国企业的并购、投资和在外建立研发基地等方式实现在外就地用才。最后，支持来粤港澳大湾区短期工作、开展短期交流和研究的人才可享受人才政策与相关保障措施。

加快健全粤港澳大湾区人才流动机制，实行更开放、更有效的政策措施。一是推动粤港澳三地之间的人才自由流动，深化人才交流合作，实现粤港澳大湾区内部人才的均衡发展。同时，带动知识、科技、文化、资金、资源与信息等创新要素的流动共享。① 二是深入推进港澳两地与内地城市的科技创新合作，促进人才合作与学术交流。三是积极促进粤港澳大湾区科技人才在国际上流动，开展跨境深度交流合作，逐步实现粤港澳大湾区人才的国际化发展目标。

优化粤港澳大湾区人才评价体系，建立多层次、综合化的人才评价标准，发挥政府、市场、企业、科技机构和社会公众等多主体评价的作用，增强对人才评价的公正力，促进人才务实创新并更好地发展。②

创新粤港澳大湾区人才激励措施，是留住人才以及实现人才可持续发展的重要方式。一是优化科技创新管理政策及法规，调动人才从事科研的积极性和激发其创新创业活力；二是设立协调统一的人才奖补扶持措施，加大研发投入力度、提高人才薪酬和福利待遇、提升补贴和扶持标准、增加引才奖励，通过创造良好的条件增大粤港澳大湾区的人才吸引力；三是实行税收优惠政策；四是加大企业实施科技人才持股激励计划的力度，同时，对部分高层次人才实施专项激励政策，快速推动高层次人才与技术、资本等国际要素的对接。

3. 完善人才发展保障机制，提高人才生活服务供给能力

加快完善粤港澳大湾区人才发展保障机制，不断提高人才生活服务供给能力，为人才引进和发展营造更优质的“软环境”，构筑宜居乐业的人才发展生态，大力解决人才后顾之忧，主要着力于以下几方面。一是教育方面。

---

① 张颖莉：《粤港澳大湾区人才集聚与空间分布格局研究》，《探求》2020 年第 4 期；

② 赵超：《推进粤港澳大湾区科技人才队伍建设》，《中国人才》2021 年第 6 期。

加强高校和科研院所对人才的培养；积极引进并规划建设国际学校，增加国际化教育资源，为国际人才的子女提供优质的教育服务[①]；整合粤港澳三地的教育资源，推动办学经验、教学理念和教育资源之间的借鉴共享，满足港澳人才子女的受教育需求。[②] 二是健康医疗方面。加大医疗资源和设施供给，提高医疗保健服务水平；考虑建设国际医院以满足更多国际人才的就医需求；探索设立粤港澳三地通用的电子医保卡，满足持卡者快速就医的需要。三是户籍和住房方面。对高层次人才落户、长期或永久居留方面给予特殊优待政策，部分符合条件的人才可享受购房资格；推动实施“人才安居工程”，提供更充足且高质量的人才住房并配套多元化的社区功能和服务，适当降低申请门槛，为更多的人才提供安居保障；加大租房补助，降低难以申请到人才住房的部分人才的住房成本。[③] 四是社会保险方面。逐步推进国际人才来华后的社会保障体系与国际有效衔接，为引进人才出台社保特殊政策，保障养老金、医保等正常使用；推行粤港澳三地通用的社保卡，建立三地社保的结算衔接机制，保证人才能及时高效获取社保服务，解决养老金、住房公积金等异地迁移、缴纳和领取问题。五是人才家属的安置与就业保障方面。进一步完善人才家属的安置保障工作，提供更多的创业和就业机会与支持。六是薪酬和福利待遇方面。逐步建立与国际接轨的人才薪酬和福利待遇机制，适当提高薪酬水平。七是交通、通信等公共服务方面。完善交通设施，加快推动国际通信专用通道建设，从而大幅降低人才跨境通信的成本。

4. 优化人才发展环境，培育良好的创新创业氛围

加快优化粤港澳大湾区人才发展环境，营造兼具开放性、包容性和多元化的创新创业文化与氛围，这对于吸引人才、助力人才发展和发挥人才价值大有益处。其可以从以下四个方面进行：一是打造方便快捷、宜居宜业的城

---

① 陈杰等：《粤港澳大湾区人才协同发展机制研究——基于粤港澳人才合作示范区的经验推广》，《科技管理研究》2019 年第 4 期；萧鸣政、张湘姝：《加快推进粤港澳大湾区人才高地建设》，《中国人才》2021 年第 8 期。

② 张雄：《粤港澳大湾区如何共筑人才高地》，《中国人才》2019 年第 5 期。

③ 萧鸣政、张湘姝：《加快推进粤港澳大湾区人才高地建设》，《中国人才》2021 年第 8 期。

市环境，包括公共服务和政务服务水平较高，自然环境良好，交通便利，商业、教育医疗、居住等生活基础设施完善且空间分布合理，薪资竞争力提高；[①] 二是尊重创新创造，鼓励人才创新和探索，不断培养人才创新创业思维与能力，培育更加浓厚的科技创新氛围和宽松的创业环境；[②] 三是优化法治环境，健全政府、企业、高校、研究机构等多方力量共同参与的治理机制，包括从廉洁从政、公正司法、严格执法等多方面营造良好的人才发展法治环境，加快完善创新创业的法律保障制度，推动形成安心、放心的创新创业环境；四是优化企业工作环境，完善经营机制和用人制度，加强产学研合作，营造良好的科技成果转化氛围，加快形成创新资源集聚、创业条件齐全的科技生态圈。[③]

① 李楠等：《粤港澳大湾区人才高地建设中的问题及对策建议》，《广东经济》2021 年第 4 期。
② 陈杰等：《人才环境感知对海外高层次人才流动意愿的影响实证——以广东省为例》，《科技管理研究》2018 年第 1 期；刘雪冰：《粤港澳大湾区创新创业人才发展问题及对策研究》，《创新创业理论研究与实践》2019 年第 14 期。
③ 张雄：《粤港澳大湾区如何共筑人才高地》，《中国人才》2019 年第 5 期。

B.13
粤港澳大湾区建设视阈下广东青年创业研究*

刘 胜 吴 亮 林玲文**

摘　要： 青年创业是推动粤港澳大湾区高质量发展的新生力量，研究湾区青年创业现状特征、现存问题及提升策略有较强的理论价值和现实意义。本报告通过对169份有效调查问卷的分析和档案资料研究发现，湾区青年具有较强的创业学习动力和自主学习意识、积极认同中华优秀传统文化、共享不同的地域文化、积极传承优秀的岭南文化。当然，湾区青年创业也存在需要改进的地方，如对创新创业基地的宣传亟须加强、大湾区内创业合作政策的宣讲应当强化、湾区青年创业需要引导等。对此，本报告认为应加强大湾区内制度有效衔接、建立"双创"信息共建平台、开展有针对性的行业深度整合和培训、升级创新生态圈、搭建综合性创新创业基地、引入第三方服务机构，为湾区青年创业保驾护航。此外，政府引导须与市场资源配置相结合，为湾区青年创业提供良好的综合营商环境。

---

* 本报告是教育部产学合作协同育人项目"数字经济背景下经济学专业人才培养模式创新与改革路径"（项目编号：202102197003）、广东省科技创新战略专项资金（"攀登计划"）项目"'双循环'视阈下粤港澳大湾区城市群建设促进外资流入了吗?"（项目编号：pdjh2021b0179）、广东省高等教育学会"十四五"规划2021年度高等教育研究课题"粤港澳大湾区大学生高质量就业创业研究"（课题编号：21GYB149）的成果。

** 刘胜，经济学博士，广东外语外贸大学粤港澳大湾区研究院副教授，研究方向为产业经济学；吴亮，管理学博士，广东外语外贸大学粤港澳大湾区研究院讲师，研究方向为企业管理；林玲文，广东外语外贸大学经济贸易学院本科生，研究方向为企业经济和税收。感谢广东外语外贸大学的王煜、秦舒、罗滢、胡桥、许菲、王若淇、温文佩等在调研数据采集及分析撰写等方面的支持。

关键词： 青年 创业创新 高质量发展 粤港澳大湾区

一 研究背景与意义

青年作为国家最具创造活力的重要主体，具有相对于其他年龄阶段主体而言的客观优势，能够带动社会创业就业、激发国家创新创造的活力和潜力。随着我国高等教育逐渐从“精英教育”转变为“大众教育”，面对职位上的供过于求，有效缓解青年的就业压力，谋求青年自我价值的实现，最大限度地发挥青年的才能，激发青年创新创业活力，是当前加强青年独立思考、自主学习能力，激发青年创造力的有效举措。当下，随着大湾区内轨道交通网络的完善，湾区青年的创业氛围也蔚成风气。基于各个城市的发展现状，针对各创新创业基地的一系列优惠政策应运而生，推动港澳青年更好地追寻自己的梦想。而大湾区内的众创空间在“双创”政策的引导下，进一步扩大建设领域和服务范围。众创空间不仅能够为青年群体提供基础服务，其作为项目孵化的重要平台，还能够为智能科技、创意文创、生活美食、公益事业等领域的青年创业者提供相应的场地支持。此外，根据青年创新创业需求和特点，众创空间通过充分利用互联网优势，更好地把握全球创新创业的新趋势及新机遇，为青年创业者提供相应的创业指导和保障。其通过独特优势，为青年创业者构建便利化、开放式、全要素、低成本的创业环境。大湾区内除了广州、深圳等城市，东莞、清远等其他城市也因湾区内青年人才汇聚而具有充沛的创新创业动力。对此，为有效的为湾区青年提供相应的交流平台，需要对湾区青年的需求进行调查研究，并完善相应的配套设施。政府部门和社会团体也应以青年的诉求为主体，做好相应的青年创业公共服务工作，并将相关机制措施全面贯彻实施。积极为青年一代在创业过程中遇到的风险难题做好相应保障，助力更多青年创新创业，推动大湾区经济发展。湾区青年创业调查研究兼具系统性与复杂性的特点，因此本报告采取质性与量性相结合的研究方法，重视规范与实证相结合，期望能更加全面地分析粤港澳青年在创业过程中面临的机遇和挑战，并据此提出相应的对策建议。

二　湾区青年创业中所面临的机遇

2020年下半年，随着新冠肺炎疫情防控形式的改善，大湾区得以重拾经济稳健增长的步伐。《粤港澳大湾区发展规划纲要》颁布实施以来，粤港澳大湾区的经济总量、出口额和人口数量稳步提升。以广州、香港、澳门和深圳等为核心引擎的粤港澳大湾区显示无限的潜力。截至2021年，大湾区已有包括深圳、广州、香港、佛山和东莞在内的5个万亿元GDP城市。目前，青年创新创业也在大湾区逐渐掀起新热潮。2021年1月，香港特区政府推出“粤港澳大湾区青年就业计划”，旨在为青年人到大湾区工作和发展提供相应的支持和机会。除此之外，粤港澳青年创新创业孵化基地的投入运营也体现了鼓励粤港澳青年创新创业的趋势与浪潮。粤港澳青年创新创业孵化基地是专门根据创业者不同阶段的需求提供相应的帮扶和保障而设立的，其对青年创业者应对初期的考验和挑战具有较大帮助。位于广州市番禺区大学城的粤港澳青年创新创业孵化基地面积达4172平方米，进驻率达100%，目前已发展至第二期。基地配套资源优良，其中包括直播电商服务中心等一系列设施，同时拥有多家知名企业的支持，并受到了社会媒体的广泛关注和宣传。

（一）湾区青年创业学习动力足

湾区青年的创业学习动力强劲。在收到的169份调查问卷中，有近44.4%的受访青年参加过相关的创新创业大赛（见图1）。高校目前对创新创业比赛的支持力度较大，创新创业比赛可以使参赛者接触更多优质专家以及收到专家给予的创业项目指导意见，并与优秀企业进行相互交流学习。此外，为有效地引领、带动青年群体的创业热潮，粤港澳大湾区通过青年创新创业交流营等方式举办相关的比赛，从而汇聚和整合各种优秀资源，引导社会各界力量，实现“以赛促学”的目标。比赛项目覆盖范围较广，涉及乡村振兴、科技创新、生物医疗等领域，有利于更好地凝聚社会力量，鼓励新兴行业的创新发展。同时适当的宣传和奖励创业项目，可以帮助其实现可持续发展，为青年创业项目后续的发展给予支持，专家和评审的指导意见也为湾区青年创业指明方向。

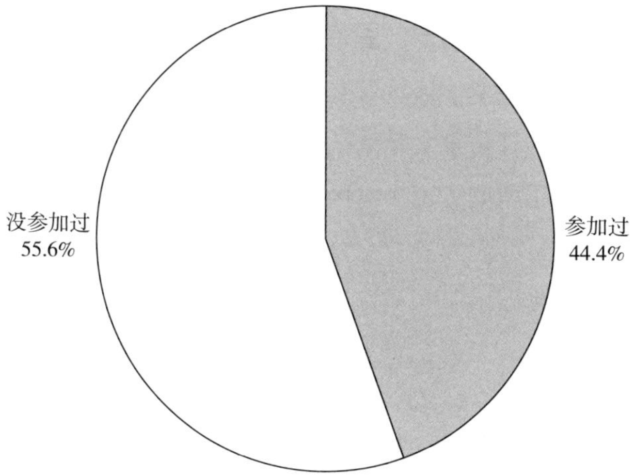

图1　湾区青年参加创新创业大赛的情况

资料来源：课题组根据调研数据整理。

（二）湾区青年认同中华优秀传统文化

湾区青年积极认同中华优秀传统文化。在收到的169份调查问卷中，有50%以上的受访青年对中华优秀传统文化持非常认同的态度，约有27.5%的受访青年持认同的态度，约有12.5%的受访青年持比较认同的态度，近7.5%的受访青年持中立态度，没有受访青年持不认同的态度（见图2）。事实上，中华优秀传统文化包含了中华民族的思想内涵、人文精神和传统美德，是中华民族几千年来的智慧结晶，在新时代中彰显其强大的生命活力，是建设社会主义文化强国的重要支柱，对青年的价值观和人生观具有重要的引领作用，能够助推中华民族不断发展进步。政府和大湾区内的各高校都十分重视中华优秀传统文化的宣传和发扬。如2019年12月中国紫檀博物馆横琴分馆的建立，充分利用不同地域间的资源禀赋优势，加深了内地和澳门居民对传统文化的了解，促进了两地居民进行深入的文化沟通，并由此引发了两地居民强烈的情感交流和精神共鸣。2020年，大湾区内城市提出物质文化和非物质文化遗产保护、继承、发展的新理念和新模式，通过发布涵盖8个主题的43条粤港澳大湾区文化遗产旅游路径，将零落的文化遗产以线性的方式串联起来，进而加强湾区青年的交流沟通。此外，大湾区内各高校通过举办各类文化艺术比赛、展览等有益于提升学生文化素养的活动，进一步增强了他们对中华优秀传统文化的认同意识。良好的文化环境为湾区青年培育文化认同感创造了空间，也为湾区青年创业带来新机遇。

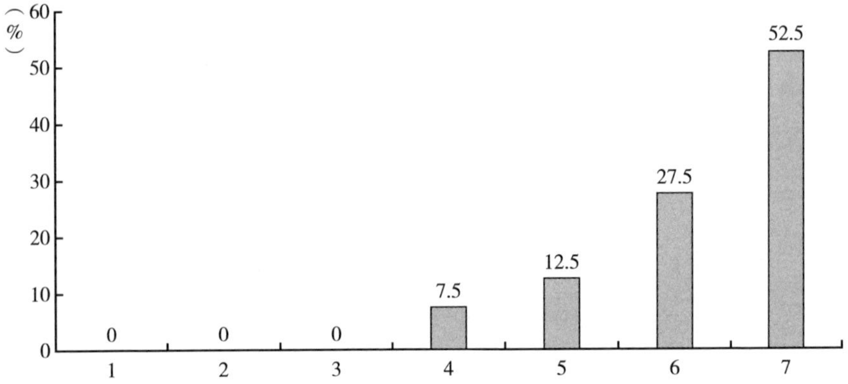

图2　湾区青年对中华优秀传统文化的认同程度

注：1~7表示从“非常不认同”到“非常认同”。
资料来源：课题组根据调研数据整理。

（三）湾区青年共享不同的地域文化

湾区青年共享不同的地域文化。在收到的169份调查问卷中，约有87.5%的受访青年对不同的地域文化持认同的态度，持中立态度的受访青年占比约为10.0%，没有受访青年非常不认同不同的地域文化（见图3）。应该说，不同的地域文化推动湾区青年的思想交流。大湾区各城市之间具有相同的文化渊源，但后来历史因素导致港澳两地的经济、社会、文化与大湾区内地城市出现了一定的差异。香港和澳门回归祖国以来，加强港澳青年对中华文化的认同感，使港澳青年发现祖国人文、自然之美，了解中国内地建设，让港澳青年积极投身创作与体验，较好地加强了湾区青年的文化往来。近年来，国家及各地先后颁布了多项促进粤港澳三地交流合作的政策文件和具体措施，鼓励、促进大湾区各城市的沟通交流与合作。《粤港澳大湾区发展规划纲要》提出“共建人文湾区”的目标，强调要合作举办各类文化遗产展览、展演活动，传承宣扬特色岭南文化，打破湾区青年对其他地域文化的固定思维，以正确的价值导向重塑他们对不同的地域文化的认识，为湾区青年创新创业活动引入更多的新元素。

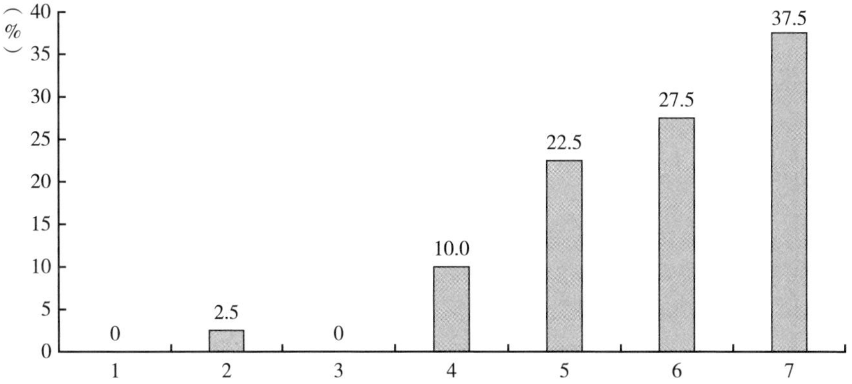

图3　湾区青年对不同的地域文化的认同程度

注：1~7表示从“非常不认同”到“非常认同”。

资料来源：课题组根据调研数据整理。

（四）湾区青年积极传承优秀的岭南文化

大多数受访青年表示对岭南文化十分认同（见图4）。从地理和历史背景来看，大湾区内部地势平坦，文化相通。从血脉、习俗、语言和生活方式等方面均可看出，粤港澳三地文化同根同源但又在近现代的对外开放进程中各有特色。岭南文化与港澳文化在交流过程中也有千丝万缕的联系，其相互融会贯通、互相借鉴吸收。《粤港澳大湾区发展规划纲要》指出，香港和澳门是弘扬和发展岭南文化的重点地区，而广东保留了岭南文化的人文传统，由此，港澳文化与岭南文化依旧有着深厚的传承渊源。实际上，粤港澳三地青年也在相似的文化背景中成长，文化认同感较强。文化作为地区繁荣发展的软实力，加强对岭南文化的建设和传承，能够有力地推动大湾区高质量发展。港澳文化与岭南文化的精神内核均强调要不断开拓进取，受其影响，湾区青年也在新时代勇于创新开拓，传承和创造了新一代岭南文化精神。岭南文化具有兼容并蓄等先进的人文精神和理念，在大湾区历史上体现了代代传承、历久弥新的特点，在塑造湾区青年坚毅的品质，培育青年不怕困难、创新创业精神等方面具有深远的价值意义。传承优秀岭南文化，吸收各文化优秀特点，推动岭南文化紧跟时代需求创新性发展，有利于以文化为纽带集聚更多湾区青年力量投入大湾区建设。

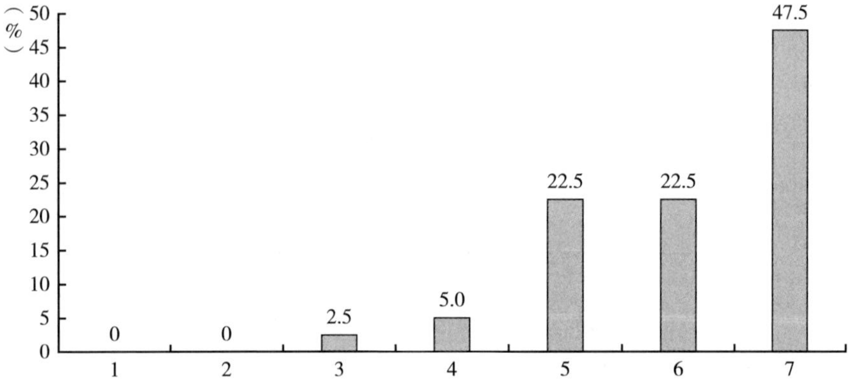

图 4　湾区青年对岭南文化的认同程度

注：1~7 表示从“非常不认同”到“非常认同”。
资料来源：课题组根据调研数据整理。

（五）湾区青年认同粤港澳大湾区建设

受访的湾区青年对粤港澳大湾区建设的认同程度相当高。所有受访青年对粤港澳大湾建设均表示认同，其中接近半数（47.5%）的受访青年非常认同粤港澳大湾区建设，而总体上认同粤港澳大湾区建设的受访青年约占97.5%，仅有少部分受访青年（2.5%）持中立态度（见图5）。这反映了湾区青年对粤港澳大湾区建设具有一定的期望，对当前的粤港澳大湾区建设进展较为满意，这也说明了前期粤港澳大湾区的项目规划、投入建设、布局发展较为合理。目前，粤港澳大湾区内部转化效率较高，如深圳、广州的实验成果能直接助力惠州、东莞等城市的工业化能力转化，能帮助其工业化能力直接转化为产品生产力。由此也可看出，粤港澳大湾区城市正逐渐发展为全球新兴产业策源地和科创高地。同时，粤港澳大湾区城市高度注重技术设施建设，路网基建交通日趋便利、通关程序审批也日益便捷，这为青年开展创业活动提供了便利。

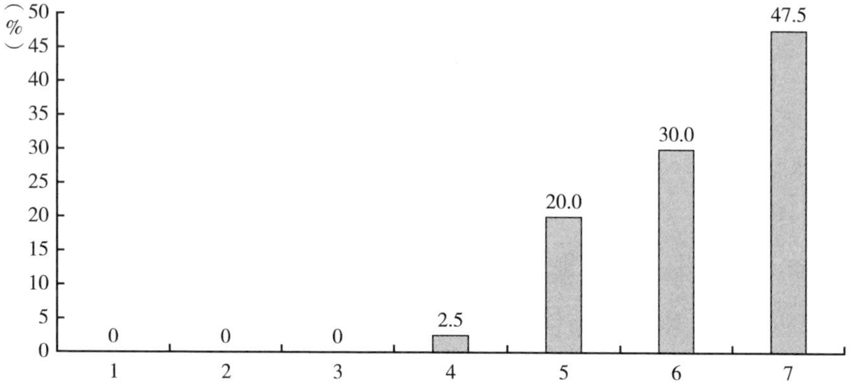

图5　湾区青年对粤港澳大湾区建设的认同程度

注：1~7表示从“非常不认同”到“非常认同”。

资料来源：课题组根据调研数据整理。

同时，粤港澳大湾区通过建设创新创业基地等对青年创业给予大力支持。湾区内部已建立多个创新创业孵化基地，鼓励青年开展创新创业活动，并给予青年相关场地和基金等方面的政策支持，以此保障湾区青年创业活动的开展，吸引更多的优秀湾区青年入驻基地。上述措施揭示了粤港澳大湾区城市对青年创业的期盼。而受访青年对粤港澳大湾区建设的认同也反映了社会各界对粤港澳大湾区未来建设的期待，可预期接下来还会有更多的社会资本涌入粤港澳大湾区建设，为湾区青年创业带来更多的资本支持。在政策方面，自 2021 年起中国香港特区政府推出的“粤港澳大湾区青年就业计划”，对香港青年在大湾区内地城市就业或创业给予很大的鼓励和支持。

（六）湾区青年创新创业意愿高

受访湾区青年的创新创业意愿比较高。在收到的 169 份调查问卷中，有 65.6%的受访青年有创业意愿，其中有 18.9%的受访青年非常愿意创业，有 26.6%的受访青年比较愿意创业。持中立态度的受访青年占 11.2%，仅 8.9%的受访青年表示目前不愿意创业（见图 6）。近年来，大湾区巨大的市场潜力和较强的生产转化能力，以及优越的大湾区环境和政策优惠，使许多湾区青年萌生了强烈的创业意愿，为青年创业者施展才能提供了新空间、新机会，同时有效挖掘创新性人才，借助多元化的产业集群进一步推动人才培养，促进大湾区传统产业转型升级和新兴产业加速发展。人社部等 2021 年印发的《关于支持港澳青年在粤港澳大湾区就业创业的实施意见》指出，促进港澳青年到大湾区就业创业，是粤港澳三地协同发展的重要举措。综上，支持鼓励湾区青年创业，对青年充分发挥自身潜力、拓展企业就业岗位、缓解社会就业压力意义重大。

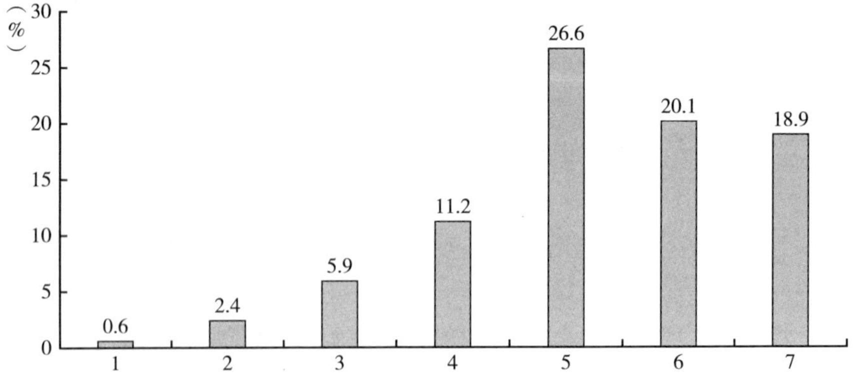

图 6　湾区青年在粤港澳大湾区的创业意愿

注：1~7 表示从“非常不愿意”到“非常愿意”。

资料来源：课题组根据调研数据整理。

（七）大湾区内创新创业吸引力强

粤港澳大湾区建设对受访青年创业的吸引力比较强。在收到的169份调查问卷中，有90%以上的受访青年认为在粤港澳大湾区创业能得到政府更多的政策支持且占比最多，有84.0%的受访青年认为在粤港澳大湾区创业能享受地理位置便利的优势，超过70%的受访青年认为粤港澳大湾区的国际交流十分便利（见图7）。在政策支持上，其内容包括以下几点：持续优化粤港澳大湾区各城市在便利准入退出、加速改革试点、优化湾区商事登记等方面公共服务的衔接匹配，探索实施个体工商户资源登记制度，由此进一步激发大湾区各城市的市场活力，促进协同发展。同时强化竞争试点，助力市场化竞争政策在大湾区落地。在知识产权方面，完善知识产权保护体系，打击商标侵权等不法行为，优化大湾区知识产权维护体系。做好创新活动的公共服务，促进新基建、创新孵化器等“硬件”和“软件”的配套发展。此外，大力发展高端智能制造，对提升城市全球竞争力及构筑未来竞争优势也十分关键。除《粤港澳大湾区发展规划纲要》外，还有不少细化方案和举措，比如《关于金融支持粤港澳大湾区建设的意见》等相关的金融政策，

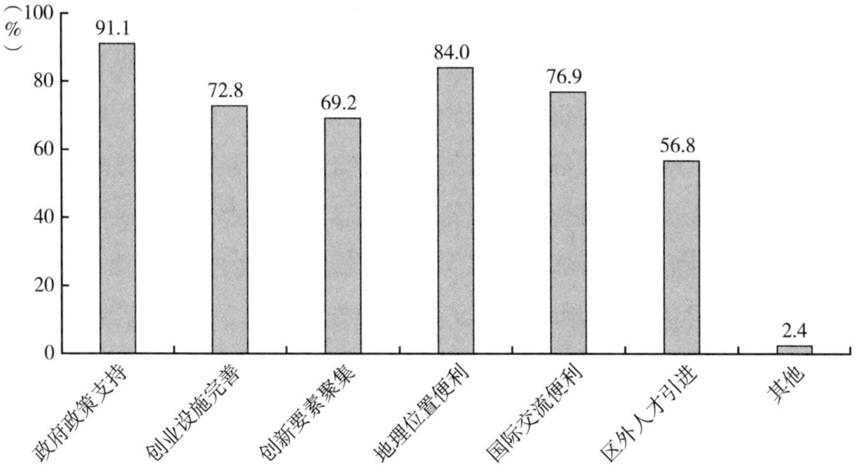

图7　湾区青年在粤港澳大湾区创业的优势

资料来源：课题组根据调研数据整理。

为传统制造业提供融资政策支持。整体而言，粤港澳大湾区在创新创业的各配套要素上具有较强的吸引力，为青年开展创业活动提供了沃土。

三　湾区青年创业中所面临的挑战

（一）创新创业基地宣传有待加强

对创新创业基地的宣传推广亟须加强。在收到的169份调查问卷中，52.7%的受访青年对“粤港澳大湾区青年创新创业基地”或“南沙庆盛科技创新产业基地”等创新创业基地不了解，43.2%的受访青年表示对“粤港澳大湾区青年创新创业基地”或“南沙庆盛科技创新产业基地”等创新创业基地有一定的了解，而仅有4.1%的受访青年表示对“粤港澳大湾区青年创新创业基地”或“南沙庆盛科技创新产业基地”等创新创业基地比较了解（见图8）。事实上，只有加强青年对创新创业基地的了解，才能更有效地提升创新创业基地的使用价值。目前，在新闻报道宣传中会对上述创新创业基地进行简略介绍，而对基地如何申请、使用等情况往往会因时长受限而缺乏详细讲解及针对性的介绍，导致社会上对这一类创新创业基地的情况不太了解。当前，在高校、科研院所或各地团委等重点青年群体经常接触的官媒上，关于此类可利用的创新创业基地的宣传推广内容相对较少，其发布的信息内容相对其他内容也较少，介绍也相对简略，不能使青年对其进行更为深入地、系统地了解。创新创业基地宣传力度小，容易导致对湾区青年创业者在创业初期场地、资金等方面的支持难以落到实处，其投入未能充分发挥效用。为帮助更多的青年真正融入新一轮的创业浪潮，各方媒体、官博等线上平台应强化对创新创业基地的宣传介绍。对此，由人社部等发布的《关于支持港澳青年在粤港澳大湾区就业创业的实施意见》明确指出，应加大宣传引导力度，利用好各大媒体开展细致翔实的政策解读，宣扬政府对青年创新创业活动的支持，协调好政府各职能部门与企业、学校、科研院所等机构的交流合作，从而营造良好的创业就业社会氛围。

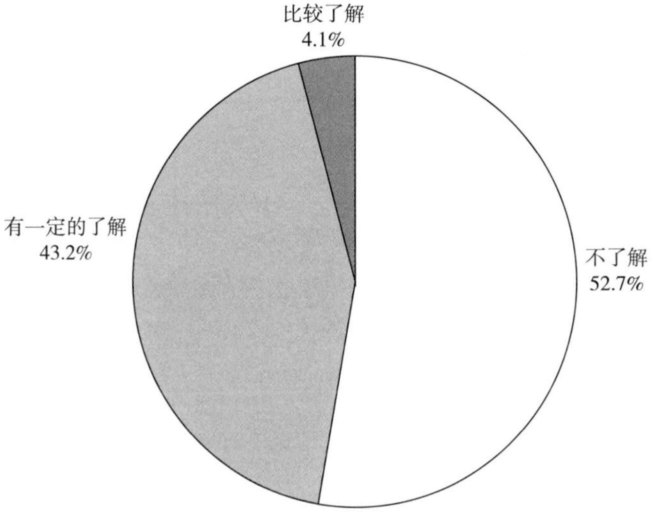

图 8　湾区青年对创新创业基地的了解情况

资料来源：课题组根据调研数据整理。

（二）大湾区内创业合作政策待宣传

亟须强化对粤港澳大湾区创业合作政策的宣传。在收到的 169 份调查问卷中，40.2%的受访青年对粤港澳大湾区或横琴粤澳深度合作区内相关创业合作政策不了解，53.8%的受访青年表示对粤港澳大湾区或横琴粤澳深度合作区内相关创业合作政策一般了解，而仅有 5.9%的受访青年表示对粤港澳大湾区或横琴粤澳深度合作区内相关创业合作政策比较了解（见图 9）。近年来，粤港澳大湾区密集发布了较多的创业合作政策，以《支持港澳青年在粤港澳大湾区就业创业的实施细则》为例，其提出重点要支持港澳青年创业就业、职场导师规划、购买创业就业服务等，为港澳青年融入内地就业创业提供相应政策支持和服务保障。为此，接下来应继续依托横琴、前海、南沙等重大平台，加强大湾区内创业合作政策宣传，帮助他们了解政府对青年创业活动在财税、资金、人才等方面的支持细则，助力他们充分利用好大湾区的人流、物流、资金流和信息流等异质性资源，实现对国内外各类要素资源的优化整合，解决青年创业者在创业初期遇到的难题，发挥好合作政策对创业者的福利效应，从而最终将政策服务优势落到实处，为湾区青年创业活动提供更有效的配套政策服务。

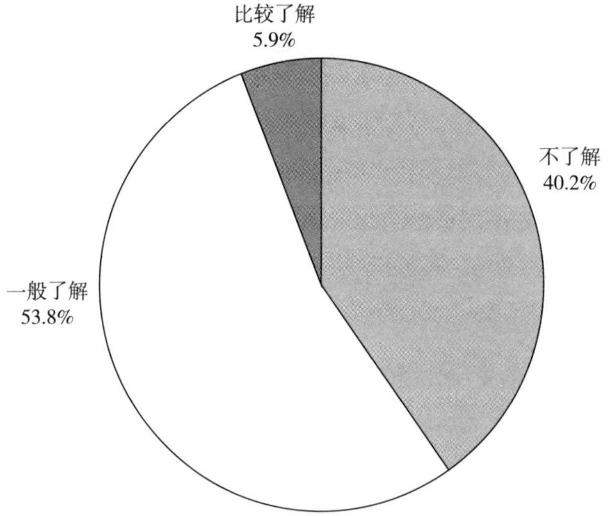

图 9　湾区青年对大湾区内创业合作政策的了解情况

资料来源：课题组根据调研数据整理。

（三）大湾区内创新创业引导需强化

对湾区青年创新创业的引导亟须加强。在收到的 169 份调查问卷中，70.4%的受访青年表示自己身边的创业者只有一小部分，17.8%的受访青年表示自己身边没有创业者，仅有 11.8%的受访青年表示自己身边有较多创业者（见图 10）。这说明湾区青年创业者的“朋友圈”仍不够广阔，同伴效应的优势未能得到充分的展现。这也表明，推进大湾区的创新创业发展及培养青年创业氛围仍需加强创业生态圈和伙伴圈的建设。从增强青年的创新创业意识，到促进青年自身真正开展实地创业，当前还存在一定差距。目前，旧金山湾区、东京湾区、纽约湾区等大多会将本土科技优势作为青年创新创业的基础，引导青年创新创业以进一步加强对自身的科学建设，将科技摆在应对全球竞争的首要位置。在引导青年创新创业方面，我国还需发挥更充分的引导作用。从客观来看，当前粤港澳大湾区对青年创新创业的引导处于起步阶段，如创新创业孵化基地在 2021 年才正式开园，其他推动青年创新创业的活动宣传力度仍然不够。同时，与东京湾区、纽约湾区、旧金山湾区等相比，粤港澳大湾区的科学创新能力仍然不足，呈现“大却不优”“质量偏低”等特点。为此，后续的青年创新创业工作需要重点关注原始创新能力的强化、突出关键核心技术的研发、重视科技创新在企业发展的引领作用，尤其是应充分发挥科研龙头企业对初创公司在科技创新领域的引领与助推作用，在创新创业方面引导各方技术人员加强交流沟通和相互学习，强化创新创业政策推介宣传以及优化创新资源流通配置。这不仅需要政府职能部门的大力支持，还需要湾区青年和社会各方的携手努力和共同奋斗。

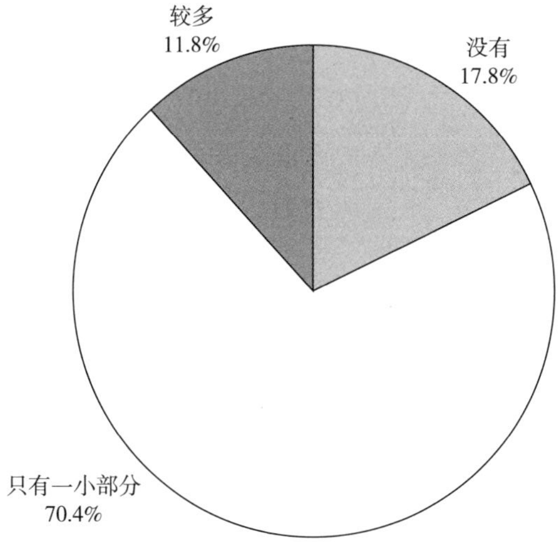

图 10　湾区青年身边的创业者情况

资料来源：课题组根据调研数据整理。

（四）大湾区内创新创业障碍亟须打破

大湾区内创新创业的障碍亟须打破。在收到的 169 份调查问卷中，接近半数的受访青年表示大湾区内经济增长的内生动力有待加强（45.6%）、大湾区内互联互通有待提高（44.4%）、发展资源与能源有限（44.4%），38.5%的受访青年表示大湾区内人才扶持力度不足，33.1%的受访青年表示湾区内缺乏技术支持，有2.4%的受访青年表示在粤港澳大湾区建设中遇到了其他类型的难题（见图11）。这说明，青年在湾区创业过程中，可能遇到了经济增长的内生动力不足、互联互通不够、发展资源与能源有限、人才扶持力度不足以及缺乏相应的技术支持等主要障碍或现实问题。在粤港澳大湾区建设的背景下，虽然目前已出台执行的政策在一定程度上促进了湾区青年创业，然而，从客观来看，当前青年创新创业实践仍暴露出针对性细化政策落实不够、青年创业资金扶持不足、社会公共服务配套不完善等方面的衔接短板。长期以来，大湾区多数城市表现出较强的外向依赖性特征，在后疫情时代背景下，如何促进经济稳增长、推动社会保就业稳就业、强化企业主体的生存能力等，均在一定程度上给青年开展创新创业活动带来了巨大的挑战。为此，应坚定执行好中央稳定经济大盘的部署，借助大湾区产业链齐备、生产制造突出、市场需求庞大等优势特点，在“双循环”新发展格局中，通过优化财税政策、搭建公共服务平台等多种方式，强化经济增长内生动力，开拓新的经济增长点，为湾区青年开展创新创业活动提供更多的实实在在的支持。与此同时，大湾区内的跨境信息流动缺乏相应的平台载体，很多信息仅在局部的群体中流通，导致相当多的政策福利难以惠及多数湾区青年，造成信息代差和“信息鸿沟”。同时，在数字经济时代，越来越多的青年开始在新兴产业领域开展创新创业活动，但集成电路、人工智能、电动汽车等领域的核心技术的缺失或不足，使得湾区青年创新创业活动面临较大的挑战。此外，相较于北京、上海等城市，大湾区城市过于偏重应用，基础研发能力薄弱，在人工智能、云计算等核心技术领域的人才基础薄弱，难以集聚更多优秀的海内外高端人才并形成研发高地。此外，在多重交叉复杂情境下，石油、煤炭等能源供应短缺、能源价格上升。基于此，帮助青年在实体创业活动中更好地降低成本费用、获取市场竞争优势，急需有针对性的创新创业政策支持。

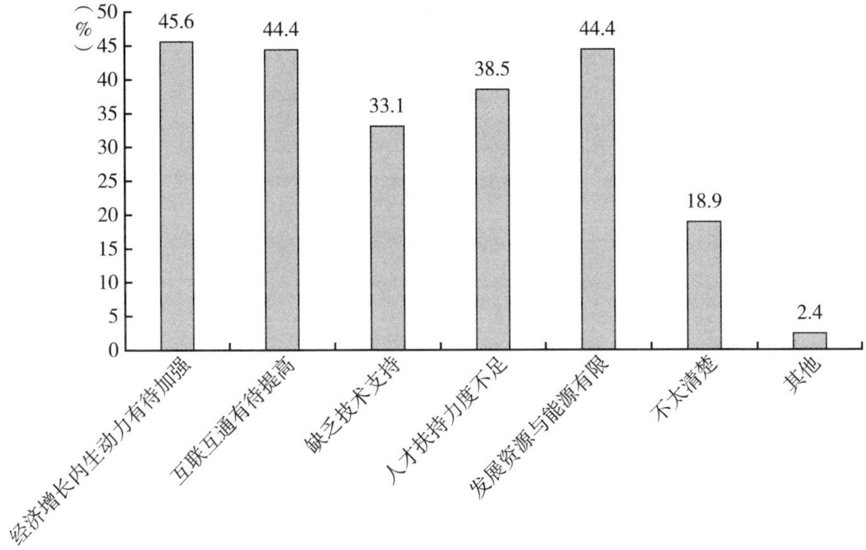

图 11　青年在大湾区内创业存在的困难

资料来源：课题组根据调研数据整理。

（五）大湾区内创新创业政策待完善

大湾区内创新创业政策亟待进一步完善。在收到的 169 份调查问卷中，有 72.8%的受访青年认为大湾区内创新创业政策亟须增加公共服务等福利支撑，有 66.3%的受访青年认为大湾区内创新创业政策需要开展更多的制度创新，有 62.7%的受访青年认为大湾区内创新创业政策需重视人才交流，有 57.4%的受访青年认为大湾区内创新创业政策需实施更为宽松有弹性的支持政策（见图 12）。事实上，青年创新创业政策的出台能减少或扫除湾区青年在创新创业道路上的障碍。大湾区在创新创业政策支持上可考虑为创业者在创新创业初期提供公司优惠税率、增加创新创业补贴和公共服务配套等福利，使湾区青年在创新创业过程中摆脱融资约束。此外，青年创业活动离不开社会保障、医疗教育等社会公共服务的支持，应着眼于改善创业者及其员工的福祉，进一步优化青年创业者的社会公共服务配套及衔接落实机制，增加其社会福利，并优化人才交流等政策，加强创业支持政策创新，不断提高公共政策和创业需求之间的适配性。

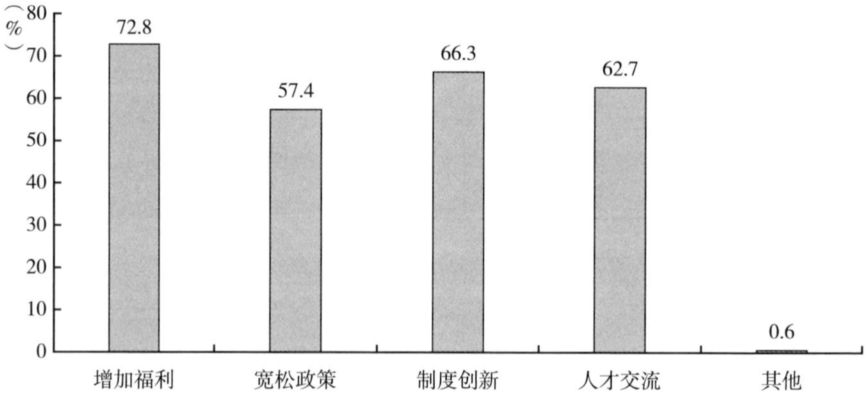

图 12　湾区青年认为大湾区内创新创业政策还需完善的方面

资料来源：课题组根据调研数据整理。

（六）大湾区创业内生增长动力有待加强

湾区青年创业所依托的创业内生增长动力亟须加强。研究数据显示，2020年粤港澳大湾区经济总量达11.5万亿元，约占全国GDP的12%。这说明粤港澳大湾区正处于蓬勃发展阶段，经济活力较强。但粤港澳大湾区在GDP持续攀升的同时，增速放缓，如何进一步优化其结构和提高其质量需要更进一步深思。此外，粤港澳大湾区内部存在的差异在带来互补性的同时，在一定程度上造成了该区域内的经济发展不平衡问题。由此，粤港澳大湾区虽然经济规模快速发展，但协同发展和高端演化进程还存在不足，尤其是香港服务业的占比偏高、实体经济增长缺乏持续稳固支撑，容易受到国际市场的冲击和影响。而澳门经济结构相对单一且发展资源有限，过于依赖博彩业，经济适度多元化发展还有较大的改进空间。香港和澳门的市场需求容量不足、生产制造配套链转移至内地、创业各环节的成本相对较高，导致港澳青年创业成长的空间相对受限。而珠三角内地城市的市场化配置机制不够完善，与港澳在跨境数据要素流动、信息开放共享、公共服务衔接融合等方面还存在短板，这些都成为新发展阶段制约湾区青年创业高质量发展的因素。为此，未来亟须加强粤港澳大湾区青年创业的内生增长动力与新生活力，高效发展关键核心领域技术，提高湾区青年的自主创新能力，鼓励新产业、新业态、新模式的构建，从而打造创新协同、生态活跃、资源密集的宜居、宜业湾区和创新高地。

（七）大湾区内互联互通程度有待提高

大湾区内互联互通程度亟须提高。虽然近年来粤港澳大湾区在现代综合交通运输系统建设等方面取得了长足的进步，为青年创业活动提供了有力的支撑，但也要客观地看到，创业青年往往会受资金约束，将办公地址或生活地址选在相对偏远的区域而非中心城区，由此，其与合作者、供应方和需求方之间的交通和时间等方面的成本较高，从而在一定程度上降低了创业的效率和质量。此外，湾区青年创业的互联互通程度仍然不够，大湾区各区域和各行业在技术、资源、人才等要素方面的互联互通仍显不足，青年创业扶持力度仍然不够，无法充分发挥各自的特色和优势来助力促进大湾区创业的区域协调发展。以粤港澳大湾区青年创业基地为例，2021 年“粤港澳大湾区青年创新创业基地”在广州建立，处于起步发展阶段，其他创新创业基地如“南沙庆盛科技创新产业基地”知名度也不高。本报告开展的创业调查数据表明，超过一半的人表示不了解“粤港澳大湾区青年创新创业基地”，而比较了解的只占 4%。这说明，当前促进粤港澳三地青年创业互联互通及协同发展的力度还远远不够，大湾区内的硬件及软件设施的互联互通程度有待提高。《粤港澳大湾区发展规划纲要》提出，要积极为港澳青年在内地学习、生活创业、就业提供相应保障，推进创业基地建设，提供就业创业空间。为此，“粤港澳大湾区青年创新创业基地”在《关于加强港澳青年创新创业基地建设实施方案》（粤府函〔2019〕122 号）的指导下推进建设，力求打造“1+12+N”的创新创业孵化平台。后续如何进一步加快港澳青年就业创业空间联动建设，以“1+12+N”的港澳青年创新创业孵化平台的建设为载体，促进粤港澳三地资源联结值得深思。此外，当前青年文体艺术节、大学生就业实习双选会等线下创业交流活动受到疫情防控常态化形势的影响较大，如何更好地依托线上活动等形式，将湾区青年线上创业交流活动打造成为“中国青创板”或先进模范值得进一步考虑。

（八）青年创业面临人才技术限制

湾区青年创业遭受人才和技术供应导致的知识短缺困扰，即大湾区现有的人才、技术、文化等知识型资源的供给与青年创业的实际需求不符。调研结果显示，分别有33.1%、38.5%的受访青年认为湾区内缺乏技术支持、人才扶持力度不足，知识短缺成为其创业制约因素。

在人才供应方面，湾区青年面临人才规模不足、高技能人才比重偏低及人才地域分布不均等困扰。首先，人才规模不足指的并非人才绝对数量的不足，而是其规模难以满足青年创业发展的需要。2010~2019年，广东研发人才全时当量位居全国第一，但其人均科技力量低于北京、上海、江苏。在推动青年创业高质量发展的过程中，人均科技力量不足成为重要掣肘。其次，总体上大湾区内高技能人才所占的比重偏低。高技能人才在广东技能人才队伍中仅占32.1%，与全国平均水平相比，只高出4个百分点，远低于发达国家超过半数的高技能人才占比水平。从现实来看，目前大湾区高技能人才水平相较于旧金山湾区、纽约湾区、东京湾区等国际一流湾区仍显不足。最后，大湾区人才地域分布不均，高端人才集中于广佛城市圈、深圳—东莞城市圈及香港、澳门等“两圈两城”。其余城市近年来虽大力引进高端人才，但总量上仍难以与广深港澳相比。高技能人才在虹吸效应下向中心城市聚集，大湾区地区发展不平衡，马太效应加剧，给湾区青年创业活动的区域协调发展造成阻碍。

在技术方面，粤港澳大湾区青年创业者面临缺少技术支持的问题。在数字经济时代，传统商业模式逐渐被取代或亟须升级。如今的大多数创业模式都与数字经济相互结合和互融共生。在此背景下，复杂的软件技术让一部分潜在的创业者望而却步。当前，粤港澳大湾区正处于产业转型升级的关键期，产品的研发需要投入更多新一代数字技术以及更为专业化的技术知识，过于重视商业模式而忽略专业技术知识的风气可能会将创业者排除在外，影响了多元主体在摩擦中产生创新火花，缺乏有效的知识交流沟通机制在很大程度上影响了创业活动的开展。

四　促进湾区青年高质量创业的对策建议

湾区青年创新创业的发展离不开社会各界的鼎力支持，创新链中的各方主体应充分利用好既有的创业商机资源，执行好相关的创业保障，助力青年解决在创新创业过程中的难题，为青年实现人生理想、踏上创业道路提供宜居、宜业的政策体系，营造宜居、宜业的社会氛围。对此，粤港澳青年需要充分把握各类平台载体与扶持政策的优势，将自身发展与祖国改革发展有机结合起来。而《粤港澳大湾区发展规划纲要》更明确指出了要“加快国家自主创新示范区与国家双创示范基地、众创空间建设”，这为拓展和深化粤港澳青年的创业发展空间提供了来自国家层面的战略支持，也为广东及港澳打造更便捷、高效、友好的创业生态环境提供了良好的基础。

为此，应充分借鉴“前海深港青年梦工场”等成功经验，引进澳门绿展集团等多元化的孵化机构，为企业提供“一站式”服务，为创业青年提供全方位金融支持，协助企业与团队应对在创业过程中遇到的困难，帮助他们快速融入复杂多变的创业环境，打造粤港澳大湾区建设背景下湾区青年创新创业发展的新高地，为广大青年施展才能拓展空间、提供机遇。

（一）建设信息平台：促进“双创”平台的建设，做好政策宣传

建立服务青年的“双创”信息共建平台，加强信息互享，尽可能缩小青年间的信息差，做到机会上的公平公正。政府职能部门应主动联系各方主体资源，利用好信息技术推广载体，在发布新政策时及时收集创业者们的难题并及时予以协助解决，促进各方开展有效地沟通交流，保证信息能够有效、便捷传递。同时，应利用好主流媒体渠道对广大青年的辐射作用，做好青年创业的媒体宣传工作，既要重视配套基础设施等“硬福利”的宣传，

也要注重政策及服务等“软福利”的推广，有效拓宽青年获取知识的渠道并与相关方实现顺畅沟通。如广东政府牵头创办的“展翅青年”平台运作情况良好，其能将创业扶持政策的信息与青年创业就业有机结合，让青年更便捷地接触一线创业知识、技能及社会网络资源。此外，创业宣传平台可以提供丰富多样的就业选择和专门为湾区青年而设的服务专区，为湾区青年提供更具针对性的学习和实践机会。同时，政府职能部门可携手新媒体或利用自身公众号等平台进行更为深入的创业宣传推广，并与企业或孵化基地等创业资源和重点平台加强联系，尽可能为青年提供更多的创业实践机会，达到多方共赢。由此，这不仅有利于加强青年对当前创业情况的现实了解，也有利于其通过平台吸引其他群体，如近年来大量回归的海外人才及更多非传统广深地区的湾区优秀青年，从而能集聚众青年之力共同建设好大湾区。

（二）实施惠创政策：激发创业热情，财税政策先行

财政资助和专项扶持对增加青年群体的创业意愿、提高青年群体创业比重、激发青年创业热情，提供了坚实的支持与保障。一是在税收优惠上，为青年创业制定倾斜性的税收政策，减少青年创业者们的税收负担。为吸引广大创业青年并缓解其资金压力，广东制定了面向广东省或港澳台地区青年及广大归国留学人才的税收优惠政策，如获得政府人才认定的青年可享受减免10%~15%的个人所得税优惠。由此，能够更好地引进高端人才的管理经验和先进技术，带动大湾区科技创新和产业发展。二是在场地租金优惠上，对成功入驻创新创业孵化基地的团队，实施租金减半政策，有效解决了其在创业初期资金短缺的难题。此外，根据初创企业在后期取得的成就，如取得融资、在交易所上市等，进一步延伸或后补相关的优惠政策或财政补贴。三是加大对初创企业的扶持力度，对入驻创新创业孵化基地的企业提供专项资金支持及配套服务，加大对符合国家战略的创新型企业的资金扶持倾斜力度，从而最大限度地发挥创业专项扶持政策的作用，激发青年创业的动力和热情，进而提高大湾区的创业活力。

（三）推动制度衔接：保障互通互联，强化配套措施

促进跨地域或跨行业的有效衔接，促进资源自由流动和互通互认，提供精准的配套服务，为湾区青年创业提供便利。针对粤港澳青年创业初期往往亏损或入不敷出的经营压力，社会各界可考虑提供必要的资金支持，并进一步优化营商环境，减少或消除粤港澳青年创业的政策障碍，为青年营造优质的创业环境。要充分利用大湾区各类创业合作平台，促进湾区青年创业。此外，给湾区青年的创新创业提供专业化的咨询、培训服务，帮助他们进一步了解大湾区创业的各项优惠政策及可用的产业配套；做好大湾区各部门、各行业的衔接，确保湾区青年充分得到各类创业支持以及享受优惠政策，对应的公共服务供给也能到位，从而让其在创业时没有后顾之忧。完善青年创业的司法保护体系，使其在面对法律纠纷时可维权、敢维权，降低青年创业的维权成本。此外，打造宜居、宜业大湾区，针对青年创业心理压力过大的现状，可以考虑提供必要的心理咨询和生活信息对接，营造好符合湾区青年工作和生活的理想氛围，以强化其创业信心。促进大湾区的“双循环”发展，使得青年创业时能充分获得国内国外多元化市场需求和供给的好处，助力激发青年创业的市场潜力，发挥供给优势。进一步创新大湾区特色的青年创业融合政策，如广东省推出的“就业通”政策，为港澳居民在粤就业创业提供了便利，并给予创业担保贷款和相关利息补贴等，使港澳青年和内地青年创业活动享受同等待遇和服务政策，同时推出的“社保通”“人才通”“治理通”等工程，切实增强了港澳居民在社会保障和人才职能认证等方面的互通性，助力港澳青年创业者更好地融入内地发展并更充分地发挥自身的专业知识技能。

（四）布局核心产业：开展行业培训，适度加强引导

针对“卡脖子”技术和产业进行布局，有针对性地开展行业深度整合和培训，使湾区青年创业实现弯道超车。目前，在高端芯片、机床、元零件、先进技术工艺等关键核心技术领域容易出现“卡脖子”现象，面对青

年创业者初期容易出现的缺乏核心芯片、技术基础薄弱、缺乏核心技术等问题，应引导他们开展自主创新或合作研发，尽快补齐技术短板，从而优化产业链供给、增强自主可控能力。围绕大湾区整体发展规划，聚焦其中的重大产业规划项目和重点建设领域，开展创新创业等方面的培训讲座和实践课程，通过实施相关的财税激励政策，引导和鼓励在大湾区发展较为薄弱的行业领域，如电动汽车新型电池、人工智能芯片、航空发动机、现代金融、医药等开展青年孵化项目，给予已有实践成果的科创项目特别的扶持，力求培植各行业的瞪羚企业、独角兽企业或高科技企业，推动多行业协同布局和联动发展，共同打造互惠互利的包容性产业生态圈。与此同时，注重湾区青年创业能力的提高，锻炼青年的创业思维，切实提升青年的创业技能及业务能力，鼓励青年走出舒适圈，在大湾区探索和实践新的商业机遇。鼓励青年创业者助推创新链和产业链相互融合，加强对受训创业者的后续跟踪扶持和访谈总结，及时建立线上服务档案，引入动态评估机制，对每一次帮扶效果和成效进行合理评估，使扶植方案尽可能被量化，从而制定更合理有效的方案，找到湾区青年创业中的共同痛点，以便为青年创业提供更有益的针对性帮助。

（五）优化创新生态：培育创业基地，促进产学研用合作

升级创新生态圈，搭建综合性创新创业基地，实现产学研用一体化，使湾区青年创业具有持久动力。在前海、南山和横琴等粤港澳深度合作区等重点平台载体中，建设好与青年创业密切相关的新型基础设施，支持筹备中的各类青年创业基地配套业务场所的建设，以及增开对创业者技术知识和管理技能的公共培训或讲座。同时，为重点创业项目提供必要的市场运作指导，为其提供进入大企业采购平台的机会，提供更充足和多元化的融资渠道，推动项目尽快落地落实和转化应用。同时，鼓励大湾区城市高效加强相互之间的沟通协同，加强彼此间科研和社会资本的合作，对接分享彼此高校的校友资源，扩大社会影响力，进而获取更多的社会资源或支持，加强彼此的沟通，共同推动科创项目的成果转化，将创新技术真正运用到实际的产业领域。

（六）健全生活服务：倡导人文关怀，引入第三方服务机构

促进孵化基地人性化生活服务的提供，引入第三方服务机构，为湾区青年创业保驾护航。构建服务青年创业的全过程孵化链条，助力港澳青年实现从0到1的创业过程。在创新创业孵化基地内部设立与场地相配套的、租金低于市场价的人才公寓，或每月提供一定金额的在外租房补贴，在解决青年租房难、住房难现实问题的同时，为促进青年之间的紧密沟通交流营造更好的外部环境。同时，建立健全配套的生活服务中心，以更多样、更全面的形式，持续为各初创企业提供“一对一”的服务，以更具专业化、全方位的运营服务为每一位创业者保驾护航。此外，通过在创新创业孵化基地里，为优秀的创业作品提供“双创”展厅作为其展示平台，为促进青年创业人才的日常交流，设立公共休息区，同时设立会议室、头脑风暴室等多元化平台，让各界的青年创业者可以更深入地探讨项目的跨界合作，为大湾区创业迸发新的活力和创造力营造氛围。同时，为入驻孵化基地的各企业、各团队提供维护自身合法权益的法律手段和保障机制。具体而言，借助法律服务机构、咨询服务机构、会计师事务所等第三方机构为青年创新创业活动提供相应的事务、业务和法律上的保障。孵化基地还应针对创客群体提供“一站式”的第三方服务的平台。具体来说，首先通过政府购买服务的方式，免费向初创企业提供专业的、公益的法律、审计、会计、管理咨询等多领域的服务。基地内的青年创业者可以通过互联网线上平台进行联系沟通，以及借助线下人工或智能服务，共同构成无缝衔接的服务体系和运作机制，这为有合作意愿的创业者们提供了双向沟通、深度合作的纽带，而对其需要面对面、个性化的“一对一服务”需求，平台也应提供相应支持。

（七）推动“双轮”驱动：以政府引导为辅，以市场配置为主

政府引导需要与市场资源配置相结合，使湾区青年创业进程更省心省力。湾区青年创业活动的开展和升级需要依托优越的地理区位、开放的经济结构以及丰富多样的资源要素，尤其是在创业形成及发展过程中，市场资源

配置效率至关重要。因此，有必要进一步推动要素配置市场化改革，通过高效的市场配置方式，帮助创业者获取创业活动所需要的各类要素，并利用中心城市的经济辐射效应促进周边地区创业活动的繁荣发展，从而实现大湾区创业活动的协同发展。为此，地方政府要积极发挥市场引导者和“守夜人”的角色作用，使得市场在资源配置中起主导作用，在竞争性行业领域应减少政府的过度或不当干预行为。而当存在创业市场失灵的现象时，政府则需要进行宏观调控，鼓励降低创业市场准入门槛、降低创业活动的制度性成本、打破各地区创业活动中的行政区划壁垒，同时加强各城市之间市场监管执法的联动性与协同性，避免大湾区内部出现争抢项目、抢团队等恶性竞争行为，或者出现资源供给过剩或重复建设问题。由此，形成既充满竞争活力又整齐有序的创业市场，为促进湾区青年创业提供良好的综合营商环境和更为成熟的创业生态系统。

参考文献

陈铀、吴伟东：《港澳青年跨境就业创业政策研究——基于广州、深圳、珠海的政策对比分析》，《青年探索》2021 年第 2 期。

方木欢：《港澳青年创业扶持政策实施的多源流分析》，《当代青年研究》2020 年第 6 期。

方木欢：《粤港澳大湾区港澳青年创业的政策机制与优化路径》，《青年探索》2019 年第 5 期。

傅承哲、杨爱平：《港澳青年跨境就业创业政策的心理融合效应及其认知机制——基于行为公共管理的视角》，《学术论坛》2020 年第 1 期。

葛志专等：《大湾区建设视角下港澳青年到内地创新创业面临问题及对策建议》，《青少年学刊》2021 年第 1 期。

李沐纯、彭芸：《创业孵化器对粤港澳大湾区青年创新创业的作用研究——基于 NVivo 的文本分析》，《青年发展论坛》2021 年第 3 期。

李沐纯、张紫瑄：《粤港澳大湾区青年创新创业政策的文本分析》，《特区经济》2021 年第 4 期。

林至颖：《香港青年赴粤港澳大湾区创业的机遇、挑战及应对》，《港澳研究》2018

年第 1 期。

刘胜等：《优质生活圈视阈下香港居民融入内地发展的特征及公共服务配套研究——基于住户调查微观数据的观察》，《岭南学刊》2019 年第 4 期。

卢雯雯、邹平学：《香港青年在粤港澳大湾区内地城市创业现状、困境与趋势分析》，《青年发展论坛》2019 年第 1 期。

彭春华：《依托粤港澳大湾区建设促进香港青年融入国家发展》，《广东行政学院学报》2019 年第 2 期。

苏星晨：《港澳青年创新创业基地评估指标体系构建》，《科技管理研究》2022 年第 6 期。

魏立新：《澳门青年创业发展的回溯与展望——以澳门青年创业孵化中心为例》，《科技导报》2019 年第 23 期。

谢宝剑、胡洁怡：《港澳青年在粤港澳大湾区发展研究》，《青年探索》2019 年第 1 期。

谢伟：《港澳青年在内地创新创业的实践探索与路径优化——以广州市天河区为例》，《探求》2021 年第 1 期。

杨爱平等：《政策工具视角下港澳青年融入大湾区发展的文创政策分析——以 G 市 N 区为例》，《广东青年研究》2021 年第 2 期。

杨爱平、郑晓云：《港澳青年融入大湾区内地城市发展的行政推动机制研究——以港澳青年创新创业基地建设为例》，《青年探索》2022 年第 2 期。

鄞益奋、刘家裕：《澳门青年粤港澳大湾区创业探析》，《广东青年研究》2022 年第 2 期。

袁年英：《粤商文化促进粤港澳青年创新创业能力培养探析》，《文化创新比较研究》2022 年第 7 期。

合作篇

Cooperation Reports

B.14 粤澳合作进展及其优化对策研究*

杨永聪　肖青青　郑镓雨**

摘　要： 在我国大力推动经济高质量发展的背景下，本报告从科技创新、文化交流、交通运输、生态环保与金融服务五个方面分析了粤澳合作交流的进展以及存在的问题、面临的挑战。研究发现，粤澳合作交流进展加快、成效显著，但仍然存在以下问题与挑战：在科技创新方面，高端创新人才不足，创新要素跨境流通受限，尚未充分发挥“中葡平台”的优势；在文化交流方面，粤澳文化价值观的同一性与差异性并存，粤澳社会治理模式与交流主体存在差异；在交通运输方面，交通运输协同管理机制不完善，交通运输网络布局不平衡，交通网络一体化程度较低；在生态环保方面，生态环境保护的

* 本报告受到广东省哲学社会科学规划基金青年项目“城市人才政策对产业结构转型升级的影响与作用机制研究”（项目编号：GD22YYJ09）的资助。

** 杨永聪，博士，广东外语外贸大学粤港澳大湾区研究院副院长、副教授，研究方向为国际经济与产业经济；肖青青，广东外语外贸大学经济贸易学院硕士研究生，研究方向为产业经济；郑镓雨，广东外语外贸大学经济贸易学院硕士研究生，研究方向为产业经济。

合作机制不成熟，法律法规存在差异，合作深度与广度不够；在金融服务方面，税收征管机制、金融体系存在差异，兼容性有待提升。本报告为拓展粤澳合作交流领域的深度与广度，促进区域经济高质量协同发展提供了经验借鉴。

关键词： 粤澳合作　跨境交流　高质量发展

一　引言

粤港澳大湾区承载着建设高效跨境合作平台、引领国内国际双循环相互促进、推动区域经济高质量协同发展等重要使命。2019 年 2 月，中共中央、国务院联合印发的《粤港澳大湾区发展规划纲要》明确指出，必须不断深化粤港澳合作交流，打造互利共赢的区域合作关系，推动区域实现协调创新发展，建设富有活力与竞争力的国际一流湾区与世界级城市群。广东是内地经济改革先行示范区，澳门是世界级自由贸易港，两者都是粤港澳大湾区核心城市。深化粤澳合作交流，对于增强粤澳双方资源要素的配置能力，促进粤港澳大湾区实现经济创新协同发展，对将粤港澳大湾区打造成为国际一流湾区具有重要推动作用。

本报告以粤澳为研究对象，梳理了粤澳两地的基本发展现状，从科技创新、文化交流、交通运输、生态环保、金融服务五个方面对粤澳合作进展进行分析，剖析了粤澳合作交流存在的问题、面临的挑战，并提出对应的优化对策。这有利于粤澳形成全方位、多层次、宽领域、高效益的合作格局，也为加快完善区域合作机制，建设全方位的合作交流平台，推动粤港澳大湾区实现高效联动发展，打造新时代经济高质量发展示范区提供来自深化粤澳合作视角的思路。

二　粤澳合作交流的进展分析

（一）粤澳发展现状分析

1. 珠三角九市发展现状分析

珠三角九市是粤港澳大湾区建设与发展的领跑者，具体包括深圳、广州、佛山、东莞、惠州、珠海、江门、中山、肇庆。从经济增长层面看，珠三角九市经济总体呈现增长趋势。2021 年珠三角九市 GDP 合计金额高达 100585 亿元，同比增长 7.9%。具体来看，深圳、广州、佛山、东莞四市 GDP 较高，其余五市 GDP 相对偏低，深圳 GDP 高达 30665 亿元，而肇庆 GDP 仅 2650 亿元，这说明珠三角区域经济实力存在较大差异（见表 1）。

表 1　2021 年珠三角九市 GDP 情况

单位：亿元，%

城市	GDP	同比增速	GDP 合计	同比增速
深圳	30665	6.7	100585	7.9
广州	28232	8.1		
佛山	12157	8.3		
东莞	10855	8.2		
惠州	4977	10.1		
珠海	3883	6.9		
江门	3601	8.4		
中山	3566	8.2		
肇庆	2650	10.5		

资料来源：2022 年珠三角九市统计年鉴。

从科技创新层面看，珠三角九市总体科技创新实力逐渐增强。截至 2020 年，珠三角九市 R&D 经费支出合计 3333.82 亿元，占全省 R&D 经费支出的 95.80%，其中 R&D 经费支出超百亿元的城市有 6 个，分别是深圳、广州、佛山、东莞、惠州、珠海，而江门、中山、肇庆的 R&D 经费支出相对较低，研发强度有待提高。截至 2020 年，珠三角九市专利授权数量合计 66.28 万件，发明专利授权数量合计 6.87 万件，在粤国家重点实验室、省重点实验室、国家级工程技术开发中心与省级工程技术开发中心数量，分别占广东省总数的 100%、90.40%、91.30%与 84.51%（见表 2）。以上数据表明，广东省的核心科技创新要素与创新产出主要集中于珠三角九市。而且，珠三角九市拥有中山大学、华南理工大学、暨南大学等重点高校，以及广州南沙、珠海横琴等重大合作平台，为粤澳开展深度合作交流创造了条件。

表 2　2020 年珠三角九市及广东省科技创新情况

城市	R&D 经费支出（亿元）	R&D 经费占地区生产总值比重（%）	专利授权数量（万件）	发明专利授权数量（万件）	在粤国家重点实验室（个）	省重点实验室（个）	国家级工程技术开发中心（个）	省级工程技术开发中心（个）
深圳	1510.81	5.46	18.58	3.11	6	57	6	864
广州	774.84	3.10	22.24	1.51	21	241	9	1625
佛山	288.56	2.67	7.39	0.57	0	28	0	754
东莞	342.09	3.54	7.43	0.87	1	10	1	439
惠州	126.52	3.00	1.91	0.17	0	5	0	180
珠海	113.52	3.26	2.44	0.44	1	4	4	284
江门	78.57	2.45	1.69	0.06	0	2	0	386
中山	73.97	2.35	3.97	0.10	0	6	0	344
肇庆	24.94	1.08	0.63	0.04	1	5	1	147
九市合计	3333.82	—	66.28	6.87	30	358	21	5023
广东省	3479.88	3.14	70.97	7.07	30	396	23	5944

资料来源：《2020 年广东省科技经费投入公报》、2021 年珠三角九市统计年鉴、《广东科技创新动态数据 2021》。

此外，从交通运输层面看，珠三角九市交通运输机制逐渐完善。珠三角九市在“硬联通”上拥有多元化的综合交通网络，实现了“市市有高铁”，拥有广珠线、广佛肇线、广深港线和莞惠线四条城际线，广州、深圳、佛山、东莞四个城市已开通地铁线。同时，珠三角九市拥有广州白云国际机场、深圳宝安国际机场、珠海金湾国际机场三大核心机场，虎门大桥、港珠澳大桥、南沙大桥、深中通道四座世界级大桥已运营通车，并且凭借得天独厚的地理优势，拥有拱北口岸、横琴口岸、青茂口岸等诸多核心口岸，航运交通优势明显，基本实现了交通运输互联互通。

2. 澳门发展现状分析

现阶段，粤港澳大湾区正处于建设国际一流湾区、打造国内国外双循环关键枢纽、实现区域协同创新发展的关键时期。澳门是粤港澳大湾区的核心城市之一，位于我国东南沿海，珠江西岸，与珠海陆路接壤，东隔伶仃洋与香港隔海相望，资源优势明显，地理条件优越，是世界旅游休闲中心和国际自由贸易港口。

从经济增长层面看，澳门特别行政区统计暨普查局公布的数据显示，2021 年澳门 GDP 共计 2394 亿元，同比增长 18%，人均 GDP 高达 35.04 万元，基本属于高度发达的经济体。从科技创新层面看，澳门基础研发平台数量持续增加。截至 2020 年，澳门拥有国家重点实验室 4 个、国家备案众创空间 2 家，并且拥有澳门大学、澳门科技大学等重点科研高校。此外，截至 2020 年 6 月，澳门特区共建首批 3 家粤澳青创基地、澳门青年创业团队 234 个，吸纳澳门创业就业人员 252 人。《澳门统计年鉴 2020》数据显示，2019 年澳门特区全社会 R&D 经费支出占比仅 0.2%，表明澳门特区基础研究经费投入不足，研发强度有待提高。从产业结构层面看，澳门的产业结构单一，第三产业是澳门的支柱性产业，并且博彩业呈现“一业独大”的特点。澳门特别行政区统计暨普查局公布的数据显示，2020 年澳门第二产业占 7.8%，第三产业占 91.3%，其中，博彩及博彩中介业的产业增加值共计 42242 百万澳门元，产业结构占比高达 21.3%。目前，澳门特区正重点扶持会展产业、文化产业、中医药产业与现代金融产业四大新兴产业的发展，着力推动多元产业结构形成，促进经济适度多元化发展。从交通运输层面看，由于城市土地面积的限制，澳门交通运输基础设施建设受限，基础设施布局整体表现出不合理、不平衡现象。在轨道交通建设方面，2019 年澳门首条轻轨（氹仔线）正式运营，运营里程为 9.3 千米，共设 11 个车站。在航空运输建设方面，澳门仅拥有 1 个中小型国际机场，即澳门国际机场。

（二）粤澳合作交流进展

粤澳合作逐渐呈现交流领域广泛化与深度化发展态势，合作交流领域主要涉及科技创新、文化交流、交通运输、生态环保与金融服务，并且基本形成了全方位、多层次、宽领域、高效益的合作交流格局。因此，本报告从科技创新、文化交流、交通运输、生态环保与金融服务五个方面梳理粤澳合作交流的进展，对粤港澳大湾区实现高质量协调发展有一定的参考价值。

1. 科技创新

（1）科技创新合作机制逐渐健全

粤澳科技创新合作机制不断完善，为粤澳科技合作顺利推进提供制度保障。2019 年 2 月，《粤港澳大湾区发展规划纲要》正式发布，该纲要强调充分利用粤港澳三地的区位资源优势，深化三地合作交流，促进区域创新协调发展，该纲要的出台为粤澳合作提供了政策指引与制度保障。2019 年 3 月，澳门特区政府与科技部签署了《内地与澳门加强科技创新合作备忘录》，双方达成深化合作交流的共识，提出共同推动资源要素的高效流动，拓展合作领域的深度与广度。2019 年 5 月，广东省科学技术厅与澳门科学技术发展基金联合签订《关于开展联合资助两地合作研发项目的工作计划》，双方将启动在生物医药、电子科技、生态环保行业的联合资助项目。2020 年 6 月，广东省科学技术厅与澳门科学技术发展基金共同发布《2020～2021 年度粤港澳科技合作专题（粤澳科技创新联合资助项目与港澳科技成果来粤转化项目）申报指南》，支持粤澳双方在前沿科技领域积极开展技术研发、技术转移以及产业化合作。2020 年 8 月，澳门特区政府经济局与国家知识产权局签署《关于深化在知识产权领域交流合作的安排》，更好地保障了粤澳两地创新主体的知识产权。2021 年 9 月，中共中央、国务院印发《横琴粤澳深度合作区建设总体方案》，该方案强调横琴具有深化粤澳合作的天然优势，必须加快横琴基础设施建设，紧抓技术研发和高端制造业的发展，促进澳门经济适度多元化发展，为粤澳提供全方位的合作交流新平台。2022 年 3 月，横琴粤澳深度合作区执委会正式发布《降低横琴粤澳深度合作区企业综合成本的十条措施》，该措施强调为激发合作区企业的创新活力，支持初创企业的发展，合作区将在企业的租赁成本、员工生活成本等方面出台相关措施，减轻企业经营负担，减少企业经营风险。

（2）创新创业合作平台不断形成

平台和载体是推进粤澳科技创新合作的基础。珠海横琴、广州南沙、穗澳知识合作先行示范区等重大合作区为粤澳合作提供全方位的平台。一方面，横琴粤澳深度合作区拥有区位优势，借助澳门国际自由贸易港口、科教研发优势，珠海等珠江西岸城市的资源条件、制造业基础，有助于澳门经济适度多元化发展，实现资源要素高效跨境流动。2011 年 4 月，粤澳合作中医药科技产业园正式落地横琴产业园。2015 年 4 月，中国（广东）自贸试验区珠海横琴片区正式挂牌。2015 年 6 月，横琴·澳门青年创业谷正式启用。2019 年 12 月，澳门大学、澳门科技大学已有 4 个国家重点实验室在横琴设立分部。2021 年 2 月，珠海澳科大科技研究院正式启用。2021 年 9 月，横琴粤澳深度合作区正式挂牌。另一方面，广州南沙被赋予打造粤港澳全面合作新高地的战略定位。截至 2021 年 12 月，南沙新引进世界 500 强企业投资项目 26 个，累计 223 个，新设企业约 8 万家，累计登记企业约 26.48 万家，并且港澳企业数量已经有 2773 家，涵盖金融、科技创新等行业。目前，南沙加快建设服务大湾区的区域交通中心，“半小时交通圈”基本成形，粤港澳（国际）青年创新工场等合作平台持续搭建，并且正规划建设生物谷、健康谷、数字谷等产业合作新载体。此外，2021 年 4 月，穗澳知识合作先行示范区正式落地广州市黄埔区知识城，该示范区以打造穗澳合作交流新平台，深化穗澳在科技创新、生物医药等多领域持续合作创新为战略目标。

（3）科技合作成果转化环境得到优化

粤澳双方积极优化科技合作成果转化环境。首先，地方财政科技投入金额保持稳定，为科技研发提供财政资金支持。根据《2019 年广东省科技经费投入公报》整理得，2019 年广东省财政科技拨款额为 1168.79 亿元，珠三角地区为 1047.40 亿元，占广东省的 89.61%。2020 年广东省财政科学技术支出为 955.73 亿元，珠三角地区为 823.41 亿元，占广东省的 86.15%。其次，粤澳各项科技孵化器逐渐完善。《广东省科技企业孵化育成体系建设发展报告（2022）》显示，截至 2022 年 7 月，广东省孵化器达 1111 家，众创空间 1076 家，总体规模持续 6 年居全国首位。其中，建成面向港澳青年的科技企业孵化载体超 130 家，在孵港澳创业团队和企业超 1000 个，为超 2000 名港澳青年提供孵化服务。最后，横琴粤澳深度合作区、广州南沙粤港澳全面合作示范区、穗澳知识合作先行示范区等粤澳重要的合作新平台持续搭建，科技合作成果转化环境得到优化。例如，横琴粤澳合作中医药科技产业园（以下简称“产业园”）孵化区、横琴·澳门青年创业谷、粤澳青创国际产业加速器、中山澳中致远火炬创新园等孵化器逐渐形成。具体来看，2011 年 4 月，作为《粤澳合作框架协议》的首个落地项目，产业园正式落地横琴。2018 年底，产业园孵化区正式落成。产业园官方网站显示，截至 2021 年底，产业园注册企业 230 家。其中，通过产业园平台培育的澳门企业 60 家，占注册企业的 26.08%，经营范围主要涉及中医药、保健品、医疗服务等多领域，产业聚集效应初显。2015 年 6 月，横琴·澳门青年创业谷正式运营，为内地与港澳创新创业青年提供科技研发、技术成果孵化等相关服务。截至 2021 年 10 月，创业谷累计孵化企业（项目）751 家，其中澳门创业企业（项目）335 家，香港创业企业（项目）28 家。此外，粤澳青创国际产业加速器聚集了 70 多家企业①，成为澳门企业进入内地市场的重要平台。

2. 文化交流

要形成全面对外开放新格局，打造区域协同创新发展新高地，促进粤港澳三地经济持续繁荣发展，就必须深入推进湾区内部文化交流，促进文化观

① 《广东：携手港澳“破浪前行”跑出大湾区“加速度”》，网易，2022 年 1 月 4 日，https：//www.163.com/dy/article/GSTE1TKM0514R9OM.html。

念融合发展。粤港澳大湾区拥有深厚的“岭南文化”基础，目前“岭南文化”呈现特色化、多元化发展的趋势，为推动粤澳文化合作、塑造湾区共同人文精神创造了有利环境。

（1）合作交流机制逐渐完善

粤澳文化同源于“岭南文化”，完善文化合作交流机制，一方面有利于粤澳文化活动的顺利举办与文化产业的蓬勃发展，另一方面对塑造粤澳共同文化价值观与人文精神发挥支撑作用。2006 年 2 月，内地与澳门特区签署《内地与澳门特区更紧密文化关系安排协议书》，双方同意建立文化合作沟通机制，举行不定期的会议与会面，这是内地与澳门特区在文化领域签署的第一个正式合作文件。2009 年 2 月，粤港澳第十次文化合作会议顺利在香港举办，三地联合签署《粤港澳文化交流合作发展规划（2009—2013）》，该规划强调未来五年内粤港澳三地将持续深化展演艺术、人才培训与交流等七个方面的合作交流。2010 年 6 月，粤港澳第十一次文化合作会议顺利在澳门举办，三地联合签署《共同开展粤港澳文化交流合作示范点工作协议书》，对文化合作事业的发展进行讨论与落实。2011 年 3 月，广东省政府与澳门特区政府在北京签署《粤澳合作框架协议》，提出深化粤澳在文化领域的合作交流、共同推进文化创意产业的融合发展。2016 年 4 月，文化部与澳门特区政府社会文化司联合签署《内地与澳门特区 2016-2018 年文化交流与合作执行计划》，提出 2016~2018 年内地与澳门特区将加强在文化领域中的定期磋商、人员交流等深度合作。2017 年 11 月，《内地与澳门特区深化更紧密文化关系安排协议书》《关于文化遗产领域交流与合作更紧密安排协议书》顺利签署，为粤澳未来文化合作注入新活力。2019 年 2 月，中共中央、国务院印发的《粤港澳大湾区发展规划纲要》，强调深入推进人文湾区建设、加大历史文化遗产保护力度、打造青少年交流合作的全新平台等内容，粤澳文化合作由此进一步向纵深推进。

（2）合作交流新平台持续搭建

围绕青少年文化交流、文艺合作、文化创意园区建设等方面持续搭建的多层次、宽领域的文化合作交流平台，为粤澳文化交流实践活动的开展提供新载体，有利于粤澳打造高水平、高质量的文化合作新模式。从青少年文化交流方面看，针对不同年龄阶段的青少年举办具有年龄特色的文化交流活动。一方面，广东省积极邀请港澳青年深入内地进行岗位实习、志愿服务。例如，2020 年 7 月，港澳青年学生南沙“百企千人”实习计划启动。2022 年“澳门青年·横琴粤澳深度合作区专项实习计划”“澳门大学生暑期专项实习计划”“澳门青年·现代金融产业专项实习计划”“澳门青年·电子竞技产业专项实习计划”等 4 个专项实习计划顺利进行。另一方面，广东省面向港澳各大中小学、社会青年团体等举办特色文化学习交流活动。例如，中山大学主办的“岭南文化行”学术夏令营活动，已成为粤港澳地区高校学生文化交流的品牌项目。2009 年创办，至 2021 年已成功举办 13 届的“粤港澳青年文化之旅”活动，参与学生累计近 1500 人次，在活动内容上注重传统文化的融合，组织学生参观港澳与内地的红色文化发源地，学习剪纸、制陶等岭南特色非遗项目。此外，“青少年粤剧艺术培训夏令营”“穗港澳青少年文化交流季”等一系列文化学习专项活动的顺利举办为粤港澳青少年交流学习提供新机遇。

从文艺合作层面看，一方面，粤澳共同开展文艺内容创作、制作与推广，通过举办文艺汇演、艺术作品展览、影视作品拍摄等途径进行文化交流。例如，2021 年在珠海顺利举办的首届“粤港澳大湾区文艺合作峰会”、粤剧“粤港澳粤剧群星会”等诸多文艺合作活动，《清明上河图》《情书》等文艺作品的传播，对粤港澳文化融合起着积极地推动作用。另一方面，粤澳联合推动文化创意园区建设工作。“横琴粤港澳文化创意园”“南沙香云纱文化创意园”等文化创意产业合作园区的顺利建成，为粤澳文化创意产业的合作项目提供了孵化平台。2021 年 12 月，“南国书香节”首次落地澳门，以“粤澳文化分享”为核心的文化阅读活动推动了粤澳文化资源实现共享。

（3）合作交流领域逐渐拓宽

粤澳文化合作交流领域逐渐实现广泛化与深度化，有利于共同传承与弘扬岭南文化，塑造包容的文化氛围与湾区人文精神。现阶段，粤澳文化合作交流领域涉及文化创意产业、非物质文化遗产保护、教育文化合作、艺术创作交流与文化旅游合作等诸多方面。目前，澳门特区政府正大力扶持会展、演艺、设计和视觉艺术等文化创意产业的发展，粤澳两地在文化创意产业方面的合作逐渐深化。一方面，粤澳同根同源，具有深厚的“岭南文化”基础，粤澳双方的非物质文化遗产难免会出现交叉重叠现象，因此在粤澳文化交流活动的开展过程中，深化非物质文化遗产方面的交流至关重要；另一方面，粤澳在教育文化合作方面，主要涉及开展各种文化展览、学术交流、青少年岗位实习等文化交流活动。粤澳文化合作交流的领域逐渐变宽，实现多元化，促进粤澳形成相似的文化价值观，加快人文湾区建设。

3. 交通运输

交通网络建设是粤港澳大湾区实现区域一体化发展的必要环节。本报告梳理粤澳交通运输合作进展及成效，有利于粤澳交通基础设施合理建设与布局，加快形成综合交通网络体系，促进资源要素高效流动。

（1）交通网络管理制度日益完善

为推进粤港澳大湾区综合交通网络顺利建设，国家交通运输部门出台了相关政策文件，指导交通基础网络体系布局，加快推进内地与港澳实现基础设施“硬联通”、规则机制“软联通”与人才要素“智联通”。2019 年 2 月，中共中央、国务院印发《粤港澳大湾区发展规划纲要》，该纲要强调交通基础设施建设重点应该落在内地与港澳以及珠江口东西两岸的交通运输方面，加快构建以高速铁路、城际铁路与高速公路为主体的综合交通网络体系。2020 年 12 月，《交通强国建设广东试点实施方案》正式出台，该方案指出将重点从交通基础设施建设、交通旅游、智慧交通等五个方面，不断深化大湾区综合交通网络建设。此外，交通运输部正在起草“关于支持粤港澳大湾区交通运输发展的实施意见”，该意见强调加强粤港澳大湾区现代化综合交通网络体系的构建，促进资源要素的高效便捷流动，进而实现湾区经济高质量发展。

（2）交通基础设施项目不断推进

一方面，“硬联通”交通基础设施不断建成。2018 年 11 月正式通车的港珠澳大桥，东接香港，西接珠海与澳门，不仅是粤港澳大湾区综合交通网络建设的关键性工程，也是连接珠江口东西两岸核心的公路交通运输通道。

港珠澳大桥的顺利通车，增强了香港及珠江口东岸城市的经济辐射作用，有利于激发珠江口西岸的发展潜力，为粤澳合作提供交通运输新通道与新机遇。2020 年 8 月，新横琴口岸正式开通，便捷的通关口岸有助于粤澳人才的高效流动，推动横琴粤澳深度合作区建设。此外，珠肇、广珠（澳）、深珠、深湛四条高铁线将逐渐接入珠海中心站，这将进一步优化横琴粤澳深度合作区周边的交通枢纽。2021 年 9 月，青茂口岸顺利开通，这是粤港澳大湾区综合交通网络建设的重点推进项目，有效缓解了拱北—关匣口岸的人员通关压力。另一方面，“软联通”畅通粤澳资源要素高效便捷流动。广东省着力推进“湾区通”工程的建设，积极解决交通、食品安全等民生问题，提高粤港澳机制的对接效率，加速人才要素的便捷流动。2022 年 4 月，“琴澳资信通”服务顺利落地，有效减少了澳门居民前往横琴办理业务的次数，提高粤澳居民的生活幸福感。

（3）物流运输服务体系逐渐优化

交通网络一体化建设相关管理制度逐渐出台、大批交通基础设施建设项目成功落地，粤澳交通网络体系逐渐优化，助力粤澳交通运输实现互联互通。从公路运输方面看，珠海与澳门处于湾区物流链的末端，港珠澳大桥的顺利通车给珠澳跨境电商的发展带来新机遇。此外，虎门大桥、南沙大桥、深中通道的顺利通车，大大提高粤澳公路运输效率。从轨道交通方面看，珠三角九市已经实现“市市有高铁”，拥有广珠线、广佛肇线、广深港线和莞惠线四条城际线，广州、深圳、佛山、东莞四市建有地铁线，澳门特区轻轨氹仔线正式运营。此外，2021 年 3 月正式动工的澳门轻轨延伸至横琴线隧道工程正在加速建设，争取四年内完工并投入正式运营。从航运方面看，珠江九市内拥有广州白云国际机场、深圳宝安国际机场、珠海金湾国际机场三大核心机场，澳门特区拥有澳门国际机场。

4. 生态环保

（1）跨境环保合作机制逐步优化

环保合作协议的成功签订为粤澳开展环保合作项目提供了制度支撑。从合作框架协议方面看，粤澳在 2011 年联合签署的《粤澳合作框架协议》中强调加大生态环保项目投入经费，促进经济与生态环保协同发展。2017 年 7 月，《深化粤港澳合作推进大湾区建设框架协议》正式签订，该协议强调坚持“生态优先、绿色发展”的基本原则，深化生态保护与资源节约，促进生产方式向节能低碳转变，打造粤港澳大湾区经济绿色高质量发展新局面。从具体合作协议方面看，2013 年 11 月，珠澳双方签署了《珠澳环境保护合作协议》，该协议聚焦于两地的水环境污染问题，两地共同维护水资源质量，保证用水安全。2014 年 9 月，《粤港澳区域大气污染联防联治合作协议书》正式生效，该协议以共建空气质量检测平台、合作开展环保科研工作等方面为建设重点，该协议的顺利签订进一步推动了粤港澳三地联防联治工作的开展。2017 年 3 月，广东与澳门签订了《2017—2020 年粤澳环保合作协议》，该协议强调深化两地环保规划、环境监测、环保产业发展等方面的合作交流。

（2）环保合作专责小组发挥交流磋商作用

粤澳环保合作项目的顺利推进离不开环保合作专责小组的协调与磋商，环保合作专责小组定期召开会议，总结环保合作项目新成果、探讨环保合作项目新内容、督察环保合作项目的实施进展并及时调整环保合作项目的方向与领域。2002 年 5 月，“粤澳环保合作专责小组”成立，其主要成员有省环保厅、省水利厅、省港澳办、澳门环保局、港务局、民政总署与气象局等，粤澳环保合作专责小组的成立加快了粤澳在生态环保领域的交流合作。2008 年 12 月，珠澳两地政府在粤澳联席会议上签署了《关于成立珠澳合作专责小组的备忘录》，“珠澳合作专责小组”由此正式成立，这也是珠澳在环保合作领域的官方协调合作与磋商机制的正式建立。2013 年 9 月，“珠澳合作专责小组”更名为“珠澳合作会议”，并设立五个工作小组，规定一年召开一次会议，及时汇报环保合作项目新进展并部署环保合作项目工作内容。2021 年 11 月，珠澳环保合作工作小组会议顺利召开。2022 年 1 月，粤澳环保合作专责小组会议顺利召开，会议全面总结了 2021 年双方环保合作交流成果，并部署了 2022 年环保合作项目的方向与工作内容。

（3）环保合作项目取得新成效

粤澳在生态环保领域的合作交流取得明显成效，具体表现为水环境治理、空气质量与其他环境治理合作项目取得新成效。第一，水环境治理合作项目。粤澳的水环境治理合作集中在珠海和澳门之间，珠海和澳门之间的跨界河流是项目的治理重点，如鸭涌河、前山河等。第二，空气质量合作项目。2014 年 11 月，“改善珠三角空气质量的 $PM_{2.5}$研究”项目顺利启动，对粤港澳三地空气质量进行为期一年的采样检测，制定对应的空气污染防治措施。第三，其他环境治理合作项目。2010 年 5 月，粤澳为缓解两地之间的环境压力，实施了废旧汽车拆解基地项目。该项目对粤澳废旧汽车、摩托车、轮胎、家用电器等进行拆解、回收、加工、再利用。

5. 金融服务

粤澳金融服务合作经历了独立发展、融合发展和一体化发展三个阶段。当前，粤澳金融服务合作呈现全方位、多层次的趋势，形成区域分工明确、经济协同互补的产业发展集群，并取得显著的成效。

（1）金融服务合作保障制度逐渐完善

2003 年，内地与香港、澳门特区政府分别签署了内地与香港、澳门《关于建立更紧密经贸关系的安排》，该协议的签订是粤澳经济贸易交流的重要里程碑，为粤澳金融服务合作奠定了制度基础。2019 年 10 月，“粤澳跨境金融合作（珠海）示范区”在珠海横琴挂牌，加快澳门金融服务产业的发展，促进粤澳跨境金融服务合作。2021 年 9 月，党中央、国务院印发了《横琴粤澳深度合作区建设总体方案》，该方案强调充分利用“中葡平台”资源优势，打造中葡金融服务合作先进平台，鼓励澳资企业在合作区发展现代金融产业，降低澳资企业在金融产业的准入门槛，推进合作区金融服务业全面开放与合作。

（2）金融服务合作平台持续搭建

粤港澳大湾区凭借其独特的金融服务资源，充分发挥经济与环境协调优势，已经建设成国际金融服务合作先进平台。澳门凭借相对宽松的金融环境，不断吸引境内银行在澳门布局，持续推进粤港澳金融服务产业的合作。从银行业市场看，截至 2019 年，共计 8 家港澳资银行在广东省设立分行或支行，截至 2021 年 8 月，全国性银行中共计 9 家银行在澳门进行了机构布局。此外，澳门凭借得天独厚的平台优势，借助“中葡平台”充分发挥经济与环境协调优势，持续深化粤澳绿色金融服务合作。2018 年 4 月，澳门金融管理局与澳门环境保护局合办的“绿色金融创新与可持续发展论坛”在澳门顺利举办，会议强调澳门将借助自身的制度优势与“中葡平台”战略定位优势，积极引导金融服务资源投入绿色经济发展领域。2019 年 3 月，澳门金融管理局举办“绿色金融论坛”，该论坛强调澳门将充分利用“中葡平台”优势，推动大湾区与海外市场的绿色金融合作。

（3）金融服务合作项目取得良好成效

横琴粤澳深度合作区作为粤澳金融服务合作项目成果的重要载体，金融服务合作项目成效显著。2009~2020 年，横琴金融业增加值从 0.3 亿元增加到 140 亿元，占地区生产总值近 30%。2015 年，广东省人民政府和澳门特区政府联合提出“粤澳基金”计划，强调引入澳门财政资金推动粤澳金融服务合作。2018 年，“粤澳基金”正式签约，这在一定程度上缓解了粤澳金融服务合作项目融资困难的情况，促进了粤澳两地的资金往来。截至 2021 年 10 月，粤澳合作发展基金累计投入 184.53 亿元，其中包括粤港澳大湾区基建、珠海横琴建设。2019 年，广东自贸区正式设立了自由贸易账户，澳门企业可以在广东自贸区试点银行开设 FT 账户，利用统一的人民币和外币账户，实现资金的融通、汇兑和划拨。2020 年，资本项目收入支付便利化业务顺利开展，该业务对企业资本金、外债、境外上市等资金项目的进款流程进行了精简，从而极大地提升了跨境投融资的便利性。

三　粤澳两地合作交流存在的问题与面临的挑战

（一）科技创新

1. 高端创新人才不足，高层次科技创新人才欠缺

人才是引领科技创新的第一要素。珠三角九市的科技研发人员主要聚集在广州、深圳两地，其余地市存在一定程度的高层次科技研发人员难引进、难留

住的问题。第一，高层次科技研发人员不足。《中国科技人才发展报告2020》显示，截至2019年，广东R&D人员全时当量共计80.3万人，居全国首位。从人员结构看，截至2019年，广东R&D研究人员占R&D人员全时当量的比重为34.9%，而北京与上海R&D研究人员占R&D人员全时当量的比重分别为66.2%与58.4%，这说明与北京、上海相比，广东高层次人才数量不足。第二，科技经费投入不足。R&D经费支出占GDP投入的比重是衡量科技投入水平的关键指标，也是吸引高层次科技研发人员的关键因素之一。2015~2020年《广东省科技经费投入公报》与2020年广东省政府工作报告显示，截至2020年，广东的R&D经费投入共计3479.9亿元，R&D经费支出占GDP的比重为3.14%，北京、上海的R&D经费投入分别为2326.6亿元、1615.7亿元，R&D经费支出占GDP的比重分别为6.44%、4.17%。数据表明，广东的R&D经费支出占GDP的比重明显比北京、上海低，意味着广东科技经费投入不足。

2.创新要素跨境流通受限，要素集聚效应尚未形成

粤澳双方在经济政策、法律环境、文化观念、行政体系等方面存在差异，阻碍了创新要素自由高效流动，具体可以从高科技人才、科研经费等方面进行探讨。第一，从高科技人才要素流动方面看，粤澳尚未完全实现两地人才职业资格互认，特别是以当地法律制度基础为依据的市场准入类职业资格，法律制度的差异导致粤澳人才职业资格互认存在制度壁垒，这在一定程度上阻碍粤澳高科技人才的跨境合作交流。第二，从科研经费要素流动方面看，2019年3月，广东省印发了《关于进一步促进科技创新的若干政策措施》，该措施强调港澳的科研院所可以直接申报广东的科技创新项目，并且准许科研经费直接拨付给港澳的科研单位，该政策的颁布有利于促进粤澳资金要素的自由流动。但是，政策文件在科研经费的会计记账准则、使用凭证、不同货币类型的使用规则等方面缺乏详细的安排。科研经费跨境投入使用缺乏更加健全的政策制度指引，不利于科研资金在粤澳两地高效流动。①

① 孙久文、殷赏：《“双循环”新发展格局下粤港澳大湾区高质量发展的战略构想》，《广东社会科学》2022年第4期。

3. 尚未充分发挥“中葡平台”的优势，拓宽粤澳企业科技创新合作渠道

澳门是中葡合作的立足点，“中葡平台”建设是澳门融入国家发展大局的重要体现。澳门由于特殊的地理位置、历史文化特征，在语言、法律制度等方面与葡语国家具有一定的相似之处，具有促进中国与葡语国家国际贸易合作的平台优势。广东虽然毗邻澳门，拥有得天独厚的地理资源优势，但是与葡语国家在科技创新合作交流领域的深度与广度有待拓展。第一，内地、澳门与葡语国家在经济、法律制度等方面存在客观差异。社会制度的差异性导致人民币跨境流动、结算支付存在一定壁垒。第二，科技研发合作机制有待完善。目前，粤澳两地与葡语国家尚未建立完善的科技创新合作机制保障体系，尚未打造产学研有效结合的科技成果转化链条。第三，粤澳两地对葡语国家高精尖科技人才引入不足。通过“中葡平台”协作推进科技人才的技术交流与成果转化的力度有待加大。

（二）文化交流

1. 粤澳文化价值观的同一性与差异性并存

文化是区域发展的“软竞争力”和“软实力”。粤澳虽然同根同源于“岭南文化”，但由于历史因素，澳门形成了独特的东西文化交融的多元化文化发展态势。长期以来，澳门特区的文化制度与文化理念在一定程度上保持相对独立的发展状态。此外，粤澳具有“一国两制”“两种货币”“两个关税区”的经济制度与政治制度特征，两地对文化的开放程度、包容程度以及文化价值观都存在一定的差异。要有效推动粤澳文化价值观的融合，必须加强文化交流活动的开展、文化管理制度的相互协同。

2. 粤澳社会治理模式与交流主体存在差异

由于社会制度的差异性，粤澳社会治理模式与交流主体存在明显的差异，进而粤澳文化合作制度的执行效率难以得到提高。珠三角九市政府在公共文化交流方面占据主导地位，政府可调动的文化资源充沛，承担着更多的文化职能，而澳门特区的主要文化交流活动大多是由社会组织主导的，澳门特区

政府可以调动的文化资源相对较少。[①] 因此，粤澳文化合作交流的保障机制很难在两地同步高效率建立并执行，这在一定程度上阻碍了粤澳文化交流活动的开展。

3. 粤澳文化市场尚未完全接轨

澳门是世界级自由贸易港，社会营商环境高度自由化。其由于特殊的地理位置优势，与葡语国家的经济、国际贸易交流相对频繁，东西文化相互融合呈现独特的发展趋势。内地实施有条件的市场准入原则，对文化实行一定程度的保护措施，文化经济采取政府干预的管理模式，尤其是在影视、游戏、文学、艺术等领域的交流必须经过严格的审查程序，文化自由化交流存在制度壁垒。此外，粤澳在文化旅游、文化创意产业等方面的发展存在区域不平衡现象。在珠三角九市中，广州、深圳的文化经济发展较好，惠州、肇庆、中山等市虽然旅游资源丰富，但是文化经济发展缓慢。广州、深圳、珠海与澳门的文化交流活动相对更为频繁，粤港澳大湾区其余城市与澳门开展的文化交流活动较少。

（三）交通运输

1. 交通运输协同管理机制不完善

一方面，交通基础设施的规划、建设与管理分属于不同行政等级的主体。粤澳具有“两种社会制度”“两个关税区”的现实差异，在基础设施建设与协同管理机制的制定方面容易产生分歧，政策落地执行存在效率差距。此外，澳门特区受区域位置、地理面积等自然条件限制，交通网络建设存在难以打破的自然壁垒。另一方面，区域交通基础设施建设不足，协同发展保障机制欠缺。粤澳缺乏对交通基础设施进行高效综合性管理，这容易造成交通基础设施发展定位重叠，导致交通资源浪费，难以实现政策实施预期效果。同时，粤澳在交通基础设施建设方面的财政、税收资金投入具有差异

① 贾云平：《关于粤港澳大湾区文化合作的思考》，载徐咏虹主编《广州蓝皮书：广州文化产业发展报告（2020）》，社会科学文献出版社，2020。

性，提高了交通基础设施一体化建设难度。

2. 交通运输网络布局不平衡

粤澳交通运输网络体系正逐渐完善，但交通运输网络布局仍存在严重的不平衡现象。从轨道交通看，珠三角九市内实现“市市有高铁”，拥有地铁、城际、高铁轨道运输通道。澳门轨道运输短板明显，仅有一条轻轨氹仔线正式运营。从航运看，澳门特区仅有一个中小型国际机场，而珠三角九市共拥有三个航空枢纽。从公路运输看，受珠江水系阻隔的公路交通是澳门与珠江口东岸联动发展的桎梏，粤港澳大桥的顺利开通虽然为粤澳公路运输提供新的发展机遇，但始终不能满足珠三角九市的运能需求。此外，粤澳交通基础设施建设呈现东西部不平衡的发展态势，在一定程度上阻碍了粤澳资源要素畅通流动，降低了区域资源的利用效率。

3. 交通网络一体化程度较低

一方面，从交通运输的联运方面看，粤澳两地由于交通基础设施建设不平衡，轨道交通网络一体化程度较低，澳门特区轨道基础设施短板明显。[①] 此外，粤澳由于行业技术标准与行政区划的差异，多式联运与跨区域联通效率较低，虽然两地过境口岸正不断简化通关手续，提高澳门居民的通勤效率，但是粤澳高效客运体系仍需不断优化。另一方面，区域资源整合力度有待加大。粤澳区域行政管理制度与财政资源分配存在明显差异，城市交通网络建设区域特征明显，必须高效整合粤澳的交通资源，合理规划交通网络与资源分配。

（四）生态环保

1. 生态环境保护的合作机制尚未成熟

一方面，行政协议的有效性问题突出。珠三角地区的行政协议数量较多，环境协议的内容过于偏向原则性，缺乏可操作性，并且法律责任与处罚机制不够明确，使得协议往往流于形式，未能有效促进环保合作工作的开

① 杨海深：《粤港澳大湾区综合交通网络建设报告》，载郭跃文主编《粤港澳大湾区蓝皮书：粤港澳大湾区建设报告（2020~2021）》，社会科学文献出版社，2021。

展。另一方面，环保深度合作缺乏具体的法律基础[①]，《粤澳合作框架协议》和其他环保合作协议未建立有效的粤澳环保合作法律惩罚机制与激励措施。由于粤澳发展规划存在差异，健全的合作协调机制对保障生态环保项目的顺利开展和调动开展环保合作工作的积极性具有重要意义。

2. 生态环境保护的法律法规存在差异

粤港澳由于社会经济体制、社会制度与法律体系存在差异，在环境治理制度、行政法规和环境标准等方面具有明显区别，环保项目的监督管理条例尚未协调一致。以深圳河的治理为例，深圳和香港由于在区域法规、技术标准等方面存在较大的差异，在治理过程中容易出现矛盾冲突。此外，粤澳两地为维护各自的利益诉求，在环保项目的合作监管方面容易产生分歧，因此设立环保合作专责小组，对协调双方利益、监管环保合作项目的开展至关重要。

3. 生态环境保护的合作深度和广度不够

目前，粤澳生态环境保护合作缺乏总体协调管理机制，在产业发展、基础设施建设、生态环境保护等方面缺乏统筹协调，难以实现区域环保经济的协调发展。例如，粤澳在推动经济生态协调发展过程中，缺乏共同的环保目标，环保资源与治理经验尚未实现共享，海洋和陆地的协调能力不强，导致海洋环境问题突出。

（五）金融服务

1. 税收征管机制存在差异，加剧资源分布不平衡

粤澳两地的税收制度在税率、税种与税制结构等方面存在诸多差异。第一，澳门整体税种较少。第二，澳门的税率较低，税负较轻。第三，广东、澳门都设立了消费税。具体来看，在所得税等直接税制方面，内地税制是综合考虑收入来源地税的管辖原则和居民税的管辖原则制定的，澳门的税制是

① 王玉明：《粤港澳大湾区环境治理合作的回顾与展望》，《哈尔滨工业大学学报》（社会科学版）2018 年第 1 期。

根据收入来源地税的管辖原则制定的；在税收优惠方面，澳门税收优惠政策支持力度较大，并且澳门是国际重要的贸易枢纽，具有低税负、零关税的税制特征，对国内外投资者吸引力较强，有利于资金流入澳门，不利于粤澳金融服务资源的合理配置。

2. 澳门产业结构发展不平衡，金融人才易流失

一方面，从产业结构看，澳门产业结构中的博彩业呈现“一业独大”的态势，是澳门支柱性产业。另一方面，澳门金融结构体系比较单一，主要由商业银行、保险公司组成，缺少非银行类金融市场，金融衍生品的种类较少，金融产业在澳门经济中的贡献度较低。此外，澳门人力资源的供给与需求不匹配，缺乏高层次人才，澳门金融从业人员以金融产品销售为主，而具备较高专业水平和管理技能的国际金融人才相对较少，不利于澳门多元化产业的发展。①

3. 金融体系的差别化，阻碍两地的合作与发展

首先，粤澳分属不同的关税区、不同的通信体系，金融规则存在的差异较大，导致粤澳金融标准互认和趋同存在障碍。② 其次，粤澳两地的金融会计制度、金融财税制度、金融业务范围与金融配套服务等因“一国两制”而不同。最后，粤澳跨境金融基础设施建设与协调监管机制不够完善，跨境业务的协调监管、金融服务信息的实时共享存在明显阻碍。③

四　优化粤澳合作交流的路径与对策

（一）科技创新

1. 优化粤澳科技人才合作交流体系，吸引并留住国内外高端技术人才

优化粤澳科技人才合作交流体系，提高科技人才的福利待遇，有利于吸

① 齐冠钧：《澳门经济适度多元化发展研究——基于〈粤港澳大湾区规划纲要〉的视角》，《国际经济合作》2019 年第 2 期。

② 王信：《粤港澳大湾区金融科技发展的若干思考》，《南方金融》2021 年第 10 期。

③ 刘佳宁：《粤港澳大湾区科技金融协同发展路径研究》，《南方金融》2020 年第 9 期。

引并留住国内外高端人才。一是打造粤澳科技人才互联互通新机制。打造科技人才合作保障机制，建立“人才绿卡”制度，破除粤澳人才内部自由流动的机制障碍①，建立科技人才专业资格互认机制，协同科技人才互认标准、认证方式以及资质检验等认证程序。② 二是粤澳联合培养科技人才。依托粤澳科研院所、科技企业等合作平台，建立粤澳联合培养实验室，形成科技人才需求导向型的培养结构。三是优化科技合作成果的孵化环境。逐步提高现有科技孵化器的管理服务水平与孵化效率，支持新型科技企业孵化器的建立，推进科技成果孵化的技术革新，对高水平的孵化项目、高效率的孵化企业适当增加财政资金的支持与奖励，提高科技人才合作创新的积极性。

2. 破除粤澳两地合作机制障碍，促进粤澳创新要素跨境高效流动

深化粤澳科技合作交流，必须完善科技创新发展的政策规划与指导制度。第一，适度提高广东科技创新领域对澳门企业的市场开放程度，发挥政策制度的保障作用，减少澳门投资者在广东的投资壁垒。第二，逐步完善粤澳两地财政资金跨境流动的审批、拨付以及管理制度。③ 财政资金是科技研发合作的重要基础，加快制定广东财政资金跨境流动的使用以及管理制度，促进粤澳研发资金高效便捷跨境使用。第三，完善粤澳科技人才跨境的通关签注便利机制。完善的通关签注便利机制有利于提高粤澳两地科技人才的交流效率，激发粤澳科技创新要素的活力。

3. 借助“中葡平台”合作优势，畅通粤澳与葡语国家的科技合作通道

“中葡平台”是中国连接葡语国家甚至全球的重要平台与独特纽带，要充分发挥“中葡平台”的贸易合作优势，将“中葡平台”的内涵、功能与横琴粤澳深度合作区深度融合，推动“横琴”成为“中葡平台”的重要延

---

① 赵明仁等：《粤港澳大湾区高水平人才高地制度体系建构研究》，《杭州师范大学学报》（社会科学版）2022 年第 3 期。

② 钟旋辉主编《广东发展蓝皮书：广东发展报告（2021）》，社会科学文献出版社，2021。

③ 欧阳卿：《澳门在粤港澳大湾区国际科创中心建设中的作用及粤澳合作策略》，《科技管理研究》2021 年第 10 期。

伸载体。[1] 此外，依托粤港澳大湾区完善的电商服务体系与完备的制造生产链条，加强“中葡平台”的金融服务功能建设。一方面，完善知识产权保护制度，建设符合国际标准的知识产权保护高地；另一方面，粤澳联合建设以大数据、区块链技术、AI 智能为核心的澳葡跨境电商合作产业园区，提高物流服务管理水平。

（二）文化交流

1. 立足“岭南文化”根脉，塑造粤澳共同人文精神

粤澳同根同源于深厚的“岭南文化”，塑造粤澳共同人文精神必须立足兼容并蓄、开放包容的岭南文化。首先，粤澳联合举办“岭南文化”学习交流会，深刻展示“岭南文化”的历史渊源、发展脉络与人文精神内涵，立足“岭南文化”根脉，打造共同人文价值观。其次，促进粤澳文化交流。利用政策激励手段促进高等院校、科研机构与文化研究中心等社会组织开展跨境文化论坛、文化学术联合会等文化交流活动，促进“岭南文化”交流质量的提升。最后，深化粤澳青少年文化教育。粤澳应联合打造青少年文化学习课程，增加中华传统文化的课程，联合开展青少年跨境文化体验心得分享会、参观红色文化遗址等文化学习活动，让粤澳青少年更加全面、深入地了解中华传统文化的历史渊源，从小培养粤澳青少年相似的人文价值观。

2. 增强粤澳官方协调能力，促进文化融合发展

社会制度差异性特征，导致粤澳两地可以调配的文化资源不平衡，增强官方对文化资源的协调配置能力，能有效地推动文化融合。首先，粤澳可以借助具有良好声誉与社会认可度的企业、社会机构的文化资源优势，着力推动文化交流平台的搭建与文化活动的开展，推动形成政府引导、以社会力量为主体的良好运行体系。其次，澳门特区政府可以利用政策激励手段，对积极开展文化活动、文化项目的企业、机构实行政策激励，调动社会组织与个

---

① 宋雅楠：《“双循环”新格局下“粤澳深度合作区”合作机制分析——以中葡平台为视角》，《港澳研究》2021 年第 2 期。

人参与粤澳文化合作交流的积极性，吸引更多的社会资本参与文化合作交流项目。最后，粤澳双方可以联合建立文化项目协调管理办公室，建设粤澳两地文化服务机制体系，逐步增强粤澳两地官方协调能力，使两地文化交流呈现健康发展的态势。

3. 减少文化非关税壁垒，促进粤澳文化市场有效衔

实现粤澳文化市场高效衔接，必须减少粤澳文化交流壁垒。第一，逐步简化文化活动、项目的审批流程。例如，艺术展览、艺术表演、学术会议等交流活动的审批程序可以适当地精简，抓主要核心的审批流程，减少形式化的审批程序。第二，适度调整文化行业的市场准入门槛。内地应该进一步调整文化市场的准入门槛，尽可能减少各种强制性限制进入文化市场的非关税壁垒。第三，充分利用现有的旅游资源，加大地区旅游形式的创新力度。粤澳应将文化内涵与旅游资源充分结合，加大地区文化旅游项目形式的创新力度、市场营销力度。

（三）交通运输

1. 完善交通运输协同管理机制，提升粤澳交通设施互联互通水平

完善粤澳交通运输协同管理机制，助力交通基础设施的有序建设。一方面，优化跨境交通运输管理机制，提高资源利用效率。港珠澳大桥的顺利开通、新横琴口岸的正式开通等基础设施建设项目的有序完工，使跨境交通运输越发便利化，探索“一国两制”下粤澳交通运输协同管理机制，推动跨境通行政策与管理机制有效衔接至关重要。另一方面，优化交通运输顶层设计，为粤澳交通基础设施提供明确的政策指引，缩小粤澳在通关口岸申报、查验标准与程序、管理水平等方面的差距，推进区域交通运输的均衡发展。

2. 优化交通运输网络布局，推进粤澳跨江通道建设

珠三角口东西两岸交通运输网络布局呈现不平衡的发展态势，加快建设跨江通道，是解决珠江口东西两岸交通基础设施建设与经济发展不平衡现象的必要路径。一方面，加强珠江口东西两岸的陆运网络布局与跨江设施的有

效衔接，有针对性的对公路交通运输拥挤路段进行修缮扩建。另一方面，加快澳门特区与珠三角地区的轨道运输网络建设。澳门特区受自然地理条件的限制，轨道交通运输存在客观的发展壁垒，因此，必须通过高效协调空运、路运、海运等方式，全面增强和提升粤澳内部交通运输交接枢纽的衔接转化能力与效率。

3. 提高交通运输服务水平，促进交通运输网络实现一体化

公路是澳门特区连接珠三角地区的重要运输通道，降低客货公路交通运输服务成本、提高运输效率对优化粤澳交通运输至关重要。一方面，应着力推进安全便捷的客货服务。港珠澳大桥的顺利通车为粤澳公路运输带来新机遇，提高港珠澳大桥穿梭巴士等服务站点与城市交通网络的衔接程度，有利于优化高效便捷的客运服务。另一方面，利用现代信息技术，打造智能交通运输网络。利用互联网、物联网、云计算等信息技术，推动粤澳交通基础设施管理实现信息共享、交通运输设备实现实时监控，提高交通基础设施的服务水平与管理效率。

（四）生态环保

1. 积极完善生态环境保护合作机制

第一，完善粤港澳大湾区委员会机制。借助委员会管理渠道逐渐完善粤港澳层面以及各个城市之间的协调机制框架。第二，协调粤澳双方利益关系。建立环境合作协议、搭建利益诉求的平台，对涉及粤澳利益冲突的矛盾及时进行调解。第三，健全防范安全体系。建设水环境、大气、机动车污染等检测体系，实现粤澳污染问题的联防联治。第四，构建海陆统筹机制。促进区域生态恢复与污染控制协调发展，实现“以水为本”“以水为单位”的“陆海一体化”。第五，建立生态环保法律的兼容机制。联合构建兼容性的环保合作机制，推动环保合作项目的顺利开展。

2. 协商共建环境保护合作总体规划

根据粤澳生态环境条件、珠江流域与沿海地区生态安全的整体性与系统性原则，粤澳两地协商共建环境保护合作总体规划，对环保合作项目的开展

进行合理布局、有效考察与及时监管，打造区域生态安全新格局。具体来看，一是规划粤港澳大湾区的水环境协同治理。对珠三角海域的地表水环境和海洋功能进行优化和调整，构建和完善跨国界河流的综合治理机制，形成粤澳区域环境安全格局。二是统筹引导地区综合环境污染治理。提高地区的大气环境质量，必须建立综合性的大气污染控制系统，联动推进清洁空气行动计划的开展。三是要加强环境合作的制度建设，加强环保政策和法规的建设。构建区域环境综合管理体系，打破区域一体化发展的瓶颈，构建一套科学的生态环境政策制度，为珠三角地区的生态环境保护开辟一条新的途径。四是引导粤港澳形成绿色且优质的生活圈。加强生态环境方面的合作，拓宽合作范围，构建适配的合作机制。

3. 增强粤澳双方的生态环境保护意识

一方面，粤澳双方必须协同推进经济低碳环保发展，形成全社会低碳环保发展趋势，增强粤澳居民的环境保护意识。另一方面，粤澳两地应该将强制性规制政策与市场激励性手段相结合，促使粤澳企业、高等院校与社会组织积极开展环保合作教育工作，环境监管部门应该充分考察生态环境保护合作项目的实施进度与效果。此外，粤澳双方可以联合举办环境治理经验分享会、环保项目考察会等系列环保活动，营造绿色低碳发展的社会氛围。

（五）金融服务

1. 完善金融服务监管机制，保障金融服务活动顺利开展

粤澳金融服务合作存在的主要问题是金融信息交流存在壁垒，金融资源尚未实现共享，金融服务要素跨境自由、高效流动受限。粤澳应联合建立金融服务机制，并将粤澳金融合作小组作为加强政府之间信息交流的桥梁，促进金融信息共享。在粤澳的经济往来中，可推动将人民币作为资金流通的主要币种，以此降低粤澳金融服务机构运营成本，提高金融服务效率，防范金融服务风险。此外，粤澳两地应支持与鼓励金融服务合作项目的开展，组织多形式的合作论坛、银企交流会等，推进粤澳实现金融制度创新。

2. 优化澳门产业结构，拓宽金融服务合作的渠道

澳门应该借助横琴自贸区合作平台，打破空间限制，聚焦高端金融服务。横琴自贸区为澳门发展离岸金融提供了极好的市场机遇。离岸金融作为横琴自贸区的核心金融业务，为内地资金提供了投资平台，为境外资金提供了进入中国境内金融市场的机遇。横琴自贸区的经济逐渐转型、资本项目不断开放、金融体制不断完善并且相关金融服务产业逐渐成形，在离岸金融的带动之下，澳门的配套服务业也将获得较大的发展空间，这也为粤澳金融服务的发展创造更多的可能。

3. 打造金融服务人才保障体系，保证高端金融服务人才的储备量

金融服务产业是知识密集型产业，高端金融服务人才储备量对金融服务产业的发展至关重要，因此，澳门需重视高端金融服务人才的培养和引进。一方面，必须提高高端金融服务人才的福利待遇，吸引并留住国内外高端金融人才。另一方面，加大对高等教育的投资。高等院校应该注重高端金融服务人才对专业知识与技能的掌握，保证高端金融服务复合型人才的储备量，为粤澳金融服务产业的合作提供人才支撑。

B.15

粤港合作进展及其优化路径研究

赵 雨　王兴棠*

摘　要： 广东与香港地缘相近、文化相通，两地之间有着密不可分的联系。2019年初，国家发布《粤港澳大湾区发展规划纲要》（以下简称《规划纲要》），翻开了粤港深度合作的新篇章。本报告梳理了粤港合作的基本情况，发现粤港两地在贸易、金融以及数字经济等领域的合作成效显著，基本形成了高效互补、互惠共赢的发展模式。但由于制度体系的差异，粤港合作仍存在政策协调难度大、资源配置不合理、创新成效低以及协调机制单一化等问题。为此，本报告从顶层机制设计、数字创新要素培育、产业分工协作体系和合作数据库建设等角度，提出了深化粤港合作的可能路径，以期为粤港合作提供参考和借鉴。

关键词： 粤港合作　区域协调发展　粤港澳大湾区

一　引言

香港地处中国南海沿岸，西邻珠江口，是全球重要的金融、贸易以及航运枢纽，在国家的发展战略中发挥着十分关键的作用。改革开放40多年来，作为我国与世界交流的重要窗口，香港拥有符合国际标准的市场运行机制，具备健全的法制体系，为内地引进资金、技术和管理经验提供助

* 赵雨，博士，广东外语外贸大学粤港澳大湾区研究院讲师，研究方向为产业经济、数字经济与贸易；王兴棠，博士，广东外语外贸大学粤港澳大湾区研究院讲师，研究方向为运营管理。

力，成为我国了解世界、推动人民币国际化的重要平台。广东毗邻香港，区位优势明显，在贸易、金融以及数字经济等方面与香港展开了密切合作，在香港现行市场规则影响下，逐渐形成“社会共融、经济一体、产业互补”的合作局面。此外，广东还是有名的侨乡，华人华侨资源十分丰富，在粤港合作进展过程中发挥着不可替代的作用。广东省统计局统计调查数据显示，在改革开放初期，广东省超过90%的可利用境外投资是由港澳同胞和华人华侨提供的；在粤港合作的订单中，有将近一半的合同是与在香港居住的东莞人签订的。

不仅如此，复杂特殊的国内外环境进一步为广东和香港的融合发展提供机遇。1980年前后，在国际经济环境动荡的影响下，亚洲“四小龙”的经济增速放缓。香港急需通过产业结构转型升级来突破发展瓶颈：一方面是对传统产业的技术进行改造，即将自动化设备配置到纺织、制衣等传统加工行业，使传统加工行业走上高质量发展的道路，实现产业结构的高级化升级；另一方面是发展高科技产业集群，着力提升高科技产品的附加值，提高基础研发投入水平，以技术创新推动产业结构转型升级。但从现实情况来看，香港面临劳动力不足与土地紧缺的困境，需要在周围寻找合适的地方，为其提供较为廉价的工业用地、厂房设施、原材料以及充足的劳动力。当时正值内地改革开放初期，广东承担着探索全国改革开放道路的历史重任，深圳、珠海、汕头被设为经济特区，得到中央特殊政策的大力支持，完全符合香港产业结构转型升级的现实需求。由此，广东和香港之间的合作迈出新的一步，实现良好开局。

香港经济结构调整以来，香港对外直接投资迅速增长，其中对内地的投资规模在所有境外投资中始终保持第一，并且绝大多数涌向了相邻的广东。1980年以来，广东超过60%的实际利用的境外直接投资来自香港，香港超过80%的直接投资流入珠三角地区。[①] 凭借特殊政策、灵活措施以及香港的

---

① 杨永聪、罗毅：《香港直接投资对珠三角经济增长的影响——基于城市面板数据的检验》，《对外经贸》2018年第7期。

大力支持，广东逐步形成了以出口贸易和外资拉动为主的外向型经济发展模式，经济总量跃居全国第一，并保持至今。香港开放包容的文化氛围、健全的法律体系、高水平的教育资源和良好的科研基础，为广东的经济发展提供了先进经验，并且粤港合作互动深刻影响着广东的体制机制改革。同时，广东以土地、原材料和劳动力等资源为香港经济发展提供了更多的稳定性保障，帮助其从单一经济体向城市群经济体转型，为香港的金融业、贸易业和服务业发展提供更大的内地拓展空间，巩固其全球重要的金融、贸易以及航运枢纽地位。综合来看，粤港合作不仅可以充分发挥香港自身长处，与广东形成互利共赢的局面，还可以为国家构建开放型的区域协调发展战略提供参考和借鉴。

二　粤港合作新进展

（一）粤港贸易合作进展概况

1. 粤港两地经贸往来愈加密切，贸易结构日臻完善

在广东对外贸易往来中，香港稳居全球最大贸易伙伴的位置；对于香港而言，广东不仅是内地与其贸易往来最多的地区，也是中国内地联系其的重要窗口。2003 年广东与香港的进出口贸易额为 4904. 62 亿元，约是 1997 年香港回归时贸易规模的 1. 75 倍。到 2015 年，粤港两地的进出口贸易额达到 13055. 60 亿元，其中出口贸易额为 12768. 60 亿元，进口贸易额为 287. 00 亿元，年均增长率达 8. 9%。近年来，受到新冠肺炎疫情影响，虽然粤港两地的进出口贸易额有所下降，但 2021 年粤港两地贸易规模仍高达 11658. 50 亿元，约为香港回归时的 4 倍（见图 1）。

广东与香港的贸易往来频繁，贸易优势相辅而行，合作前景广阔。从改革开放之初的“前店后厂”，到 21 世纪初的“来料加工、来件装配、来样加工和补偿贸易”的出口贸易格局，广东与香港在快速发展中逐渐形成了高效互补、互惠共赢的发展模式。2020 年，广东与香港之间的贸易额超过 1

万亿元。在出口方面，广东对香港的出口规模为9839.93亿元，其中机械、电气设备、电视机及音箱设备占比最大，接近3/4；在进口方面，广东从香港的进口规模达到195.01亿元，其中以贱金属及其制品占比最多，为20.4%（见图2）。

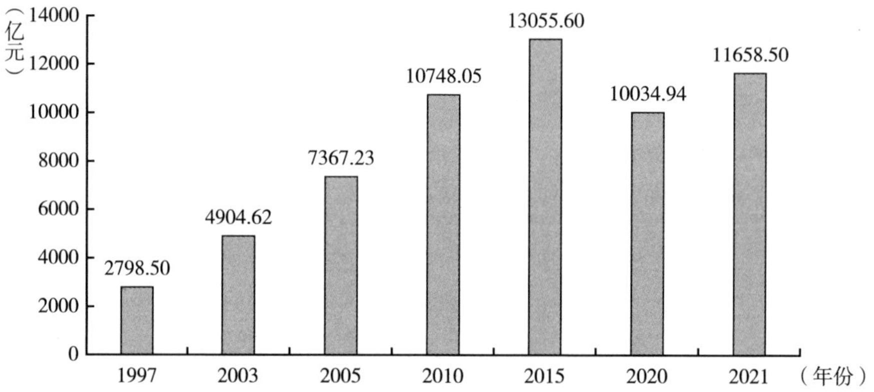

图1　香港回归以来粤港进出口贸易规模情况

资料来源：中国海关总署广东分署。

从贸易结构来看，主要有以下变化。第一，粤港两地一般贸易和保税物流发展较快，加工贸易呈现回落趋势。其中，1997年广东与香港之间的保税物流贸易额为48.3亿元，仅占进出口贸易规模的1.7%。2021年，粤港两地保税物流贸易额高达2816.4亿元，年均增长率为18.5%，在进出口贸易规模中的占比也上升至24.2%。第二，在香港回归的25年间，粤港两地一般贸易额以年均增长率5.6%的速度上涨，2021年达到2998.8亿元，增加了约3.7倍。加工贸易规模的占比则从1997年的67.4%下降至2021年的49.8%，主要集中在机械、电气设备等行业。[①]

广东对香港高新技术产品的出口规模大幅增长。近年来，广东省产业结构转型升级加快，电子信息制造业高速发展，出口到香港的产品也逐渐转向附加值更高的技术密集型产品，如电气设备、机电以及器械等，占比超过

① 资料来源于中国海关总署广东分署。

80%，其中高新技术产品占比高达63%，年均增长率为17.2%，成为广东对香港出口贸易的主导产品；传统劳动密集型产品的出口规模占比明显降低，占比下降幅度超过55%。从贸易企业性质来看，广东民营企业贸易规模增长较快，已成为粤港贸易中重要的推动力量。2021年，粤港贸易中民营企业贸易规模占比超过40%，远高于1997年香港回归时的3%左右。[①]

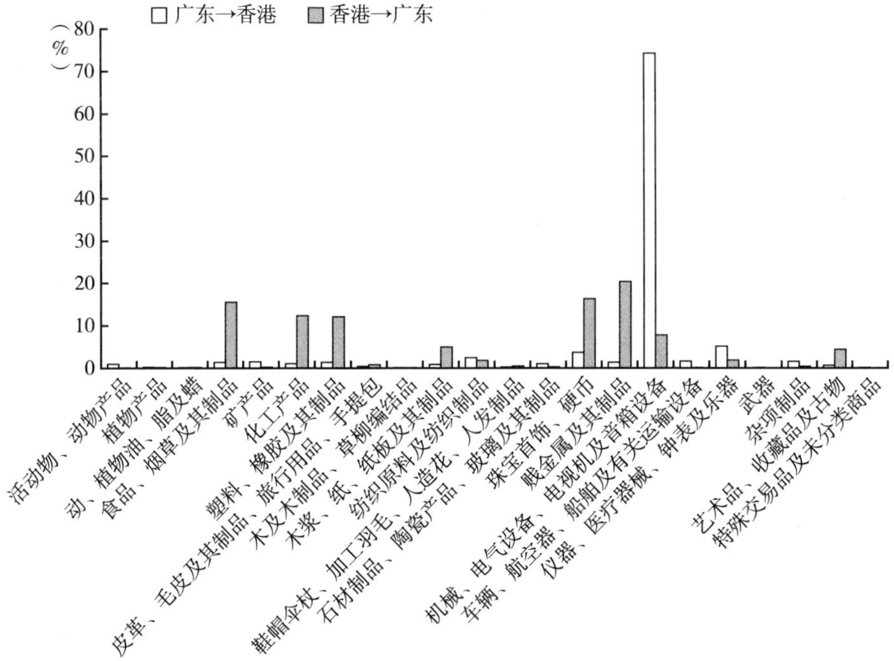

图2 2020年粤港两地进出口贸易商品结构

资料来源：中国海关总署广东分署。

2. 粤港两地在服务贸易和服务业领域展开深度合作，为香港服务经济的发展提供源动力

当前，粤港两地在服务贸易领域处于不同的发展阶段，具备优势互补、深入合作的基础。在生物医药、电子信息等高新技术产业和装备制造等先进

① 资料来源于中国海关总署广东分署。

重工业共同发展的产业体系逐渐成形的背景下，广东急需成熟的生产性服务产业为其提供高质量的服务，增加其全球竞争力。中国商务部统计数据显示，2020 年，广东服务贸易总额达到 8519 亿元，占全国的比重为 18.7%，处于全国服务贸易第一梯队。其中，服务贸易出口 3822.4 亿元，服务贸易进口 4696.6 亿元，逆差 874.2 亿元。

在《内地与香港关于建立更紧密经贸关系的安排》（CEPA）机制和广东自由贸易试验区的政策支持下，广东服务贸易产业有了较大程度的发展，但在服务贸易竞争力方面仍需要继续加强。香港是全球著名的金融中心之一，现代服务产业发展成熟，金融、贸易、旅游及商业服务等产业具有很强的国际竞争力。2020 年之前，香港服务贸易交易额总体上基本保持稳定的增长态势。2019 年香港服务贸易交易规模达到 12452.29 万亿元，其中进口交易额为 5455.15 亿元，出口交易额为 6997.14 亿元，服务贸易顺差 1541.99 亿元，相较于 2018 年的贸易规模略有减少（见图 3）。受到疫情影响，2020 年香港服务贸易进出口规模分别下降 32.8%和 35%。近年来，虽然香港服务贸易出口增速有所下降，但是作为重要的国际贸易中心，香港始终保有上千亿元的服务贸易顺差。

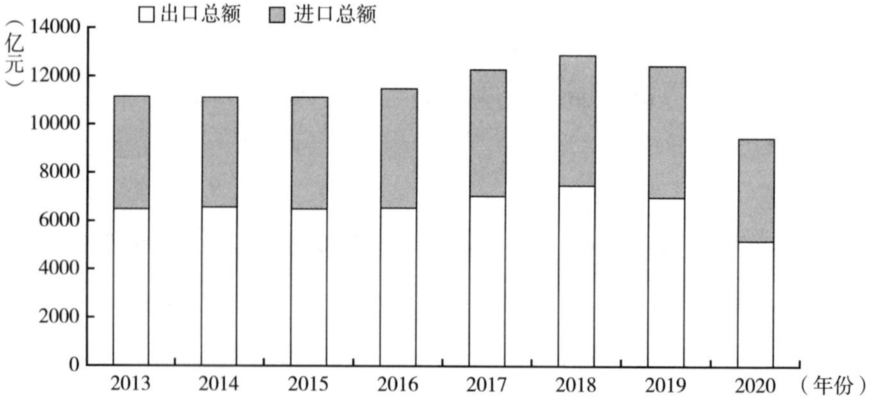

图 3　2013~2019 年香港服务贸易发展情况

资料来源：香港特区政府统计处。

通过对比粤港服务贸易情况可以看到，香港服务贸易产业总体规模十分庞大，远超同期广东服务贸易总额，整体竞争优势较强。粤港两地拥有不同的产业分工体系，其中香港现代服务产业体系成熟，产业链和供应链稳定，是国际著名的旅游胜地，从香港出口到广东的商品和服务主要涉及金融、会计、法律、旅游及其相关服务等，为广东引进资金、技术和管理经验提供强大助力。而广东制造业发展迅速，产业种类齐全，现代化港口建设成绩突出，拥有出色的能力承接香港服务贸易产业的外溢。值得一提的是，在加工制造服务业领域，广东每年需要向香港出口 800 多亿元的商品和服务，也是在粤港服务贸易中广东获取贸易顺差的主要方式之一。[①]

广东和香港之间融合基础设施的加快发展，提高了两地通关口岸的效率和管理水平，使得粤港之间的人员流动越来越频繁。据香港入境事务处统计，2018 年从珠三角九市进入香港的人流为 5104 万人次，约占珠三角九市人口总数的 86.8%；从香港进入珠三角九市的人流为 7953 万人次，超过香港常住人口总数的 10 倍。粤港两地的跨境商务、科研、文化和信息交流等活动往来频繁，不仅促进了香港服务业的繁荣稳定，而且优化了香港的服务贸易结构，对深化粤港合作发展具有深远影响。

3. 广东和香港之间的互联互通向纵深发展，跨境公路运输成为两地交通运输的主要方式，贸易规模占比显著提高，运输成本有效降低

据海关数据，2021 年公路运输的贸易额在广东和香港的跨境贸易额中占比约为 66.1%，年均增长率是 7.6%，已经成为粤港跨境贸易中最重要的运输方式；水路运输的贸易额占比约为 5.5%；航空运输的贸易额占比基本保持在 0.1%左右。在水路运输领域，广东和香港之间拥有客运口岸和客货综合性口岸，每年运送旅客超过 600 万人次、运送货物超过 1000 万吨，基本形成“江海直达”的航道交通格局，具体通关口岸情况如表 1 所示。

---

① 封小云：《目前粤港澳经济合作的阶段性特点分析》，《港澳研究》2016 年第 3 期；杨玲：《粤港澳大湾区服务贸易发展前景及对策分析》，《特区经济》2021 年第 10 期。

表 1　粤港通关口岸情况

口岸性质	口岸名称	通过能力
客运陆路口岸	罗湖口岸、福田口岸	旅客为 65 万人次/日
客货综合性陆路口岸	深圳湾口岸、皇岗口岸、莲塘口岸、文锦渡口岸、沙头角口岸、港珠澳大桥珠海公路口岸	旅客为 42 万人次/日，车辆为 17.4 万辆次/日
客运铁路口岸	广深港高铁西九龙站口岸	旅客为 20 万人次/日
客运水运口岸	梅沙口岸	旅客为 30 万人次/年
客货综合性水运口岸	蛇口口岸、福永口岸	货物为 1000 万吨/年，集装箱为 110 万标箱/年，旅客为 600 万人次/年

资料来源：中国海关总署广东分署。

（二）粤港金融合作进展概况

香港特别行政区交通便利、天然良港众多，是全球重要的金融枢纽，在国家的发展战略中发挥十分关键的作用。《规划纲要》发布以来，粤港澳大湾区建设持续推进，为粤港两地的金融融合发展、互利共赢开创了新的局面。一方面，两地金融基础设施日趋完善，跨境金融监管稳步推行，深圳证券交易所、广州期货交易所与香港联合交易所之间不断深化金融产品与服务合作；另一方面，两地金融市场互联互通高效运转，金融融合发展提速，深港股票市场交易互联互通机制、内地与香港债券市场互联互通的创新合作机制等的适用范围不断扩大，在香港和广东的居民个人跨境投资方面取得重大成效，科技金融、绿色金融等合作创新水平迈上新台阶，ETF 通、私募基金通等产品也相继推出。2022 年全球金融中心指数显示，香港以 715 分的综合竞争力得分排名全球第 3，深圳和广州分别排名全球第 10 和第 24，粤港金融合作的国际影响力显著增强。

1. 粤港金融基础设施日趋完备，两地金融市场互联互通不断优化，资金融通便利化程度迈上新台阶

广东毗邻香港，是最早引入香港金融机构的内地省份，为内地引进港资金融机构投资提供了范例。目前，广东有 180 多家港资金融机构，成为全国首个香港投资机构覆盖所有地级市的省份。与此同时，有超过270家广东企业到港交所上市，占比超过全国总量的1/5，居全国首位。另外，2021年深圳率先在香港发行50亿元离岸人民币债券，主要用于改善居民生活、兴办学校以及城市基础设施建设等方面，成为首个在香港发行离岸人民币债券的内地地方政府，对提升粤港金融合作水平、建设全球离岸人民币业务中心以及助推人民币国际化等具有重要意义。截至2021年底，粤港两地已建立全天候支付结算体系，跨境金融服务创新成果丰硕，“深港通”年总成交量为19万亿元，较上一年增长约32.5%。

2. 科技赋能粤港跨境金融服务合作成效显著，两地企业、居民的生活便利化水平不断提升

在人、物、财互联互通方面，各大金融公司争先在涉及消费、汇款、支付等资金流方面进行布局，并取得重要突破。例如，腾讯与中国银联于2018年9月联合构建首个香港客户在内地进行消费业务的支付系统，即微信（香港）的电子支付系统；中国银行深圳分行于2018年联合平安银行和渣打银行构建粤港澳大湾区商业银行的区块链交易系统，为公司提供应收账款和结售汇等各种交易和融资服务，利用信任数据交换系统有效解决了资本、人才和信息等要素资源的公开与流动问题，满足了大数据在资本、人才和信息等流通协作中的跨地域和跨行业使用。

在民生金融服务方面，广东积极落实惠港金融政策，努力在香港推广跨境电子缴费业务，率先实现全覆盖。通过代理开户见证业务的方式，香港居民可在香港任意试点银行办理内地相关银行业务，包括个人Ⅱ类银行账户和个人Ⅲ类银行账户，简单便捷。2021年香港居民在内地开设个人账户接近18万户，开通支付宝、微信以及云闪付等港版移动支付工具，在内地累计交易金额超过15亿元。截至2021年底，粤港共有两万多名市民、60多个试点银行参与了“跨境金融通”业务，共完成了5855次跨境汇款，涉及金额4.9亿元。[①]

① 数据来源于中国人民银行宏观审慎管理局。

在跨境金融风险监管方面，广东和香港的金融监管机构采用高层互访等多种方式，深化两地金融监管领域的交流与合作，不断完善两地金融机构的沟通联络机制。例如，广东在反洗钱、反逃税和反恐怖融资等方面与香港进行创新监管合作，共同构建跨境金融机构监管网络和资金流动监测分析网络，对跨境创新型金融产品洗钱风险进行联合评估，有针对性地增强了广东和香港防范跨境洗钱风险的能力，不仅保障两地居民的金融消费权益，而且有效打击跨境洗钱等非法金融活动。

3. 多措并举，粤港两地协同合作，打造绿色金融合作新生态，推动粤港澳大湾区“碳达峰”与“碳中和”目标的实现

2019年，国务院印发的《规划纲要》已经在发展特色金融产业、打造香港绿色金融中心和创办绿色债券机构等方面做出明确规划。近年来，粤港澳三地深入推进地区绿色金融合作，营造良好的绿色金融产业生态环境，并取得令人满意的成效。以2020年为例，粤港澳三地在绿色债权产品中融资共计约1.5万亿元，在全国处于领先水平。在绿色保险方面，深圳市场规模逐年扩大，保额超过12亿元；在绿色债券方面，香港市场发展显著加快，发行主体涉及内地企业、香港机构以及国际组织等，涵盖港币、人民币等多种绿色债券币种；在绿色贷款业务方面，广州绿色金融改革不断向更深层次推进，创新业务水平得到提高。截至2020年底，广州绿色信贷余额接近6500亿元，规模位居全国前列，不良贷款率仅为0.05%，远低于其他各项贷款的不良率，绿色金融对绿色发展的支撑作用日益增强。

广东和香港之间的绿色金融合作沟通机制逐渐优化，为实现两地“碳达峰”与“碳中和”的目标提供了可能。当前，发展绿色金融、打造绿色金融核心区已成为粤港两地的共识。2017年，广州率先开展绿色金融创新改革，形成了一整套绿色金融合作体系，连续多年成效显著。例如，在“绿色金融”、“绿色私募”和“绿色基金”等领域放宽限制，允许香港金融机构参与境内的绿色金融建设；对于符合条件的香港金融机构，允许其在穗成立基金、证券和保险公司。2020年，粤港澳大湾区绿色金融联盟正式成立，多家内地企业赴香港发行绿色债券，依托香港优势区位和深厚的金融业基础，集聚绿色金融资源。此外，深圳大力推动绿色金融立法等诸多创新工作。2021 年 3 月，《深圳经济特区绿色金融条例》开始执行，是我国第一部绿色金融方面的法律法规，为实现“双碳”目标创造了良好的制度环境。

（三）粤港数字经济合作进展概况

广东和香港的数字经济发展迅速，数字基础设施和数字化产业十分发达，协同推动产业集群数字化具有互补优势和融合发展空间。作为全球制造业基地，广东持续推进新一代信息技术与制造业融合，产业集群数字化需求十分旺盛，是现阶段我国数字经济发展最有活力的区域之一，但科研机构和高等院校的自主研发能力较弱制约着广东数字经济高质量发展。而香港在人工智能、集成电路设计等数字科技领域的基础研发能力强，通过与广东的优势互补，能够合力推动“研发/孵化+智能制造”的产业集群数字化转型。目前，广东和香港两地立足自身产业基础和市场优势，在提高地区数字经济创新水平、推动数字经济与实体经济加快融合方面，表现出强劲韧性。

1. 数字引擎功能凸显，数字经济规模领跑全国

2020 年，广东数字经济总产值达 5.2 万亿元，同 2019 年相比增长 6.1%（见图 4），比同期广东 GDP 增速高出 3.3 个百分点。通过对比可以发现，广东数字经济延续以往发展态势，规模稳居全国首位，数字产业化规模为 1.7 万亿元，产业数字化规模约为 3.5 万亿元，均领先于其他地区。同时，一大批数字经济高新技术企业汇聚于此，例如华为、腾讯、比亚迪、大疆等，总数达到 2.2 万家，数量排名全国第一。

粤港两地数字基础设施的“硬联通”为其发展的“软联通”助力，共同构成数字化的国际大都市圈。“十四五”期间，我国首部数字经济地方性法规《广东省数字经济促进条例》于 2021 年 9 月正式实施，为广东和香港两地数字经济水平的整体提升注入了新动能。前海、南沙两个合作区成为粤港数字经济创新发展的新平台，数字化的生态系统改变了经济结构、生活方

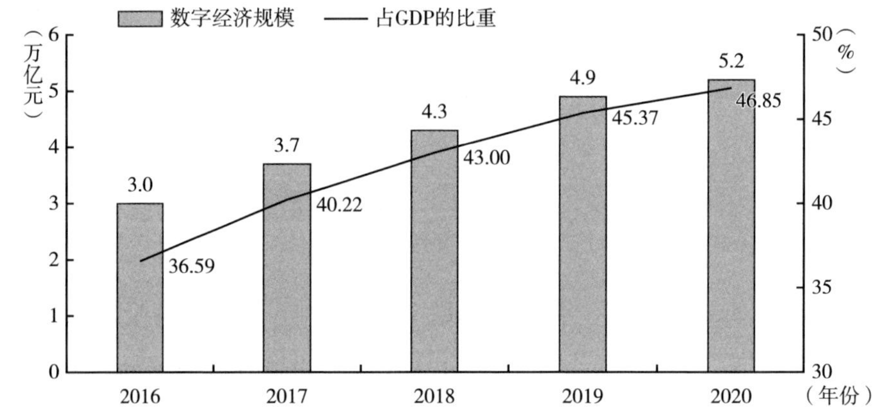

图 4　2016~2020 年广东数字经济规模情况

资料来源：《2021 年粤港澳大湾区数字经济发展报告》。

式和管理方式，在新一轮疫情的冲击下，加快经济企稳回升，打造新的经济增长动力。例如，深圳毗邻香港，区位优势独特，在前海合作区以建设国家级工业互联网示范基地为指引，重点打造产业数字化转型先进示范区，并且在龙岗、南山和龙华等地打造了近 10 个特色产业云创新中心和行业攻关基地，围绕 5G、大数据以及人工智能等领域，聚焦“专精特新”产业培育，以龙头企业数字化转型为依托，通过制造业智能化的手段，着力打造以战略性新兴产业集群为主体的战略性科技枢纽，带动产业链上下游形成规模效应，并在符合条件的产业内部开展应用场景的试点工作，加快推动应用场景示范工程落地。

2. 粤港数字产业优势互补，成为增加两地经济韧性的重要基础

2020 年，广东数字产业保持较快增长，数字产业增加值规模约 1.73 万亿元，香港在人工智能、集成电路设计等新兴数字产业领域展现较强的研发能力，两地数字产业优势互补，数字强链助力产业结构稳步升级。

电子信息产业领域基本形成广深港研发、广东其他地级市产业化的布局。2020 年，广东省电子信息产业规模达到 4.29 万亿元，与上一年相比增长 3.3%，总体规模连续多年居全国首位；电子信息制造业增加值为 9979.3

亿元，其虽受新冠肺炎疫情及发达国家技术遏制的影响增速放缓，但总量仍居全国首位；移动通信、微电子、集成电路等多领域的产品产量均居全国前列，并成为全球重要的制造基地；计算机、通信和其他电子设备制造业规上企业营业收入达 43880. 1 亿元，多年来远超国内其他省份（见图 5）。

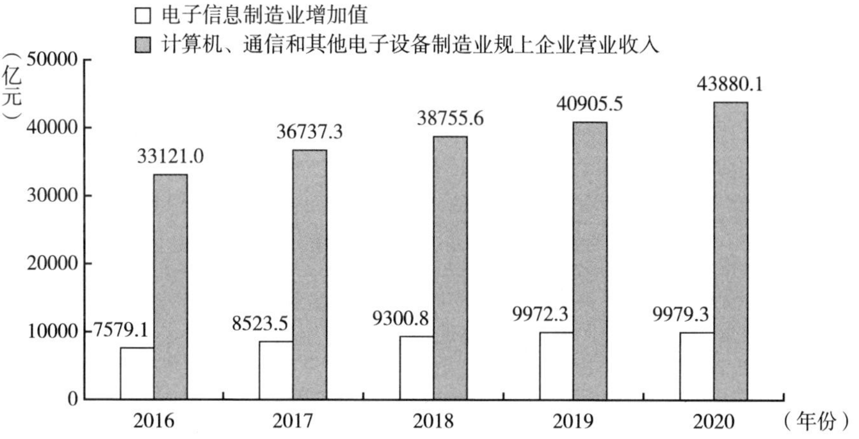

图 5　2016~2020 年广东省电子信息产业基本情况

资料来源：广东省统计信息网。

在新一代信息技术产业领域，粤港初步形成产学研深度合作模式。香港具备强大的研发能力，但缺乏科研成果转化为工业体系的支撑，广东能够为其技术成果产业化、高端科研成果商业化提供多样化的转化团队和规模化的生产厂家，推动粤港澳大湾区新一代信息技术产业稳居全国前列，并初步形成产业链互补的战略性支柱产业集群。广东省于 2019 年获得全国首个超高清视频产业发展试验区建设资格，并在广州、深圳和惠州等地成立超高清视频产业基地，现已形成规模，其中 4K 电视频道数、4K 电视用户数以及高世代线面板月产能等指标均排名全国第一。

在人工智能产业领域，粤港合作发展成绩显著。《2021 全球人工智能创新指数报告》显示，继在综合发表文章的影响力、学术界评分和业界评分之后，香港在全球人工智能领域位居第二。依托香港在人工智能领域的独特优势，广州琶洲、南沙以及深圳湾等地谋划开发建设人工智能产业园区，汇聚了一批具有较强实力的人工智能企业。广东省工业和信息化厅发布的数据显示，2021 年前三季度，广东工业机器人、服务机器人产量同比均增长 67.1%，成为国内重要工业机器人产业基地。广东 5G 通信业实力强劲，截至 2021 年上半年，深圳 5G 设备出货规模占全国的 90%，其中仅电信业务收入就达到了 969.2 亿元，约占全国收入总规模的 13%。

在软件和信息服务业领域，由于粤港两地处于不同的发展水平，差异化发展特征显著。其中，香港市场化程度较高，软件和信息服务业处于稳定发展期，电脑及资讯科技服务业稳步增长。2020 年，香港的资讯及通信业增加值总额为 92077 百万港元（见图 6），有 10290 家资讯科技相关服务业机构单位及 55767 人从事资讯科技相关服务业，单位数量及就业人数呈逐年上升趋势。世界经济论坛公布的《2020 年全球竞争力报告》（特别版）中，香港在“资讯及通信科技应用”领域排名第三。

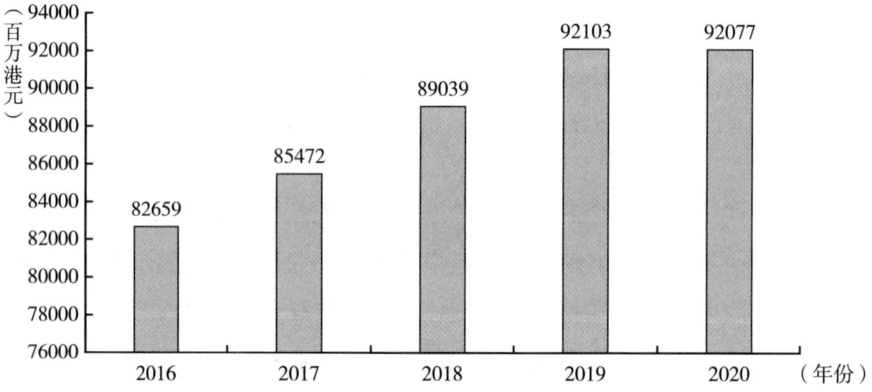

图 6　2016~2020 年香港的资讯及通信业增加值情况

资料来源：香港政府统计处。

而广东省的软件和信息服务业正处于快速发展阶段，与软件和信息服务业相关的企业在 2020 年的数量接近 5500 家，软件业务收入达到 1.36 万亿元，同比增长 14.28%。广东依托香港作为国际自由港的服务贸易优势，利用广州、深圳两地在软件产业的集聚效应，充分发挥其辐射带动作用，营造零风险、可控的软件产业生态环境，将推动软件服务产业走向国际市场。一些专用软件公司通过香港经销商进入海外市场，同时为进入海外市场的香港公司提供软件开发服务以及向其他国家发展业务的服务。

3. 粤港产业数字化赋能转型，形成合作发展新动力

在基础设施领域，航运、城际交通、网络通信等基础设施不断完善，粤港电子签名证书互认、“快易通—粤通卡”项目合作等一批跨境数据流通基础设施项目陆续开展。在传统服务领域，粤港数字场景持续推进，新零售、金融科技、跨境电商、在线经济等新业态、新模式蓬勃发展，特别是生活服务行业快速转型，加速向全产业链渗透。2016 年，广东跨境电商进出口贸易规模为 227.96 亿元，到 2020 年，该规模增长到 1726.46 亿元，年均增速超过 66%，始终居全国首位（见图 7）。香港个人账户支付结算中 AlipayHK 被内地商铺使用，支付宝、微信以及云闪付等港版移动支付工具已实现与内地系统的紧密衔接，“深港通”“债券通”等互联互通渠道畅通运行，方便内地和香港投资资金自由流通。①

受新冠肺炎疫情在全球蔓延的影响，广东开始完善线上教育资源体系，以“粤课堂”为代表的线上教育为广东省基础教育阶段师生免费提供相关课程。在粤港澳三地高校的共同推动下，粤港澳大湾区高校在线开放课程联盟于 2018 年正式成立，该联盟实施在线开放课程互认制度，包括 8 家主流慕课平台和 1600 多门慕课，在疫情发生以来为广东高校学生提供了在线教学。在数字技术加持下的跨境电商，内地“海淘”和香港“陆淘”相继“走红”，为粤港两地消费者提供了更多的选择，进一步提升了居民的获得感。在云计算、智联网和大数据等信息技术的大力支持下，粤港两地跨境城市治理的效率大幅提高，一大批数字基础设施稳步建设。近年来，广东全面打造“粤政易”、“粤商通”以及“粤省事”等政务服务品牌，形成“数字政府”生态闭环，推动实现政务服务“一网通办”、省域治理“一网统管”以及政府运行“一网协同”等，提升政府数字化现代化的治理水平。香港企业和群众不需要出关便可办理广东企业开办、人才就业等多项业务。

① 李宸：《深港通对中国资本市场开放的影响分析》，《现代经济信息》2017 年第 12 期。

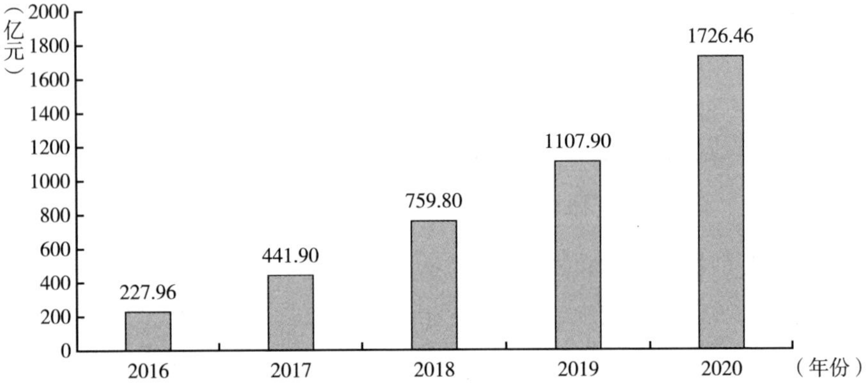

图 7　2016~2020 年广东省跨境电商进出口贸易规模

资源来源：中国海关总署广东分署。

三　粤港合作发展存在的问题分析

便利的区位优势、丰富的华人华侨资源以及中央特殊政策的大力支持为粤港合作提供了优越的先天条件，使得粤港合作进展迅速。但是，不同于我国其他省际的合作，粤港合作的特别之处在于香港和广东实行两种制度体系，且分别拥有单独的货币和关税。这种制度体系安排上的迥异，造成了广东和香港两地管理水平的不同，客观上阻碍了人才、资金、技术等要素资源的正常流动，使得两地市场在互联互通上存在极大困难。粤港之间虽然成功构建了开放型融合发展的区域协同创新共同体，但仍然需要解决很多问题。

（一）粤港体制差异较大，两地合作存在政策协调难题

一方面，粤港拥有不同的法律制度，体制机制上的不同不可避免地会在两地合作过程中产生阻力。在合作过程中，内地政策不适用于香港，香港无法直接获得内地政策有关支持，而专门支持粤港澳大湾区合作的政策仍比较匮乏。比如资金流动、税收优惠等，都需要制定与实际情况相对应的政策。

在人才培育和人才流动方面，香港虽然拥有众多世界著名学府，且拔尖人才已经形成集聚优势，但是由于缺乏人才激励性措施，人才流失现象严重，香港本土企业无法直接利用人才资源，严重阻碍了产学研合作发展的进程。而广东作为与香港地理位置距离最近的省份，由于在行业准入资质及技术标准等方面与香港存在巨大差异，未能充分利用香港的优质资源，只能依靠自身经济发展吸引省外的人才涌入，不利于粤港合作的纵深发展和粤港资源的有效整合。

另一方面，粤港之间尚未建立一个成熟有效的管理协调机制，十分不利于两地的协作。粤港两地虽然从 2003 年至今已经落地了一些经贸领域的合作方案，但大多是纲领性文件和行政性文件，如《规划纲要》《粤港合作框架协议》等，不仅缺乏强有力的法律效力，也模糊了相关部门的权责范围，缺乏对实际问题的针对性。因此，在两地相关部门按照文件实施的过程中，文件对相关主体的约束力较低，容易造成互相推诿的情况，影响粤港合作过程中工作的落实，产生负的外部效应。

因此，在粤港合作过程中，必须始终坚持科学合作、规范合作的基本思路，制定一套完整、严格的法律法规作为行为基准，规范合作管理过程中的相关行为，为两地经济合作活动保驾护航。值得一提的是，法律法规从提议、酝酿、制定再到出台需要一定的时间，而且在出台之后还需要一个不断修订改善的漫长阶段，直至形成一个成熟的执法沟通和协调机制，但是在现阶段粤港合作中仍缺乏这样一个合作沟通的机制体系，十分不利于粤港合作的深入和长远发展，这是当下亟待解决的一个关键问题。

（二）粤港之间资源配置不平衡、合作发展不协调

1. 粤港两地产业结构同质化现象严重，尤其是对于广东省内的城市而言，其产业的关联性不强，相互之间缺少可紧密合作的空间

从区域空间来看，粤港两地经济发展失衡较为严重，各个城市之间的产业趋同性较明显、互动明显不足，具体表现为“东强西弱、内强外弱”，其

中东莞、中山、佛山、惠州、珠海等地同质化的竞争易造成资源浪费，不利于粤港整体竞争力的提升。2021 年，广东省百强制造业企业分布在全省 12 个城市，有 97 家来自珠三角，其中有超过 85%的企业集中在深圳、佛山、广州、东莞和珠海等地，区域不平衡性非常明显（见图 8）。

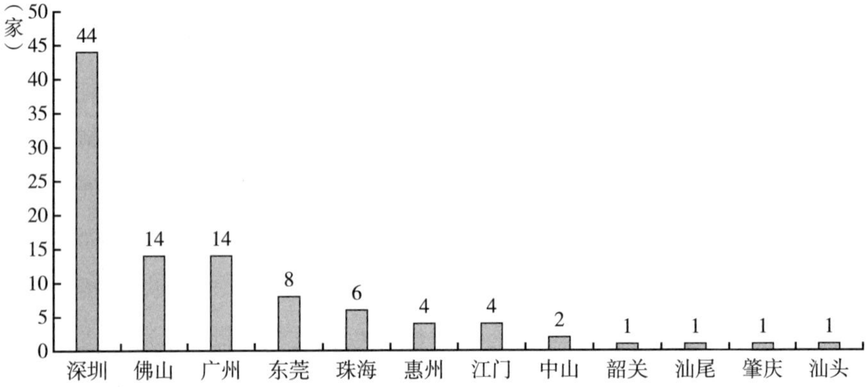

图 8　2021 年广东省百强制造业企业的城市分布

资料来源：《2021 年广东制造业 500 强企业名单》。

从城市产业定位来看，广东和香港之间缺乏对重点合作领域的细致规划，存在“盲目”开展热门项目、“抢鲜”追捧新兴产业、脱离城市发展的实际情况，甚至偏离现有主导产业，使得香港和广东各个城市之间的产业互补性较弱，上下游产业链之间缺乏有效连接。本报告通过整理广东省各地级市的产业发展规划报告可以发现，各地级市产业结构同质化现象普遍，城市之间产业关联性不强。例如，广东省有 9 个地级市提到要重点发展生物科技和大健康产业，有 8 个地级市提到要加快发展新一代信息技术、加快推进新一代信息技术和制造业融合发展，另有 7 个地级市指出要重点发展高端装备制造业等。除此之外，在旅游、金融等现代服务业领域，粤港两地之间产业合作较少，未形成产业集聚效应和良性循环发展，核心城市尚未充分利用关联产业发挥对非核心城市的带动作用，导致广东和香港之间产业结构同质化竞争越发突出，而基于比较优势的垂直分工体系被逐渐取代，两地产业结构之间的互补性正在显著减弱。

2. 粤港交通基础设施布局不合理，东西两岸现有通道无法满足实际需求，交通基础设施管理问题有待解决

现阶段，粤港两地交通基础设施建设取得了一些成绩：拥有三个航空机场、多个深水良港，货物吞吐量在全球名列前茅；拥有京广高铁、广深港高铁两条350客运专线；高速公路里程超过4500公里，“一小时交通圈”逐步形成。但是，珠江的地理分割，使东西两岸经济发展融合不足，加之交通基础设施互联互通不足，导致珠江东西两岸无论是经济总量还是产业发展，都存在较大差距。另外，广东和香港之间的交通基础设施合建主要由粤港两地的多个行政部门负责，合建过程需要在两种行政管理体制下进行，涉及两套不同的行政审批流程。但是，由于粤港两地在行政层面尚未形成成熟的协作机制，建设管理中遇到的问题很难做到协作处理，造成“行政割裂、多点管辖”的格局，严重影响粤港两地交通基础设施建设的合理布局，阻碍了生产要素的高效自由流动，降低了粤港合作过程中资源的利用效率。

3. 粤港内部各城市间存在行政壁垒，生产要素流动不畅，甚至容易引起恶性竞争，不利于粤港经济社会的均衡发展

近年来，珠三角核心城市（如广州、深圳、东莞以及佛山等）有了较大程度的发展，而江门、肇庆、惠州等非核心城市变化不大。这主要的原因有：一是非核心城市产业定位不清晰，产业结构不适应粤港澳大湾区经济发展需要，无法形成规模效应；二是珠江口阻碍了东西两岸的互联互通，造成核心城市与非核心城市之间存在明显的市场分割现象，使得生产要素的流动不顺畅，削弱了珠江东岸广州、深圳等核心城市的辐射带动作用；三是核心城市经济发展水平较高，与非核心城市在劳动报酬、就业环境、生活水平等方面的差距较大，对劳动力、资本等生产要素产生天然的“虹吸效应”，容易导致非核心城市人才流失现象严重，不利于粤港两地形成发展合力。以国际海洋城市发展为例，湛江市海洋资源丰富、海洋经济发展基础较好，但经济发展的整体水平较低，在与深圳市的竞争中处于不利地位，致使大量研究型人才和海洋资源流失，对湛江市未来海洋经济的发展造成严重冲击。

（三）粤港合作的创新方式较少，地区之间创新资源的投入差距较大，创新成效有待进一步提高

1. 粤港整体科研投入较大，但城市之间创新资源投入差距较大，协同创新不足

2021 年，广东省 R&D 经费支出超过 3800 亿元，占地区生产总值的比重为 3.14%，稳居全国首位，但是各城级市 R&D 经费支出并不均衡。以 2020 年广东省各地级市为例，深圳的 R&D 经费支出为 1510.81 亿元，占地区生产总值的比重为 5.46%，两项数据均位居全省第一；云浮的 R&D 经费支出为 2.69 亿元，占地区生产总值的比重为 0.27%，在全省排名最低，仅为深圳的 1.78‰（见图 9）。

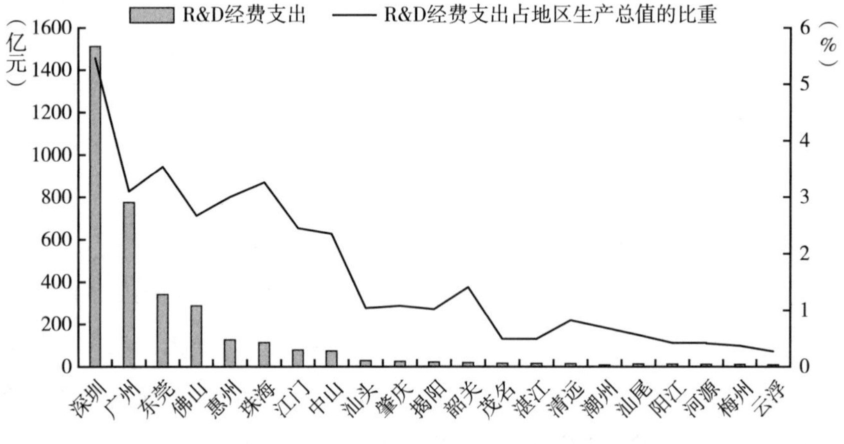

图 9　2020 年广东省各地级市 R&D 经费支出情况

资料来源：《2020 年广东省科技经费投入公报》。

广州日报数据和数字化研究院（GDI 智库）将跨城市发明专利合作率作为衡量指标，来测度不同创新主体间协同互动与创新联系，结果表明，粤港之间的协同创新不足。其中，深圳是粤港澳大湾区内与香港协同合作最为密切的创新城市，2020 年两地的跨城市专利合作率为 54.06%，主要合作方向为电数字数据处理、数据处理系统和方法、数字信息传输、数据识别、图像通信、生物材料等，而广东的其他城市与香港的跨城市专利合作率均不足

5%（见图 10）。从广东省内部来看，广州与佛山协同合作最为密切，两地的跨城市专利合作率为 7.78%，主要合作方向为测量测试、计算、数据处理系统和方法、电路装置等，充分展现了广州与佛山优势互补、资源共享的协同创新发展趋势，其他城市之间的协同合作则明显不足。

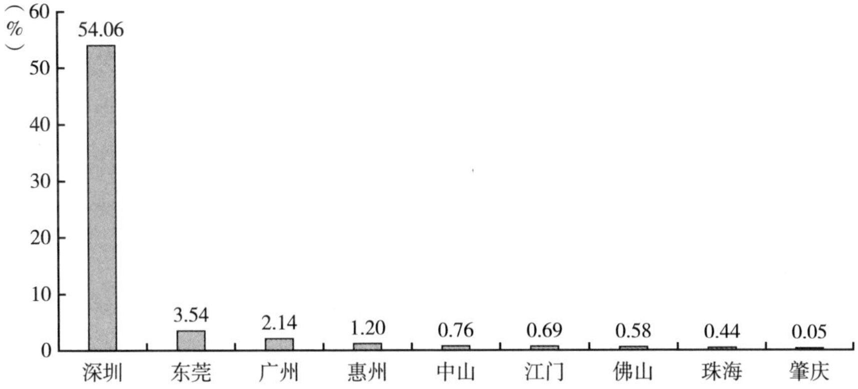

图 10　2020 年香港与广东不同城市的跨城市专利合作率

资料来源：《粤港澳大湾区协同创新发展报告（2021）》。

2. 粤港两地基础创新能力较为薄弱，教育资源的潜力有待挖掘

粤港两地创新要素流动受阻。香港虽然教育资源丰富，拥有香港大学、香港中文大学等世界著名学府，但是未形成高水平的高等教育集群，原始创新能力较为薄弱，高质量、国际化创新人才供给有限，重要创新资源如精密装置设备、顶尖专家人才等，无法实现共建共享，缩小了地区之间创新合作的空间。另外，粤港两地科研合作领域相对较窄，科技教育合作的广度和深度有待进一步拓展，其中高校、科研院所和企业之间在创新链上衔接不畅，缺乏足够的产学研协同创新，阻碍企业技术创新和科技成果转化，导致其在产业核心技术和关键装备方面受制于人。最重要的是，由于存在行政壁垒和制度差异，粤港两地公共服务制度和人才服务制度缺乏有效衔接，不同城市的人才标识不统一，科技服务供给无法满足制造实体的现实需求，不仅影响了生产性服务业的高速发展，还不利于制造业企业的高端服务化转型升级。

（四）粤港合作中协调机制单一化，难以全面开展多层次合作和一体化融合

1. 粤港两地对合作发展的理念存在差异

长期以来，广东各地级市在 GDP“锦标赛”的激励下，过度追求经济发展速度，大力推进重大项目落地实施。相对而言，香港特别行政区政府更多采取“不干预政策”，对经济宏观调控较少，除了在政策上提供一些方便之外，不直接干预市场运行。因此，这可能会导致粤港两地在合作过程中出现发展理念的差异，从而限制粤港合作进展的速度和灵活性。

2. 广东各地级市参与粤港合作的能力和协调效率存在差异

一方面，广东省各地级市之间存在较大的经济发展差距，广州和深圳作为中心城市，合作参与能力相对较强、积极性和工作协作效率相对较高，但其他地级市政府受到利益和自身观念的影响，合作参与能力较弱、工作协调效率较低，协调合作方面存在行政分割现象；另一方面，受到粤港澳大湾区行政区划的限制，珠三角九市之外的其他城市未能直接参与和配合大湾区各项合作项目，使得其拥有的生态环境、海洋、劳动力市场等优势资源无法充分利用，在粤港合作过程中只能扮演“围观者”的角色。

3. 粤港两地协作制度还需要进一步改进

目前，粤港之间协同发展的机制主要包括合作联席会议制度、经贸合作协议、联合规划等。其中，粤港合作联席会议制度于 1998 年制定，粤港经贸合作协议于 2003 年签署，粤港统筹发展规划从 2006 年开始联合制定。在建设粤港澳大湾区的背景下，粤港两地发展深度合作关系的重要性、必要性和迫切性日益突出，国家在 2018 年正式组建了粤港澳大湾区建设领导小组，推进粤港澳重要基础设施和合作伙伴关系一体化发展，但在具体制度落实方面尚未实现实质性的进展，以往的统筹体制单一、覆盖面不够、动力不足等问题逐渐显露，粤港深化协作存在较大阻碍，只有依靠创新协作体制，才能继续推进大湾区的融合进程向前发展。

四　深化粤港合作的对策建议

（一）努力完善粤港合作的顶层机制，促进两地重要要素配置效率的提升

粤港澳大湾区是当前我国经济发展水平和对外开放程度较高的地区之一，同时拥有特别行政区、经济特区和自由贸易试验区等政策支持，但是由于行政边界和制度体系的差异，劳动力、资本以及数据等要素的流动受到明显制约。因此，亟须完善粤港合作的顶层机制，促进两地重要要素配置效率的提升，从而实现粤港澳大湾区经济的更高质量发展。

1. 加强粤澳之间沟通的稳定性和持续性

为保证粤港两地合作决策的顺利实施，成立由两地联合组建的“粤港全面合作领导小组”，负责粤港合作中一般性决策的落实与实施，通过两地高层之间的交流沟通，形成规范化、制度化的顶层合作长效机制，统筹处理两地合作过程中遇到的重难点问题。在要素跨境流通方面，为了缩短与降低关键要素的流通时间和流通成本，针对资本、人才以及数据等不同要素的特征，构建匹配粤港两地实际需要的流通通道，并配套相应的管理制度。例如，创新人民币跨境业务的管理体制来满足资金流动的时效性；采用数据专用流通渠道减少管理过程中信息不对称情况的发生。在人才管理方面，打造粤港公共服务共享机制，从“医”“食”“住”“用”“行”等方面着手，为高端人才提供有温度的服务体系，满足粤港人才跨境就医、居住、生活、求学、就业以及创业的现实需要，实现两地人才的无障碍流通。

2. 提高粤港之间的交通贸易往来的便捷度，打造两地高效衔接的交通基础设施网络，统筹推动各种交通运输方式协调发展

一方面，打破香港和广东各个城市之间的交通运输壁垒，以港珠澳大桥的正式通车为契机，打造粤港两地高效衔接的交通基础设施网络，充分释放港珠澳大桥的通道效益，形成“香港—珠三角九市—粤东西北—周边省市”

的立体式、多层级的交通基础设施新格局，为粤港深度合作发展奠定基础。另一方面，综合运用铁路、公路、隧道、机场、港口等交通基础设施，统筹推动粤港两地各种交通运输方式高效、有序衔接。依托广深港高速铁路，建立珠三角与香港的快速交通轨道网；充分发挥高速公路的带动引领作用，积极推进跨珠江交通网络建设进程，强化珠江东西两岸的互联互通；扩建粤港与其他省份之间的连接通道，如常虎高速、中江高速等，缓解粤港澳大湾区向外辐射过程中的高速公路拥堵现象。

（二）加快培育数字创新要素，推进“数字湾区”建设

1.加强粤港澳三地政府合作，协调市场机制与行政职能，建立统一的数据采集、评估、认证、流动、安全监管标准

其一，构建较为完善的粤港澳三地数据互联互通体系，利用统一数据对接标准搭建基础架构，接入港澳。同时，建立系统化、标准化的数据接口文件，制定统一的数据接口管理办法，形成具备兼容性和延伸性的数据接口标准体系。其二，开发和应用区块链、机器学习、加密、脱敏等数字技术，完善记录交易过程，为其营造可信的执行环境，实现在不同应用场景中数据要素的高效流通，进而促进南沙（粤港澳）数据服务试验区数据存储、数据交易和数据监管等平台建设。其三，优化信息资源共享机制，充分利用港澳在金融、会计、法律、咨询和知识产权领域的专业优势，打造符合国际标准的现代服务产业体制，打破数据服务过程中的体制障碍。

2.完善数据保护制度和数据管理制度，为跨境数据活动提供明确规则和操作指引

其一，建立南沙（粤港澳）数据服务试验区重要数据可控与非重要数据可信的管理体系，包含数据检测认证、安全管理和风险评估等方面，覆盖基础网络保障、数据储存安全以及数据应用顺畅等环节，同时针对重点领域建立重要数据明细清单，明晰数据安全保障优先级；其二，设置粤港澳三地的数据分类、隐私保护制度，数据产权规则，完善适用于大数据环境下的数据分类分级保护制度，制定粤港澳三地的数据产权共识机制与数据共享白名

单机制，加强对海量数据汇聚融合的风险防护；其三，构建个人数据隐私保护制度、非个人数据管理体系。明确相关主体的权责范围，规范企业收集和应用个人信息资料的流程，建立个人信息资料保护制度，严厉打击违法收集、交易个人信息的犯罪行为。拓展个人数据安全案件受理途径，开展个人信息安全教育讲座活动，宣传普及维护个人信息安全的知识，增强全社会维护数据安全的意识，坚决保障居民切身利益。

3. 建立覆盖数据跨境流动全过程的规则和监管体系

具体而言，其一，由粤港澳相关立法机构联合研究，建立跨境数据流动管理制度，明确数据安全层级，制定数据应用与数据安全保护、风险防范相适应的行业跨境数据传输限制标准。针对粤港澳三地不同部门公共数据统计口径的差异，制定公共技术标准，对涉及个人隐私和国家安全的数据进行脱敏处理，增强数据的可流动性和可操作性。其二，加强对数据跨境市场主体的监管，形成兼顾港澳发展利益的数据管辖制度，细化《阻断外国法律与措施不当域外适用办法》的操作指引。其三，基于量子通信、区块链、先进算法等技术手段，实现公共数据的安全可控流动，确保公共数据传输通道和存储处理的安全。其四，探讨双多边跨境数据流动协议安排，设置数据跨境风险处置措施，简化跨境取证办案流程，同时要提升粤港澳三地公共数据可溯源可融合的程度，为数据跨境流通过程中的匹配管理和互信互认创造条件。

（三）明确城市发展定位，避免同质化竞争，打造多维度的产业分工协作体系

1. 充分发挥核心城市的辐射带动作用，构建具有国际竞争力的现代产业体系

拓展粤港合作的广度和深度，依托河套深港科技创新合作区，打造高新技术创新走廊，充分发挥粤港在电子信息产业的合作优势，促进传统制造业向先进制造业、高端制造业升级，广州、深圳等核心城市利用自身的科创优势，凭借香港金融贸易平台融入世界供应链，并帮助广东其他核心城市实现

高质量发展，带动其他非核心城市完成传统产业转型升级。建设世界级基础科研平台，提高科技成果转化效率和产业链附加值，率先在粤港两地实现产学研一体化，为国内现代产业体系提供技术创新支撑。

2. 明确第三梯队城市发展定位，加强外围地区与核心城市联动

具体而言：东莞应以高新行业专业化发展为目标，基于广州、深圳等核心城市雄厚的科创资源，重点发展新能源、生物医药和电子信息等产业；佛山、珠海和中山等地着力聚焦工业技术和信息技术的融合创新、智能制造和工业互联网以及清洁能源最新应用等科技的发展，加速推动传统制造业转型升级，提升我国装备制造业在全球产业链中的附加值；惠州可以依托大亚湾石化区的比较优势，创新绿色石化资源的开发与利用，与世界其他地区的石化产业展开公平竞争；江门可依托传统制造业优势，重点发展船舶与海洋工程装备、轨道交通装备和新能源汽车及零部件等三大装备制造业；肇庆应立足实际经济基础，加速聚集新能源汽车及汽车零部件、电子信息、生物医药、金属加工四大主导产业和建筑材料、家具制造、食品饮料、精细化工四大特色领域，充分利用广州、深圳、香港的先进产业优势，着重打造金属加工和新能源制造等产业新优势。

（四）建设粤港澳合作数据库，为粤港澳合作规划实施提供科学决策

针对缺乏精细化数据管理、针对性数据分析、系统性数据运用这三大问题，应协同政府和智库力量，打通粤港澳政府机构数据库，探索建设粤港澳大湾区统一数据库，并进行专业化数据管理，打造公开化指标，为粤港澳大湾区规划实施的粤港澳合作提供科学决策，从而保障粤港澳大湾区的建设，推进国家治理体系和能力的现代化。

1. 设立专门机构负责合作数据库安全审核、监督工作，全面提升数据安全保障水平

数据是新的生产要素，是一个国家和地区基础性资源和战略性资源。建设粤港澳合作数据库是一个跨学科、跨领域、跨部门、跨区域的大联合，信息安全时刻威胁着数据的正当流通和应用。为了应对数字经济时代的新挑

战，各个地区积极参与数据保护，制定了多个数据保护条例和管理办法，涉及隐私和重要数据、跨境数据传输的要求等，为相关数据得到正当合法的使用提出了具体的要求，为湾区高速发展数字经济保驾护航。建立健全数据安全信息通报预警机制，在香港和澳门特别行政区维护国家安全委员会下设立数据安全监管部门，以及在广东省委国家安全委员会下设立广东数据安全监管中心，三地监管机构展开深度合作，打造覆盖重要数据实时监测、异常情况预警和智能处置等方面的数据安全系统，为数据应用提供有效保障。

2. 探索建立统一的粤港澳大湾区数据门户网站，在此基础上搭建数据库模块，打通粤港澳三地政府统计机构的宏观数据中心

由粤港澳大湾区建设领导小组办公室牵头，建立统一的大湾区数据门户网站，不仅涵盖粤港澳三地政府统计机构公布的主要数据，还涉及三地数据统计部门未重点关注的领域，例如广东省下属各地级市未关注的细分行业微观数据等。建立粤港澳三地政府统计机构的正常沟通交流机制，打通以往不同地区数据的流动壁垒，切实提高数据使用的效率。此外，搭建层次清晰、来源广泛的基础数据库，由广东省人民政府港澳事务办公室（或其他相关机构）指定一位负责数据库建设的人员进行管理，涉及数据库建设的相关费用属于政府专项经费支出。

参考文献

陈明忠、周树彪：《广东数字经济高质量发展问题及对策研究》，《商业经济》2022年第9期。

广东省社会科学院经济研究所课题组：《2021年粤港澳大湾区数字经济发展报告》，载郭跃文、向晓梅主编《广东蓝皮书：广东经济社会形势分析与预测（2022）》，社会科学文献出版社，2021。

洪晓霓：《改革开放初期粤港经济关系的历史考察》，《广东党史与文献研究》2019年第6期。

胡荣荣：《探寻香港迈向长期繁荣发展的新路径》，《中国发展观察》2019年第10期。

黄祖辉、廖东：《构建粤港澳大湾区区域协调发展新机制研究》，《南方论刊》2020年第11期。

霍祎黎等：《促进粤港澳大湾区经济协调发展的路径探究》，《经济纵横》2021年第11期。

李丹等：《深港科技创新合作区生物科技合作对策研究》，《经济研究导刊》2021年第29期。

廖桂铭等：《“双循环”背景下粤港澳大湾区现代产业体系的构建路径》，《城市观察》2022年第1期。

牛亮：《中国粤港澳大湾区区域经济发展效率评价研究》，博士学位论文，中国社会科学院研究生院，2021。

彭玲：《广东自贸区对接粤港澳合作发展研究》，《合作经济与科技》2019年第5期。

宋周莺等：《粤港澳大湾区的贸易竞合关系及其优化路径》，《地理研究》2020年第9期。

孙久文、殷赏：《“双循环”新发展格局下粤港澳大湾区高质量发展的战略构想》，《广东社会科学》2022年第4期。

唐国华：《粤港澳跨境运输便利化的现状、问题与对策研究》，《对外经贸实务》2021年第10期。

谢来风等：《粤港澳大湾区框架下香港北部都会区建设的意义、挑战与建议》，《科技导报》2022年第7期。

杨海霞：《试述改革开放起步阶段的粤港关系》，《广东党史与文献研究》2019年第5期。

叶青：《多措并举，构建粤港澳大湾区绿色金融新生态》，《科技与金融》2022年第6期。

岳鹄等：《粤港澳大湾区城市群协调发展建设的现状、问题与对策研究》，《广东经济》2021年第9期。

曾坚朋等：《打造数字湾区：粤港澳大湾区大数据中心建设的关键问题与路径建构》，《电子政务》2021年第6期。

赵超：《粤港澳大湾区互联互通的战略路径》，《城乡建设》2021年第11期。

郑水珠、何燕婷：《深化粤港金融合作的对策研究——以深圳自贸区为视角》，《边疆经济与文化》2021年第2期。

粤 商 篇

Guangdong Business Report

B.16
2021年粤商高质量发展研究报告*

吴 亮**

摘 要： 粤商坚持“敢为人先”的创业精神，不断尝试开辟契合自身所处阶段的高质量发展之路，其经验积累和发展路径值得深入研究。首先，本报告阐明了粤商的产业和总部基地的布局、粤商创新的国内外比较、粤商成长的动力和要素支持。其次，本研究重点聚焦粤商在制造业的投资增长和集聚趋势，深入分析粤商在服务业的优势和潜在机遇。再次，从新冠肺炎疫情防控、社会责任践行的角度，分析粤商的抗疫贡献和责任担当。接着，本报告总结粤商高质量发展过程中所遭遇的挑战，包括创新资源成本高、技术瓶颈难突破、工业能耗高、转型升级速度慢、湾区共富待实现。最后，本报告提出相应的对策建议：需探索开辟“第二战场”、可汇聚力量寻求突破、生态

* 本报告受到国家自然科学基金项目“资源约束下中小企业新产品开发与绩效获取的机制研究”（项目编号：71802059）的资助。

** 吴亮，博士，广东外语外贸大学粤港澳大湾区研究院、粤商研究中心讲师，云山学者，研究方向为创业与创新管理。

环保意识需更强、数字经济可锦上添花、协同共享发展是关键。

关键词： 粤商　制造业　服务业　高质量发展

一　引言

2022年中央政府指出，在疫情影响和全球经济不稳定性加剧的背景下，我国经济保持基本稳定并逐步得到恢复，得益于多方面统筹兼顾，有效平衡疫情防控和经济社会发展。比如，广州“立白集团”利用驾驶员的休假时间紧急输送消毒除菌产品；依靠公司可提前复工的生产线工人、技术人员自有技术来解决物料匹配、生产并线等多项难题，以迅速提高消毒除菌产品的产能，从而满足市场和社会的需求。广州“立白集团”仅仅是粤商积极参与抗击疫情和稳定经济的一个小缩影。作为中国历史上重要的五大商帮之一，粤商在中华民族复兴的各个阶段都发挥着重要的作用，其以不懈的创新精神推动了我国工商业发展的多次重要突破。

奋斗百年路，启航新征程。新征程启航背景下，粤商被赋予新的历史使命和责任，其在高质量发展过程中仍然面临创新资源成本高、核心技术瓶颈难突破、工业能耗高等多重挑战。为此，本报告将总结归纳粤商高质量发展过程中的宝贵经验，了解粤商的资源禀赋和动力源泉，分析粤商创新在国内外的优势和劣势，研究粤商在制造业和服务业中存在的机遇和面临的挑战。随后，基于以上分析，本报告将给出相应的对策建议，以有效助力粤商高质量发展，对促进粤港澳大湾区的建设和我国经济稳定恢复具有重要的意义。

二　粤商的产业和总部基地布局

（一）粤商制造和粤商服务竞争优势突出

粤商（广东、香港、澳门区域内注册的企业）优势产业主要分布在制造业和服务业。在2021广东民营企业100强榜单中，有45家处于制造业，占45%，服务业有36家，占36%，流通业有15家，占15%（见图1）。由此可见，粤商在制造业和服务业的布局较早，竞争优势突出。

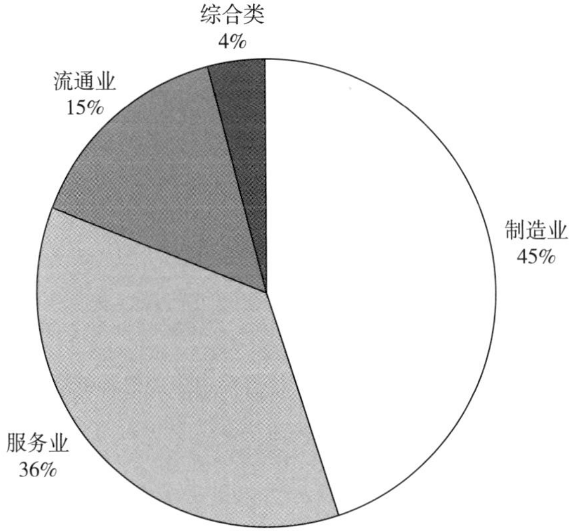

图1　2021广东民营企业100强榜单中的行业分布

资料来源：广东省企业联合会、广东省企业家协会；《2021年广东民营企业100强名单 2021广东民营企业百强名单》，南方财富网，2022年2月16日，http：//www. southmoney. com/paihangbang/202202/23513562. html。

（二）粤商总部基地更青睐于深圳和广州

粤商倾向于将深圳和广州作为企业总部所在地。在广东省企业联合会发布的2021广东民营企业100强榜单中，有48家企业的总部位于深圳，有22家企业的总部位于广州，这突显深圳和广州良好的营商环境、丰富的科创金融资源对粤商的强大吸引力。此外，有12家企业的总部位于佛山，有4家企业的总部位于香港，各有3家企业的总部分别位于东莞、中山、珠海，有5家企业的总部分散分布于汕头、惠州、江门、云浮（见图2）。粤商总部基地在珠三角核心区的集聚，显示了该区域良好的营商环境正吸引越来越多的优质粤商将其作为总部所在地。粤商总部在粤东、粤西、粤北地市的布局相对较少，这些地市的营商环境有待进一步优化，以便吸引更多优质粤商将这些地市作为总部，从而更好地发挥总部对当地经济的辐射带动作用。

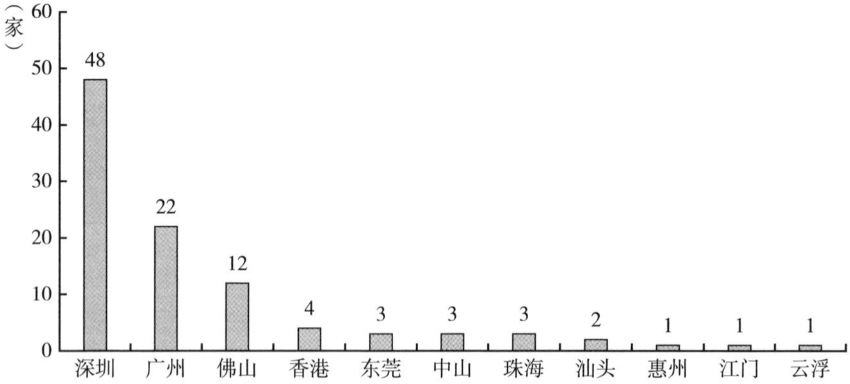

图 2　2021 广东民营企业 100 强榜单中企业总部的区域分布

资料来源：广东省企业联合会、广东省企业家协会；《2021 年广东民营企业 100 强名单 2021 广东民营企业百强名单》，南方财富网，2022 年 2 月 16 日，http：//www. southmoney. com/paihangbang/202202/23513562. html。

三　粤商创新的国内外比较分析

（一）粤商渐成全球创新“领头雁”

中国企业创新力水平与美国企业相比仍存在较大上升空间。在 BCG 发布的 2021 全球 TOP 50 最具创新力公司榜单中，中国最具创新力公司的数量与美国相比仍存在一定的差距，但在不断的追赶之中，目前已和德国持平，处于第二梯队（见图 3）。

技术创新是企业创新竞争的焦点。从 2021 全球 TOP 50 最具创新力公司的行业分布来分析，有 19 家公司处于技术行业，有 12 家公司处于生活消费品行业，有 9 家公司处于制药和医学技术行业，有 5 家公司处于交通和能源行业，有 5 家公司处于其他行业（见图 4）。上述数据表明，技术

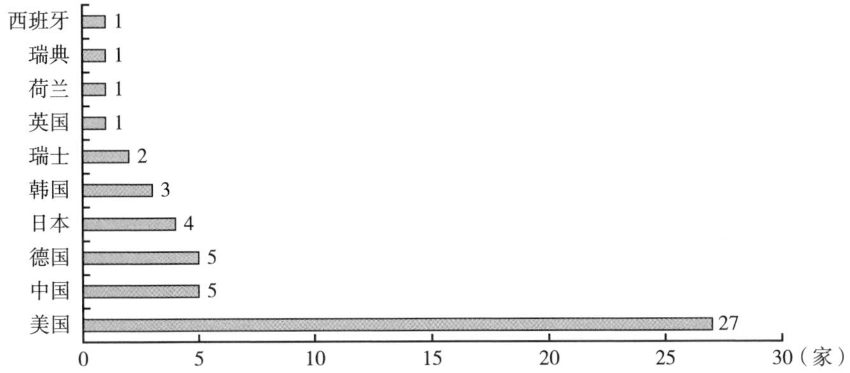

图 3　2021 全球 TOP 50 最具创新力公司的分布

资料来源：《2021 全球最具创新力公司榜单出炉！华为、阿里上榜！》，维科网，2021 年 4 月 19 日，https：//gongkong. ofweek. com/2021-04/ART-310045-8460-30493867. html。

发展是企业间竞争的焦点，它决定了公司乃至整个国家的竞争优势；生活消费品行业处在快速发展之中；交通和能源行业正发生着巨大的变化，新能源汽车逐步占据较大市场份额；制药和医学技术具有较长的开发周期，需要长期的资本投入，但其是人类和社会发展的根基，要为这些企业的发展提供机会。

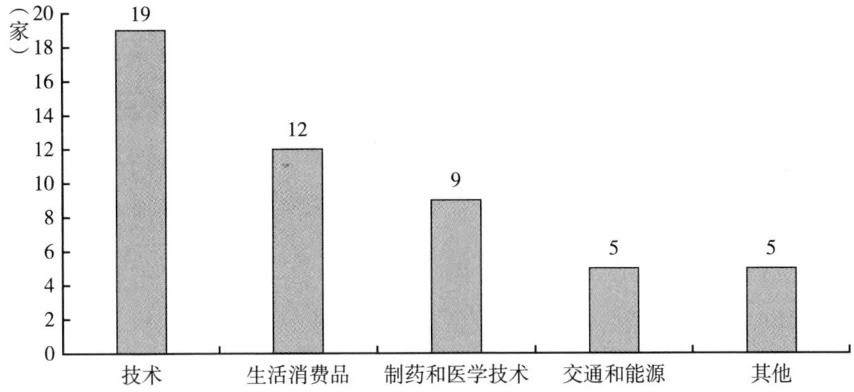

图 4　2021 全球 TOP 50 最具创新力公司的行业分布

资料来源：《2021 全球最具创新力公司榜单出炉！华为、阿里上榜！》，维科网，2021 年 4 月 19 日，https：//gongkong. ofweek. com/2021-04/ART-310045-8460-30493867. html。

粤商逐渐从领先全国到领先全球。在2021全球TOP 50最具创新力公司榜单中，来自中国的公司共有5家，分别为华为（第8），阿里巴巴（第14），联想（第25）、腾讯（第26），小米（第31）。其中，有3家公司处于技术行业，有1家公司处于生活消费品行业，有1家公司处于其他行业。在这5家公司中有2家公司属于粤商，分别为华为和腾讯（见表1）。整体而言，越来越多的中国公司入选全球最具创新力公司榜单，粤商在其中占较大的比重。

表1　2021全球TOP 50最具创新力公司（中国）的情况

排名	中文名称	英文名称	行业	总部	与上年相比的变化
8	华为	HUAWEI	技术	深圳	6
14	阿里巴巴	Alibaba	生活消费品	杭州	7
25	联想	Lenovo	技术	北京	新
26	腾讯	Tencent	其他	深圳	14
31	小米	Xiaomi	技术	北京	24

资料来源：《2021全球最具创新力公司榜单出炉！华为、阿里上榜!》，维科网，2021年4月19日，https：//gongkong. ofweek. com/2021-04/ART-310045-8460-30493867. html。

（二）粤商在专用设备行业的科创优势明显

粤商是科创板五大上市主力之一。2021年1~8月，共有114家企业获批在科创板上市，其中来自广东的企业有21家，来自江苏的企业有20家，来自上海的企业有12家，来自北京的企业有11家，来自浙江的企业有10家，企业在其他区域的分布较为分散（见图5）。

整体而言，我国科创板专用设备行业的企业先发优势明显。2021年1~8月在科创板上市的企业有114家。其中，处于技术硬件与设备行业的企业有25家，处于资本品行业的企业有23家。此外，有15家企业处于制药、生物科技和生命科学行业，有15家企业处于原材料行业，有11家企业处于医疗保健设备与服务行业，有11家企业处于软件与服务行业，有6家企业

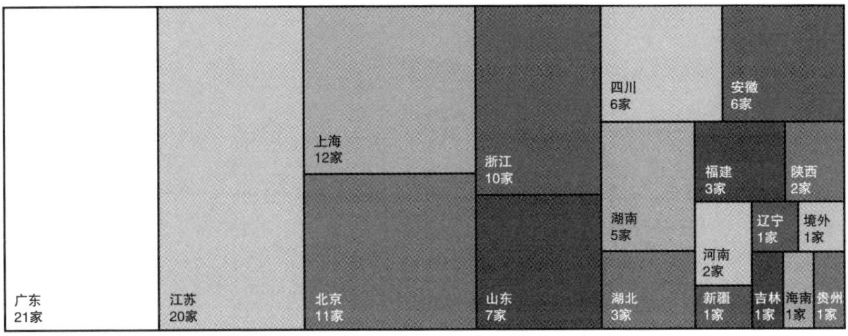

图 5　2021 年 1~8 月科创板上市企业的区域分布

资料来源：东财 Choice 数据，统计时间为 2021 年 8 月 23 日，https：//www. eastmoney. com。

处于半导体产品与设备行业（见图 6）。这些上市企业在其他行业的分布相对较为分散。

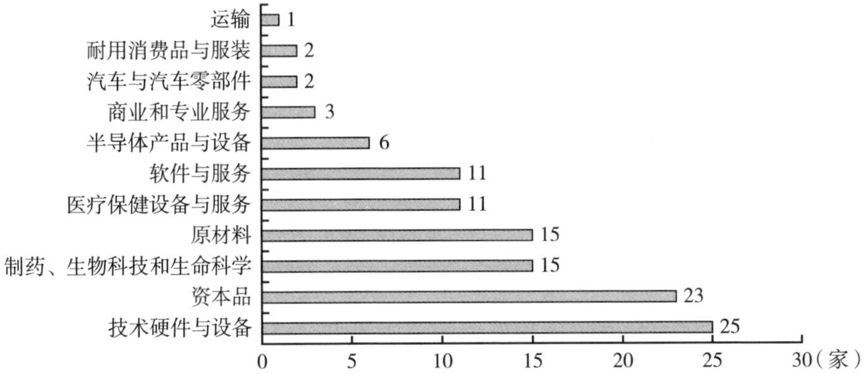

图 6　2021 年 1~8 月科创板上市企业的行业分布

资料来源：东财 Choice 数据，统计时间为 2021 年 8 月 23 日，https：//www. eastmoney. com。

科创板中的粤商主要分布在深圳和广州。2021 年 1~8 月科创板 21 家分布在广东的粤商中，各有 9 家、5 家、3 家粤商分别位于深圳、广州、东莞。此外，惠州有 2 家企业登录科创板，佛山和江门各有 1 家企业登录科创板（见图 7）。

科创板中粤商在专用设备行业具有较强的先发优势。仅 2021 年上半年，

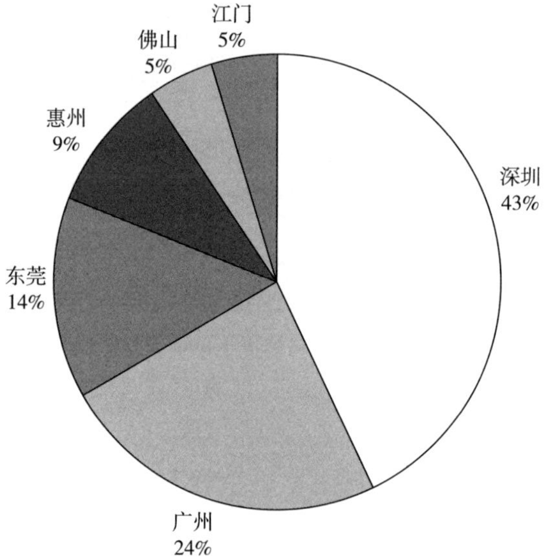

图7　2020年1~8月科创板中粤商在广东的分布

资料来源：东财Choice数据，统计时间为2021年8月23日，https：//www.eastmoney.com。

就有21家来自广东的粤商登录科创板。其中，处于技术硬件与设备行业的企业有7家，处于原材料和资本品行业的企业各有4家。此外，各有2家企业分别处于半导体产品与设备行业、医疗保健设备与服务行业，各有1家企业分别处于软件与服务行业、耐用消费品与服装行业（见图8）。这说明，粤商的优势产业聚焦技术硬件与设备行业、原材料行业及资本品行业。未来粤商应继续努力，加速提高在这些领域的国内国际市场中的竞争优势。与此同时，可以在生物医药、半导体等战略新兴领域及早布局，获取先发优势。

（三）粤商在电气、医药等领域彰显活力

粤商在电子和医药领域创新优势突出。《2021中国上市公司创新指数报告》指出，来自广东的粤商占了创新指数500强企业的81位。其中，20%的高创新力企业分布在计算机、通信和其他电子设备制造业，13.6%的高创新力企业分布在电气机械及器材制造业和医药制造业。粤商在通

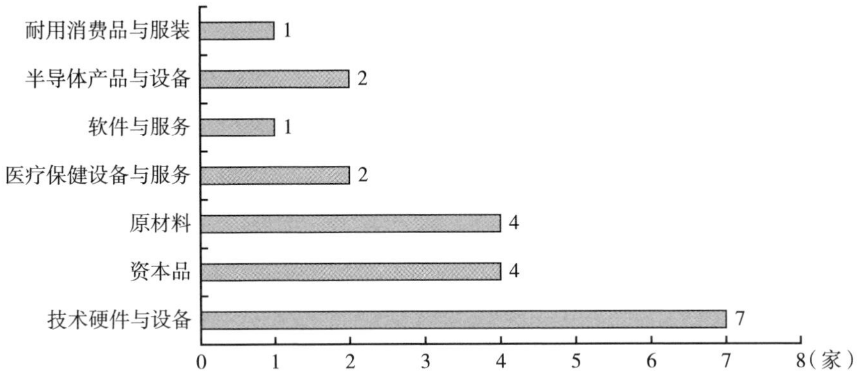

图8　2020年1~8月科创板中来自广东的粤商的行业分布

资料来源：东财Choice数据，统计时间为2021年8月23日，https：//www.eastmoney.com。

信、电子、医药领域的创新优势有利于奠定良好的产业根基，增强技术知识积累，带动更多的上下游企业发展，助力更多的粤商成长为全球最具创新力的企业。

四　粤商成长的动力和要素支持分析

（一）科技和金融资源推动粤商进入世界500强排行榜

深圳的科技资源和香港的金融资源使粤商具有全球竞争力。粤商占了2021年《财富》世界500强排行榜中的25位。具体而言，来自广东的粤商有16家，来自香港的粤商有9家。粤商占2021年《财富》世界500强排行榜中国上榜企业总量的17.48%，这展示了粤商的全球竞争力，以及粤商对中国经济发展的重要贡献。来自广东的16家上榜粤商中，8家企业的总部位于深圳、5家企业的总部位于广州、2家企业的总部位于佛山、1家企业的总部位于珠海（见图9）。深圳入选世界500强的粤商最多，彰显了其作为经济改革的“排头兵”，所拥有的良好的营商环境、充沛的科技和人力资源，吸引着大批粤商将其作为公司总部和研发基地，以促进自身形成全球竞争优势。香港所具有的金融、贸易便利化优势，也吸引着粤商将该地作为公司总部、融资平台，以及对外贸易的窗口，为粤商的全球竞争力提供强大的金融和贸易支持。此外，广州和佛山也在迎头追赶，当地一系列助力产业和企业发展的政策，正吸引越来越多的粤商入驻。

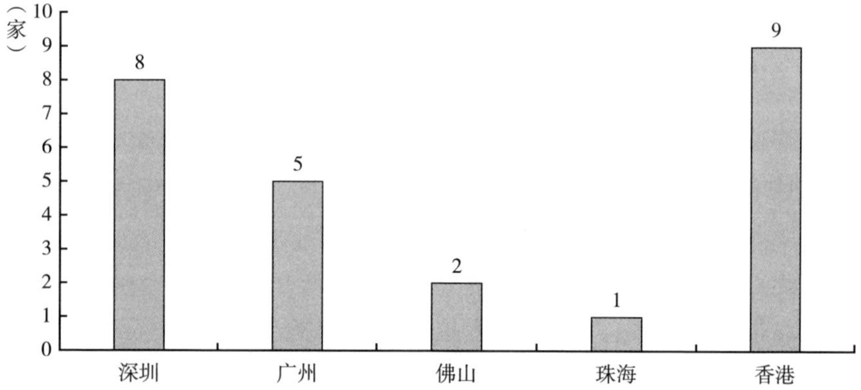

图9　2021年《财富》世界500强上榜粤商的总部地域分布

资料来源：《2020年〈财富〉中国500强排行榜》，财富网，http://www.fortunechina.com/fortune500/c/2020-07/27/content_369925.htm。

（二）粤商在计算机和地产领域彰显强劲动力

粤商在计算机和地产领域动力强劲。2021年由中华全国工商业联合会发布的2021中国民营企业500强排行榜中，共有61家粤商入选，占榜单的12.2%。其中，有5家企业在全国排名前十，依次为华为、正威、腾讯、碧桂园、万科。在61家粤商中，13家属于房地产业，11家属于计算机、通信和其他电子设备制造业，9家属于批发业和商务服务业（见图10）。这显示了粤商在上述领域具有独特的产业优势。因而，未来粤商应在这些领域努力寻求新的活力，进一步增强企业的竞争力。

（三）粤商在通信和电子设备方面彰显竞争优势

粤商在通信和电子设备方面处于行业领先位置。在2021年由中华全

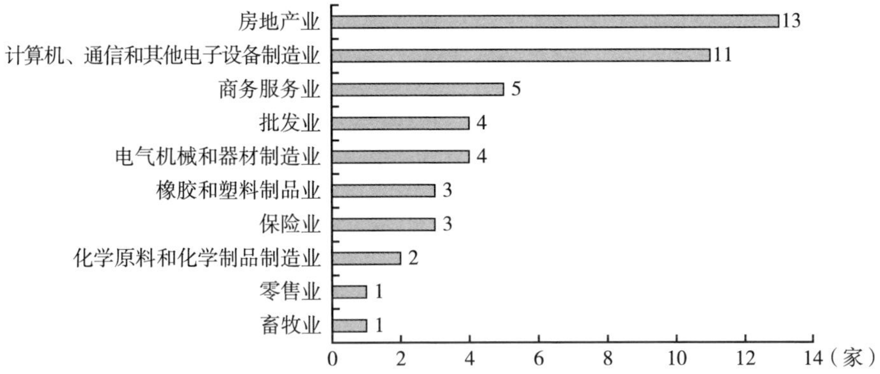

图 10　2021 中国民营企业 500 强排行榜中部分粤商的产业分布

资料来源：《2021 中国民营企业 500 强排行榜（附完整榜单）》，中商情报网，2021 年 9 月 25 日，https：//top. askci. com/news/20210925/1505271601744. shtml。

国工商业联合会发布的 2021 中国制造业民营企业 500 强榜单中，共有 45 家粤商入选，占榜单的 9%。其中，有 3 家粤商在全国排名前十，依次为华为、正威、美的。在 45 家粤商中，17 家属于计算机、通信和其他电子设备制造业，5 家属于电子机械和器材制造业，这突显了粤商在这两大行业领域内的竞争优势。因此，粤商应以此为契机，继续做大做强，向产业链上游转移，从渐进式创新向突破式创新逐渐过渡，提高在全球市场中的竞争力。

五　粤商在制造业的投资增长和集聚分析

（一）制造业投资增长可观

2021 上半年，广东制造业投资同比增长 30.4%，两年平均增长 4.6%。其中，高技术制造业投资同比增长 22.4%、电子通信设备制造业投资同比增长 24.2%、电子计算机及办公设备制造业投资同比增长 50.9%、信息化学品制造业投资同比增长 54.5%（见图 11）。可见粤商对制造业的投资总体呈增长态势，体现了营商环境的继续优化，充分发挥了粤商集聚效应。电子计算机及办公设备制造业和信息化学品制造业虽然同比增长率均在50%以上，但仍然存在各行业投资结构不合理的情况，高技术制造业和电子通信设备制造业的同比增速仍然低于全省平均水平，仍需进一步发挥好政策引导的作用，吸引社会资本流入高新技术制造业，促进制造业转型发展。

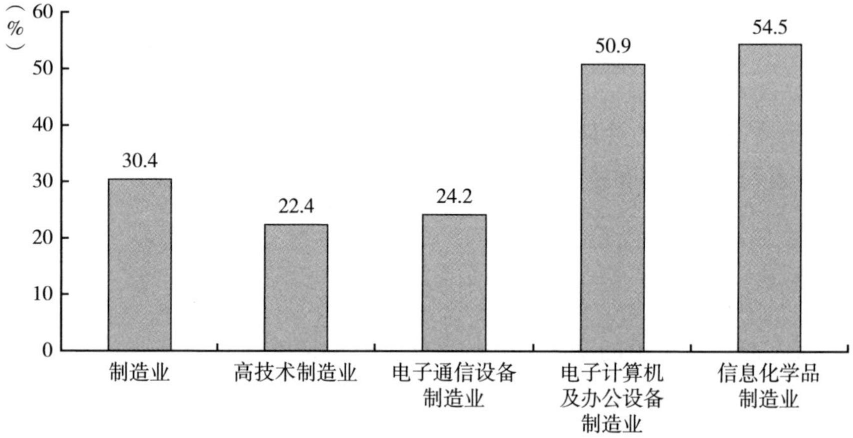

图11　2021年上半年广东制造业投资同比增长率

资料来源：《2021年上半年广东固定资产投资运行简况》，国家发展改革委网站，2021年7月27日，https://www.ndrc.gov.cn/xwdt/ztzl/ygadwqjs1/202107/t20210727_1291734.html?code=&state=123。

（二）工业增加值稳步增长

2021年上半年广东规模以上工业平均增速为18.5%。细分到具体行业，采矿业的平均增速为11.6%，电力、热力、燃气及水生产和供应业的平均增速为24.2%，制造业的平均增速为18.3%（见表2）。可见2021年上半年广东规模以上制造业增加值保持稳步增长，但增速低于全省规模以上工业增加值增速的平均水平。这在一定程度上体现广东制造业当前正处于发展转型的瓶颈期。原因可能在于，当前广东乃至全国制造业面临着人力成本上升、工业附加值低、供应链不稳定等多重挑战。

表 2　2021 年上半年广东规模以上工业生产运行情况

单位：%

行业	2020 年全年增速	2021 年第一季度增速	第一季度两年平均增速	2021 年上半年平均增速	上半年两年平均增速
采矿业	5.8	14.7	3.5	11.6	7.0
制造业	1.3	29.1	4.4	18.3	4.9
电力、热力、燃气及水生产和供应业	2.4	32.3	8.9	24.2	10.7
工业	1.5	28.9	4.6	18.5	5.3

资料来源：《2021 年上半年广东规模以上工业生产运行情况分析》，广东统计信息网，2021 年 8 月 6 日，http：//stats. gd. gov. cn/tjfx/content/post_ 3457255. html。

（三）优质制造业企业总部集聚深圳

2021 年中国制造业 500 强排行榜显示，广东有 39 家企业上榜，累计营收 42342. 93 亿元。其中，深圳独占 19 家，广州占 9 家（见图 12）。高竞争力制造企业在广东其他城市的分布相对较少。深圳独占优质制造业企业的半壁江山，这不仅得益于政策优势，还得益于高新技术产业的发展，如华为、

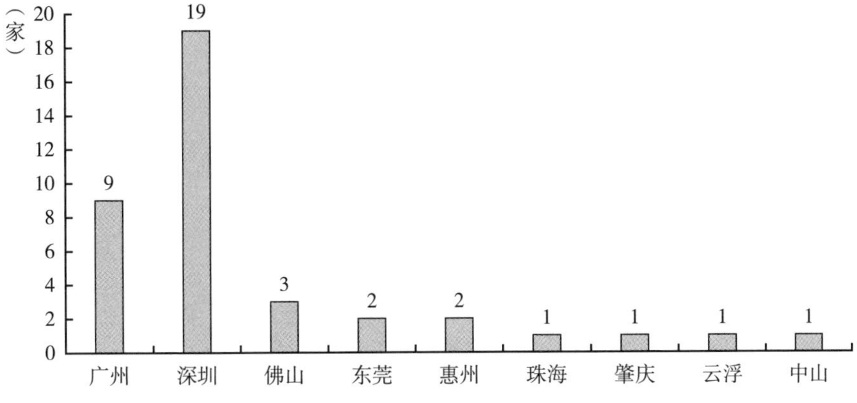

图 12　2021 年中国制造业 500 强排行榜在粤企业总部分布情况

资料来源：《2021 年中国制造业 500 强榜广东上榜企业排行榜（附榜单）》，中商情报网，2021 年 10 月 6 日，https：//top. askci. com/news/20211006/1007421612633. shtml。

大疆、比亚迪等龙头企业的茁壮成长。高新技术产业能够凭借更少的土地资源，创造更为丰厚的经济效益。同时，优质制造业企业总部集聚于深圳，有利于促进制造业企业在粤港澳大湾区内的合理布局，有利于各区域间形成有机和谐的分工模式，进一步提高制造业粤商的综合竞争实力。

六　粤商在服务业的优势和潜在机遇

（一）粤商在服务业具有全国领先的优势

粤商在服务业具有较强的领先优势。2021 年由中华全国工商业联合会发布的 2021 中国民营服务业企业 100 强排行榜中，有 23 家粤商来自广东，数量位居全国之首（见图 13）。这些数据表明，整体而言，粤商在服务业处于领先地位，未来粤商应继续深耕服务业各细分领域，在服务业各细分领域做大做强。

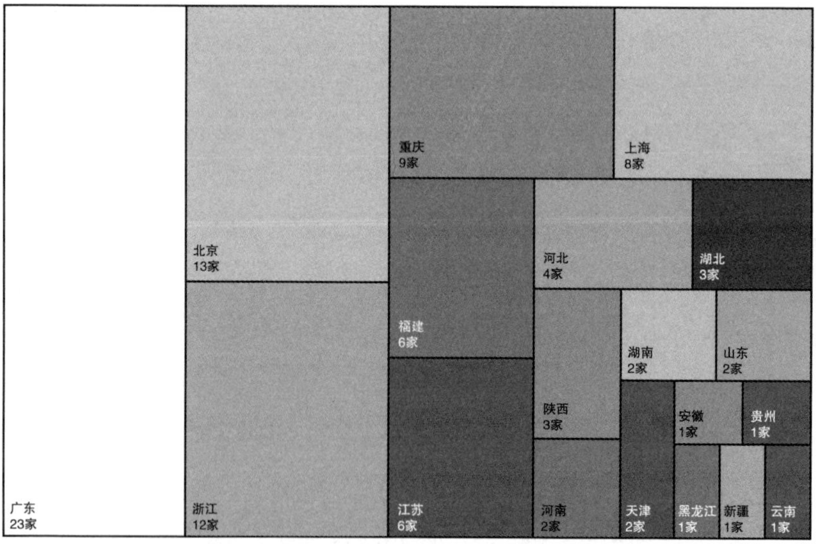

图 13　2021 中国民营服务业企业 100 强排行榜中企业的区域分布

资料来源：《2021 中国民营服务业企业 100 强排行榜（附全榜单）》，腾讯网，2021 年 9 月 26 日，https：//new. qq. com/omn/20210926/20210926 A04BO300. html。

（二）服务业企业龙头在深圳和广州

深圳和广州是服务业企业发展的龙头区域。在 2021 中国民营服务业企业 100 强排行榜中，粤商的 52%来自深圳、31%来自广州、13%来自佛山、4%来自汕头（见图 14）。上述数据表明，深圳和广州是服务业企业发展的重点区域，这些区域的服务业企业在全国范围内具有较强的竞争优势。佛山和汕头的服务业企业也在全国范围内具有一定的优势，粤港澳大湾区内其他城市的服务业企业在全国范围内的竞争力则相对较弱。未来，粤商可在其他城市及早布局服务业，提高企业经营能力和服务水平，与香港、澳门，以及广州、深圳的服务业协同发展。

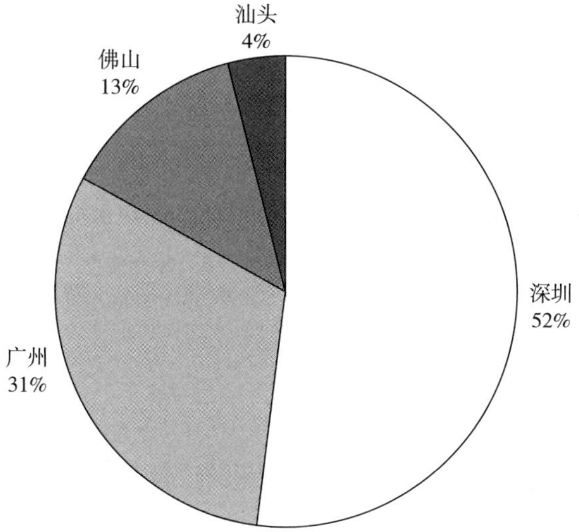

图 14　2021 中国民营服务业企业 100 强排行榜中的粤商在广东的分布

资料来源：《2021 中国民营服务业企业 100 强排行榜（附全榜单）》，腾讯网，2021 年 9 月 26 日，https：//new. qq. com/omn/20210926/20210926A04BO300. html。

（三）粤商在服务业各细分领域有待发展

粤商在服务业各细分领域需努力寻求突破。在 2021 中国民营服务业企业100强排行榜中，粤商的优势服务业主要集聚在房地产业，有10家企业入选。其次，分别是商务服务业4家、批发业3家、保险业3家（见图15）。粤商在服务业其他细分领域则较少入选或没有入选。上述数据表明，综合而言，在全国范围内粤商虽在服务业具有较强的优势，但在除房地产业之外的服务业其他细分领域则需要继续努力，以实现在服务业各细分领域的发展。

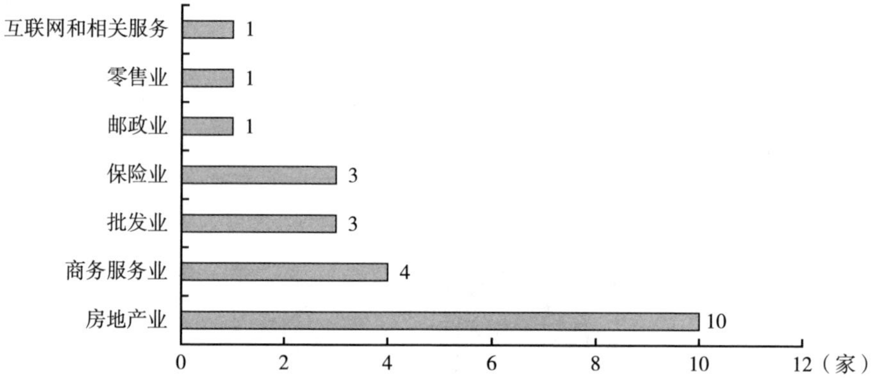

图15　2021中国民营服务业企业100强排行榜中粤商的产业分布

资料来源：《2021中国民营服务业企业100强排行榜（附全榜单）》，腾讯网，2021年9月26日，https：//new. qq. com/omn/20210926/20210926A04BO300. html。

七　粤商的抗疫贡献和责任担当

（一）粤商抗疫贡献突出

粤商积极参与疫情的防控和救助工作。在民营企业捐赠现金和物资排名前十中，有3家粤商来自广东，分别为腾讯、恒大集团和美的集团（见表3）。粤商在疫情防控过程中的突出贡献，体现了粤商的社会责任担当，为我国疫情防控和经济稳定贡献了粤商力量。

表 3　民营企业捐赠排名前十的捐赠结构

单位：万元

排名	企业名称	所在地	总计	现金捐赠	物资捐赠	专项基金
1	腾讯	广东	220000	—	—	220000
2	恒大集团	广东	120000	30000	10000	80000
3	阿里巴巴	浙江	110000	10000	—	100000
4	字节跳动	北京	40500	—	—	40500
5	运鸿集团	武汉	31240	1000	30240	—
6	百度	北京	30000	—	—	30000
7	波司登	上海	30000	—	30000	—
8	方太集团	浙江	30000	30000	—	—
9	美的集团	广东	30000	10000	—	20000
10	伊利	内蒙古	28000	28000	—	—

资料来源：黄群慧、钟宏武、张蒽《企业社会责任蓝皮书：中国企业社会责任研究报告（2020）》，社会科学文献出版社，2020。

（二）民营企业勇担社会责任

民营企业具有较强的社会责任担当。改革开放以来，粤商成长突出，其既有效地创造了经济财富，又创造了良好的社会价值。在民营企业社会责任 100 强中，粤商有 29 家，其中广东省有 23 家、香港有 5 家（见图 16）。民营企业的责任担当为粤港澳大湾区的发展提供了不竭动力，这将有利于协调经济、环境和社会的共同发展，为建设“绿色湾区”贡献力量。

（三）电子商务企业的潜力巨大

整体而言，粤商中的互联网企业积极踊跃践行社会责任。互联网行业是推动我国经济增长的重要行业之一，基于经济、社会和环保的角度来分析互联网企业对国家发展的贡献具有重要的现实意义。在互联网行业社会责任 20 强中，粤商共有 8 家企业入选，其中深圳有 5 家、广州有 2 家、香港有 1 家（见图 17）。综合而言，粤商在互联网行业具有一定

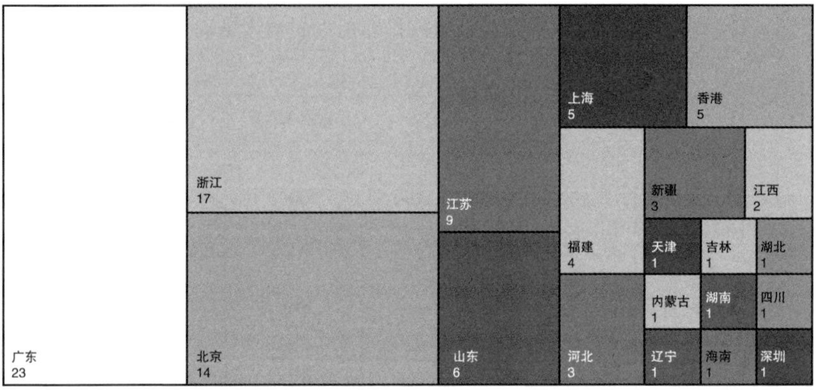

图 16　民营企业社会责任 100 强的区域分布

资料来源：黄群慧、钟宏武、张蒽《企业社会责任蓝皮书：中国企业社会责任研究报告（2020）》，社会科学文献出版社，2020。

的规模优势，这为粤港澳大湾区经济的发展和互联互通提供了重要的资源和技术保障。

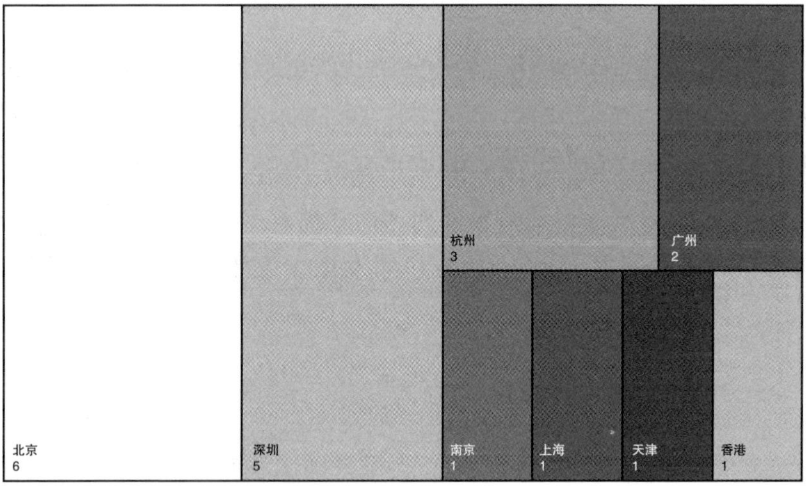

图 17　互联网企业社会责任 20 强的区域分布

资料来源：黄群慧、钟宏武、张蒽《企业社会责任蓝皮书：中国企业社会责任研究报告（2020）》，社会科学文献出版社，2020。

粤商中电子商务企业承担的社会责任仍有较大的上升空间。电子商务已成为新兴的产品分销方式，其在企业的生产和运营中起着重要的作用。在电子商务企业社会责任 15 强排名中，粤商仅有网易（严选、考拉）和唯品会两家入选，其评级分别为二星、一星，与排名第一的阿里巴巴（淘宝、天猫、盒马鲜生、饿了么）和排名第二的美团均有一定差距（见表 4）。未来，粤商应努力在电子商务领域寻求突破，争取进入电子商务行业的第一梯队，承担更多的社会责任，为粤港澳大湾区的发展和社会进步做出更多的贡献。

表 4 电子商务企业社会责任 15 强排名

排名	名称	总部	评级	CSR 报告	责任管理指数	2020 年社会责任发展指数
1	阿里巴巴（淘宝、天猫、盒马鲜生、饿了么）	杭州	★★★	有	25.0	56.7
2	美团	北京	★★★	无	54.0	53.1
3	苏宁易购	南京	★★★	有	34.0	45.6
4	国美	香港	★★	无	10.0	37.0
5	网易（严选、考拉）	广州	★★	无	0.0	36.9
5	拼多多	上海	★★	无	3.0	36.9
7	唯品会	广州	★	无	0.0	14.3
8	京东	北京	★	无	3.0	13.4
9	小红书	上海	★	无	3.0	8.6
10	聚美优品	北京	★	无	0.0	7.8
11	蘑菇街	杭州	★	无	0.0	6.3
12	本来生活	北京	★	无	0.0	6.0
13	当当	北京	★	无	3.0	3.1
14	每日优鲜	北京	★	无	0.0	2.8
15	瑞幸咖啡	厦门	★	无	0.0	2.0

资料来源：黄群慧、钟宏武、张蒽《企业社会责任蓝皮书：中国企业社会责任研究报告（2020）》，社会科学文献出版社，2020。

粤商中视频直播企业的社会责任潜力巨大。随着智能化终端的不断普及、5G 等信息化技术的不断涌现，视频直播作为一个新兴的业态受到各方的广泛关注。以往视频服务多是聚焦企业为客户提供视频产品，当前视频产品提供过程中增加了越来越多的互动机会，以及越来越多的直播环节。随着视频服务中互动、直播的逐渐增加，新商业模式逐渐得到确立，企业获得了新的利润增长点。在视频直播企业社会责任 15 强排名中，仅有腾讯视频（三星评级）和虎牙直播（二星评级）两家粤商，其他多数企业则来自北京（见表 5）。未来，粤商中更多的视频直播企业应努力追赶第一梯队，深度挖掘自身的潜力，努力寻求质的突破，做出更多的社会贡献。

表 5　视频直播企业社会责任 15 强排名

排名	名称	总部	评级	CSR 报告	责任管理指数	2020 年社会责任发展指数
1	腾讯视频	深圳	★★★	有	52.0	53.8
2	快手	北京	★★★	有	19.0	50.9
3	抖音	北京	★★	无	0.0	37.8
4	优酷土豆	北京	★★	无	8.0	34.5
5	映客	北京	★★	无	3.0	27.4
5	虎牙直播	广州	★★	无	0.0	23.5
7	哔哩哔哩	上海	★★	无	0.0	23.5
8	斗鱼直播	武汉	★★	无	0.0	22.5
9	爱奇艺	北京	★★	无	0.0	22.5
10	花椒直播	北京	★	无	0.0	14.0
11	搜狐视频	北京	★	无	0.0	14.0
12	咪咕视频	上海	★	无	0.0	11.5
13	一直播	北京	★	无	0.0	8.5
14	西瓜视频	北京	★	无	0.0	7.5
15	秒拍	北京	★	无	0.0	2.0

资料来源：黄群慧、钟宏武、张蒽《企业社会责任蓝皮书：中国企业社会责任研究报告（2020）》，社会科学文献出版社，2020。

粤商需要在人工智能行业及早布局。人工智能作为新兴技术在经济发展、环境保护和社会协调发展领域具有重要的作用。在人工智能企业社会责任 10 强排名中，仅有云从科技（二星评级）一家粤商，其他多数企业则分布在北京（见表 6）。这在一定程度上反映了，粤商在人工智能行业承担的社会责任较少。未来，粤商应加大在人工智能行业的研发投入，做大做强人工智能行业，承担更多的社会责任，在元宇宙等前沿科技领域的竞争中赢得竞争优势。

表 6　人工智能企业社会责任 10 强排名

排名	名称	总部	评级	CSR 报告	责任管理指数	2020 年社会责任发展指数
1	搜狗(人工智能)	北京	★★★	有	52.0	49.9
2	百度(人工智能)	北京	★★	无	12.0	36.5
3	海康威视	杭州	★★	有	28.0	35.7
4	科大讯飞	合肥	★★	有	24.0	35.7
5	云从科技	广州	★★	无	33.0	21.6
5	寒武纪	北京	★	无	5.0	17.0
7	依图科技	上海	★	无	0.0	15.5
8	旷视科技	北京	★	无	5.0	15.0
9	商汤科技	北京	★	无	5.0	15.0
10	国双	北京	★	有	8.0	11.1

资料来源：黄群慧、钟宏武、张蒽《企业社会责任蓝皮书：中国企业社会责任研究报告（2020）》，社会科学文献出版社，2020。

八　粤商高质量发展存在的瓶颈和对策建议

（一）创新资源成本高，需探索开辟“第二战场”

广州和深圳是粤商总部聚集最多的城市，也是粤商在制造业和服务业集聚较为密集的城市，原因在于两大城市具有丰富的科创资源、完善的产业生态，以及良好的营商环境。但广州和深圳两大城市的土地资源、人力资源、人居环境、交通出行等创新要素的成本在逐渐攀升，这为粤商的发展带来巨大的挑战。2020 年，深圳二手房价上涨了 14.24%，上涨幅度居全国之首，12 月二手房均价达到每平方米 87957 元。未来，粤商可继续利用广州和深圳的研发总部，享受广州和深圳充沛的科技和金融资源，但要努力探索在其他创新要素成本较低的区域，如东莞、珠海、中山等地，建立第二研发中心和制造基地，以保持企业的创新活力，获取持续性竞争优势。

（二）技术瓶颈难突破，可汇聚力量寻求突破

粤商在科创领域具有较强的竞争力，有25家粤商入选2021年《财富》世界500强排行榜，但前沿技术仍受制于国外的技术垄断，不利于粤商的技术创新和企业成长。比如，粤商的计算机、通信，以及电子产业在技术创新和对外贸易方面具有较强的竞争优势。但2020年中国对外贸易500强民营企业排行榜中的粤商进出口数据表明，粤商的电子产品元件进口依赖度较高（见表7）。比如，华为、华为终端，以及富桂精密公司，均具有较高的电子产品元件进口量。未来，华为等电子产品领域的粤商"领头羊"，应带领和集聚其他粤商在电子产品领域，特别是在芯片领域，实现中国制造，努力突破国外企业对核心技术和产品的垄断和封锁。

表7　2020年中国对外贸易500强民营企业排行榜中排名前5的粤商

排行	企业名称	地区	出口额	进口额
1	深圳华为公司	深圳	127.1亿美元	136.1亿美元
2	华为终端有限公司	东莞	159.7亿美元	81.8亿美元
3	深圳富桂精密工业有限公司	深圳	464.0亿美元	40.6亿美元
4	东莞市欧珀精密电子有限公司	东莞	751.7亿美元	2402美元
5	深圳市裕展精密科技有限公司	深圳	207.9亿美元	52.1亿美元

资料来源：《2020年中国对外贸易500强民营企业排行榜》，中商情报网，2020年9月22日，https：//top.askci.com/news/20200922/0951481224496.shtml。

（三）工业能耗高，生态环保意识需更强

2021年上半年广东省能源领域增速超过工业增加值增速的两倍，可见当前能源领域的发展较好，这在一定程度上反映了产业在生产过程中存在能源消耗过高，以及单位产值能源消耗较高的问题。因此，推动生产技术进

步，解决单位能耗过高的问题，是粤商高质量发展的当务之急。粤商在企业社会责任方面具有良好的表现。在2020中国民营企业社会责任100强的区域分布中，有24家企业来自广东、有5家企业来自香港，两个区域的粤商占民营企业100强的29%（见图18）。在本职责任和社会责任方面，粤商需要继续保持；在环境责任方面，如绿色管理、绿色生产，以及绿色运营方面，粤商需采用更高的标准来要求自己，增强生态环保意识，落实绿水青山发展理念，为建设“绿色湾区”贡献粤商力量。

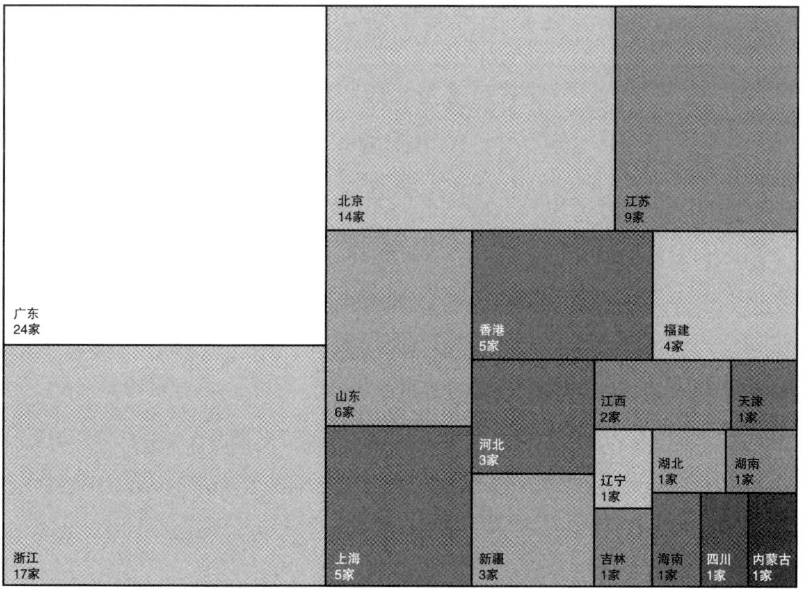

图18　2020中国民营企业社会责任100强的区域分布

资料来源：黄群慧、钟宏武、张蒽《企业社会责任蓝皮书：中国企业社会责任研究报告（2020）》，社会科学文献出版社，2020。

（四）转型升级速度慢，数字经济可锦上添花

粤商转型升级取得了一定成绩，但仍需加速推进，可通过企业数字化来助力转型升级。经过改革开放40多年的发展，珠三角地区的粤商依靠技术引进、消化创新的路径，使得珠三角地区的产业由简单的加工装配环节向研

发、品牌、营销环节延伸，由早期出口传统工业产品转变为当前出口较多的高新技术和机电产品，由来料加工转变为自主创新，由小作坊生产转变为规模化、集约化经营。但随着5G、大数据、云计算、人工智能、物联网等新兴技术的出现，粤商在数字化、数字经济方面仍有较大的上升空间。天猫双11期间，注册地为上海的热销品牌数量多于注册地为广东的热销品牌数量。未来，深圳和广州的粤商应继续加强数字化转型，在数字技术的研发和应用方面投入更多的时间和精力，为粤商的转型升级锦上添花。

（五）粤港澳大湾区共富与腾飞待实现，协同共享发展是关键

粤港澳大湾区要想实现共同富裕、跨越式发展，各区域间粤商的协同共享发展是关键。当前，湾区内各城市间的人均GDP水平、粤商发展程度存在较大的差异，制造业和服务业具有竞争优势的粤商主要集聚在广州和深圳这两大城市，在湾区内其他城市的分布则较为分散。这不利于粤商的协同共享发展，不利于湾区实现跨越式发展。未来，粤商应基于湾区内各城市的产业基础和资源禀赋，合理布局相关产业，实现协同共享发展，助力粤港澳大湾区城市间的共同富裕和跨越式发展。

Abstract

The construction of Guangdong-Hong Kong-Macao Greater Bay Area is an important development strategy personally deployed by General Secretary Xi Jinping and undertakes the important mission of building a world-class Bay area. The coordinated development of Guangdong-Hong Kong-Macao Greater Bay Area to the nation and the world has an important meaning, under the push of the central and local government, will build Guangdong-Hong Kong-Macao Greater Bay Area into a more dynamic economic zone, livable appropriate high-quality life circle and the mainland and Hong Kong and Macao swim deep cooperation demonstration zone, into the international first-class bay area and a world-class city. The development process of Guangdong, Hong Kong and Macao is characterized by distinct heterogeneity, and the development level among cities in the Pearl River Delta region is also quite different. Therefore, in order to build Guangdong, Hong Kong and Macao into a world-class city cluster with a high degree of integration, it is necessary to overcome the hard and soft trade barriers between the three regions and promote the coordinated development of science and technology and economy. Therefore, it is of certain practical significance to explore the coordinated development and change of the Guangdong-Hong Kong-Macao Greater Bay Area. Therefore, the main purpose of this book is to analyze how the Guangdong-Hong Kong-Macao Greater Bay Area can promote industrial chain security, facilitate the flow of data elements, strengthen the introduction of talents, and promote the cooperation and develop-ment of Guangdong, Hong Kong and Macao to build an influential international science and technology innovation center.

The research report is divided into six topics. Firstly, it analyzes the industrial chain security situation of the Guangdong-Hong Kong-Macao Greater Bay Area. Secondly, from the perspectives of digital factor flow, digital economy development, data security rule, the mechanism of digital economy and technological development on the coordinated development of Guangdong-Hong Kong-Macao Greater Bay Area is analyzed. Thirdly, from the perspective of science and technology infrastructure, integrated circuit, airport economy and automobile industry "New four modernizations", this report analyzes the current situation of the Guangdong-Hong Kong-Macao Greater Bay Area's collaborative development. Fourthly, from the perspectives of overseas talent work situation, talent development platform construction and youth entrepreneurship of Guangdong, the mechanism of human resources on the collaborative development of Guangdong-Hong Kong-Macao Greater Bay Area is analyzed. Fifthly, it analyzes the collaborative development mechanism of the Greater Bay Area from the perspectives of Guangdong-Hong Kong cooperation and Guangdong-Macao cooperation. Finally, the influence of Guangdong business high quality development on the Greater Bay Area is analyzed. It is found that although the industrial chain of the Greater Bay Area is relatively complete, it still has some characteristics such as high degree of external dependence and weak brand advantages. The development of digital economy is of great significance to the collaborative development of the Greater Bay Area. At the same time, talent and collaboration are important means for the Greater Bay Area to achieve coordinated development and build a global scientific and technological innovation highland and an important source of emerging industries.

Keywords: Guangdong-Hong Kong-Macao Greater Bay Area; Coordination Development Mechanism; Digital Economy; Industrial Chain Security

Contents

Ⅰ General Report

Abstract: This report focuses on the analysis of "industrial chain safety issues in Guangdong-Hong Kong-Macao Greater Bay Area", focusing on the industrial chain safety issues of five key industries: new-generation electronic information, green petrochemical, biomedical and health, smart home appliances and new energy vehicles. Contrast report based on the international comparison, provinces and cities such as comparison, subdivision industry, industrial relevance analysis perspective, based on a large bay area of guangdong five industrial chain, analyzes its development situation of the industrial chain to explore the safe development of the industry chain of "free point", and put forward corresponding counter-measures and Suggestions on the basis of this, in response to the economic situation changes and outbreak exogenous shocks, such as It will provide feasible solutions for the restructuring of the global governance system and industrial chain after the pandemic, prevent overreaction, and promote the construction of industrial chains and supply chains with more innovation, higher added value, safety, reliability, green and low-carbon in a prudent and orderly manner, so as to realize the independent, controllable, safe and stable development of industrial chains at a high level.

Keywords: Strategic Pillar Industry; Coordinated Development Mechanism; Guangdong-Hong Kong-Macao Greater Bay Area

Ⅱ Numbers and Technology Reports

B.2 Flow of Data Elements in the Guangdong-Hong Kong-Macao Greater Bay Area *Hong Weimin* / 042

Abstract: The economic aggregate of the Guangdong-Hong Kong-Macao Greater Bay Area continues to increase, and the flow of people, logistics and capital continues to improve, but the data flow remains stagnant. The circulation of data elements is mainly divided into three aspects: on the one hand, outbound data of mainland Chinese citizens; the second aspect is the exchange of government data between the two places; the third is credit data exchange. Through the orderly cross-border flow of data, the positive role of data as a factor of production can be further played, and the economic circle of the Guangdong-Hong Kong-Macao Greater Bay Area can be truly integrated and developed.

Keywords: Data Elements; Gross Border Flows; Guangdong-Hong Kong-Macao Greater Bay Area

B.3 Strategy Analysis of Accelerating the Layout and Promoting the Development of Macao's Digital Economy

Liu Chengkun / 047

Abstract: The continuous impact of the COVID-19 pandemic has severely depressed the tourism and gambling industry, a pillar industry in Macao, leading to a sharp decline in the economy and highlighting the urgency of diversified economic development in Macao. The digital transformation accelerated, forming a global and regional wave of digital economy develop-ment. Macao should seize the opportunity to actively promote the digital transformation of traditional industries and the birth of new digital industries, so as to provide new impetus for Macao's economic recovery as soon as possible in the post-epidemic period, and also contribute to the proper diversification of the development of economy. Therefore, this paper puts forward five strategies to accelerate the development of Macao's digital economy: promoting the digital transformation of tourism, increasing the development of digital finance, building a China-Portugal digital trade platform, promoting the collaborative innovation and development of the digital economy, and establishing a security system for the development of the digital economy.

Keywords: Digital Economy; Collaborative Innovation; Macau

Abstract: With the development and evolution of a new sci-tech revolution and industrial transformation, the role and status of digital technology and the digital economy are becoming more and more important, which has strongly promoted the transformation and reshaping of technological and industrial innovation models. At present, the Guangdong-Hong Kong-Macao Greater Bay Area is at a critical stage of building an international science and technology innovation center. As an important innovation birthplace and industrial agglomera-tion of China digital economy, it is necessary to fully learn from the successful experience of regional coordinated development practices in different periods in the past, the significant advantages of digital technology innovation and digital economy development, and the market-oriented innovation and entrepreneurship ecology, to explore a new paths for shared innovation. This report puts forward four countermeasures and suggestions below: using digital means to break the objective barriers derived from geographical boundaries and institutional differences, using digital technology to consolidate the foundation of industrial integration, using new digital technologies and formats to support basic research back, and provides a more inclusive environment to cutting-edge digital technology exploration by adapting to local conditions.

Keywords: Digital Economy; Shared-Innovation; Guangdong-Hong Kong-Macao Greater Bay Area

B.5 Development and Prospect of Data Security Rules in the Guangdong-Hong Kong-Macao Greater Bay Area

Chen Huanqi, Wu Yongxin / 059

Abstract: Data is a key factor in the collaborative development of the Guangdong-Hong Kong-Macao Greater Bay Area, which also brings challenges to the development of data security rules. Firstly, this paper discusses the importance of data security from two dimensions of "data utilization" and "data protection". Promoting the "free flow of cross-border data" in "data utilization" is conducive to making data better apply to digital services, while developing "data protection" contributes to ensuring data security at the level of individuals, enterprises and even countries. Secondly, it analyzes the American and European data security rules system and the existing regulations in China, so as to provide reference for the development of data security rules in the Guangdong-Hong Kong-Macao Greater Bay Area. Finally, this report believes that the development of data security rules in Guangdong, Hong Kong and Macao can be promoted through three ways: aligning with international high standard of data flow, improving the existing rules signed by Guangdong, Hong Kong and Macao, and promoting the construction and improvement of relevant domestic laws.

Keywords: Data Factor; Data Security Rules; Guangdong-Hong Kong-Macao Greater Bay Area

Abstract: This report discusses the overall situation of the development of digital economy in the Guangdong-Hong Kong-Macao Greater Bay Area from 2011 to 2019, analyzes the existing problems in the development of digital economy in the Greater Bay Area and puts forward suggestions. The research method is based on the relevant data of digital infrastructure construction, digital industrialization and industrial digitalization in the Guangdong-Hong Kong-Macao Greater Bay Area from 2011 to 2019. The entropy method is used to calculate the digital economic development comprehensive index of nine PRD cities, and the text mining analysis method is used to measure the micro-level enterprise digital transformation index. Combined with the relevant comparable data of Hong Kong and Macao, it is found that the development level of digital economy in the Guangdong-Hong Kong-Macao Greater Bay Area continues to improve and shows a trend of accelerating growth. On the basis of data analysis, this report further sorted out the problems hindering the development of digital economy in the Greater Bay Area, which are mainly reflected in the uncoordinated development of regional digital economy, digital talent gap, insufficient use of data value, regional "data islands" and low efficiency of digital technology transformation in enterprises. Therefore, the Guangdong-Hong Kong-Macao Greater Bay Area can be optimized from five aspects: strengthening digital infrastructure, cultivating and introducing digital talents, reducing barriers to the circulation of data elements, building digital innovation ecosystem, and increasing special financial support, so as to improve the overall development level of the digital economy in the Greater Bay Area.

Keywords: Digital Economy; High Quality Development; Guangdong-Hong Kong-Macao Greater Bay Area

Ⅲ Topical Reports

Abstract: The Outline of the Development Plan for the Guangdong-Hong Kong-Macao Greater Bay Area proposes to build the Bay Area into an international science and technology innovation center with global influence. Among them, improving and strengthening the infrastructure construction in the field of science and technology has become the primary task for the Guangdong-Hong Kong-Macao Greater Bay Area to build an international science and technology innovation center. At present, the Guangdong-Hong Kong-Macao Greater Bay Area has achieved certain results in the construction of scientific and technological infrastructure with the advantages of solid economic foundation, accelerated accumulation of talents and policy superposition. However, the problems such as lack of overall planning, insufficient synergy effect, weak discipline support in related fields and lack of high-end personnel are particularly prominent. In view of the above shortcomings, the report points out that the Guangdong-Hong Kong-Macao Greater Bay Area can be overcome by a series of measures, such as building four major facilities clusters, increasing the investment in basic research, and building a research-oriented university talent training support system.

Keywords: International Science and Technology Innovation Center; Science and Technology Infrastructure; Guangdong-Hong Kong-Macao Greater Bay Area

Abstract: The integrated circuit industry is a strategic emerging industry in the Guangdong-Hong Kong-Macao Greater Bay Area. It is a key measure for the Greater Bay Area to realize the transformation of old and new drivers of growth and pursue high-quality development. It is also an important guarantee to meet the challenges of the new round of scientific and technological revolution, participate in global competition and improve international competitiveness. Under the background of analyzing the development of China's IC industry, this paper analyzes the development status of the IC industry in the Guangdong-Hong Kong-Macao Greater Bay Area from the aspects of "industrial chain, design, manufacturing, equipment and packaging". This report argues that there are the following problems in the development of integrated circuit industry in the Guangdong-Hong Kong-Macao Greater Bay Area at the present stage: the subjecting of key equipment and technologies to others; high-end chips rely heavily on imports; The design industry is suppressed "outside" and chased "inside"; wafer manufacturing capacity is insufficient; there is a serious shortage of high-end talent training. Based on this, this report puts forward policy suggestions to further promote the development of integrated circuit industry in the Guangdong-Hong Kong-Macao Greater Bay Area.

Keywords: Integrated Circuit Industry; Strategic Emerging Industry; Guangdong-Hong Kong-Macao Greater Bay Area

B.9 Airport Economic Development Situation of Guangdong-Hong Kong -Macao Greater Bay Area in 2021 *Xiao Yaofei* / 144

Abstract: This report focuses on the infrastructure construction, airport operation and airport economy of the seven airports in the Guangdong-Hong Kong-Macao Greater Bay Area. Through data analysis, it reveals the development and changes of the operation performance of the seven airports in 2019, 2020 and 2021, and draws the following conclusions: firstly, the infrastructure construction of the seven airports continues to develop rapidly; secondly, the airport operation performance in 2021 is generally better than that in 2020, but it has not recovered to the level of 2019. The recovery of domestic transport routes is better than that of international routes. The operation performance of Guangzhou Baiyun International Airport, Shenzhen Bao'an International Airport and Zhuhai Jinwan Airport is better than that of Hong Kong International Airport and Macao International Airport; Third, the global spread of the COVID-19 is the fundamental reason that affects the development and change of airport operation performance. With the gradual control of the epidemic, the airport economic development in the Guangdong-Hong Kong-Macao Greater Bay Area will recover in an all-round way and usher in new development opportunities.

Keywords: Airport Infrastructure; Air Transportation; Guangdong- Hong Kong -Macao Greater Bay Area

B.10 Automobile Industry "New Four Modernizations" Development Situation of Guangdong-Hong Kong-Macao Greater Bay Area in 2021 *Li Xiaoli*, *Wu Sizhen* / 163

Abstract: In the 21st century, the automobile industry presents the development trend of "electric, networked, intelligent and shared". The "New Four modernizations" is the historical opportunity for China's automobile industry to realize the curve overtaking. The automobile industry is a strategic pillar industry in the Guangdong-Hong Kong-Macao Greater Bay Area and an important support for the development of the area as a "science and technology innovation center" with global influence. This report analyzes the development status of the automobile industry in the Guangdong-Hong Kong-Macao Greater Bay Area in the fields of "three-power technology, automotive chips, autonomous driving, R&D investment, shared mobility" and so on. It is found that there are still the following problems in the development of the "new Four modernizations" of the automobile industry in the Greater Bay Area: some core parts and technologies rely on imports, charging infrastructure is not perfect, there is a technological gap in the autonomous driving system, and the development of car-sharing travel faces many obstacles. Based on the above analysis, this report puts forward policy suggestions to promote the intelligent development of the automobile industry in the Guangdong-Hong Kong-Macao Greater Bay Area.

Keywords: The Auto-mobile Industry; "New Four Modernizations"; Guangdong-Hong Kong-Macao Greater Bay Area

Ⅳ Talents Reports

Abstract: Throughout the world-class bay area, they attach great importance to the introduction and use of overseas innovative talents. And, Guangdong-Hong Kong-Macao Greater Bay Area has the urgency to promote the employment, innovation and entrepreneurship of overseas talents. This report firstly sorts out the current situation and problems of overseas talent work, innovation and entrepreneurship in the Guangdong-Hong Kong-Macao Greater Bay Area. Secondly, benchmarking Shanghai, Beijing and the world-class cities in the Bay Area, and excavating the gaps between the current situation and policies of overseas talents in cities in the Greater Bay Area such as Guangzhou and Shenzhen. Finally, it puts forward policy suggestions to promote the employment of overseas talents and innovation and entrepreneurship in the Greater Bay Area. According to the report, there is still a certain gap between the Guangdong-Hong Kong-Macao Greater Bay Area and advanced cities at home and abroad in terms of overseas talent scale, structure, policies, etc. In the future, it should be improved from six aspects: expanding the scale of foreign students, guiding the employment and Entrepreneurship of overseas talents, promoting the transformation of scientific and technological achievements of overseas talents, building a unified talent market in Guangdong, Hong Kong and Macao, promoting the pilot work of international migration, and improving the policy system for overseas talents.

Keywords: Overseas Talents; Employment; Innovation and Entrepreneurship; Guangdong-Hong Kong-Macao Greater Bay Area

B.12 Research on Building a New Platform of Talent Developmentin the Guangdong-Hong Kong-Macao Greater Bay Area

Abstract: Building a new platform of talent development in the Guangdong-Hong Kong-Macao Greater Bay Area is particularly important for the high-quality development of talents. This report firstly analyzes the overall status of talent development in the Greater Bay Area as well as deeply examines the talent development status and needs, talent policy implemented of the core cities. Secondly, it explores the current construction status of the talent development platform from the aspects of the talent policy system, economic and social development, industrial transforma-tion and upgrading, and talent social security. Then, this report analyzes the problems and challenges of the construction of talent development platform in the Guangdong-Hong Kong-Macao Greater Bay

Area, including high-level talent quantity relatively small and talent structure unreasonable, innovation and entrepreneurship ability of talents is still insufficient, mechanism of talent cultivation, introduction, and flow is not complete, talent development guarantee mechanism needs to be improved, and talent development environment is poor. Finally, it summarizes the advanced experience of talent development and platform construction at home and abroad, and puts forward ideas and suggestions for building a new platform of talent development in the Guangdong-Hong Kong-Macao Greater Bay Area, namely, optimizing the Industry-University-Research collaborative innovation system, and vigorously cultivating innovative and entrepreneurial talents, improving the mechanism of talent cultivation, introduction and flow, and implementing talent evaluation and incentive measures, improving the talent development guarantee mechanism and the supply capacity of talent life services, and optimizing the talent development environment, and creating a good atmosphere of innovation and entrepreneurship.

Keywords: Talent Team; A New Platform of Talent Development; Guangdong-Hong Kong-Macao Greater Bay Area

Abstract: Youth entrepreneurship is a new force to promote the high-quality development of the Guangdong-Hong Kong-Macao Greater Bay Area. It is of great theoretical value and practical significance to study the current charac-teristics, existing problems and improvement strategies of youth entrepreneurship in the Bay Area. Therefore, through the analysis of 169 valid questionnaires and archival data research, it is found that Bay Area youth have strong entrepreneurial learning motivation and self-learning awareness. In addition, the survey results show that the Bay Area youth actively identify with the excellent Chinese traditional culture, sharing different regional cultures, and actively inherit the excellent Lingnan culture. At the same time, young people in the Bay Area strongly agree to deepen the construction of the Greater Bay Area and have a high willingness for innovation and entrepreneurship. Of course, there are also some areas worthy of improvement in the field of youth entrepreneurship in Guangdong, including: the publicity of innovation and entrepreneurship bases needs to be strengthened, the publicity of entrepreneurship cooperation policies in the Bay Area should be strengthened, and the youth entrepreneurship in the Bay Area needs to be guided. In this regard, it is necessary to strengthen the effective institutional cohesion in the Bay Area, establish an information platform, carry out targeted in-depth industry integration and training, to upgrade the innovation ecosystem, build a comprehensive innovation and entrepreneurship base, and realize the integration of industry, introduce third-party service agencies to escort young people in the Bay Area to start businesses. In addition, government guidance should be combined with market resource allocation, to provide a good comprehensive business environment for young people to start businesses in the Bay Area.

Keywords: Youth; Innovation and Entrepreneurship; High Quality Development; Guangdong-Hong Kong-Macao Greater Bay Area

V Cooperation Reports

B.14 Research on the Progress and Its Optimization Countermeasures of Guangdong-Macao Cooperation

Abstract: Under the background of accelerating the realization of domestic and foreign double circulation mutual promotion and promoting high-quality economic development, this report analyzes the progress of cooperation and exchange between Guangdong and Macao as well as the existing problems and

released the Outline of the Development Plan for the Guangdong-Hong Kong-Macao Greater Bay Area (hereinafter referred to as the Outline), which opened a new chapter of in-depth cooperation between Guangdong and Hong Kong. This report combs the basic situation of Guangdong Hong Kong cooperation, and finds that the cooperation between Guangdong and Hong Kong in trade, finance, digital economy and other fields has achieved remarkable results, basically forming a highly efficient complementary, mutually beneficial and win-win development model. However, due to the differences in institutional systems, Guangdong Hong Kong cooperation still has many problems, such as difficult policy coordination, unreasonable resource allocation, low innovation effectiveness and a single coordination mechanism. For this reason, this report proposes a possible development path to optimize Guangdong Hong Kong cooperation from the perspective of top-level mechanism design, innovation factor cultivation, industrial system division and cooperation database construction, with a view to providing reference for Guangdong Hong Kong cooperation.

Keywords: Route Optimization; Hong Kong-Guangdong Cooperation; Guangdong-Hong Kong-Macao Greater Bay Area

Ⅵ Guangdong Business Report

Abstract: Cantonese merchants have spirit of pioneering to find suitable ways for high quality growth. This report firstly illustrate the location and industrial distribution of Cantonese merchants, compare their innovation with home and abroad companies, and analyze the driver and resource base for Cantonese merchants' growth. Secondly, this report focuses on the growth of manufacturing companies, advantages and opportunities in service enterprises. Thirdly, this report summarizes the challenge in Cantonese merchants' high quality growth and makes corres-ponding policy suggestions, Including the high cost of innovation resources and the prominent technical bottleneck; High industrial energy consumption; Transformation and upgrading slowly, and the common prosperity of the Bay Area needs to be achieved. Finally, the corresponding countermeasures and suggestions are put forward: to explore and open up the second battlefield, we can gather strength to seek breakthroughs; The awareness of ecological and environmental protection needs to be strengthened; The digital economy can make things better, and coordinated and shared development is the key.

Keywords: Cantonese Merchants; Manufacturing Firm; Service Enterprise; High Quality Development

皮 书

智库成果出版与传播平台

皮书定义

皮书是对中国与世界发展状况和热点问题进行年度监测，以专业的角度、专家的视野和实证研究方法，针对某一领域或区域现状与发展态势展开分析和预测，具备前沿性、原创性、实证性、连续性、时效性等特点的公开出版物，由一系列权威研究报告组成。

皮书作者

皮书系列报告作者以国内外一流研究机构、知名高校等重点智库的研究人员为主，多为相关领域一流专家学者，他们的观点代表了当下学界对中国与世界的现实和未来最高水平的解读与分析。截至 2022 年底，皮书研创机构逾千家，报告作者累计超过 10 万人。

皮书荣誉

皮书作为中国社会科学院基础理论研究与应用对策研究融合发展的代表性成果，不仅是哲学社会科学工作者服务中国特色社会主义现代化建设的重要成果，更是助力中国特色新型智库建设、构建中国特色哲学社会科学“三大体系”的重要平台。皮书系列先后被列入“十二五”“十三五”“十四五”时期国家重点出版物出版专项规划项目；2013~2023 年，重点皮书列入中国社会科学院国家哲学社会科学创新工程项目。

权威报告·连续出版·独家资源

皮书数据库

ANNUAL REPORT(YEARBOOK) DATABASE

分析解读当下中国发展变迁的高端智库平台

所获荣誉

- 2020年，入选全国新闻出版深度融合发展创新案例
- 2019年，入选国家新闻出版署数字出版精品遴选推荐计划
- 2016年，入选“十三五”国家重点电子出版物出版规划骨干工程
- 2013年，荣获“中国出版政府奖·网络出版物奖”提名奖
- 连续多年荣获中国数字出版博览会“数字出版·优秀品牌”奖

皮书数据库

“社科数托邦”
微信公众号

成为用户

登录网址www.pishu.com.cn访问皮书数据库网站或下载皮书数据库APP，通过手机号码验证或邮箱验证即可成为皮书数据库用户。

用户福利

- 已注册用户购书后可免费获赠100元皮书数据库充值卡。刮开充值卡涂层获取充值密码，登录并进入“会员中心”—“在线充值”—“充值卡充值”，充值成功即可购买和查看数据库内容。
- 用户福利最终解释权归社会科学文献出版社所有。

数据库服务热线：400-008-6695
数据库服务QQ：2475522410
数据库服务邮箱：database@ssap.cn
图书销售热线：010-59367070/7028
图书服务QQ：1265056568
图书服务邮箱：duzhe@ssap.cn

社会科学文献出版社 SOCIAL SCIENCES ACADEMIC PRESS (CHINA) 皮书系列
卡号：369169739146
密码：

S 基本子库
UB DATABASE

中国社会发展数据库（下设 12 个专题子库）

紧扣人口、政治、外交、法律、教育、医疗卫生、资源环境等 12 个社会发展领域的前沿和热点，全面整合专业著作、智库报告、学术资讯、调研数据等类型资源，帮助用户追踪中国社会发展动态、研究社会发展战略与政策、了解社会热点问题、分析社会发展趋势。

中国经济发展数据库（下设 12 专题子库）

内容涵盖宏观经济、产业经济、工业经济、农业经济、财政金融、房地产经济、城市经济、商业贸易等12个重点经济领域，为把握经济运行态势、洞察经济发展规律、研判经济发展趋势、进行经济调控决策提供参考和依据。

中国行业发展数据库（下设 17 个专题子库）

以中国国民经济行业分类为依据，覆盖金融业、旅游业、交通运输业、能源矿产业、制造业等 100 多个行业，跟踪分析国民经济相关行业市场运行状况和政策导向，汇集行业发展前沿资讯，为投资、从业及各种经济决策提供理论支撑和实践指导。

中国区域发展数据库（下设 4 个专题子库）

对中国特定区域内的经济、社会、文化等领域现状与发展情况进行深度分析和预测，涉及省级行政区、城市群、城市、农村等不同维度，研究层级至县及县以下行政区，为学者研究地方经济社会宏观态势、经验模式、发展案例提供支撑，为地方政府决策提供参考。

中国文化传媒数据库（下设 18 个专题子库）

内容覆盖文化产业、新闻传播、电影娱乐、文学艺术、群众文化、图书情报等 18 个重点研究领域，聚焦文化传媒领域发展前沿、热点话题、行业实践，服务用户的教学科研、文化投资、企业规划等需要。

世界经济与国际关系数据库（下设 6 个专题子库）

整合世界经济、国际政治、世界文化与科技、全球性问题、国际组织与国际法、区域研究 6 大领域研究成果，对世界经济形势、国际形势进行连续性深度分析，对年度热点问题进行专题解读，为研判全球发展趋势提供事实和数据支持。